Peter Hecheltjen

Bevölkerungsentwicklung und Erwerbstätigkeit

Ein Beitrag
zur Simulation sozioökonomischer Systeme
mit Prognosen
für die Bundesrepublik Deutschland

Westdeutscher Verlag

Gesamtherstellung: Dr. Friedrich Middelhauve GmbH, Opladen
Umschlag von Hanswerner Klein, Opladen
ISBN-13: 978-3-531-11229-9 e-ISBN-13: 978-3-322-85438-4
DOI: 10.1007/978-3-322-85438-4

Peter Hecheltjen
Bevölkerungsentwicklung und Erwerbstätigkeit

SPES-Projekt
Sozialpolitisches Entscheidungs- und Indikatorensystem
für die Bundesrepublik Deutschland
Schriftenreihe Band 2

Herausgegeben für die Sozialpolitische Forschergruppe
an der J.W. Goethe-Universität, Frankfurt am Main, von
Heinz Grohmann
Hans-Dieter Heike
Hans-Jürgen Krupp
Helmut Meinhold
Wolfgang Zapf

VORWORT

Die vorliegende Publikation berichtet über die Entwicklung eines Bevölkerungs- und Erwerbstätigkeitsmodells+). Dieses Modell ist als Subsystem des von der Sozialpolitischen Forschergruppe an der Universität Frankfurt projektierten "Sozialpolitischen Entscheidungs- und Indikatorensystems für die Bundesrepublik Deutschland" (SPES-Projekt) konzipiert und soll in den kommenden Jahren weiter ausgebaut und aktualisiert werden.

Nicht in allen Punkten entspricht der bisher realisierte Simulator den Anforderungen, die sich aus dem geplanten Entscheidungssystem ableiten lassen. Hierzu werden jedoch bereits in dieser Arbeit Entwicklungsmöglichkeiten aufgezeigt und die aus denkbaren Modellvariationen resultierenden Probleme diskutiert.

Zu danken habe ich an dieser Stelle den übrigen Mitgliedern der Sozialpolitischen Forschergruppe für ihre Kooperationsbereitschaft sowie die materielle und ideelle Unterstützung meiner Arbeiten.

Mein Dank gilt insbesondere Professor H.-J. Krupp, von dem ich viele Anregungen zu dieser Arbeit erhalten habe und ohne dessen Beistand und Beispiel ich es nicht gewagt hätte, ein so umfangreiches und anspruchsvolles empirisches Forschungsvorhaben anzugehen.

+) Die Arbeit wurde 1972 vom Fachbereich Wirtschaftswissenschaften der Johann Wolfgang Goethe-Universität in Frankfurt als Dissertation angenommen. Vor der Drucklegung erfolgten einige Kürzungen bzw. Ergänzungen im Textteil. Auf eine Wiedergabe des in den Dissertationsexemplaren enthaltenen umfangreichen Tabellenteils wird weitgehend verzichtet. Der Verfasser ist jedoch gerne bereit, diese Tabellen Interessenten zugänglich zu machen.

Zu großem Dank verpflichtet bin ich auch Professor H. Grohmann, mit dem ich die sich bei der Entwicklung des Bevölkerungs- und Erwerbstätigkeitsmodells ergebenden inhaltlichen Fragen eingehend diskutieren konnte und dessen Ratschläge mir dabei von großem Nutzen waren.

Schließlich habe ich noch den Mitarbeitern des Statistischen Bundesamtes zu danken, die mir das Originalmaterial des Mikrozensus zugänglich machten sowie den Mitarbeitern des Zentralen Recheninstituts der Universität Frankfurt, die mich bei der Durchführung der Rechenarbeiten unterstützt haben. Ohne die Mithilfe Vieler, die ich hier nicht alle nennen kann, wären die vorgelegten Berechnungen gewiß nicht möglich gewesen.

Peter Hecheltjen

Gliederung

Abkürzungsverzeichnis

AER	=	American Economic Review
ASTA	=	Allgemeines Statistisches Archiv
BRD	=	Bundesrepublik Deutschland
ErgVZ61	=	Ergebnis der Volks- und Berufszählung am 6. Juni 1961
HdSW	=	Handwörterbuch der Sozialwissenschaften
Hrsg.	=	Herausgeber
IAB	=	Institut für Arbeitsmarkt- und Berufsforschung der Bundesanstalt für Arbeit
JASA	=	Journal of the American Statistical Association
JfS	=	Jahrbuch für Sozialwissenschaft
QJE	=	Quarterly Journal of Economics
RevEcStat	=	Review of Economics and Statistics
SchwZfVSt	=	Schweizerische Zeitschrift für Volkswirtschaft und Statistik
VJWF	=	Vierteljahreshefte für Wirtschaftsforschung
WISTA	=	Wirtschaft und Statistik
ZfgSt	=	Zeitschrift für die gesamte Staatswissenschaft
ZfN	=	Zeitschrift für Nationalökonomie

1. Einleitung und Problemstellung

1.1. Die Funktion von Prognosesystemen in der Sozialpolitik

Die zunehmende Aktivität des Staates in der Sozial- und Wirtschaftspolitik, verbunden mit einer rationalen Kalkulation des Mitteleinsatzes, stellt immer höhere Anforderungen an die anzuwendenden Planungs- und Prognosetechniken. Insbesondere verlangen die zu treffenden Entscheidungen über die Beschaffung von Einnahmen und die Aufteilung der Ausgaben eine umfassende Information über den Umfang sozialer Tatbestände und der aus ihnen resultierenden Ansprüche und Belastungen von Individuen (1).

Prognosesysteme, die zur Entscheidungshilfe in der Sozialpolitik herangezogen werden sollen, müssen somit Informationen enthalten über die Zahl der von einer Maßnahme betroffenen Personen oder Haushalte , da nur so die Einnahmen bzw. Ausgaben des Staates, die aus der erwogenen Maßnahme folgen, bestimmt werden können. Zugleich sollen sie auch Anhaltspunkte geben über die resultierenden Verteilungswirkungen.

Allein schon demographische Merkmale wie Alter, Geschlecht, Familienstand und Kinderzahl sowie Geburt, Tod und Mutterschaft sind dabei von erheblicher Bedeutung, so daß bereits detaillierte Daten über die Bevölkerungsstruktur in einem sozialpolitischen Entscheidungssystem sehr aufschlußreich

---

(1) Vgl. GESELLSCHAFT FÜR SOZIALEN FORTSCHRITT (Hrsg.), Sozialbudget-Sozialplanung, Berlin 1971, S. 13; vgl.auch G.KLEINHENZ, Probleme wissenschaftlicher Beschäftigung mit der Sozialpolitik, Berlin 1970; H.J.KREMP, Sozialpolitik und Planung, in: Bundesarbeitsblatt, 22(1971), S. 598 ff.

sein können. Daneben sind vor allem noch Aussagen über die Erwerbstätigkeit bzw. Erwerbsfähigkeit der Bevölkerung von großer Relevanz.

Auf der Basis eines repräsentativen Bevölkerungsquerschnittes ist es im Grunde recht einfach, eine Untergliederung der Bevölkerung nach Tatbestandsgruppen vorzunehemen, sofern in diesem Querschnitt die entsprechenden Merkmale erhoben werden. Man braucht dann nur die Erhebungseinheiten nach den interessierenden Merkmalskombinationen auszuzählen und erhält so die gewünschten Strukturinformationen. Freilich sind diese Strukturinformationen nur für den Erhebungszeitraum zutreffend, da sich fortwährend Strukturveränderungen ergeben. Will man Entscheidungen treffen, die nicht nur unter den gegebenen Strukturverhältnissen angebracht sind, sondern durch die auch langfristig gesicherte Ansprüche geschaffen werden können, so muß man versuchen, auch die sich abzeichnenden Strukturverschiebungen mit ins Kalkül einzubeziehen.

Da sich sozialpolitische Entscheidungsalternativen relativ einfach errrechnen lassen, wenn man erst einmal die Struktur sozialer Tatbestände kennt, kommt bei der Entwicklung eines sozialpolitischen Entscheidungssystems (2) vor allem der Erstellung von Prognosesystemen, durch die solche Strukturverschiebungen, insbesondere von Bevölkerung und Erwerbstätigkeit vorhergesagt werden können, eine besondere Bedeutung zu. Daneben besteht selbstverständlich auch noch aus vielerlei anderen Gründen ein Interesse an solchen Vorausschätzungen.

---

(2) Vergl. hierzu H.-J.KRUPP et al., Projektantrag: "Sozialpolitisches Entscheidungs- und Indikatorensystem für die Bundesrepublik Deutschland", Frankfurt 1971.

1.2. Der Gang der Untersuchung

Ausgehend von den soeben dargelegten Grundvorstellungen wird im folgenden der Versuch unternommen, durch die Erstellung von zwei Subsystemen einen Beitrag zur Entwicklung eines sozialpolitischen Entscheidungssystems zu leisten. Dies schließt sowohl die Verfolgung eines methodischen wie auch eines prognostischen Zieles ein.

Der Schwerpunkt der Untersuchung liegt zunächst bei methodischen Überlegungen. Hier wird diskutiert, wie sich ein Großsystem zweckmäßig in Teilsysteme untergliedern läßt und welche "Konstruktionsprinzipien" dann bei der Entwicklung von Subsystemen, die als Module bezeichnet werden, zu beachten sind. Es geht dabei einmal darum zu zeigen, wie in sich abgeschlossene Teiluntersuchungen als Elemente in ein Großsystem einbezogen werden können und welche Auswirkungen das auf die Lösungstechnik und das Rechenprogramm hat. Zugleich soll damit aber auch demonstriert werden, welche Integrationsmöglichkeiten die Entwicklung komplexer Entscheidungssysteme schafft und wie diese Integration realisiert werden kann. Konkret werden zwei Subsysteme entwickelt, das Bevölkerungsmodul und das Erwerbstätigkeitsmodul, womit zugleich Anwendungsbeispiele gegeben werden für verschiedene Lösungstechniken.

Ein weiteres Ziel, das mit dieser Arbeit verfolgt wird, ist prognostischer Art. Auch wenn die exemplarisch entwickelten Module zunächst nur rudimentäre Elemente eines Großsystems sind, so kann man doch schon allein damit brauchbare Prognosen erstellen, die sich mit ähnlichen Voraussagen vergleichen lassen und die zum Teil auch neue Erkenntnisse liefern.

Die Untersuchung gliedert sich in fünf Hauptteile. Nach

einer Einführung in die Problemstellung und einer methodischen Grundlegung im Kapitel "Strukturmerkmale des Prognosesystems" werden in zwei aufeinanderfolgenden Abschnitten die beiden entwickelten Subsysteme, das "Bevölkerungsmodul" und das "Erwerbstätigkeitsmodul", beschrieben und damit verbundene definitorische und theoretische Fragestellungen diskutiert. Anschließend werden die mittels dieser Module aufgestellten Prognosen näher erläutert und mit ähnlichen Vorhersagen verglichen.

Von besonderem Interesse dürfte hier die erstmals für die BRD nach einem Verfahren der stochastischen Simulation von Individualdaten durchgeführte Bevölkerungssimulation sein (1). Der eigentliche Vorteil dieses Verfahrens, das später noch näher erläutert werden wird, liegt darin, daß es hiermit möglich ist, die Zugehörigkeit von Individuen zu sozioökonomischen Einheiten sowie Prozesse der Bildung und Auflösung dieser Einheiten realistisch zu erfassen. Neben personenbezogenen Daten lassen sich so auch gruppenspezifische Bestandsvariablen vorausschätzen, was in zweifacher Hinsicht vorteilhaft ist. Einmal ist auf diesem Wege eine differenziertere Abgrenzung nach sozialen Tatbeständen möglich, sie erlaubt aber auch

---

(1) Die Anwendung ähnlicher Simulationsverfahren ist bisher nur aus den Vereinigten Staaten bekannt. Vergl. G.H.ORCUTT, M.GREENBERGER, J.KORBEL und A.M.RIVLIN, Microanalysis of Socioeconomic Systems: A Simulation Study, New York-Evanston-London 1961; R.L.MICHIELUTTE und J.T.SPREHE, Problems and Prospects in Simulating Large-Scale Social Change, Papers Prepared for the Session on Theory, Research and Simulation Studies on Social Mobility, Seventh World Congress of the International Sociological Association, Varna, Bulgaria, September 14-19, 1970; J.H.SCHULZ, The Economic Status of the Retired Aged in 1980: Simulation Projektions, U.S.Department of Health, Education and Welfare, Research Report No. 24, Washington 1968.

die Einbeziehung zusätzlicher Informationen bei der Bevölkerungsprognose, so daß hier mit vergleichsweise besseren Ergebnissen gerechnet werden kann. Vor allem die Berücksichtigung von Daten über Familiengröße und Ehedauer läßt eine genauere Prognose der Geburtenzahlen erwarten.

Die differenzierte Erfassung von Bevölkerungsprozessen erlaubt auch bei dem an den Bevölkerungssimulator angeschlossenen Erwerbstätigkeitsmodul einen vergleichsweise hohen Grad an Disaggregation. Die Zuordnung von Personen zu Haushalten ermöglicht nämlich eine Untergliederung der Bestandszahlen verheirateter Frauen nach der Anzahl und dem Alter der Kinder, was insbesondere eine modellendogene Berücksichtigung von Prozessen der Phasenerwerbstätigkeit bei Frauen gestattet. Implizit lassen sich durch diesen Ansatz auch Auswirkungen von Veränderungen der Haushaltsstruktur auf die Frauenerwerbstätigkeit erklären. So kann man beispielsweise den Einfluß eines Rückganges der Kinderzahlen auf die Erwerbstätigkeit von Frauen mit diesem Modul untersuchen.

Natürlich stellt ein so weit disaggregiertes Prognosesystem erhebliche Anforderungen an das Datenmaterial. Allein schon das Auffinden plausibler Daten bereitet bei dem bestehenden großen Datenbedarf erhebliche Schwierigkeiten. Da es sich bei Bevölkerungsprozessen um typische Massenerscheinungen handelt, erscheint eine Schätzung von Ereigniswahrscheinlichkeiten mittels einfacher Verhältniszahlen ausreichend. Ein größeres Gewicht wird gelegt auf die Bereinigung des Datenmaterials und eine genauere Spezifikation der Wirkungszusammenhänge.

Auch die im Erwerbstätigkeitsmodul verwendeten Ereigniswahrscheinlichkeiten beruhen auf der Bildung einfacher Verhältniszahlen. Da die von der amtlichen Statistik ausgewiesenen Erwerbsquoten nicht in einer hinreichend disaggregierten Form vorlagen, mußten diese Daten dem verfügbaren Mikrozensus-Originalmaterial entnommen werden. Dieses Datenmaterial erlaubte es gleichzeitig, Informationen über die durchschnittliche wöchentliche Erwerbsstundenzahl der gebildeten Personengruppen zu entnehmen, so daß die Prognose der Erwerbsbeteiligung durch eine Prognose der Erwerbsintensität der sich an Erwerbsprozeß beteiligenden Personengruppen ergänzt werden konnte. Gerade im Hinblick auf die steigende Frauenerwerbstätigkeit kommt ja diesem Punkt eine besondere Bedeutung zu.

Es soll hier nicht in Abrede gestellt werden, daß die verwendeten Daten mit gewissen Mängeln behaftet sind. Der besondere Vorteil eines auf einer elektronischen Datenverarbeitungsanlage implementierten Prognosesystems liegt aber darin, daß solche Mängel nur von untergeordneter Bedeutung sind, da sich die eingegebenen Daten relativ leicht verändern lassen und man dann ja jederzeit die Simulation mit dem veränderten Datensatz wiederholen kann. Sensibilitätsanalysen, bei denen kleinere Veränderungen in den Daten vorgenommen werden, zeigen jedoch oftmals, daß die einigen Größen anhaftenden Ungenauigkeiten sich ohnehin nur unerheblich auf die relevanten Prognosevariablen auswirken.

Bewußt wurde darauf verzichtet, jeweils die neuesten Daten bei der Erstellung der Prognose zu verwenden. Wert gelegt wurde vielmehr auf einen konsistenten Datenrahmen, als Basisjahr der Simulationen wurde deshalb das Jahr 1969 gewählt. Für dieses Bezugsjahr konnte nämlich einmal über die Originaldaten des Mikrozensus verfügt werden, und zudem lagen zum Zeitpunkt der Simulation gerade alle relevanten Bevölkerungsdaten jenes Jahres vor.

Eine besondere Bedeutung kommt dem hier gewählten Basisjahr auch noch aus einem anderen Grunde zu. In diesem Jahr wurden nämlich zwei umfangreiche Erhebungen von Haushaltsstichproben durchgeführt. Es handelt sich hier einmal um die "Einkommens- und Verbrauchsstichprobe" mit etwa 50.000 Erhebungseinheiten (2) und zum anderen um die "Untersuchung des Sparprozesses" mit rund 10.000 Erhebungseinheiten (3).

Da diese Erhebungen jeweils nur nach einem Zeitraum von mehreren Jahren wiederholt werden und bei einer Simulation des Haushaltssektors hierauf zurückgegriffen werden muß, sobald ökonomische Variablen mit einbezogen werden sollen, erschien es zweckmäßig, den gesamten Simulationsprozeß auf diesen Basiszeitraum abzustellen.

Die Prognosen erstrecken sich über eine Zeitraum von dreißig Jahren und reichen von 197o bis 2ooo. Gewiß sind erhebliche Zweifel daran gerechtfertigt, ob diese Prognoseergebnisse mit der tatsächlichen Entwicklung in Einklang stehen. Der Wert dieser Vorausschätzung liegt aber auch nicht unbedingt darin, die künftige Entwicklung exakt vorauszusagen. Eher soll gezeigt werden, welche Entwicklungen unter bestimmten Voraussetzungen erwartet werden können.

Dementsprechend wurden hier auch zwei alternative Prognosen erstellt, die sich durch unterschiedliche Annahmen über Geburtenhäufigkeiten unterscheiden. Man kann so erkennen, welche Auswirkung die Variation jener Parameter auf die relevanten Prognosevariablen wie Bevölkerungsbestand, Haushaltsgröße und Erwerbstätigkeit hat. Da gerade das

---

(2) Vergl. M.EULER, Die Einkommens- und Verbrauchsstichprobe 1969, in: WISTA 1968, S. 289 ff.

(3) Vergl. H.-D.BOSCH, Zur Vermögenssituation der privaten Haushalte in der Bundesrepublik Deutschland, Teil II, Berlin-München 1971 .

Geburtsverhalten der Bevölkerung sich in den letzten Jahren erheblich verändert hat, erschien hier eine Durchrechnung von zwei extremen Varianten sinnvoll (4).

---

(4) Die bei einer Änderung der Geburtenrate zu erwartenden finanziellen und ökonomischen Auswirkungen wurden unlängst von einer Arbeitsgruppe im Bundesministerium für Arbeit und Sozialordnung untersucht. Erkennbar wurden dabei insbesondere die sich einstellende zeitliche Verteilung verschiedener finanzieller Be- und Entlastungen, was die Notwendigkeit einer langfristigen Untersuchung solcher Prozesse über einen vollen Lebenszyklus deutlich macht. Vergl. hierzu H.BERIÉ, Finanzielle und ökonomische Auswirkungen eines Geburtenrückganges, in: Bundesarbeitsblatt, 22(1971),S.336 ff., H.LÖWE, Auswirkungen des Geburtenrückganges in der Bundesrepublik Deutschland auf die finanzielle Entwicklung der gesetzlichen Rentenversicherungen, in: Bundesarbeitsblatt, 22(1971), S.344 ff.; G.J.GRÖBNER, Geburtenrückgang und Wirtschaftswachstum, in: Bundesarbeitsblatt, 22(1971), S.342 ff.

2. Strukturmerkmale des Prognosesystems

2.1. Die Lösungstechnik

2.1.1. Ordnungsstruktur und Zerlegbarkeit sozioökonomischer Modelle

Bei der Gestaltung großer sozioökonomischer Modelle ist es erforderlich, neben der Spezifizierung von Wirkungszusammenhängen auch die formalen Struktureigenschaften solcher Systeme näher zu analysieren und hierfür gewisse Normen aufzustellen. Ohne solche Festlegungen können Großsysteme nämlich nicht mehr mit einem vertretbaren Aufwand entwickelt und operationalisiert werden. Im Grunde geht es darum, wie sich solch ein System sinnvoll in Subsysteme zerlegen läßt, damit es einmal arbeitsteilig erstellt und schließlich auch sequentiell gelöst werden kann.

Dementsprechend wurde für das sozialpolitische Entscheidungssystem, in das sich auch die hier entwickelten Subsysteme einfügen sollen, ein modularer Aufbau gewählt (1). Gliederungskriterium ist dabei der Grad des Zusammenhanges zwischen den einzelnen Strukturelementen. Teilgebiete,

---

(1) Siehe hierzu H.-J.KRUPP et al., Forschungsprojekt: "Sozialpolitisches Entscheidungs- und Indikatorensystem für die Bundesrepublik Deutschland" ...,S.13. vergl. auch die Ausführungen von G.H.ORCUTT, Simulation of Economic Systems, in: AER, 50(1960), S. 893 ff. zum "Building-Block-Approach".

die sinnvollerweise von einem oder mehreren auf einem bestimmten Gebiet spezialisierten Forschern bearbeitet werden sollten, sind zu einer Einheit zusammengefaßt.

Diese Gliederung erweist sich in mehrfacher Hinsicht als vorteilhaft. Aus der Sicht des Forschers, der ein bestimmtes Gebiet bearbeitet, ergibt sich die Verknüpfung seines Teilgebietes mit dem Gesamtsystem durch eine Menge spezifizierter Input-Output-Variablen. Dabei ist für ihn die interne Struktur anderer Module unerheblich, denn sie reduziert sich aus seiner Sicht auf die für ihn relevanten Eingangs- und Ausgangsinformationen. Der Vorgang einer Entwicklung von Großsystemen besteht damit in der Erstellung von Modulen und dem anschließenden Zusammenfügen dieser Substrukturen mittels genormter Anschlußdaten.

Bei der Erstellung von Teilsystemen kann man davon ausgehen, daß genormte Anschlußdaten aus anderen Teilsystemen verfügbar sind. Dabei entfällt die Notwendigkeit eines zeitaufwendigen detaillierten Nachvollzugs fremder Forschungsergebnisse, und man muß nicht alle Teile eines komplexen Systems selbst entwickeln, sondern kann an fremden Forschungsergebnissen ohne großen Aufwand unmittelbar teilhaben. Es kann dabei durchaus sinnvoll sein, einzelne Subsysteme, die im Systemzusammenhang nur von untergeordneter Bedeutung sind, zunächst einmal als sogen. "Dummies" einzufügen und die von ihnen zu liefernden Output-Variablen nicht endogen zu erklären, sondern ihnen feste Werte, möglicherweise in Form exogen bestimmter Trendverläufe, zuzuweisen. Immerhin gelingt es so erst einmal, einen geschlossenen Erklärungszusammenhang herzustellen, der für ein prognosefähiges System, bei dem ja jede Variable für jede Periode irgendwie erklärt werden muß, wesentlich ist.

Wie vorteilhaft eine Untergliederung von Systemen in

einzelne Modellbausteine ist, sieht man auch, wenn ein Fehler eliminiert oder das System schrittweise verbessert werden soll. Die entwickelten Module können nämlich erst einmal getrennt von dem Großsystem auf ihre Funktionsfähigkeit getestet und anschließend probeweise in das System eingefügt werden. Da ein endgültiger Einbau in das System erst dann erfolgt, wenn sie sich als voll funktionsfähig erwiesen haben, können andere Benutzer bei ihren Funktionstests in der Regel darauf vertrauen, daß die in das Großsystem integrierten Module fehlerfrei sind, so daß sich ihre eigenen Fehler relativ leicht eingrenzen lassen.

Wie noch zu erläutern sein wird, unterstüzt die üblicherweise bei der Implementierung solcher Systeme angewandte problemorientierte Programmiersprache FORTRAN solch eine Systemmodularisierung, so daß auch von dieser Seite die hier erläuterte Konzeption sinnvoll ist.

Wenn auch die Anwendung einer modularen Verknüpfungstechnik es nicht unbedingt erfordert, so legt sie doch die Entwicklung blockrekursiver Modelle nahe. Solche Modelle lassen sich in Interdependenzklassen untergliedern, die aus Blöcken von interdependenten Relationen bestehen (2). Zweckmäßig ist es dabei, das System so zu gestalten,

---

(2) Möglichkeiten zur formalen Zerlegung von Großsystemen sind eingehend diskutiert bei R.KRUPP, Die Ordnungsstruktur ökonomischer Modelle, Dissertation Bonn 1971. Vergl. hierzu auch D.V.STEWARD, Partitioning and Tearing Systems of Equations, in: J. SIAM Numerical Analysis, Ser.B, 2(1965), S.345 ff.; D.V.STEWARD, On an Approach to Techniques for the Analysis of the Structure of Large Systems of Equations, in: SIAM Review, 4(1962), S. 321 ff.; H.A.SIMON, Causal Ordering and Identifiability, in: A.ANDO, F.M.FISCHER, und H.A.SIMON, Essays on the Structure of Social Science Models, Cambridge/Mass. 1963.

daß die Module rekursiv aneinandergeschlossen werden können und eine bzw. mehrere Interdependenzklassen voll einschließen. Dies erlaubt nämlich, die Module zur Bestimmung einer Lösung sequentiell durchzurechnen, was insbesondere unter dem Gesichtspunkt einer technischen Realisierung vorteilhaft ist.

Interdependente Beziehungen zwischen Modulen müssen allerdings nicht notwendigerweise ausgeschlossen werden. Theorretisch zumindest ist es möglich, über ein Feed-back die Module in einen interdependenten Zusammenhang zu stellen und durch mehrmaliges Iterieren auch hier eine Lösung zu bestimmen. Eine Beschränkung ist dabei freilich durch die verfügbare Rechenzeit gegeben, insbesondere ist es nicht zweckmäßig, Module mit sehr zeitaufwendigen Rechenoperationen in den Iterationsprozeß einzubeziehen.

Andererseits werden sich bei einer rekursiven bzw. blockrekursiven Strukturierung der Systeme Fehlspezifikationen nicht immer vermeiden lassen. Zwar sprechen auch manche theoretischen Gründe für die Bildung rekursiver Modelle (3), doch wird dabei in der Regel eine relativ kleine Zeiteinheit vorausgesetzt. Auch wenn man die Zeitperiode auf ein Vierteljahr verkürzt, was zumindest bei Prognosesystemen für die BRD eine Ausnahme ist, wird es immer noch eine große Anzahl von interdependenten Relationen geben, die nicht mehr alle sinnvoll in einem Modul zusammengefaßt werden können. Hier muß man sich der Lösbarkeit wegen mit vereinfachenden Annahmen helfen.

---

(3) Vergl. bspw. die Beiträge in H.WOLD(Hrsg.), Econometric Model Building, Amsterdam 1967.

2.1.2. Individual- und Gruppen-Simulation

Der stetig sich erhöhende Komplexitätsgrad sozioökonomischer Modelle schließt zunehmend die Anwendung analytischer Lösungsverfahren aus. Dies liegt einmal an der Begrenztheit der analytischen Lösungstechnik selbst, denn die allgemeine Lösbarkeit eines konkreten Gleichungssystems ist nur in bestimmten Fällen gegeben. Aber auch wenn eine geschlossene Lösung theoretisch möglich wäre, braucht es nicht unbedingt von Vorteil zu sein, diese zu ermitteln. Eine Interpretation der Lösung verlangt auch hier oft die Berechnung konkreter Einzelfälle, ohne die eine geschlossene Lösung umfangreicher Svsteme nicht mehr überschaubar wäre. Der Nutzen der Anwendung einer analytischen Lösungstechnik läge dann nur noch in einer Erleichterung der Berechnung jener Einzelfälle (4).

Heute ist es allgemein üblich, bei derart komplexen Systemen Simulationsverfahren als Lösungstechnik heranzuziehen (5).

---

(4) Vergl. H.-J.KRUPP, Theorie der personellen Einkommensverteilung, Berlin 1968, S.146 .

(5) Zur Einführung in Probleme der Simulation sozioökonomischer Modelle vergl. H.SIEBERT, Simulation als Informationsinstrument der Wirtschaftspolitik, in: ZfgSt, 126(1970),S.409 ff.; W.MEIßNER, Zur Methodologie der Simulation, in: ZfgSt, 126(1970), S.385 ff.; H.-J.KRUPP, Simulationsverfahren in der Sozialpolitik, Ein Beitrag zur sozialwissenschaftlichen Integration ? , in: A.BLIND, CHR.V. FERBER und H.-J.KRUPP(Hrsg.), Sozialpolitik und persönliche Existenz, Festgabe für Hans Achinger, Berlin 1969, S.139 ff., G.H.ORCUTT et al. Microanalysis of Socioeconomic Systems ... ; H.GUETZKO (Hrsg.), Simulation in Social Science, Readings, London-Tokyo-Sydney 1962; G.P.E.CLARKSON und H.A. SIMON, Simulation of Individual and Group Behavior, in: AER, 50(1960),S.920 ff.; W.A.JÖHR, Spiel zur Simulation von Konjunkturprozessen, in: ZfN, 25

Die Simulation umgeht das Problem einer logischen Deduktion, indem sie keine allgemeinen Ergebnisse, sondern nur partielle Resultate liefert. Die einzelnen Sätze eines Modells werden hier in der Form verknüpft, daß ausgehend von vorherbestimmten Variablen sukzessiv alle endogenen Variablen errechnet werden. Im Gegensatz zur geschlossenen Lösung muß man dabei von vornherein den vorherbestimmten Variablen numerische Werte zuweisen und mit diesen Ausgangsdaten jeweils das gesamte Modell durchrechnen. Zusätzlich ist notwendig, daß die numerischen Werte der Strukturkoeffizienten bekannt sind.

Es gibt nun verschiedene Arten der Typisierung von Simulationsverfahren. Hier erscheint die Unterscheidung von Individual- und Gruppensimulation wesentlich. Beide Verfahren werden in dieser Untersuchung angewandt und sollen im folgenden näher erläutert sowie gegeneinander abgegrenzt werden.

Wenn man in den Sozialwissenschaften, speziell in der Ökonomie von Simulationsverfahren spricht, so denkt man vornehmlich an die Simulation von Makro-Modellen mittels Gruppen-Simulatoren, denn heute ist es allgemein üblich, ökonometrische Prognosesysteme auf diesem Wege zu lösen

---

(Fortsetzung von Anmerkung 5)
(1965), S.99 ff.; B.FRITSCH, Die Simulation als Instrument makroökonomischer Prognosen, in: Schw.Z.f.Volkswirtschaft und Statistik, 102(1966), S.409 ff.; A.C.HOGGAT und F.E.BALDERSTONE (Hrsg.), Symposium on Simulation Models: Methodology and Applications in the Behavioral Sciences, Cincinatti/Ohio 1963; P.LÄUCHLI, Was ist Simulation ?, in : Schweiz.Z.f.Volkswirtschaft und Statistik, 102(1963), S.387 ff.

(6). Vorzugeben sind Struktur- und Definitionsgleichungen sowie Daten, die die Ausgangssituation beschreiben, und man bestimmt dann periodenweise die numerischen Werte aller endogenen Variablen. Alternative Maßnahmen politischer Entscheidungsträger lassen sich dabei durch die Variation von Strukturkoeffizienten und Ausgangsdaten berücksichtigen.

Fast ausschließlich sind diese Simulationsverfahren deterministisch. In der Regel wird nur ein Entwicklungspfad prognostiziert, dem meist die Eigenschaft einer "maximum likelihood" zukommt. Ein wesentlicher Nachteil dieser Vorgehensweise ist es, daß diese auch als "Punktprognose" bezeichneten Vorausschätzungen keine Information über die Genauigkeit der Prognoseergebnisse enthalten, da ja diese Ergebnisse nur Mittelwerte einer Zufallsverteilung sind und kein zugehöriges Streuungsmaß errechnet wird. Eine Stochastisierung würde es erlauben, derartige Streuungsmaße zu ermitteln, und insofern gilt sie grundsätzlich als wünschenswert (7). Allerdings muß dabei beachtet werden, daß sich der Rechenaufwand erheblich erhöht, da erst nach mehreren Simulationsdurchläufen mit hinreichender Genauigkeit die Parameter von Verteilungsfunktionen für die endogenen Variablen geschätzt werden können.

Im Gegensatz zur Gruppen-Simulation ist die Individual-Simulation als Verfahren zur Analyse des Zeitverhaltens sozioökonomischer Systeme bisher wenig verbreitet. Zwar gehört dieser Simulationstyp schon heute zum bewährten

---

(6) Vergl. bspw. W.KRELLE, D.BECKERHOFF, H.G.LANGER und H.FUß, Ein Prognosesystem für die wirtschaftliche Entwicklung der Bundesrepublik Deutschland, Meisenheim 1969; auch B.FRITSCH, Die Simulation als Instrument makroökonomischer Prognosen ...

(7) Vergl. G.MENGES, Ökonometrische Prognosen, Köln-Opladen 1967.

Instrumentarium des Unternehmensforschers (8), der vor allem bei einer Untersuchung von Wartesystemen Verfahren der Individual-Simulation einsetzt, doch gibt es bisher im Bereich der Sozialwissenschaften nur wenige Anwendungsbeispiele für derartige Verfahren (9).

Der Grundgedanke bei der Entwicklung und Simulation von Individual-Systemen ist, daß man eine Fülle von Hypothesen über das Verhalten von Individuen und kleinen sozioökonomischen Einheiten, wie z.B. Familien und Haushalten, besitzt, und es daher naheliegt, dieses Verhalten in einem Modell abzubilden (10). Ein reales sozioökonomisches System besteht nämlich aus einer Vielzahl solcher Einheiten, die laufend irgendwelche Entscheidungen treffen, und man kann vermuten, das sich eine Prognose der Entwicklung sozioökonomischer Systeme verbessern läßt, wenn man nicht nur irgendwelche Gruppen-Variablen, sondern auch das Wissen über das Verhalten der sie beeinflussenden elementaren Entscheidungseinheiten mit in die Vorhersage einbezieht.

Im Gegensatz zur Gruppen-Simulation sind die sozioökonomischen Einheiten bei der Individual-Simulation nicht über vorgegebene Merkmale aggregiert, sondern jede Einheit ist durch eine bestimmte Anzahl meist diskreter Merkmale (z.B. Alter, Geschlecht und soziale Stellung des Haushaltsvorstandes, Haushaltsgröße) eindeutig bestimmt. Während Gruppen-Variablen die Aggregate von Individualdaten einer bestimmten Kategorie ausweisen, beschreiben somit Individual-

---

(8) Siehe hierzu R.KOXHOLD, Die Simulation - ein Hilfsmittel der Unternehmensforschung, München-Wien 1967.

(9) Vergl. die in Abschnitt 1.2. genannte Literatur mit Anwendungsbeispielen einer stochastischen Simulation von Individualdaten.

(10) Vergl. G.H.ORCUTT et al. , Microanalysis ...

Variablen die jeweiligen Prozeßzustände oder aber auch das Prozeßverhalten einzelner sozioökonomischer Einheiten. Dementsprechend ergeben sich die Unterschiede zwischen den beiden Simulationsverfahren: Bei der Gruppen-Simulation ist der Zeitverlauf von Aggregaten zu erklären, dagegen hat man bei der Individual-Simulation jeweils die Veränderungen von Merkmalsausprägungen einer Simulationseinheit im Zeitablauf zu bestimmen.

Trotz dieser erheblichen Unterschiede zwischen Gruppen- und Individual-Simulation lassen sich die zugrunde liegenden Daten ohne Informationsverlust ineinander überführen, so daß sich die Frage nach den Vorzügen und Nachteilen beider Verfahren reduziert auf die Frage nach dem erwünschten Aggregationsgrad und der Operationalität. Auch bei der Erfassung von Individualdaten erfolgt nämlich, wenn auch oftmals unbewußt, eine Klassifizierung. Da es unmöglich ist, alle Merkmale, durch die ein Individuum oder eine kleine Gruppe von Personen beschrieben werden kann, bei der Erhebung zu ermitteln, beschränkt man sich stets auf eine Auswahl relevant erscheinender Merkmale und erfaßt hierzu die jeweiligen Merkmalsausprägungen (im folgenden als Darstellung in der Erhebungsform bezeichnet). Dabei werden zwar jeweils für eine Erhebungseinheit alle Merkmalsausprägungen festgehalten, doch wäre es theoretisch ohne Informationsverlust auch möglich, etwa mittels einer Strichliste in einer n-dimensionalen Matrix die jeweiligen Besetzungshäufigkeiten pro Klasse zu ermitteln (im folgenden als Darstellung in der Matrixform bezeichnet).

Durch Hinzufügen oder Streichen von Erhebungsmerkmalen ist bei der Befragung auf einfachem Wege eine noch weitergehende Disaggregation oder eine höhere Aggregation möglich. Wie eine Analyse mittels des SHANNON'schen Informationsmaßes ergibt, wirken sich derartige Manipulationen unmittelbar auf den Informationsgehalt der Daten aus. Unterstellt man a-priori völlige Unkenntnis, was der Annahme einer Gleichbesetzung aller Klassen entspricht, so bestimmt sich der Informationsgehalt zu (11)

$$I = \mathrm{ld}\, N \qquad \text{(Gl. 2.1.2./1)}$$

Mit N wird hierbei die Anzahl der Klassen bezeichnet und es gilt

$$N = \prod_{i=1}^{n} m(i) \qquad \text{(Gl. 2.1.2./2)}$$

wobei m(i) die Anzahl der Merkmalsausprägungen und n die Zahl der erhobenen Merkmale angibt. Wird die Erhebung über das Merkmal k aggregiert oder wird bei einer Befragung dieses Merkmal ausgelassen, so reduziert sich der Informationsgehalt um

$$\Delta I = \mathrm{ld}\, N - \mathrm{ld}\, N^{*} \qquad \text{(Gl. 2.1.2./3)}$$

mit

$$N^{*} = m(1) \cdot m(2) \cdot \;\ldots\; \cdot m(k-1) \cdot m(k+1) \cdot \;\ldots\; \cdot m(n) \qquad \text{(Gl. 2.1.2./4)}$$

woraus folgt

$$\Delta I = \mathrm{ld}\, (N / N^{*}) \qquad \text{(Gl. 2.1.2./5)}$$

oder

$$\Delta I = \mathrm{ld}\, m(k) \qquad \text{(Gl. 2.1.2./5)}$$

(11) Vergl. J.PETERS, Einführung in die allgemeine Informationstheorie, Berlin-Heidelberg-New York 1967, S.156 ff.

Man erkennt hier, was auch plausibel ist: Mit zunehmender Aggregation der Daten sinkt der Informationsgehalt. Da jedoch in der Regel Aussagen mit einem hohen Informationsgehalt erwünscht sind, leitet sich aus dieser Erkenntnis unmittelbar die Forderung nach einer weitgehenden Disaggregation ab. Allerdings hat auch eine Disaggregation ihre Grenzen. Vor allem formal-statistische sowie operationelle Gründe stehen hier entgegen (12), zudem ist zu beachten, daß eine Erhöhung des Informationsgehaltes, so wie er weiter oben gemessen wurde, nicht unbedingt zu einer Erhöhung der relevanten Information führt.

Die Fähigkeit des Menschen, Informationen zu empfangen und zu verarbeiten, ist nämlich nicht unbegrenzt. Dies bleibt jedoch bei der hier vorgenommenen Quantifizierung außer acht. Von Bedeutung sind eigentlich nur die relevanten, d.h. alle den Empfänger interessierenden und von ihm verarbeitbaren Informationen. Schon aus dieser Sicht erscheint, auch ohne operationelle Überlegungen anzustellen, eine sehr weitgehende Disaggregation nicht sinnvoll. Stets wird es nötig sein, bei einer Analyse die Daten zu irgendwelchen leicht faßbaren Maßzahlen zusammenzufassen. Diese sind dann in aller Regel hochaggregiert und beschreiben das Datenmaterial über Durchschnitts- und Verteilungsmaße.

Freilich ist dies unbestritten, doch schließt es nicht aus, daß man zunächst einmal die Berechnungen mit sehr disaggregierten Daten durchführt und erst anschließend die Ergebnisse zusammenfaßt, in der Erwartung, daß die so ermittelten Daten genauer sind als Daten, die unmittelbar

---

(12) Vergl. W.BLESL, Disaggregationskriterien in der Verteilungstheorie, Eine faktorenanalytische Untersuchung, Dissertation Darmstadt 1970, S.23 .

auf der Basis eines aggregierten Datenmaterials gewonnen wurden. Doch stößt man auch hier sehr schnell aus formalstatistischen Gründen an die Grenzen einer Disaggregationsmöglichkeit. Zwar kann man in einem Modell das Verhalten einzelner Individuen beschreiben, doch ist auch dort zur Schätzung allgemeingültiger Verhaltenshypothesen irgendeine Form der Aggregation nötig (13). Stets muß bei Prognosen nämlich, obwohl sie bei Einzelpersonen ansetzen, mit Verhaltensfunktionen operiert werden, die auf der Basis einer Gruppe ermittelt wurden, wobei einzelne Gruppenmitglieder durch ein oder mehrere gemeinsame Merkmale gekennzeichnet sind.

Ein Unterschied besteht allerdings doch gegenüber einer generellen Vorabaggregation. Es ist nämlich möglich, die Daten über alle diejenigen Merkmale zu aggregieren, die jeweils für die Erklärung bestimmter Verhaltensweisen von untergeordneter Bedeutung sind. Zwar ergeben sich auch hier relativ hochaggregierte Gruppen, doch entfällt die eindeutige Zuordnung aller Individuen zu einer bestimmten Gruppe. Die betrachteten Entscheidungseinheiten können vielmehr Mitglieder in mehreren Gruppen sein, die man hinsichtlich der gerade zu erklärenden Variablen als homogen betrachten kann. Ein Beispiel soll dies verdeutlichen: Die zu zahlende Steuer ist abhängig vom Einkommen und der Steuerklasse. Vom Einkommen sei angenommen, daß es eine Funktion von Alter, sozialer Stellung und Ausbildung ist. Dagegen bestimmt sich die Steuerklasse nach dem Familienstand und der Kinderzahl. Die Gruppe von Personen, die steuerlich gleich behandelt werden, braucht somit nicht identisch zu sein mit der Gruppe von Personen, die als homogen hinsichtlich des Einkommensbezuges betrachtet

(13) Vergl. hierzu auch H.GERFIN, Langfristige Wirtschaftsprognose ... , S. 22 .

werden kann. Personen, die steuerlich gleich behandelt werden, können nämlich in völlig unterschiedlichen Einkommensklassen eingeordnet sein, wie andererseits Personen, die in der gleichen Einkommensklasse sind, in unterschiedlichen Steuerklassen erfaßt werden können.

Formal-statistische Überlegungen schließen somit eine sehr weitgehende Disaggregation nicht grundsätzlich aus. Durch partielle Zusammenfassungen von Zellen können jeweils bestimmte Verhaltensweisen aus Aggregaten geschätzt werden, ohne daß eine generelle Aggregation nötig wird, um die Grundgesamtheit bei der Schätzung von Verhaltenshypothesen hinreichend groß zu machen. Letztlich sind damit nur noch operationelle Gründe für den Grad der Disaggregation und die Darstellung sowie Simulation der Daten in der Matrix- oder Erhebungsform maßgeblich.

Ein Grund vor allem ist es hier, der eine Darstellung der Daten in der Erhebungsform und damit eine Individual-Simulation nahelegt. Schon bei der Erfassung relativ weniger Merkmale wird bei der Matrix-Darstellung ein Umfang erreicht, mit dem man an die Grenzen des in einer Rechenanlage üblicherweise verfügbaren Speicherplatzes stößt (14). Zwar sind dann in der Regel sehr viele Klassen und damit Speicherplätze unbesetzt, und es böte sich als Alternative ein spezielles Speicherverfahren für dünnbesetzte Matrizen an, doch hätte das dann wieder eine zur Darstellung in der Erhebungsform analoge Struktur.

Aber nicht allein der verfügbare Speicherplatz, sondern auch die erforderliche Verarbeitungszeit legen eine Dar-

---

(14) Unterstellt man z.B. 10 Merkmale mit je 5 Merkmalsausprägungen, so ergibt dies allein schon 10.156.250 Klassen.

stellung der Daten in der Erhebungsform, verbunden mit einer Individual-Simulation nahe. Grundsätzlich ist ja bei den Simulationen zwischen zwei Simulationszeitpunkten ein Übergang von einer beliebigen Zelle in jede andere möglich. Dies erfordert zunächst einmal, daß alle Ausgangszellen abgearbeitet werden müssen, es bedingt aber auch sehr aufwendige Suchoperationen im Massenspeicher beim Abspeichern der Simulationsergebnisse.

Als Ausweg bietet sich an dieser Stelle die Individual-Simulation an. Hier kann man - jeweils der verfügbaren Rechenzeit entsprechend - eine beliebig große Stichprobe auswählen und diese Stichprobe sequentiell abarbeiten. Theoretisch wäre es möglich, die Gesamtzahl der Haushalte eines Landes zu simulieren, doch hätte dies einen unvertretbar hohen Rechenaufwand zur Folge. Deshalb liegt es nahe, derartige Simulationen mit einer Zufallsauswahl von Einheiten durchzuführen (15). Eine Simulationseinheit repräsentiert dann in dem Modell eine Vielzahl realer Einheiten, von denen man annimmt, daß sie gleich oder zumindest ähnlich sind hinsichtlich der jeweiligen Merkmalsausprägungen.

Das Verfahren der Individual-Simulation läßt sich als einfacher Markov-Prozeß beschreiben (16). Für alle Indi-

(15) G.H.ORCUTT et al. führen ihre Simulation mit etwa 5.000 Simulationseinheiten durch (vergl. G.H.ORCUTT et al., Microanalysis ..., S.136); MICHIELUTTE und SPREHE legen 1/10.000 der Wohnbevölkerung in den USA zugrunde, d.h. rund 20.000 Simulationseinheiten (vergl. R.L.MICHIELUTTE und J.T.SPREHE, Problems and Prospects ... , S.5).

(16) Vergl. G.FEICHTINGER, Stochastische Modelle demographischer Prozesse, Berlin-Heidelberg-New York 1971 , S. 19 ff.

vidualdaten werden periodenweise die sich ergebenden Veränderungen in den Merkmalsausprägungen bestimmt, wobei die möglichen Übergänge jeweils durch Wahrscheinlichkeitsfunktionen beschrieben werden können. Ebenso wie bei der Gruppen-Simulation müssen auch bei der Individual-Simulation die Werte aller Variablen periodenweise bestimmt werden. Zum Teil kann man freilich die Annahme treffen, daß die Variablen zeitinvariant sind und dementsprechend bei der periodenweisen Fortschreibung nicht verändert werden müssen, was z.B. für das Geschlecht einer Person gilt. Daneben lassen sich auch einige Variablen durch einfache arithmetische Rechenvorschriften bestimmen, wie etwa Lebensalter und Ehedauer bei einer Fortschreibung um ein Jahr lediglich um die Zahl 1 zu erhöhen sind. Über die Annahme, daß hier nur eine Übergangsmöglichkeit besteht und dementsprechend die Wahrscheinlichkeit p für den Übergang p=1 beträgt, lassen sich diese Sonderfälle jedoch recht einfach in das allgemeine Markov-Schema einordnen.

Die Verfahrensbeschreibung für die Individual-Simulation macht einen wesentlichen Unterschied gegenüber der Gruppen-Simulation deutlich: Auch in den Fällen, bei denen die Gruppen-Simulation noch eine deterministische Lösung erlaubt, ist bei der Individual-Simulation schon die Anwendung der stochastischen Lösungstechnik erforderlich. man kann nämlich nicht bei einer Simulation von Individualdaten von einer Klasse mit einer bestimmten Besetzungszahl ausgehen und diese Einheiten nach einer vorgegebenen Verteilungsfunktion auf verschiedene andere Klassen aufteilen, sondern man muß jeweils mittels eines Zufallsprozesses alle Einzelbeobachtungen einer bestimmten Klasse zuordnen. Zwar wird sich, wenn man diesen Zufallsprozeß unendlich oft wiederholt, eine Häufigkeitsverteilung ergeben, die der Verteilungsfunktion der Gruppen-Simulation entspricht, doch kann dies nur bei sehr großen Stichproben unterstellt werden. Bei allen Individual-Simulationen mit einer kleinen Stichprobe muß deshalb beachtet werden, daß die Ergebnisse u.U. mit einem erheblichen Zufallsfehler behaftet sein können. Daran ist vor allem zu denken, wenn Teilgruppen analysiert werden sollen.

2.2. Das Rechenprogramm

Erst die Bereitstellung leistungsfähiger Datenverarbeitungsanlagen hat es ermöglicht, komplexe Simulationssysteme operationalisierbar zu machen. Zwar lassen sich Simulationen auch ohne die Benutzung solcher informationsverarbeitender Maschinen durchführen, doch nur aufgrund der hohen Rechengeschwindigkeit und großen Speicherkapazität sowie der einfachen Programmierbarkeit dieser Anlagen konnten Simulationsverfahren als Lösungstechnik für sozialwissenschaftliche Modelle ihre weite Verbreitung finden.

Datenverarbeitungsanlagen erlauben dem Benutzer die Steuerung eines Ablaufs logischer Prozesse durch die Vorgabe einer Folge zulässiger Handlungsanweisungen in Form von "Programmen". Man könnte nun vielleicht meinen, daß das Problem bei der Erstellung dieser Programme letztlich nur darin besteht, ein umgangssprachlich formuliertes Aussagensystem in eine Rechnersprache zu transformieren. Damit wäre das Programmieren hinsichtlich des bearbeiteten wissenschaftlichen Problems nur von untergeordneter Bedeutung und ließe sich mit einer Sprachübersetzung vergleichen.

In Wirklichkeit besteht jedoch zwischen der Formulierung eines Modells und seiner Übertragung in ein Rechenprogramm ein interdependenter Zusammenhang. Eine Verletzung der auch bei modernen Datenverarbeitungsanlagen aus der Sicht einer Entwicklung von Groß-Systemen immer noch erheblichen technischen Restriktionen - am einfachsten zu fassen durch die Größen Speicherplatz und Rechenzeit - führt dazu, daß ein Modell inoperabel wird und damit mangels einer geeigneten Lösungstechnik aus der Menge empirisch relevanter Modelle auszuschließen ist. Schon bei der Formulierung von Modellen muß man deshalb auch auf ihre technische Lösbarkeit Rücksicht nehmen und von vornherein solche Ansätze verwerfen, die mit den verfügbaren Anlagen nicht in einer vertretbaren Zeit bewältigt werden können.

Durch die Notwendigkeit der Übertragung in ein Rechenprogramm wird allerdings nicht allein der Umfang, sondern auch die logische und formale Struktur der Modelle beeinflußt. Da meist nicht alle erforderlichen Daten so gespeichert werden können, daß man schnell auf sie zugreifen kann, ist es nur in beschränktem Maße möglich, die dann sehr rechenzeitaufwendigen interdependenten Beziehungen zu berüchsichtigen. Hieraus resultiert ein Bemühen, gegenseitige Abhängigkeiten zwischen Variablen einer Simulationsperiode weitgehend zu umgehen und diese durch verzögerte Variablen zu ersetzen.

Die hier nur kurz angedeutete erhebliche Abhängigkeit zwischen Modellformulierung und rechentechnischer Lösbarkeit legt es nahe, die Implementation der Simulationsmodelle auf einer Datenverarbeitsanlage näher zu betrachten, da es allein auf diesem Wege möglich erscheint, eine Erklärung für bestimmte Modellspezifikationen zu liefern. Zunächst sei deshalb hier ein Überblick gegeben über die angewandte Modulverknüpfungstechnik und anschließend soll die implementierte Prozeßstruktur an einem Blockschaubild näher erläutert werden.

2.2.1. Die Modulverknüpfungstechnik

Zur Bearbeitung von Simulationsproblemen sind verschiedene

Simulationssprachen (1) entwickelt worden, und es liegt nahe zu prüfen, inwieweit diese geeignet sind, zur Lösung der hier behandelten Probleme beizutragen. Obwohl der Begriff "Simulationssprache" inzwischen geläufig geworden ist, beschreibt er diese Simulationshilfsmittel sachlich nicht ganz korrekt. Richtiger wäre die Bezeichnung "Simulationsprogrammier- und -steuerungssystem", denn Simulationssprachen bestehen aus mehreren Komponenten, von denen die eigentliche Sprache nur eine darstellt (2). Neben dieser Sprache, die in Verbindung mit einer zugehörigen Syntax erlaubt, den Aufbau von Simulationsmodellen und der zu simulierenden Prozeßstruktur zu beschreiben und damit gleichzeitig programmtechnisch zu definieren, ist nämlich ein Sprachübersetzer erforderlich, der die in einer Simulationssprache abgefaßte Modellbeschreibung in eine für die jeweils benutzte Anlage verarbeitbare Form überträgt. Hinzu kommen Organisationsprogramme, die die Ablaufsteuerung und -überwachung eines in einer Simulationssprache formulierten Simulationsprogramms übernehmen.

Der Vorteil solcher Simulationssprachen ist, daß sie relativ leicht zu erlernen sind und der Bearbeiter von Simulationsproblemen damit in die Lage versetzt wird, seine speziellen Fragestellungen selbst zu beschreiben. Das hat insbesondere den Vorteil, daß unbeabsichtigte sachliche Abweichungen zwischen dem Simulationsobjekt und dem Simulationsprogramm, soweit sie durch Kommunikationsschwierig-

---

(1) Zur Einführung vergl. R.KOXHOLD, Die Simulation ...; G.GORDON, Systems Simulation, Englewood Cliffs / New Jersey 1969; J.N.BUXTON (Hrsg.), Simulation Programming Languages, Amsterdam 1968; TH.H.NAYLOR, J.L.BALINTFY, D.S.BURDICK und KONG CHU, Computer Simulation Techniques, New York-London-Sydney 1966.

(2) Vergl. R.KOXHOLD, Die Simulation ... , S.51 .

keiten zwischen einem Programmierer und einem fachspezifisch orientierten Wissenschaftler zustande kommen, vermieden werden (3). Hinzu kommt, daß sich der Programmieraufwand erheblich reduziert, da ein Großteil der Programmierarbeit durch den Einsatz standardisierter Programme entfällt und nur das eigentliche Simulationsmodell in einer Simulationssprache formuliert werden muß.

Diesen Vorzügen steht nun gegenüber, daß fast alle Simulationsprogrammier- und -steuersysteme problemorientiert angelegt sind und ihre Einsatzmöglichkeit damit sehr beschränkt ist. Die erhebliche Vereinfachung, die eine Simulationssprache bei der Formulierung von Simulationsproblemen mit sich bringt, wird nämlich dadurch erkauft, daß aus der Menge aller möglichen Verknüpfungen einige typische Grundprozesse herausgegriffen und als unveränderliche Modellbausteine bereitgestellt werden. Sobald ein bestimmter Teilprozeß nicht durch eine passende Standardroutine beschrieben wird, kann die jeweilige Simulationssprache in der Regel nicht angewandt werden. Zwar wird in einigen Systemen diese u.U. sehr weitreichende Einengung des Spektrums der Anwendungsmöglichkeiten dadurch umgangen, daß der Anwender einige Modellbausteine mittels der üblichen problemorientierten Programmiersprachen (FORTRAN, ALGOL u.ä.) selbst programmieren kann. Aber auch hiermit läßt sich die Einsatzfähigkeit der Simulationssprachen nur in einem beschränkten Umfang erweitern, da dann immer noch die Art der Ablaufsteuerung relativ starr festgelegt ist.

Bei dem hier zur Diskussion stehenden Simulationsmodell bringt keine der angebotenen Simulationssprachen erhebliche Erleichterungen. Vor allem die bei der Individual-Simulation

---

(3) Vergl. R.KOXHOLD, Die Simulation ... , S.54 .

zu berücksichtigenden Interdependenzen zwischen mehreren Individuen lassen sich nicht durch einen der standardisierten Simulatoren erfassen und müßten in jedem Falle durch das Einfügen spezifischer Programmblöcke berücksichtigt werden. Zudem werden die aus dem großen Datenbestand und den speziellen Wünschen bei der Datenaufbereitung sich ergebenden Probleme der Ablaufsteuerung durch keine verfügbare Simulationssprache befriedigend gelöst.

Andererseits erscheint es jedoch sinnvoll, den Grundgedanken, der zur Entwicklung dieser Sprachen geführt hat, zu übernehmen und für die Ausführung bestimmter Programmfunktionen standardisierte Programmblöcke bereitzustellen, die es erlauben, relativ komplexe Programme durch eine Aneinanderreihung von Makro-Befehlen aufzubauen. Hier kann zurückgegriffen werden auf ein von KRUPP (4) entwickeltes und inzwischen weiter ausgebautes System der Modulverknüpfungstechnik (MOVE), das um spezielle Simulationsprogramme zu ergänzen ist.

Dieses System besteht aus einem sehr vielseitig verwendbaren Steuerungsteil und speziellen modularisierten Unterprogrammen. Durch den Steuerungsteil erfolgt die Festlegung der Aufruffolge von anwendungsorientierten Routinen. Hier sind, ähnlich wie bei Programmiersprachen, Makro-Befehle möglich, durch die Programmschleifen gebildet, Sprünge ausgelöst und Standard-Prozeduren definiert werden. Durch den Steuerungsteil werden die als Unterprogramme in dem System enthaltenen anwendungsorientierten Module sequentiell aufgerufen. Entsprechend den in den Sozialwissenschaften relevanten Datenverarbeitungsproblemen können hierbei zwei Modultypen unterschieden werden: Individual-Module

---

(4) Siehe H.-J.KRUPP, Theorie der personellen Einkommensverteilung ...

und Gruppen-Module. Allerdings ist diese Trennung nicht generell durchführbar, da sich einige Module beiden Subsystemen zuordnen lassen.

Individual-Module dienen zur Verarbeitung von Individualdaten, d.h. von Einzelbeobachtungen. Hierunter fallen alle auf Personen oder Haushalte bezogenen Stichproben, wie z.B. der Mikrozensus oder die Einkommens- und Verbrauchsstichprobe. Einmal stehen hier Programme zum Lesen und Schreiben dieser Daten bereit. Die relativ umfangreichen Erhebungen - beim Mikrozensus sind es immerhin etwa 600.000 Personen, von denen jeweils 65 Einzeldaten erfaßt werden - erfordern nämlich eine sehr aufwendige Technik des Lesens und Schreibens, die durch modularisierte Programme abgewickelt wird, so daß der Benutzer nur durch einen Makro-Befehl eine Einzelbeobachtung von dem peripheren Speicher anfordern oder sie auf diesen übertragen kann. Durch die Einschaltung von Klassifizierungsmodulen können zudem die Einzelbeobachtungen zu Gruppen-Daten aggregiert werden. Hierbei lassen sich durch den Einbezug von Filter-Modulen relativ leicht Variationen vornehmen. Neben standardisierten Filtern ist es möglich, auch durch eigens für eine Klassifizierung erstellte Subroutinen komplexe Selektionsprozesse auszuführen.

In den *Gruppen-Modulen* erfolgt dagegen die Auswertung von aggregierten Daten. Hier sind vornehmlich Routinen verfügbar, durch die umfangreiche Matrizenoperationen gesteuert werden können, hinzu kommen Lese- und Schreibprogramme, durch die eine Übertragung von Gruppendaten zwischen peripheren Speichern und der Zentraleinheit ermöglicht wird. Verfügbar sind auch mehrere Module, durch die standardisierte Auswertungen erfolgen sowie Tabellen ausgedruckt und Zeichnungen erstellt werden.

Der Vorteil dieser modularen Verknüpfungstechnik liegt

insbesondere darin, daß in der Regel bei Auswertungen auf verschiedene aufeinander abgestimmte Programme zurückgegriffen werden kann und nur noch partielle Probleme durch das Erstellen neuer modularer Routinen gelöst werden müssen. Dies reduziert einmal die Programmierarbeit, es hat aber auch eine integrative Wirkung, da alle Benutzer des Systems aufgrund der standardisierten Systemanschlüsse sofort nicht nur von ihren Systemerweiterungen, sondern auch von Weiterentwicklungen anderer Benutzer Gebrauch machen können.

2.2.2. Die Prozesstruktur

Im folgenden soll nun dargestellt werden, wie die hier entwickelten Simulationsmodule in das modulare Verknüpfungssystem einbezogen sind und wie der Simulationsprozeß damit strukturiert ist.

Bei einem Simulationsdurchlauf werden die Bestandsvariablen jeweils um eine Periode fortgeschrieben; dies gilt sowohl für Individual- als auch für Gruppendaten. Aus Abb. 2.2.2./1 ist zu entnehmen, wie dabei die Verknüpfung von Individual- und Gruppen-Simulatoren in dem modularen Steuerungssystem MOVE erfolgt. Man sieht, daß die Simulatoren gleichrangig in einer Periodenschleife angeordnet sind. Damit der Datenbestand um eine Periode fortgeschrieben werden kann, wird die Periodenschleife mit den dort zusammenengeschalteten Simulatoren einmal durchlaufen. Liegen in dem System Interdependenzen zwischen Variablen in verschiedenen Simulatoren vor, so kann diese Schleife zum Zwecke der Nachiteration auch mehrmals durchlaufen werden. Die Reihen-

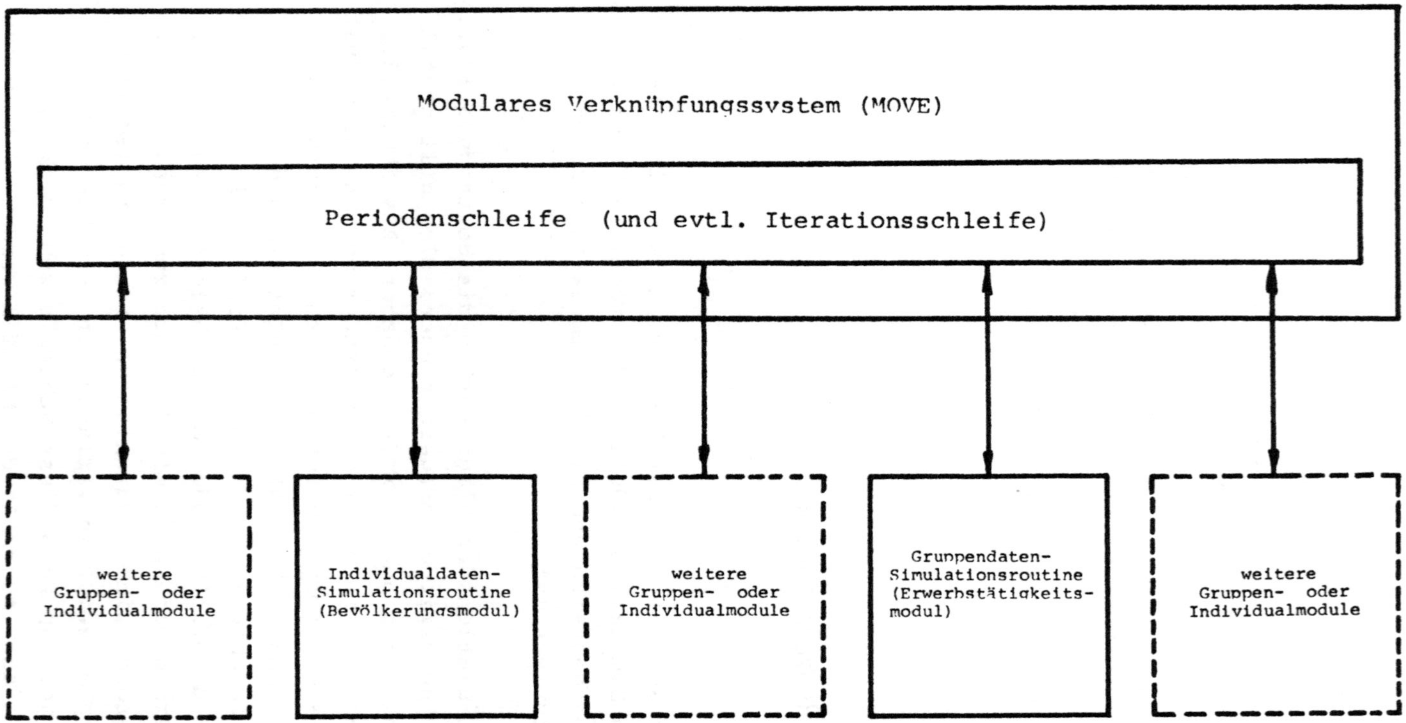

Abb. 2.2.2./1

Die Implementierung der blockrekursiven Struktur eines Simulationssystems im modularen Verknüpfungssystem MOVE folge, in der man Individual- und Gruppen-Simulatoren in dem System anordnet, ist zwar grundsätzlich beliebig, doch dürfte es zweckmäßig sein, die Modulfolge so zu wählen, daß der Rechenaufwand nicht unnötig erhöht wird. Naheliegend ist es beispielsweise, daß man alle Individualsimulationen in einem Individual-Simulator zusammenfaßt, damit der Bestand an Einzelbeobachtungen nicht mehrmals in einer Periode abgearbeitet werden muß. Aus dem gleichen Grund sollte man auch Nachiterationen unter Einschluß dieser Glieder vermeiden.

In Abb. 2.2.2./1 ist das bereits realisierte Simulationssystem mittels durchgehender Umrandungslinien hervorgehoben. Es umfaßt einen Individual-Simulator, durch den ein Bevölkerungsbestand um eine Periode fortgeschrieben wird, und daneben einen Gruppen-Simulator, in dem die Erwerbsbeteiligung von einzelnen Bevölkerungsgruppen für den Simulationszeitpunkt bestimmt wird.

Die Struktur des Gruppen-Simulators ist recht einfach mittels Matrizenoperationen zu beschreiben. Besondere steuerungstechnische Probleme ergeben sich an dieser Stelle nicht, so daß sich eine nähere Betrachtung dieser Module unter rechentechnischen Gesichtspunkten erübrigt. Die Struktur des Rechenprogramms ist formal identisch mit der inhaltlichen Struktur des Erwerbstätigkeitsmoduls (5).

Wesentlich komplexer ist dagegen unter rechentechnischen Gesichtspunkten die Struktur des Individual-Simulators, die in Abb. 2.2.2./2 schematisch dargestellt ist. Die Simulation geht aus von einem Bevölkerungsquerschnitt, in dem die einzelnen Personen, geordnet nach Haushalten auf einem

---

(5) Siehe Abschnitt 4.3.

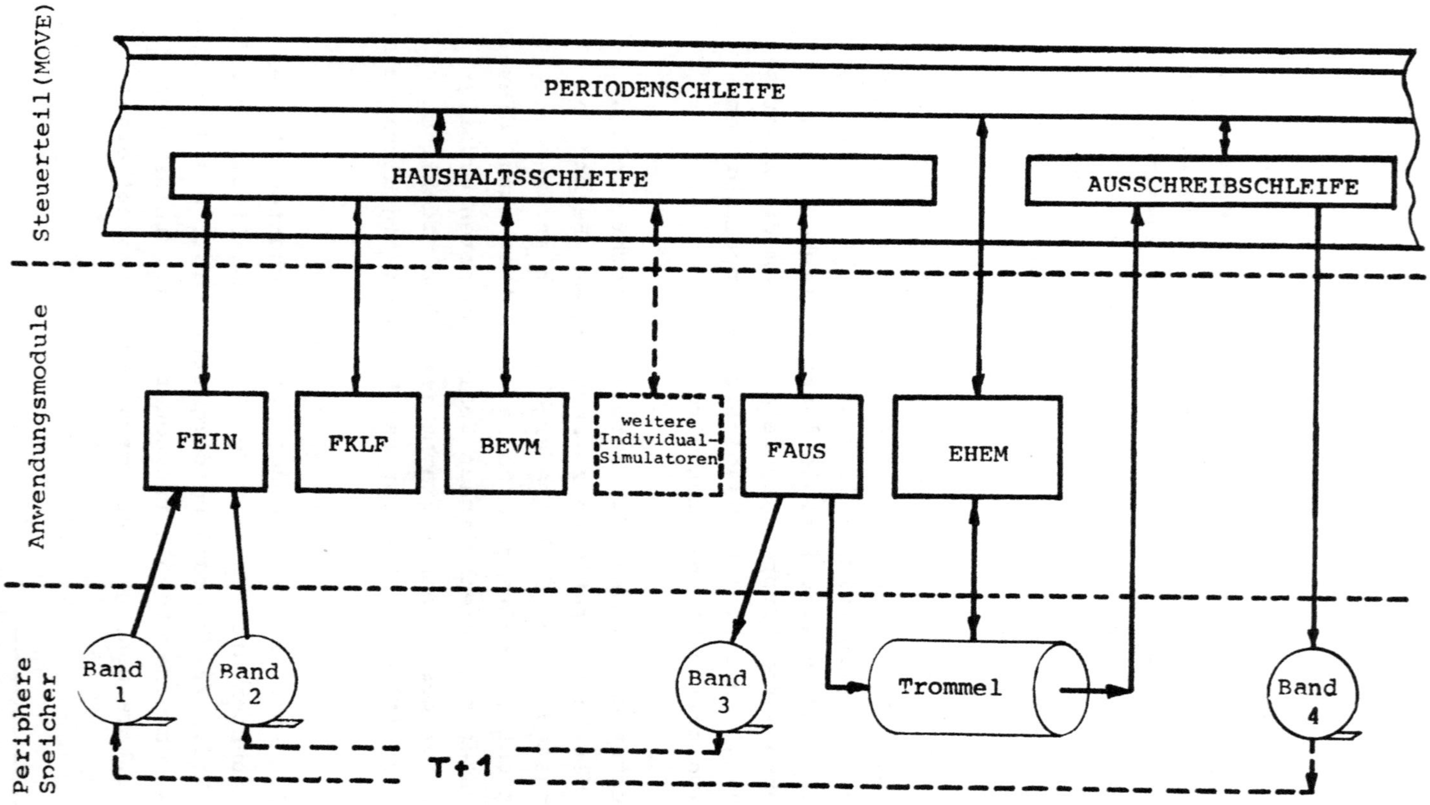

Abb. 2.2.2./2

Der Aufbau des Individualdatensimulators

peripheren Massenspeicher sequentiell abrufbar bereitstehen. Bei einem Durchlauf der Haushaltsschleife werden jeweils die zu einem Haushalt gehörigen Personen in den Zentralspeicher eingelesen und klassifiziert, sie durchlaufen sodann einen Simulationsprozeß und werden anschließend wieder auf einen peripheren Massenspeicher ausgegeben. Nach wiederholtem Durchlaufen der Haushaltsschleife und Abarbeiten aller Personen des Bevölkerungsbestandes wird schließlich noch ein Zuordnungsprozeß eingeleitet, bei dem Personen nach bestimmten Merkmalen Haushalten zugeordnet werden.

Dieser Simulationsprozeß läßt sich untergliedern in eine Folge von Teilprozessen, die nun noch näher beschrieben werden sollen. Diese Prozesse werden durch Modularprogramme gesteuert, die zum Teil wieder aus mehreren Subroutinen bestehen. Man kann unterscheiden zwischen:

- Einleseroutinen
- Klassifizierungsroutinen
- Simulationsroutinen
- Ausschreibroutinen
- Zuordnungsroutinen

Die *Einleseroutinen* bewirken das Einlesen der Daten für jede zu einem Haushalt gehörende Person in den Zentralspeicher. Die entsprechenden Datensätze stehen auf dem Bestandsband (Band 2) bzw. dem Zuordnungsband (Band 1) bereit. Die Steuerung des Einleseprozesses erfolgt durch das Programm FEIN, das einen wiederholten Aufruf von speziellen Leseroutinen bewirkt. Dieser Lesevorgang wird erst dann abgebrochen, wenn von dem jeweiligen Eingabeband die Daten der ersten Person des folgenden Haushalts eingelesen sind. Dies ist notwendig, da die Anzahl der einem einzulesenden Haushalt zurechenbaren Personen während des Einlesevorganges unbekannt ist und die gemeinsame Haushaltsnummer das einzige Ordnungs- und Identifikationsmerkmal für die Zugehörigkeit zu einem Haushalt darstellt. Deshalb kann man erst, nachdem Daten einer Person des folgenden Haushalts eingelesen wurden, sicher sein, daß der vorhergehende Haushalt vollständig in den Zentralspeicher übertragen wurde. Natürlich wäre es auch möglich, durch eine andere Ablauforganisation eine Information über die Gesamtzahl der Personen eines Haushaltes bereitzustellen, doch müßte dies mit einem erheblich höheren Programmieraufwand an anderer Stelle erkauft werden. Insbesondere die Trennung und Zusammenführung von Personen eines Haushaltes wird durch das hier gewählte Organisationsprinzip erheblich erleichtert, und es kann so auf einfache Weise in dem Programm FEIN ein Mischprozeß realisiert werden.

Nach dem Einlesen aller Personen eines Haushaltes wird durch das Steuersystem eine *Klassifizierungsroutine* (KLFH) angesprochen, durch die die Personendaten bzw. Haushaltsdaten über relevante Merkmale aggregiert werden. Bestimmend für die Auswahl der hier zu errechnenden Gruppen-Variablen ist vor allem der Datenbedarf bei der sich anschließenden Gruppen-Simulation. Die Anordnung der Klassifizierungsroutine noch vor dem eigentlichen Simulationsprozeß hat dabei einen rechentechnischen Grund. Das endgültige Simulationsergebnis kann nämlich erst ermittelt werden, wenn das Bestandsband mit dem Zuordnungsband gemischt ist, da sonst die am Ende der Periode sich ergebende Struktur noch nicht für alle Haushalte feststellbar wäre. Möglich wäre es auch, beide Bänder vorab zu mischen und das Ergebnisband dann zu klassifizieren. Da jedoch dieses Mischen ohnehin mit dem Einlesen des vollständigen Haushalts verbunden ist, erscheint es sinnvoll, unmittelbar daran den Simulationsprozeß für die Folgeperiode anzuschließen, was eine erhebliche Rechenzeitersparnis mit sich bringt. Dieses Verfahren ist freilich nur anwendbar, solange die Individual-Simulation als ein exogener Prozeß betrachtet werden kann und damit nicht unmittelbar abhängig ist von anderen vorgeschalteten Simulatoren, deren Ergebnisse sich noch in derselben Simulationsperiode auf die Individual-Simulation auswirken können, und die ihrerseits wieder abhängig sind von den Ergebnissen der Individual-Simulation in der Vorperiode. Diese Ergebnisse fallen nämlich erst beim Zusammenführen der Haushalte an und sind damit in der Folgeperiode noch nicht in einem vorgeschalteten Simulationsprozeß verfügbar.

Auf die im Zentralspeicher erfaßten Personendaten greifen dann nach der Klassifizierung eine oder mehrere *Simulationsroutinen* (BEVM u.ä.) zu. Die modulare Verknüpfungstechnik erlaubt es dabei, mehrere Simulatoren aneinanderzuschließen, in denen jeweils mehrere Individual-Variablen transformiert werden. Über die Struktur dieser Simulationsroutinen kann allgemein wenig ausgesagt werden, sie hängt im wesentlichen ab von der logischen Struktur des Simulationsproblems (6) Freilich sind inhaltliche und steuerungstechnische Fragen nicht so einfach voneinander zu trennen, wie es zunächst vielleicht den Anschein hat. Wird beispielsweise bei einer Person durch einen Zufallsprozeß bestimmt, daß sie in der Simulationsperiode stirbt, so darf sie fortan nicht mehr mit dem Bevölkerungsbestand klassifiziert werden, geht eine Person eine Ehe ein, so verläßt sie möglichweise ihren bisherigen Haushalt und ist einem anderen Haushalt zuzuordnen. Das durch den modularen Aufbau des Simulators angestrebte Ziel, inhaltliche Probleme von Steuerungsproblemen zu trennen, muß es auch weiterhin ermöglichen, über den Simulationsprozeß Steuerungsbefehle auszulösen. Diese Anforderung an das System wird durch

---

(6) Siehe Abschnitt 3.3.

die Einführung verschiedener Steuervariablen, die ebenso wie die Bestands- und Prozeßvariablen für jede Person bestimmt werden können, gelöst. Hervorzuheben sind hier insbesondere die Zuordnungsvariablen, die den Ablauf des Zuordnungsprozesses beeinflussen. Für jede Person ist eine Klasse von Variablen festgelegt, aus der zu entnehmen ist, inwieweit diese Person oder der Haushalt, dem sie angehört, für einen Zuordnungsvorgang in Frage kommt. Man kann hier unterscheiden zwischen einer aktiven und einer passiven Zuordnungsmöglichkeit: Eine aktive Zuordnungsmöglichkeit liegt dann vor, wenn eine Person den Haushalt, dem sie angehört, verläßt, um in einen anderen Haushalt eingegliedert zu werden, von einer passiven Zuordnungsmöglichkeit soll dagegen gesprochen werden, wenn bei einer Person Eigenschaften vorliegen, die eine Zuordnung haushaltsfremder Personen erlauben.

Durch die *Auschreibroutinen* (FAUS,BANM) werden die transformierten Personendaten schließlich wieder auf ein Bestandsband übertragen. Dabei kann man mittels entsprechender Steuerbefehle die Daten bzw. eine Untermenge dieser Daten gleichzeitig auf mehrere Bänder und andere periphere Speichermedien ausgeben. Zuvor werden jedoch alle Daten von Personen mit einer aktiven Zuordnungsmöglichkeit von dem übrigen Personenbestand getrennt und auf einen Zwischenspeicher (Trommel) übertragen. Ebenso werden dort alle für den noch folgenden Zuordnungsprozeß relevanten Informationen (Zuordnungsmerkmale, Haushalts- und Personennummer) von Personen mit einer aktiven oder passiven Zuordnungsmöglichkeit gespeichert.

Die *Zuordnungsroutine* (EHEM) führt schließlich Personen mit einer aktiven und passiven Zuordnungsmöglichkeit zusammen, indem die Zuordnungsvariablen auf übereinstimmende Merkmale hin verglichen werden. In der Reihenfolge der Haushaltsnummer von Personen mit einer passiven Zuordnungsmöglichkeit werden anschließend die diesen Personen und damit Haushalten zugeordneten Individuen auf ein Zuordnungsband ausgeschrieben und stehen danach für eine Zusammenführung mit den Personen auf dem Bestandsband bereit.

Bei einem weiteren Ausbau des Simulators wird eine Dialogisierung im Vordergrund stehen (7). Insbesondere ist beabsichtigt, mittels Worten der Umgangssprache Steuerbefehle zu definieren, durch die über eine Dialogstation die Auswahl bestimmter Varianten des Simulationsprozesses und die Eingabe von Politik-Instrumenten möglich wird.

Bei den zeitaufwendigen Individualdatensimulationen ist diese Dialogisierung freilich nur von begrenztem Nutzen, da eine lange Zeit in der Regel vergeht, bis aufgrund vorgegebener Variationen der Daten sowie der Simulatorstruktur Ergebnisse sichtbar gemacht werden können. Als vorteilhaft wird sich dagegen diese Dialogisierung bei der angeschlossenen Gruppen-Simulation erweisen, da hier ohne große zeitliche Verzögerungen die Auswirkungen von Instrumentvariationen zu erkennen sein werden.

---

(7) Siehe hierzu auch den Bericht über die Arbeiten an einer Simulationssprache MASH (MicroAnalytic Simulation of Households) in: G.H.ORCUTT et al.,Microanalytic Simulation of Household Behavior,in: Annals of Economic and Social Measurement,1(1972),S.159 ff.

3. Das Bevölkerungsmodul

3.1. Die Beziehungen zwischen demographischen und ökonomischen Variablen

3.1.1. Der Ursache-Wirkungs-Zusammenhang zwischen Bevölkerungs- und Wirtschaftsentwicklung

Daß ein enger Zusammenhang zwischen der Entwicklung von Umfang und Struktur der Bevölkerung einer Volkswirtschaft und ihrer wirtschaftlichen Lage besteht, wurde nie ernsthaft bezweifelt. Die Meinungen gehen allerdings auseinander, wenn die Frage nach der Kausalität zwischen Bevölkerungs- und Wirtschaftsentwicklung aufgeworfen wird. Was Ursache und Wirkung sei, ob die Bevölkerungsbewegung mehr die Wirtschaftsentwicklung beeinflusse oder umgekehrt, hierzu haben sich im Laufe der Zeit die Ansichten gewandelt (1). Letztlich ist aber unbestritten, daß zwischen beiden Größen eine wechselseitige Abhängigkeit besteht und eine Annahme über den Wirkungszusammenhang - zumindest solange das Datenmaterial und die Lösungstechniken nicht hinreichen, komplexe interdependente Modelle zu handhaben - beeinflußt ist durch das jeweils vorherrschende Erkenntnisinteresse.

---

(1) Vergl. P.HAFFNER, Der Einfluß der Bevölkerungsentwicklung und -struktur auf das Wirtschaftswachstum, Zürich-St.Gallen 1970, S.1. Hier findet der Leser auch einen kurzen dogmengeschichtlichen Überblick zu dieser Frage.

Aus der Sicht eines Ökonomen, der sich vornehmlich für die Bestimmungsgründe wirtschaftlicher Größen interessiert, liegt es nahe, insbesondere den Einfluß der Bevölkerungsentwicklung auf Entstehung, Verwendung und Verteilung des Sozialprodukts zu untersuchen. Rückwirkungen ökonomischer Variablen auf Bevölkerungsprozesse kommt unter diesem Aspekt nur eine mittelbare Bedeutung zu. Hier bleibt zu prüfen, ob sie die beobachteten Effekte verstärken oder abschwächen und welche zeitlichen Verzögerungen dabei auftreten. Zunächst seien deshalb die Auswirkungen demographischer Variablen auf wirtschaftliche Größen, hier untergliedert nach Entstehung, Verteilung und Verwendung des Sozialprodukts analysiert mit dem Ziel, die Bedeutung von Bevölkerungsmodellen in ökonomischen Prognosesystemen zu erfassen und dabei gleichzeitig Anhaltspunkte für ökonomisch relevante Bevölkerungsdaten zu gewinnen. Anschließend wird zu diskutieren sein, inwieweit es legitim ist, Bevölkerungsprozesse als exogen zu betrachten bzw. unter welchen Bedingungen es geboten erscheint, andere, insbesondere ökonomische Variablen bei der Prognose zu berücksichtigen.

3.1.2. Die Auswirkungen demographischer Variablen auf wirtschaftliche Grössen

Träger wirtschaftlicher Handlungen sind stets Personen bzw. in Wirtschaftseinheiten vereinigte Personengruppen. Untersucht man die Verhaltensweise dieser Handlungsträger, so lassen sich zunächst bei Entscheidungen über das Arbeitsangebot Regelmäßigkeiten erkennen, die eng mit den sie beschreibenden demographischen Variablen (z.B. Alter,

Geschlecht, Familienstand) zusammenhängen. Da ceteris paribus das Sozialprodukt einer Volkswirtschaft abhängig ist von der eingesetzten Menge des Faktors Arbeit, wird hier bereits deutlich, wie unmittelbar durch demographische Variablen die *Entstehung* des Sozialprodukts beeinflußt wird (2). Zwar läßt sich durch Bevölkerungsdaten nur das Arbeitskräftepotential eines Landes abgrenzen, und es bleibt offen, inwieweit dieses Potential tatsächlich ausgeschöpft wird, doch kann man auf diesem Wege immerhin abschätzen, welches Sozialprodukt bei Vollauslastung des Faktors Arbeit maximal möglich wäre und wie sich Wanderungen , Geburten und Sterbefälle hierauf auswirken.

Veränderungen der Bevölkerungsstruktur wirken sich auch auf die *Verteilung* des Sozialprodukts aus. Wie Untersuchungen des Einkommensverlaufs von Individuen zeigen, ist eine Abhängigkeit des Einkommens vom Alter feststellbar (3). Dies ist wohl zu einem erheblichen Teil darauf zurückzuführen, daß die individuelle Leistungsfähigkeit in einem engen Zusammenhang mit dem Lebensalter steht. Aus Veränderungen im Altersaufbau der Bevölkerung resultieren damit aber auch unmittelbar Veränderungen der Verteilung des Einkommens aus eigener Erwerbstätigkeit. Betrachtet man nicht das Einkommen, das ein Individuum bezieht, sondern die Verteilung des Einkommens aus eigener Erwerbstätigkeit zwischen den Haushalten, so ist zusätzlich noch die durch demographische Faktoren weitgehend bestimmte

---

(2) Vergl. P.HAFFNER, Der Einfluß der Bevölkerungsentwicklung ... S.8 ff.; K.BERKING, Arbeitspotential und Wirtschaftswachstum, Das Problem der langfristigen Vollbeschäftigung, Göttingen 1968, S.179 ff.

(3) Vergl. u.a. H.-J.DÖRFEL, Möglichkeiten zur Schätzung von Lebenseinkommensverläufen aus Querschnittsanalysen, Dissertation Darmstadt 1970; H.-P.MILLER, Lifetime Income and Economic Growth, in: AER, 55(1965),S.834 ff.

Erwerbsbeteiligung der einzelnen Haushaltsmitglieder für die Einkommensverteilung von Bedeutung. Neben der Primärverteilung wird aber auch die sekundäre Einkommensverteilung durch den Bevölkerungsaufbau beeinflußt. Zu nennen sind hier vor allem die Transferzahlungen der Gebietskörperschaften und Sozialversicherungsträger . Da die Leistungen der Rentenversicherung von der erwerbstätigen Bevölkerung getragen werden, ist hier der Zusammenhang mit der Einkommensverteilung offensichtlich. Eine Erhöhung der Zahl der Rentenbezieher führt nämlich unmittelbar zu einer Minderung der Aktiveneinkommen. Aber auch andere sozialpolitische Maßnahmen können hier angeführt werden. So sind Kindergeld und Kinderfreibetrag weitere Beispiele dafür, wie demographische Faktoren redistributive Effekte auslösen.

Am deutlichsten treten die Auswirkungen von Bevölkerungsvariablen bei der *Verwendung* des Sozialprodukts hervor. Zahlreiche empirische Untersuchungen (4) zeigen, daß Alter, Familienstand und Haushaltsgröße den Anteil der Konsumausgaben beeinflussen. Ein wesentlicher Grund hierfür sind die unterschiedlichen Bedürfnisse im Lebens- und Familienzyklus. Insbesondere die Gründung von Haushalten bzw. Familien und der daraus resultierende Bedarf an Neuanschaffungen dauerhafter Gebrauchsgüter können einen erheblichen Nachfrageschub auslösen (5). Aus der unterschiedlichen Konsumneigung resultiert natürlich auch

---

(4) Ein Literaturüberblick findet sich bei H.SCHMUCKER, Der Lebenszyklus in Erwerbstätigkeit, Einkommensbildung und Einkommensverwendung, in: ASTA, 40(1965), S.1 ff.

(5) Siehe hierzu P.HAFFNER, Der Einfluß der Bevölkerungsentwicklung ... , S.54; R.M.WEIDENHAMMER, Economic Forecasts an Projections, Some Past Failures and New Methods, in: H.GIERSCH und K.BORCHARD, Diagnose und Prognose ... , S.352-353; G.KATONA, Die Macht des Verbrauchers, Düsseldorf-Wien 1962, S.232/234.

eine Abhängigkeit der Ersparnisbildung vom Lebens- und Familienzyklus, so daß mittelbar auch der volkswirtschaftliche Kapitalbildungsprozeß von demographischen Variablen beeinflußt wird (6).

Wie dieser kurze Überblick gezeigt hat, wirken sich Veränderungen von Umfang und Struktur der Bevölkerung auf wirtschaftliche Größen aus, und es liegt deshalb nahe, Bevölkerungsprozesse in ökonomischen Modellen zu erfassen. Betrachtet man ökonomische Modelle und Prognosesysteme jedoch unter diesem Gesichtspunkt, so ist festzustellen, daß Bevölkerungsvariablen hier nur selten Berücksichtigung finden. Meist wird die Bevölkerung hinsichtlich Umfang und Struktur als zeitinvariant betrachtet, verfeinerte Modelle erfassen Bevölkerungsbewegungen allenfalls durch einen exponentiellen Wachstumspfad.

Was ist nun der Grund für diese Vernachlässigung von Bevölkerungsvariablen in ökonomischen Systemen? Zunächst gilt für die meisten ökonomischen Prognosesysteme, daß sie in der Regel nur für kurz- , allenfalls mittelfristige Prognosen gedacht sind. Innerhalb eines Zeitraumes von nicht mehr als fünf Jahren können jedoch die Auswirkungen von Bevölkerungsbewegungen weitgehend vernachlässigt werden. Es wird dann faktisch eine stationäre Bevölkerung unterstellt. Bedenkt man die Ungenauigkeit, mit der andere Variablen in solchen Systemen gemessen und prognostiziert werden, dann mag dies durchaus zulässig sein.

Will man jedoch langfristige Prognosen über die Entwicklung der Wirtschaft erstellen, so müssen zumindest auch Wachs-

---

(6) Vergl. hierzu auch das Phasenschema bei H.SCHMUCKER, Der Lebenszyklus ...

tumsprozesse der Bevölkerung erfaßt werden. Oft begnügt man sich hier mit der Annahme exponentieller Wachstumspfade und unterstellt damit eine sogen. "stabile Bevölkerung", d.h. eine Bevölkerung die gekennzeichnet ist durch eine konstante Zuwachsrate der Geborenen und bei der alle nacheinander ins Leben tretenden Geburtsjahrgänge einen gleichwahrscheinlichen Lebensweg nehmen (7). Trifft dies zu, so kann man tatsächlich auf eine differenzierte Analyse von Bevölkerungsprozessen verzichten, da zwar bei einzelnen Individuen im Zeitablauf eine Veränderung eintritt, die Struktur jedoch zeitinvariant ist. Für eine Reihe von Ländern ist dies durchaus plausibel, z.B. auch näherungsweise für die Vereinigten Staaten, wie Abb. 3.1.2./1 zu entnehmen ist. Für die Bundesrepublik Deutschland jedoch erscheint eine derart idealtypische Annahme bei einer langfristigen Prognose problematisch. Zeitweilige Änderungen der Geburtenrate und Kriege haben ihre Spuren im Bevölkerungsaufbau der BRD hinterlassen, und entsprechend der Eigendynamik von Reproduktionsprozessen pflanzt sich diese instabile Bevölkerungsstruktur von Generation zu Generation fort. Vergleicht man eine fiktive, in ihrer Grundgesamtheit gleich große stationäre Bevölkerung mit der realen Bevölkerung am 31.12.69, so ergeben sich, wie Abb.3.1.2./2 zu entnehmen ist, in fast allen Altersstufen erhebliche Abweichungen (8).

---

(7) Vergl. H.GROHMANN, Die Entwicklung eines Bevölkerungsmodells zur Beurteilung der Finanzierung der dynamischen Rente, Berlin 1965, S.333 ff.

(8) Vergl. auch H.GROHMANN, Die Entwicklung eines Bevölkerungsmodells ... , S. 271.

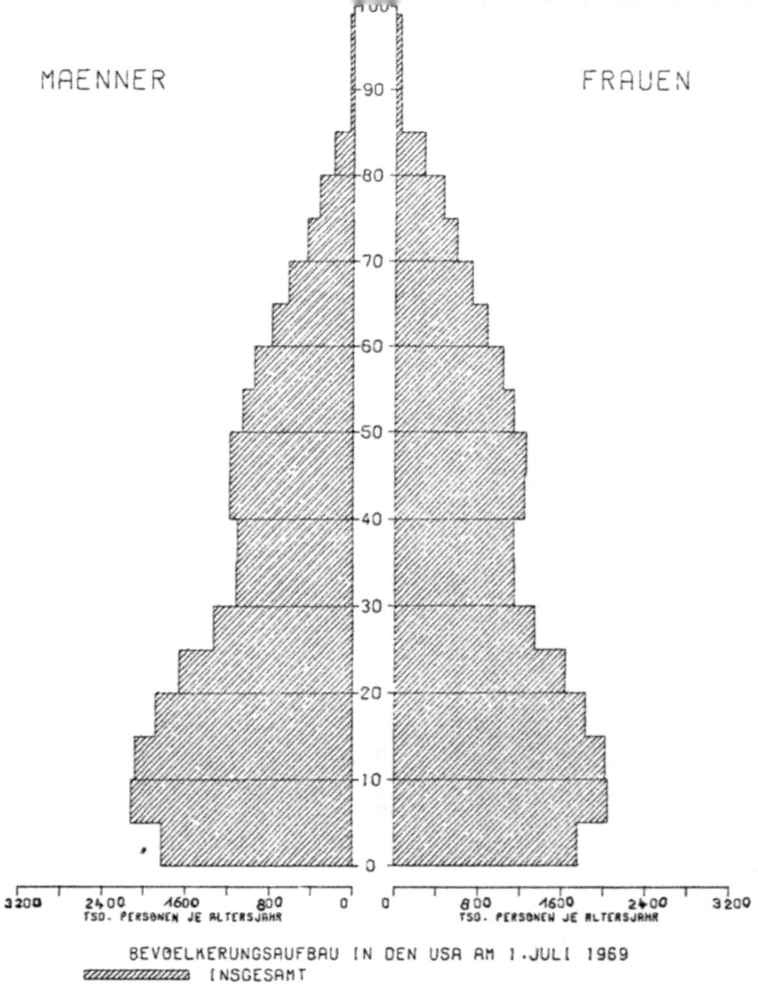

Abb. 3.1.2./1

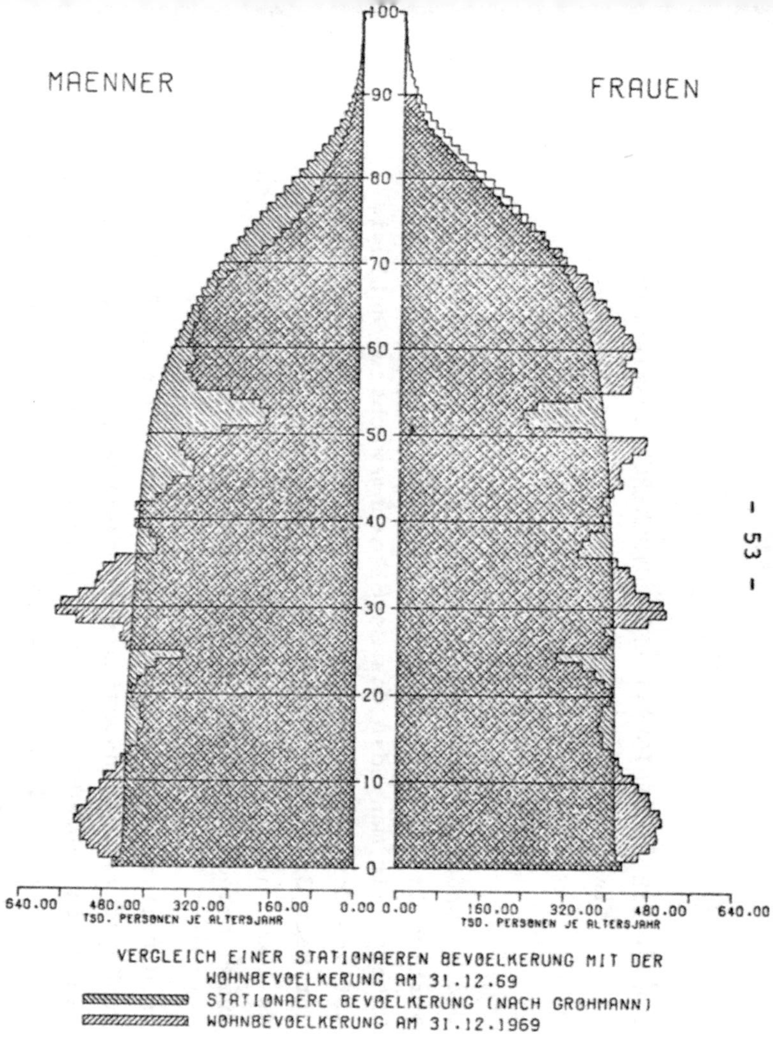

Abb. 3.1.2./2

3.1.3. Die Abhängigkeit der Bevölkerungsvariablen von der Wirtschaftslage

Die Veränderung des Bevölkerungsbestandes in einer geschlossenen Wirtschaft (9) ist die Resultante von Geburten und Sterbefällen. Unterstellt man, daß das Bevölkerungswachstum abhängig ist von der wirtschaftlichen Lage, so kann eine Veränderung nur über die beiden genannten Einflußfaktoren erfolgen. Es liegt somit nahe zu prüfen, ob und wie diese Faktoren durch ökonomische Variablen beeinflußt werden.

In der historischen Perspektive sind zu dieser Frage zunächst zwei Grundpositionen erkennbar, die sich mit den Namen MALTHUS und GODWIN verbinden (10). Der Sozialphilosoph GODWIN hat die These aufgestellt, daß der Vermehrung der Bevölkerung keinerlei Grenzen gesetzt seien, wenn eine grundlegende Veränderung der staatlichen und gesellschaftlichen Ordnung verwirklicht werde. In einer sozialistischen Gesellschaft würde das soziale Elend verschwinden und der zum Ausbau gewonnene Teil der Erde sei in einer solchen Gesellschaft zu unberechenbaren Verbesserungen fähig, so daß eine übermäßige Bevölkerung auf absehbare Zeiten keine Schwierigkeiten bereiten werde. Dieser optimistisch-utopistischen Annahme trat MALTHUS entgegen. Er befaßte sich mit den Gründen von Armut und Not und führte diese auf die Tatsache zurück, daß die Menschen die Neigung haben, sich rascher zu vermehren als ihre Unterhaltsmittel.

---

(9) Zu Wanderungen siehe Abschnitt 3.2.2.

(10) Vergl. G.STAVENHAGEN, Geschichte der Wirtschaftstheorie, 4. Auflage, Göttingen 1969, S. 82.

Ein ständig gleichbleibender Geschlechtstrieb wirke in Richtung einer Bevölkerungsvermehrung, wenn er sich frei entfalten könne, wäre die Welt bald überbevölkert. Dieser Tendenz wirke aber die Not und Armut entgegen, die durch das Anstoßen der Bevölkerungszahl an den Nahrungsspielraum entsteht.

MALTHUS und GODWIN stimmen darin überein, daß die Geburtenrate eine biologische Konstante ist, die stets zu ihrem Maximalwert hinstrebt, und ihre Auseinandersetzung geht nur darum, ob und wie der Sterberate eine ausgleichende Funktion zukommt. Dagegen wird in später aufgestellten Bevölkerungstheorien auch eine durch die Wirtschaftlage bedingte Änderung der Geburtenrate als Determinate der Bevölkerungsentwicklung betrachtet. Sowohl von Vertretern der "Armutstheorie" wie auch Vertretern der "Wohlstandstheorie" werden Abhängigkeiten zwischen wirtschaftlicher Lage und Geburtenrate hergestellt (11). In der unter anderen von LASSALLE vertretenen Armutstheorie wird angenommen, daß die Arbeiterklasse auf Armut mit einer Einschränkung ihrer Fortpflanzung reagiert, dagegen behaupten die Wohlstandstheoretiker, vor allem BRENTANO, nicht die Armut, sondern der Wohlstand veranlasse die Leute, keine Kinder zu haben.

Jene im neunzehnten Jahrhundert aufgestellten Bevölkerungsgesetze sind heute allenfalls noch von historischem Interesse. Neue Überlegungen zur endogenen Bestimmung des Bevölkerungswachstums werden im Rahmen von Wachstums- und Entwicklungsmodellen diskutiert. Es wird hier versucht, neben der Entwicklung des Faktors Kapital auch die des Faktors Arbeit modellendogen zu erklären. Dabei lassen sich zwei Modelltypen unterscheiden(12). Einmal solche, die sich

---

(11) Vergl. G.MACKENROTH, Bevölkerungslehre, Theorie, Soziologi und Statistik der Bevölkerung, Berlin-Göttingen-Heidelberg 1953, S. 316 f.

(12) Vergl. K.BERKING, Arbeitspotential ... , S. 197.

vor allem mit der besonderen Situation der Entwicklungsländer befassen und die zum Teil ein Wiederaufleben der MALTHUS'schen Lehre erbrachten(13). Es geht dort vor allem um die Frage, ob es überhaupt möglich ist, einen Gleichgewichtszustand auf niedrigem Versorgungsniveau (Malthusianische Falle) zu überwinden. Andererseits wurden Modelle aufgestellt, die das üblicherweise in Wachstumsmodellen unterstellte konstante Bevölkerungswachstum in Frage stellen, das in einigen Jahrzehnten zu einer unvorstellbaren Vermehrung der Erdbevölkerung führen müßte (14). Hier wird vor allem die Frage diskutiert, welchen Verlauf langfristig Kapitalakkumulation und Lebensstandardentwicklung nehmen. Dabei wird jedoch nicht der Malthusianische Fall betrachtet, nach dem ein extrem hohes Bevölkerungswachstum letztlich das Pro-Kopf-Einkommen wieder auf ein Existenzminimum herabdrückt und die Bevölkerung durch hohe Sterberaten wieder an das minimale Versorgungsniveau angepaßt wird, sondern durch die Analyse soll vornehmlich untersucht werden, wie die Bevölkerung auf unterschiedliche Versorgungsniveaus über Variationen der Geburtenrate reagiert.

Da keine säkulare Vorausschau, sondern nur eine vergleichsweise kurzfristige Prognose beabsichtigt ist, lassen sich die genannten Modelle der Wachstums- und Entwicklungstheorie hier nicht sinnvoll anwenden. Ohnehin wird in

---

(13) Vergl. E.E.HAGEN, Population and Economic Growth, in: AER, 49(1959), S. 310 ff.; ST.ENKE, Population and Development: A General Model, in: QJE, 77(1963), S. 55 ff.

(14) Vergl. W.KRELLE, Bevölkerungsentwicklung und Wirtschaftswachstum, in: W.KRELLE(Hrsg.), Theorie des einzelwirtschaftlichen und gesamtwirtschaftlichen Wachstums, Schriften des Vereins für Socialpolitik, N.F., Bd.34, Berlin 1965, S. 131 - 148; M.BECKMANN, Wirtschaftliches Wachstum mit abnehmenden Skalenerträgen, in: W.KRELLE(Hrsg.), Theorie des einzelwirtschaftlichen und gesamtwirtschaftlichen Wachstums ... S. 99 - 112; J.NIEHANS, Economic Growth with two Endogeneous Factors, in: QJE, 77(1963), S. 349 -371.

diesen Modellen darauf verzichtet, die unterstellten Abhängigkeiten empirisch zu belegen, da es den Autoren lediglich darum geht, theoretisch mögliche Wirkungszusammenhänge zu diskutieren.

In den vergangenen Jahrzehnten wurden jedoch die Bevölkerungsbewegungen in den meisten Industriestaaten differenziert erfaßt, und es liegt nahe, einmal anhand solcher Aufzeichnungen die Abhängigkeit des Bevölkerungsprozesses von wirtschaftlichen Daten zu untersuchen. Geht man davon aus, daß die ökonomischen und sozialen Verhältnisse sich in den nächsten drei Jahrzehnten nicht grundlegend ändern werden, dann kann die Entwicklung der Wirtschaft weiter den in den vergangenen Jahren zu beobachtenden Verlauf nehmen. Unter diesen Umständen ist zu erwarten, daß die Sterblichkeit der Bevölkerung nur unwesentlich durch ökonomische Variablen beeinflußt werden wird. Wenn man heute in Ländern mit einem hohen Versorgungsniveau über die Abhängigkeit der Bevölkerungsentwicklung von wirtschaftlichen Größen diskutiert, so werden vor allem verhaltensbestimmte Variablen wie Eheschließungen und Geburten als Größen betrachtet, die von der wirtschaftlichen Lage abhängen. Auch bei den Ehescheidungen kann angenommen werden, daß ein enger Zusammenhang mit ökonomischen Daten besteht, doch sollen sie aus der folgenden Betrachtung ausgeklammert bleiben, da ihnen vergleichsweise nur eine geringe Bedeutung zukommt.

Die Abhängigkeit der *Eheschließungen* von der wirtschaftlichen Lage wird zwar immer wieder behauptet, doch liegen für die Bundesrepublik Deutschland noch keine entsprechenden Untersuchungen vor. Die größte Schwierigkeit bei einer solchen Untersuchung liegt zunächst darin, Maßzahlen zu bestimmen, die die Verhaltenskomponente möglichst genau beschreiben und die zudem bereinigt sind von demographisch erklärbaren Veränderungen. Wählt man absolute Größen oder Verhältniszahlen, so ergibt sich in der Regel ein falsches Bild , da sie nicht frei sind von Einflüssen, die sich allein aus dem Bevölkerungsaufbau erklären lassen.

Ein methodisch recht interessantes Bereinigungsverfahren schlagen ORCUTT, GREENBERGER, KORBEL und RIVLIN (15) vor. Sie deuten alljährlich aus Querschnittsdaten ermittelte Eheschließungshäufigkeiten in Längsschnitte um und berechnen daraus jeweils unter Zugrundelegung eines konstant gehaltenen Modelljahrganges die Anzahl von Personen,die aufgrund dieser Eheschließungshäufigkeiten während ihres Lebens eine Ehe eingehen. Schwankungen zwischen den einzelnen Jahren interpretieren sie als Veränderungen der Verhaltenskomponente. Vergleichbare Daten wurden jüngst vom STATISTISCHEN BUNDESAMT errechnet (16). Faßt man bei diesen Daten Männer und Frauen zusammen, so ergibt sich der in Abb.3.1.3./1 dargestellte Verlauf der jeweiligen Veränderungen gegenüber dem Vorjahr. Dieser Verlauf läßt näherungsweise eine verzögerte Abhängigkeit von der Konjunkturentwicklung in der BRD erkennen. Eine monokausale Abhängigkeit von den gelegentlich als bestimmend angesehenen Einkommensdaten ist allerdings nicht signifikant feststellbar.

Oft wird unterstellt, daß neben Eheschließungen vor allem *Geburten* kurzfristig von der wirtschaftlichen Entwicklung beeinflußt werden (17). Das eigentliche Problem

---

(15) Siehe G.H.ORCUTT et al., Microanalysis ... , S.81. Hier findet sich auch ein Überblick über weitere amerikanische Studien, in denen die Abhängigkeit der Eheschließungen von ökonomischen Daten untersucht wurde.

(16) Siehe K.SCHWARZ, Eheschließungen nach dem Zweiten Weltkrieg, in: WISTA 1971, S. 613 ff.

(17) Vergl. auch H.J.KREMP, Demographische Aspekte des Geburtenrückganges in der Bundesrepublik Deutschland, in: Bundesarbeitsblatt, 22(1971), S. 348; H.-G.OEHLERT, Überlegungen zum Geburtenrückgang, in: WISTA 1970, S.233; eine Zusammenstellung von Untersuchungen für die Vereinigten Staaten finde man bei G.H.ORCUTT et al., Microanalysis ...,S.116 ff.

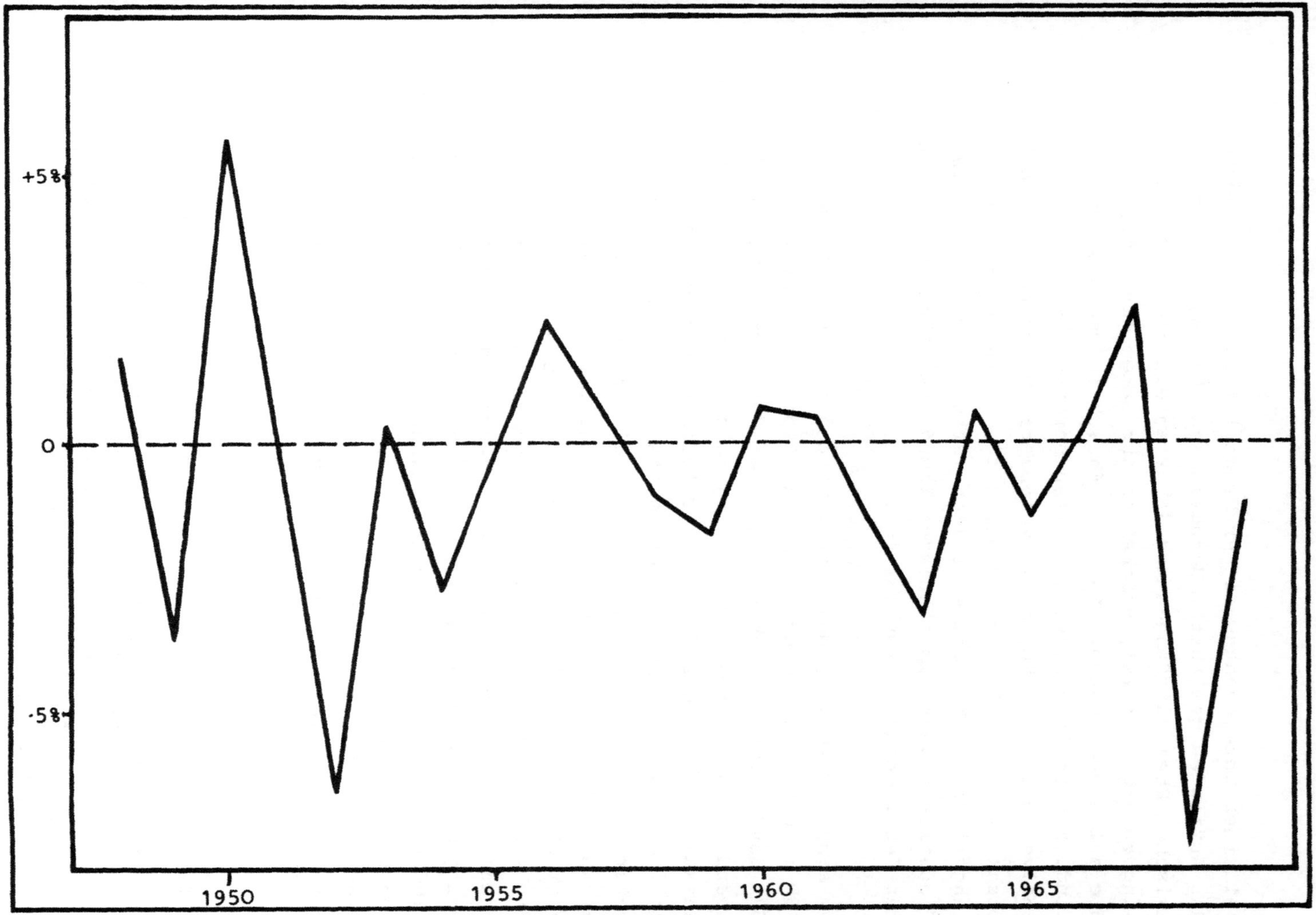

Abb. 3.1.3./1

bei einer Untersuchung dieser Frage ist auch hier wieder das Auffinden geeigneter Bezugszahlen. Da insbesondere zwischen Eheschließungen und Geburten ein enger Zusammenhang zu erwarten ist, erscheinen nur Daten geeignet, die auf eine konstante Zahl von Eheschließungen bezogen sind. Zusätzliche Schwierigkeiten bereitet bei einer Analyse die Tatsache,daß im Gegensatz zu der Wahrscheinlichkeit einer Eheschließung, die für eine Person auch langfristig sich nicht erheblich verändern wird, in allen Industriestaaten im säkularen Trend ein ständiges Fallen der Geburtenrate erkennbar ist.

Um eine Vorstellung davon zu gewinnen, wie sich in der BRD in den vergangenen Jahren das Reproduktionsverhalten der Bevölkerung in Abhängigkeit von der Wirtschaftslage geändert hat, wurde zur Bereinigung der Daten ein methodischer Ansatz gewählt, der dem bei der Aufbereitung der Eheschließungsdaten angewandten Verfahren entspricht. Da unterstellt werden muß, daß die Zahl der Geburten primär abhängig ist von der Zahl der Eheschließungen, werden hier ehedauerspezifische Maßzahlen herangezogen, durch die sich die Auswirkung eines indirekten Einflusses von ökonomischen Variablen über die Eheschließungshäufigkeiten weitgehend ausschalten läßt. Jährlich ermittelt das STATISTISCHE BUNDESAMT (18) die Geburtenhäufigkeit in Abhängigkeit von der Ehedauer der Mütter. Man erhält so für jedes Jahr eine Häufigkeitsverteilung anhand der errechnet werden kann, wieviel Geburten über alle Ehejahre pro

---

(18) Siehe STATISTISCHES BUNDESAMT (Hrsg.), Fachserie A: Bevölkeru und Kultur, Reihe 2: Natürliche Bevölkerungsbewegung, jährlic seit 1957. Entsprechende Daten liegen erst seit 1957 vor, da in diesem Jahr zum ersten Mal eine Mikrozensus-Erhebung erfolgte. Zur Ermittlung dieser Daten ist nämlich eine Untergliederung verheirateter Frauen nach der Ehedauer erforderlich, die jährlich nur dem Mikrozensus entnommen werden kann.

Ehe zu erwarten sind. Betrachtet man die relative Veränderung dieser Querschnittsdaten gegenüber dem Vorjahr, so wird deutlich, ob in einem Jahr die Zahl der Geburten pro Ehe besonders hoch oder niedrig war. In Abb. 3.1.3./2 ist der Verlauf dieser relativen Veränderungen von 1958 bis 1969 dargestellt. Ein eindeutiger Zusammenhang mit einer ökonomischen Variablen ist nicht feststellbar, doch zeigt sich auch hier, daß eine verzögerte Abhängigkeit des Verhaltens vom Konjunkturverlauf offensichtlich vorliegt.

Wie die Analyse möglicher Einwirkungen der wirtschaftlichen Lage auf die Bevölkerungsentwicklung zeigt, ist ein Zusammenhang nicht auszuschließen. Andererseits sind die zu vermutenden Einflüsse vergleichsweise klein und gleichen sich über den Konjunkturzyklus weitgehend wieder aus, so daß sie bei einer längerfristigen Prognose vernachlässigt werden können. Es wird deshalb im folgenden unterstellt, daß abgesehen von Wanderungen keine Abhängigkeit der Bevölkerungsdaten von ökonomischen Variablen besteht.

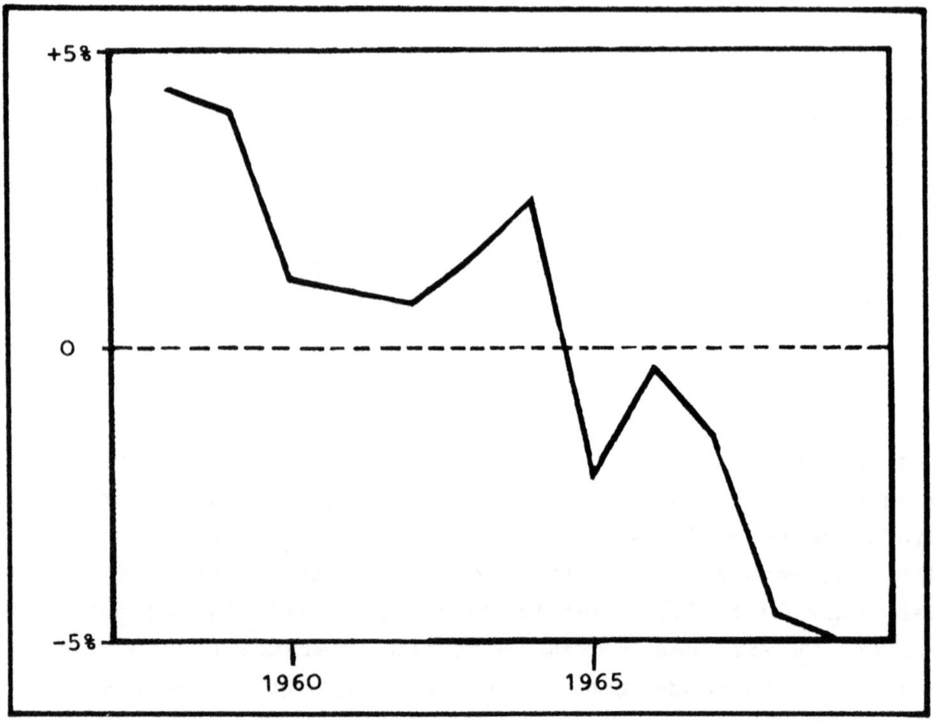

Abb. 3.1.3./2

Veränderungsraten der Geburtenziffer pro Ehe in Prozent gegenüber dem Vorjahr

3.2. Abgrenzung und Gliederung der Bevölkerung

3.2.1. Allgemeine Probleme einer Abgrenzung und Gliederung der Bevölkerung

Eine definitorische Abgrenzung des Prognoseobjektes "Bevölkerung" erscheint zunächst unproblematisch. "Dennoch würde", wie BLIND betont (1), " die laienhafte Vorstellung, es handle sich bei der Bevölkerung doch einfach um die Gesamtheit der Menschen in einem bestimmten Gebiet zu einem bestimmten Zeitpunkt, allenfalls für die Ermittlung der Erdbevölkerung im ganzen ausreichen."

Wie eingangs schon erläutert wurde, soll versucht werden, eine Prognose der Bevölkerungsentwicklung für die Bundesrepublik Deutschland zu erstellen. Dies verlangt zunächst einmal eine Konkretisierung der regionalen Abgrenzung und schließlich eine Zuordnungsvorschrift, die angibt, welche Personen zu einem abgegrenzten Gebiet zu rechnen sind. Die Abgrenzung des Gebietes ist gegenwärtig unproblematisch, da es allgemein üblich ist, zur Bundesrepublik Deutschland den Bereich des Bundesgebietes einschließlich des Saarlandes und Berlin(West) zu rechnen. Nicht so einfach läßt sich dagegen eine geeignete Zuordnungsvorschrift finden.

---

(1) A.BLIND, Die Problematik des Begriffs der Bevölkerung in einer sich rasch wandelnden Gesellschaft, in: A.BLIND, CHR.V.FERBER und H.-J.KRUPP, Sozialpolitik und persönliche Existenz, Berlin 1969,S.40.

Zunächst einmal muß diese Zuordnungsvorschrift statistisch praktikabel sein; sie kann z.B. anknüpfen an die physische Anwesenheit zu einem bestimmten Zeitpunkt. Damit ist jedoch "das eigentliche Problem noch nicht gelöst, ja noch nicht einmal erkannt. Bevölkerungszahlen werden nicht um ihrer selbst willen ermittelt, sondern deswegen, weil sie und die auf ihnen aufbauenden Strukturdaten, Dichte- und Häufigkeitsziffern geeignet sind, soziale und ökonomische Tatbestände zu beschreiben, Zusammenhänge zwischen ihnen aufzudecken und Entscheidungen über sie auf eine solide Grundlage zu stellen. Deshalb kommt es darauf an, Gruppen von Menschen zu bilden, die durch bestimmte Arten von Beziehungen untereinander verbunden sind" (2). Zu jener Zeit, da die Bevölkerung noch eng an das von ihr bewohnte Gebiet gebunden war, "konnte man ohne weiteres die Bevölkerung eines Gebietes mit dessen Einwohnerschaft identifizieren und dabei gewiß sein, nicht nur eine statistisch praktikable, sondern auch eine sozialökonomisch höchst sinnvolle Abgrenzung gefunden zu haben" (3). Heute ist die Annahme nur eines festen Wohnsitzes für viele Menschen eine Fiktion. Dies hat auch die Statistik zu berücksichtigen, die durch Zuordnungsvorschriften festlegen muß, wo Personen, die mehr als eine Wohnung haben, zu registrieren sind. Nach der Definition des STATISTISCHEN BUNDESAMTES (4) ist für die Zuordnung zur Wohnbevölkerung diejenige Wohnung bzw. Unterkunft maßgebend, von der aus eine Person ihrer Arbeit oder Ausbildung nachgeht. Soweit sie weder berufstätig ist noch in der Ausbildung steht, ist die Wohnung

---

(2) A.BLIND, Die Problematik des Begriffs der Bevölkerung ... , S.40.

(3) A.BLIND, Die Problematik des Begriffs der Bevölkerung ... , S.41.

(4) STATISTISCHES BUNDESAMT (Hrsg.), Statistisches Jahrbuch 1970 ... , S.23.

oder Unterkunft entscheidend, in der sie sich überwiegend aufhält. Personen mit weiterer Wohnung im Ausland (z.B. Arbeiter auf Montage) werden der Wohnbevölkerung ihrer im Bundesgebiet gelegenen Heimatgemeinde zugerechnet. Damit werden - was festzuhalten ist -auch Personen in die Wohnbevölkerung einbezogen, die sich gegenwärtig nicht im Gebiet der Bundesrepublik Deutschland aufhalten.

Zunächst könnte man meinen, daß es für die Erstellung eines repräsentativen, nicht regional gegliederten Bevölkerungsquerschnittes gleichgültig ist, an welchem Ort die sich im Bundesgebiet aufhaltenden Personen erfaßt werden. Wesentlich erscheint ja nur, daß keine Person bei der Zählung übergangen und Doppelzählungen vermieden werden. Unerheblich ist dies tatsächlich dort, wo man darauf verzichtet, die erfaßten Individuen irgendwelchen Personengruppen zuzuordnen. Soll dies hingegen geschehen, so ist die Zuordnungsvorschrift auch unter dem Gesichtspunkt zu prüfen, ob eine geschlossene Erfassung sozioökonomisch relevanter Personengruppen möglich ist. Beispielsweise werden bei der Erhebung des Mikrozensus sozioökonomische Einheiten dadurch teilweise getrennt, daß Familienmitglieder nicht an ihrem Familienwohnort, sondern an dem Ort, von dem aus sie ihrer Erwerbstätigkeit bzw. Ausbildung nachgehen, zur Wohnbevölkerung gerechnet werden (5).

Zu diskutieren ist auch die Zurechnung von Personen nicht - deutscher Nationalität zur Wohnbevölkerung. Unerheblich ist in diesem Zusammenhang die rechtliche Seite des Problems. Hier stellt sich allein die Frage, ob dieser Bevölkerungsteil bezüglich seines Verhaltens mit der Stammbevölkerung

---

(5) Siehe hierzu auch Abschnitt 3.4.2.

vergleichbar ist oder inwieweit bei einer Prognose der Bevölkerungsentwicklung abweichende Annahmen zu treffen sind.

3.2.2. Abgrenzung zwischen deutschen und nichtdeutschen Bevölkerungsteilen

Während noch bei der Volkszählung am 6.6.1961 (6) nur 686.000 Ausländer, das waren 1,2% der Wohnbevölkerung, registriert wurden, stieg diese Zahl bis zum 30.9.1969 nach dem Ausweis der Ausländerstatistik auf 2.381.100 Personen oder 3,9% der Wohnbevölkerung an (7). Wenn auch

---

(6) Siehe H.KRAHL, Die Ausländer im Bundesgebiet, Ergebnis der Volks- und Berufszählung am 6.Juni 1961, in: WISTA 1964, S.645.

(7) Siehe H.FLEISCHER, Ausländer im Bundesgebiet am 30.9.1969, in: WISTA 1970, S.283x. Nach der allgemeinen Verwaltungsvorschrift zur Ausführung des Ausländergesetzes vom 7.Juli 1967 hatten die Ausländerbehörden jeweils zum 30.September der Jahre 1967, 1968 und 1969 die Ausländer mit gewöhnlichem Aufenthalt in ihrem Bereich nach Staatsangehörigkeit, Geschlecht und Aufenthaltsstatus festzustellen. Diese Ergebnisse werden im Statistischen Bundesamt zum Bundesergebnis zusammengestellt. Nach dem Ausländergesetz vom 28.April 1965 zählen neben Personen mit nur fremder Staatsangehörigkeit auch die Staatenlosen und die Personen mit "ungeklärter" Staatsangehörigkeit zu den Ausländern. Deutsche, die zugleich eine fremde Staatsangehörigkeit besitzen, gehören nicht zu den Ausländern. Vergl. H.FLEISCHER, Ausländer im Bundesgebiet am 30.9.1969, in: WISTA 1970, S.246. Zur Genauigkeit der Fortschreibungen des Ausländerbestandes siehe auch H.-J.BORRIES, Haushalte und Familien von Ausländern, Ergebnis des Mikrozensus 1970, in: WISTA 1972, S.164 sowie die Anmerkungen in Abschnitt 3.4.2.

die verfügbaren Informationen über diesen nichtdeutschen Bevölkerungsteil sehr unzulänglich sind, so liegen doch inzwischen eine Reihe von Daten vor, die eine erste differenzierte Diskussion erlauben (8).

Zunächst fällt auf, daß sich der Altersaufbau der Ausländer im Bundesgebiet wesentlich von dem der Gesamtbevölkerung unterscheidet (Abb. 3.2.2./1). Überproportional besetzt sind vor allem die Altersgruppen vom 15. bis zum 45. Lebensjahr. Fast 83% aller Ausländer gehören dieser Altersgruppe an. Im Vergleich dazu sind nur etwa 41% der gesamten Wohnbevölkerung zu dieser Altersgruppe zu rechnen (9). Vergleicht man das Verhältnis der Geschlechter, so ist zu erkennen, daß auf eine Frau im Mittel etwa 1,7 Männer kommen (10). Ein Hauptgrund dafür ist wohl,

---

(8) Hingewiesen sei hier auf H.-G.OEHLERT und H.FLEISCHER, Die Ausländer im Spiegel der Bevölkerungsstatistik, in: WISTA 1971, S.88 ff. sowie S.62x ff.; H.FLEISCHER, Ausländer im Bundesgebiet, in: WISTA 1969,S.360 f. sowie S.378x; H.FLEISCHER, Wanderungen 1969, in: WISTA 1970,S.463 f. sowie S.526x f.; H.-J.BORRIES, Haushalte und Familien von Ausländern, Ergebnis des Mikrozensus 1970 ... ,S.164 ff.; H.-G.OEHLERT, Eheschließungen, Geburten und Sterbefälle von Ausländern, in: WISTA 1972, S.92 ff. sowie S.68x. Detaillierte Informationen sind aus dem Ergebnis der Volkszählung am 27.Mai 1970 zu erwarten; diese konnten hier nicht mehr ausgewertet werden. Soweit nichts besonderes vermerkt ist, liegen als Daten Ergebnisse des Mikrozensus vom April 1969 zugrunde. Diese Daten stammen aus einer eigenen Auswertung des Originalmaterials; ihre Brauchbarkeit wird im Einzelfall zu diskutieren sein. Wenn es auch problematisch ist, ob die Ausländer im Mikrozensus repräsentativ erfaßt werden, so haben die hieraus entnommenen Daten doch gegenüber der Ausländerstatistik den Vorteil, daß sie den Altersaufbau der nichtdeutschen Bevölkerung differenziert ausweisen.

(9) Siehe H.-G.OEHLERT und H.FLEISCHER, Die Ausländer im Spiegel der Bevölkerungsstatistik ... ,S.90.

(10) Vergl. H.-G.Oehlert und H.FLEISCHER, Die Ausländer im Spiegel der Bevölkerungsstatistik ... ,S.90.

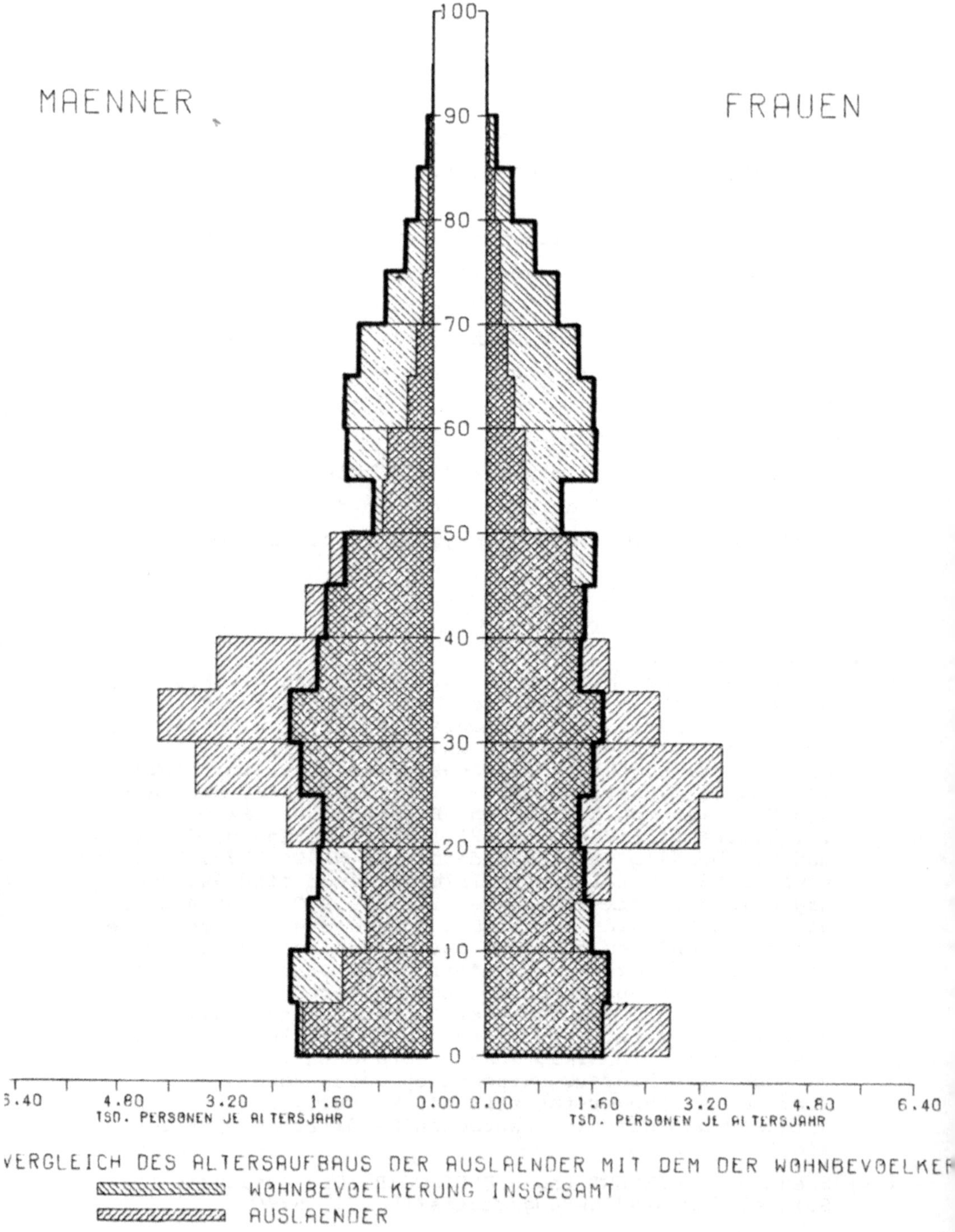

MAENNER
FRAUEN
100
90
80
70
60
50
40
30
20
10
0
6.40
4.80
3.20
1.60
0.00
TSD. PERSONEN JE ALTERSJAHR
0.00
1.60
3.20
4.80
6.40
TSD. PERSONEN JE ALTERSJAHR
VERGLEICH DES ALTERSAUFBAUS DER AUSLAENDER MIT DEM DER WOHNBEVOELKER
WOHNBEVOELKERUNG INSGESAMT
AUSLAENDER

Abb. 3.2.2./1

daß die überwiegende Zahl der in der BRD lebenden Ausländer ohne Familienangehörige zugewandert ist. Zwar ist etwa die Hälfte der einwandernden Ausländer verheiratet, aber nur wenige bringen sofort ihre Frauen und Kinder mit (11). Schließlich lebt auch ein verhältnismäßig hoher Teil der Ausländer in Anstalten, wie man Abb. 3.2.2./3 entnehmen kann. Da vor allem die jüngeren, noch unverheirateten Ausländer Anstaltsinsassen sind, ist nicht überraschend, daß der Anteil der Anstaltsinsassen bei den Männern erheblich höher liegt als bei den Frauen.

Die Absicht, eine Prognose der Bevölkerungsentwicklung zu erstellen, bedingt auch Annahmen über die zeitliche Bewegung des nichtdeutschen Bevölkerungsteils. Könnte man unterstellen, daß die zugewanderten Ausländer hier seßhaft geworden sind und in Zukunft keine Wanderungsbewegungen über die Auslandsgrenzen des Bundesgebietes mehr stattfinden, so wäre eine Differenzierung zwischen dem deutschen und ausländischen Bevölkerungsteil nicht notwendig. Nun entspricht dies aber nicht der Realität. Auch wenn sich im Augenblick noch nicht sicher voraussagen läßt, wie die Entwicklung in den nächsten Jahren aussehen wird, so kann doch schon jetzt unterstellt werden, daß die ausländischen Arbeitnehmer zu einem großen Teil nach einigen Jahren der Erwerbstätigkeit in Deutschland wieder in ihre Heimatländer zurückwandern werden. An ihre Stelle treten dann jüngere Personen, die auch nur wieder einige Jahre in Deutschland arbeiten.

---

(11) Siehe hierzu H.-J.BORRIES, Haushalte und Familien von Ausländern ... ,S.165. Nach dem Ergebnis des Mikrozensus vom April 1970 lebten nur 58% der verheirateten männlichen Ausländer mit ihren Ehefrauen zusammen in einem Haushalt. Von den verheirateten Ausländerinnen hatten dagegen nur 13% nicht ihren Ehemann bei sich.

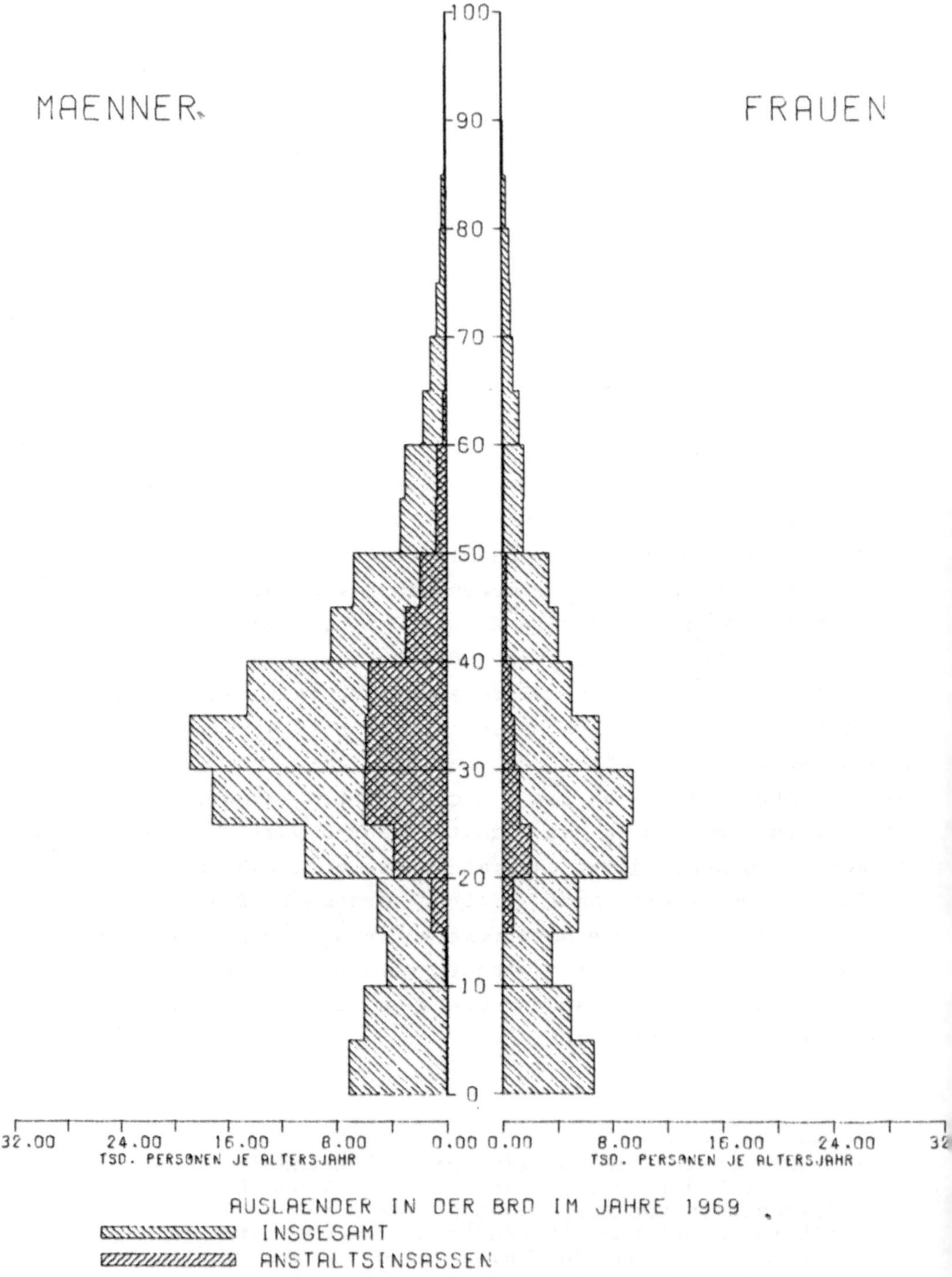
MAENNER
FRAUEN
100
90
80
70
60
50
40
30
20
10
0
32.00
24.00
16.00
8.00
0.00
0.00
8.00
16.00
24.00
TSD. PERSONEN JE ALTERSJAHR
TSD. PERSONEN JE ALTERSJAHR
AUSLAENDER IN DER BRD IM JAHRE 1969
INSGESAMT
ANSTALTSINSASSEN

Abb. 3.2.2./3

Sehr differenziert läßt sich diese Bewegung durch ein Wanderungsmodell abbilden, das die periodenweise erfolgenden Zu- und Abwanderungen erfaßt und in dem zusätzlich noch Annahmen über die Verweildauer dieser Personen im Gastland getroffen sind (12). Wie bei jeder Entwicklung eines Prognosemodells, so bleibt aber auch hier zu prüfen, inwieweit einerseits das erforderliche Datenmaterial verfügbar ist und ob zum anderen die Zusammenhänge nicht einfacher erklärt werden können, d.h. ob der Aufwand in einem vertretbaren Verhältnis zu dem Gewinn an zusätzlichen Erkenntnissen und Informationen steht.

In Anbetracht der Tatsache, daß der Ausländeranteil an der Gesamtbevölkerung 1969 bei etwa 4% lag und in absehbarer Zeit wohl nicht mehr als 10% betragen wird, erscheint es gerechtfertigt, hier behelfsweise einige vereinfachende Annahmen zu treffen. Zudem ist bei einem Vergleich des Altersaufbaus der in der BRD lebenden Ausländer 1961 und 1969 (Abb. 3.2.2./2) zu erkennen, daß sich die Struktur nicht sehr verändert hat. Zwar leben nach den hier vorliegenden Daten verhältnismäßig mehr ausländische Frauen in der BRD als noch vor 10 Jahren und das Durchschnittsalter der Ausländer, die 15 Jahre und älter sind, ist leicht angestiegen, aber der markante Aufbau der Altersstruktur hat sich nur unwesentlich geändert.

Hier soll deshalb der Altersaufbau des Ausländeranteils, so wie er im Mikrozensus 1969 beobachtet wurde, als zeitinvariant betrachtet und damit eine "stabile" Ausländer-

---

(12) Eine Variante der 1971 erstellten Bevölkerungsprognose des STATISTISCHEN BUNDESAMTES wurde unter Berücksichtigung solch eines Wanderungsmodelles errechnet. Siehe hierzu K.KAMP und G.R.RÜCKERT, Vorausschätzung der Bevölkerungsentwicklung bis 1985, Ergebnis der 3. koordinierten Bevölkerungsvorausschätzung, in: WISTA 1971, S.667 ff.

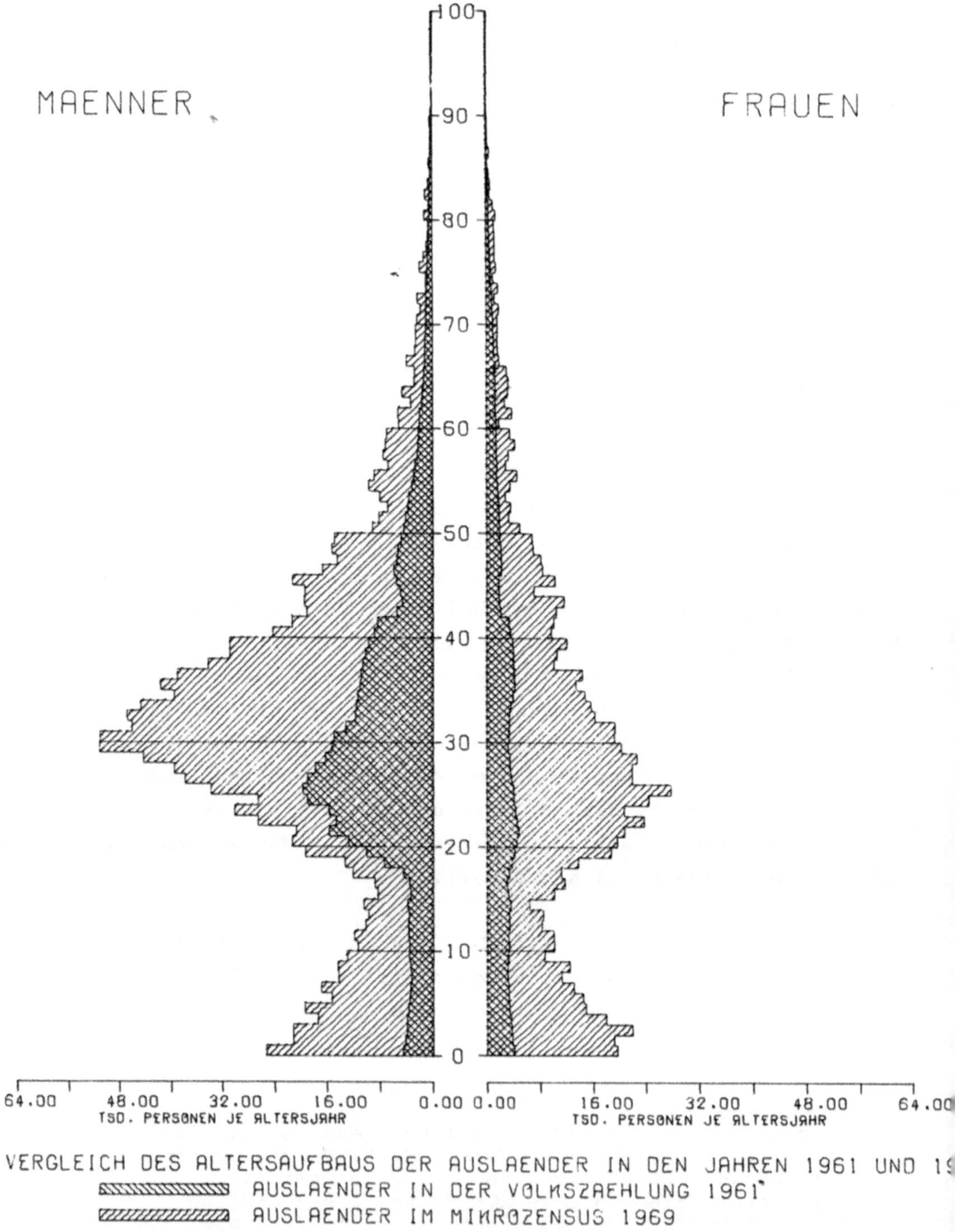
MAENNER
FRAUEN
100
90
80
70
60
50
40
30
20
10
0
64.00
48.00
32.00
16.00
0.00
0.00
16.00
32.00
48.00
64.0
TSD. PERSONEN JE ALTERSJAHR
TSD. PERSONEN JE ALTERSJAHR
VERGLEICH DES ALTERSAUFBAUS DER AUSLAENDER IN DEN JAHREN 1961 UND 1
AUSLAENDER IN DER VOLKSZAEHLUNG 1961
AUSLAENDER IM MIKROZENSUS 1969

Abb. 3.2.2./2

bevölkerung unterstellt werden. Diese Annahme hat in bezug auf das entwickelte Prognosemodell einige recht angenehme Eigenschaften: sie gestattet, relativ einfach die Auswirkungen verschieden großer Ausländeranteile auf den Altersaufbau der Wohnbevölkerung zu ermitteln, da eine als stabil angenommene Ausländerbevölkerung bei der periodenweisen Fortschreibung unberücksichtigt bleibt und nur zu dem jeweils für einen bestimmten Zeitpunkt errechneten Querschnitt des deutschen Bevölkerungsteils hinzugefügt werden muß. Veränderungen im Umfang der Ausländerbevölkerung können dabei durch einen Korrekturfaktor Berücksichtigung finden. Insbesondere im Hinblick auf eine mögliche Einbeziehung des Bevölkerungsmodells in ein ökonometrisches Prognosesystem (13) erweist sich diese

---

(13) Ein erster Versuch, ausländische Arbeitnehmer in einem ökonometrischen Modell für die BRD explizit zu erfassen,wurde von BECKMANN und UEBE unternommen. Vergl. hierzu M.J.BECKMANN und G.UEBE, Makroökonomische Untersuchungen der Auswirkungen von Steuersystemänderungen, Wiesbaden 1970. Auch in der Version IV des Bonner Modells von Krelle wird die Zahl der ausländischen Arbeitnehmer endogen bestimmt. Ebenso enthält das von LAMBELET und SCHILTKNECHT erstellte ökonometrische Modell für die Schweiz, dem Land mit dem höchsten Ausländeranteil in Europa, eine Bestimmungsfunktion für die Zahl der ausländischen Arbeitnehmer.Vergl. J.C.LAMBELET und K.SCHILTKNECHT, A Short-Term Forecasting Model of the Swiss Economy, in: Schweizerische Zeitschrift für Volkswirtschaft und Statistik, 106(1970), S.281 ff. Freilich zeigt sich auch hier, daß es sehr schwer ist, geeignete erklärende Variablen zu finden. Zudem wird in der Schweiz die Zahl der ausländischen Arbeitskräfte seit 1964 durch dirigistische Staatseingriffe derart beeinflußt, daß die Variable von dieser Zeit ab als exogen betrachtet werden mußte. Immerhin machen neuere Untersuchungen den erheblichen Einfluß deutlich, der von ausländischen Arbeitnehmern auf die Wirtschaftsentwicklung eines Landes ausgeht, so daß bei allen Ländern mit einem hohen Ausländeranteil versucht werden sollte, die Beschäftigung ausländischer Arbeitnehmer in ökonometrischen Modellen explizit zu erfassen. Siehe hierzu W.A.JÖHR , Die konjunkturellen Auswirkungen der Beanspruchung ausländischer Arbeitskräfte mit Hilfe eines Simu-

Annahme als vorteilhaft. Es wird nämlich dann möglich sein, den Anteil der Ausländer an der Gesamtbevölkerung als interdependent abhängig von ökonomischen Variablen zu betrachten, ohne daß aufwendige Nachiterationen der Bevölkerungsprognose unter Einschließung des deutschstämmigen Teils der Bevölkerung notwendig werden.

Die erläuterte Vorgehensweise ist freilich nicht unproblematisch. Die Aufspaltung der Wohnbevölkerung in zwei Bevölkerungsteile, von denen der eine periodenweise fortgerechnet und der andere als stabil betrachtet wird, läßt insbesondere die Tatsache unberücksichtigt, daß die Ausländer nicht kontinuierlich zu- und abwandern. Betrachtet man die Wanderungsbewegung genauer, so ist festzustellen, daß - sehr beeinflußt von der konjunkturellen Entwicklung - die Wanderung in Schüben erfolgt (14). Teilweise bleiben die zugewanderten Personen mehrere Jahre im Gastland und ziehen oft noch ihre Familienangehörige nach.

Auch auf ein anderes Problem soll an dieser Stelle hingewiesen werden. Die dem Simulationsprozeß zugrunde liegenden Daten der Bevölkerungsbewegung beziehen sich auf die gesamte Wohnbevölkerung, d.h. sie schließen auch den Ausländeranteil ein. Es stellt sich daher die Frage, ob die so ermittelten Daten noch Verwendung finden können,

---

(Fortsetzung von Anmerkung 13) lationsmodells der schweizerischen Volkswirtschaft, in: Schweizerische Zeitschrift für Volkswirtschaft und Statistik, 104(1968),S.367 ff. und 105(1969), S.3 ff.; C.FÖHL, Stabilisierung und Wachstum bei Einsatz von Gastarbeitern, in: KYKLOS, 20(1967), S.119 ff.

(14) Siehe H.FLEISCHER, Wanderungen 1970, in: WISTA 1971, S.488x.

wenn nur der deutschstämmige Teil fortgerechnet werden soll.

Zunächst fällt auf, daß sich die nur für Ausländer ermittelten Zahlen wesentlich von den Daten der Gesamtbevölkerung unterscheiden. Geringer ist insbesondere die Sterblichkeit, höher liegt die Geburtenrate (15). Allerdings findet sich in dem unterschiedlichen Altersaufbau beider Bevölkerungsgruppen eine einfache Erklärung. Vergleicht man die entsprechend altersspezifischen Daten, so weichen diese nicht sehr erheblich voneinander ab (16), so daß in Anbetracht des relativ kleinen Ausländeranteils auftretende Differenzen vernachlässigt werden können. Problematisch ist dies lediglich bei den Eheschließungen. Bezogen auf die Gesamtbevölkerung ist der Ausländeranteil in den für eine Eheschließun in Frage kommenden Altersgruppen überdurchschnittlich hoch (17), so daß auch kleinere Differenzen hier das Gesamtergebnis schon erheblich verzerren können.

Auch wenn man eine Abgrenzung zwischen deutschen und ausländischen Bevölkerungsteilen als sinnvoll erachtet, so bleibt doch die Frage, ob das zunächst einmal nur rechtlich relevante Merkmal der Staatsangehörigkeit allein ausreicht, homogene Teilgruppen zu bilden. Insbesondere bei Personen, die schon lange im Lande wohnen, könnte

---

(15) Siehe H.-G.OEHLERT und H.FLEISCHER, Die Ausländer im Bundesgebiet im Spiegel der Bevölkerungsstatistik ... , S. 93 ff.

(16) Siehe H.G.OEHLERT und H.FLEISCHER, Die Ausländer im Bundesgebiet im Spiegel der Bevölkerungsstatistik ... ,S.94; H.-G.OEHLERT, Eheschließungen, Geburten und Sterbefälle von Ausländern ... , S.97 ff.

(17) Siehe H.-G.OEHLERT und H.FLEISCHER, Die Ausländer im Bundesgebiet im Spiegel der Bevölkerungsstatistik ... , S. 91-92.

vermutet werden, daß sie inzwischen seßhaft geworden sind und sich in ihrem Verhalten an das der deutschstämmigen Bevölkerung angeglichen haben. Neben der gewählten Abgrenzung wurde deshalb alternativ erwogen, jenen Teil der Ausländer, der schon länger als zehn Jahre in der BRD lebt, als seßhaft zu betrachten und ihn in die periodenweise Fortschreibung mit einzubeziehen. Eine Grundlage für eine derartige Abgrenzung bietet die Mikrozensus-Erhebung, in der auch nach dem Jahr des Zuzugs in das Gebiet der Bundesrepublik Deutschland gefragt wird und in der bei Kindern, die nach dem Zuzug geboren wurden, das Geburtsjahr als Zuzugsjahr erfaßt ist. Eine Tabellierung ergab allerdings, daß die Angaben zu dieser Frage recht lückenhaft sind. Nur bei rund 70% aller Ausländer findet sich nämlich eine Jahresangabe, ganz abgesehen von der Richtigkeit und Repräsentativität dieser Angaben, die gewiß nicht sehr hoch einzuschätzen ist.

Sieht man einmal von diesen Mängeln ab, so ergibt sich folgendes Bild: Nur rund 5% der im Mikrozensus vom April 1969 erfaßten Ausländer lebt schon seit 1960 oder einem früheren Jahr in der Bundesrepublik Deutschland, nicht mehr als ein Drittel ist vor 1966 nach Deutschland gekommen. Wie man Tabelle 3.2.2./1 entnehmen kann, variieren diese Zahlen erheblich bei einer Betrachtung einzelner Altersgruppen. Erwartungsgemäß ist bei älteren Personen und Kindern im Durchschnitt eine längere Aufenthaltsdauer feststellbar als bei den 2o- bis 30-jährigen, die im Mittel die kürzeste Aufenthaltsdauer haben.

	Männer		Frauen	
Alter	≤1960	≤1965	≤1960	≤1965
0- 4	.63	18.37	.00	17.59
5- 9	7.51	73.85	5.69	70.66
10-14	31.44	64.39	33.64	68.66
15-19	17.32	34.36	15.57	37.16
20-24	4.76	25.71	5.72	30.76
25-29	5.36	37.53	4.26	47.53
30-34	12.10	52.04	11.86	57.85
35-39	16.76	53.31	15.53	58.58
40-44	17.23	54.88	20.24	61.51
45-49	30.20	65.71	31.72	70.43

Anteil der Ausländer im Mikrozensus 1969 in Prozent, die im Jahre i oder früher in die BRD zugezogen sind

Tabelle 3.2.2./1

Angesichts dieses geringen Umfanges der Ausländerbevölkerung, die schon über einen längeren Zeitraum in der BRD lebt, erscheint es nicht notwendig, sie gesondert zu betrachten und evtl. der deutschen Wohnbevölkerung zuzurechnen. Insbesondere jedoch, um einen Vergleich der vorgenommenen Bevölkerungsvorausschätzung mit methodisch abweichenden Prognosen nicht unnötig zu erschweren, soll hiervon abgesehen werden.

3.2.3. Gliederung der Bevölkerung in sozioökonomische Einheiten

Nach einer Abgrenzung des in die periodenweise Fortschreibung einzubeziehenden Personenkreises sollen nun die sozioökonomischen Elementareinheiten bestimmt werden, die dem Simulationsprozeß zugrunde liegen.

Daß eine modellmäßige Erfassung von Personengruppen und nicht nur von Einzelpersonen sinnvoll ist, zeigte die Untersuchung der Zusammenhänge zwischen Bevölkerung und Wirtschaft (19). Viele wirtschaftliche Verhaltensweisen

---

(19) Siehe hierzu Abschnitt 3.1.2.

lassen sich eben nur befriedigend erklären, wenn man die Gliederung der Bevölkerung in Wirtschaftseinheiten berücksichtigt. Aber auch die Entwicklung des Bevölkerungsprozesses selbst wird durch das Zusammenleben von Personen bestimmt und legt damit eine Erfassung von Personengruppen nahe.

Es stellt sich nun das Problem, die Bevölkerung so in Personengruppen zu gliedern, daß dieses Gruppierungsschema schließlich möglichst vielseitig verwendbar ist. Einmal soll es die für die Entwicklung des Bevölkerungsprozesses selbst bedeutenden Personenverbindungen enthalten, es soll aber auch Informationen über ökonomisch relevante Gruppen liefern.

Hier kann darauf verzichtet werden, diese Frage allgemein und ohne Bezug zur amtlichen Statistik zu diskutieren. In Anbetracht des Zieles, ein prognosefähiges Modell zu entwickeln, bleibt man darauf angewiesen, sich in einen definitorischen Rahmen zu fügen, auf den alle in Frage kommenden empirischen Untersuchungen abgestellt sind. Eine allein aus theoretischen Überlegungen abgeleitete Definition nützt wenig, wenn das verfügbare Datenmaterial dieser Definition nicht entspricht.

Es ist allgemein üblich, die Wohnbevölkerung in Haushalte zu untergliedern. Das STATISTISCHE BUNDESAMT definiert (20) diese Haushalte (Privathaushalte) in neueren empirischen

---

(20) STATISTISCHES BUNDESAMT (Hrsg.), Statistisches Jahrbuch 1970, S. 24. Dazu gehören nicht die Anstaltsinsassen, die in Anstaltshaushalten zusammengefaßt werden.

Untersuchungen wie folgt:

> Zusammenwohnende und gemeinsam wirtschaftende Personengruppen, die sowohl Verwandte als auch fremde Personen, Familien im engsten und im weiteren Sinne, häusliches Dienstpersonal, gewerbliche oder landwirtschaftliche Arbeitskräfte usw. umfassen können. Auch Personen, die für sich allein wohnen und wirtschaften, wie z.B.Einzeluntermieter, zählen als Haushalt.

Freilich hat sich auch in der amtlichen Statistik die Definition des Begriffes "Haushalt" im Zeitablauf leicht gewandelt. Bei der Volkszählung 1950 faßte man beispielsweise den Haushalt lediglich als eine Art Wohngemeinschaft auf, d.h. als die Gesamtheit der Personen, die sich einen gemeinsamen Wohnraum teilt oder "ein Wohnrecht auf die von ihr benutzten Wohnräume erworben hat (21)". Wenn auch diese Definition noch deutlich im Zeichen der Wohnraumnot in der Nachkriegszeit steht und in der zitierten neueren amtlichen Definition die wirtschaftlichen Beziehungen zwischen den Personen mitberücksichtigt werden, so bleibt dennoch für eine Erhebung die Wohngemeinschaft das wichtigste Gliederungskriterium. Sie ist nämlich für die praktische Erfassung die am ehesten klar und eindeutig festzustellende Einheit (22), da die Gemeinsamkeit oder Trennung in der Wohnraumnutzung schon rein äußerlich am sinnfälligsten ist und sich auch tatsächlich am besten abgrenzen läßt.

Das gelegentlich erstrebte Ziel einer "richtigen" Erfassung der Haushalte in einem umfassenden und unter allen Gesichts-

---

(21) K.HORSTMANN, Die Familien- und Haushaltungsstatistik im Rahmen der Volkszählung 1950, in: ASTA, 34(1950), S.117.

(22) Vergl.K.SZAMEITAT, Die Haushaltung als wirtschaftende Einheit und ihre statistische Erfassung, in: ASTA, 39(1955),S.316.

punkten brauchbaren Sinne ist ohnehin unerreichbar (23), da einzelne Individuen in vielfältiger Weise verschiedenen Gruppierungen zugeordnet werden können. Sinnvoll ist es daher, die Erfassung nach einem Prinzip folgerichtig durchzuführen, und hier bietet sich die Wohngemeinschaft an. Neben der leicht durchführbaren Abgrenzung erweist sich bei der Wohngemeinschaft nämlich zusätzlich als Vorteil, daß sie die Grundlage des Gemeinschaftlichen ist (24) und viele andere Verbindungen auf ihr aufbauen, auch wenn diese Verbindungen dann oft nur einen Teil der zur Wohngemeinschaft gehörenden Personen einschließen.

Dem Haushaltsbegriff der amtlichen Statistik, der vor allem eine zahlenmäßige Erfassung der Objekte ermöglichen soll, steht die idealtypische Definition des Begriffes "Haushalt" in der Wirtschaftswissenschaft gegenüber (25). In der mikroökonomischen Theorie, die den Wirtschaftsprozeß als Interaktion zwischen den Unternehmen einerseits und den Haushalten auf der anderen Seite sieht, sind Haushalte Anbieter von Faktorleistungen und Nachfrager konsumreifer Güter. Als elementare ökonomische Entscheidungseinheiten stellen sie Wirtschaftspläne auf, durch die ihr Verhalten auf den Faktor- und Gütermärkten bestimmt ist.

---

(23) Vergl. K.HORSTMANN, Die Familien- und Haushaltungsstatistik ... , S.117.

(24) Vergl. K.SZAMEITAT, Die Haushaltung als wirtschaftende Einheit ... , S.316.

(25) Hier sei auf die Literatur zur mikroökonomischen Theorie verwiesen. Zur Einführung siehe u.a. A.WOLL, Allgemeine Volkswirtschaftslehre, Berlin-Frankfurt 1969, S. 73 ff.; Vergl. auch K.O.BECKER, Die wirtschaftlichen Entscheidungen des Haushalts, Berlin 1967; H.FÜRST, Einkommen, Nachfrage, Produktion und Konsum des privaten Haushalts in der Volkswirtschaft, Stuttgart-Köln 1956; E.EGNER, Artikel "Haushalt", in: HdSW,Bd.5,S.65 ff.

Auch wenn von der Ökonomie nicht ernsthaft bestritten wird, daß in den Haushalten ein "wichtiger Teil des heutigen gesamtwirtschaftlichen Produktionsprozesses abläuft (26)", und damit anerkannt wird, daß Haushalte auch *Produktionsgemeinschaften* sind, so stehen damit doch im Mittelpunkt des Interesses die Gemeinschaften des Einkommens und Verbrauchs, die in der Theorie üblicherweise als eine Einheit betrachtet werden.

So naheliegend es zunächst erscheint, die gemäß der Definition des STATISTISCHEN BUNDESAMTES erfaßten Haushalte als Einkommens- und Verbrauchsgemeinschaften zu betrachten, so problematisch ist freilich die praktische Abgrenzung. Zunächst gilt dies für den Haushalt als *Einkommensgemeinschaft*. "Die verschiedenen, in einer Haushaltung zusammenkommenden Einkommensquellen werden ", wie SZAMEITAT feststellt (27), " für die gemeinsame Haushaltungswirtschaft nur in den wenigsten Fällen ganz, sondern meist zu recht verschiedenen Teilen zur Verfügung gestellt. Die übrigen Teile der Einkommen bleiben der Verfügung der Einzelperson überlassen, so daß neben das 'Familien-' oder 'Haushaltseinkommen' eine Zahl von selbständigen Einkommensteilen tritt, die wohl voneinander geschieden werden müssen. Gerade

---

(26) W.EUCKEN, Die Grundlagen der Nationalökonomie , Sechste durchgesehene Auflage, Berlin-Göttingen-Heidelberg 1950, S.88; vergl. hierzu auch F.W.MEYER, Die Haushaltung in der Nationalökonomie, in: ORDO-Jahrbuch für die Ordnung von Wirtschaft und Gesellschaft, Bd. 18(1967),S.271 ff.; K.SZAMEITAT, Die Haushaltung als wirtschaftende Einheit ... , S. 319.

(27) K.SZAMEITAT, Die Haushaltung als wirtschaftende Einheit ... ,S.318; zum Problem der Abgrenzung privater Haushalte als Verbrauchseinheiten vergl. auch A.SOBOTSCHINSKI, Die Statistik des Verbrauchs der privaten Haushalte, in: A.BLIND(Hrsg.), Umrisse einer Wirtschaftsstatistik, S. 249-250. Hingewiesen sei hier auch auf die umfangreiche amerikanische Literatur über "spending units".

Zahl und Höhe dieser . . . 'freien' Einkommensteile sind für die Nachfrage nach einer Reihe von Gütern, und zwar besonders von Gebrauchsgütern mit starker Konjunkturreagibilität von entscheidender Bedeutung, da sie den Konjunkturablauf wesentlich beeinflussen können. ... Nicht minder schwierig ist die Abgrenzung der Haushaltung als *Verbrauchsgemeinschaft*. Sie hängt eng mit dem Vorhandensein der oben erwähnten selbständigen Einkommensteile zusammen, denen auch ein selbständiger Verbrauch von Gütern und Leistungen, bzw. eine selbständige Spartätigkeit außerhalb der Haushaltsgemeinschaft entspricht". Es ist somit wenig realistisch, Haushalte gemäß der Abgrenzung des STATISTISCHEN BUNDESAMTES generell als Einkommens- und Verbrauchsgemeinschaften anzusehen.

Neben den Haushalten kommen bei einer Gliederung der Bevölkerung nach sozioökonomischen Merkmalen auch die als Familien bezeichneten rechtlichen bzw. biologischen Einheiten in Betracht. Haushalte und Familien sind grundsätzlich Gebilde verschiedener Art, wenn auch ein enger Zusammenhang besteht (28). Familien sind, betrachtet man diesen Begriff in seinem weitesten Sinne, Personengemeinschaften aufgrund verwandtschaftlicher Bindungen ohne Rücksicht darauf, ob sie gleichzeitig eine Gemeinschaft des Zusammenlebens und Zusammenwirtschaftens darstellen. Zur Familie gehören daher auch die aus dem elterlichen Haushalt ausgeschiedenen Kinder, ganz gleich, ob das Ausscheiden nur vorübergehender Art oder für immer erfolgt ist (29).

Während der Haushalt in der Rechtswissenschaft nur geringe

---

(28) Vergl. K.HORSTMANN, Die Familien- und Haushaltungsstatistik ... ,S.114 ff.

(29) Vergl. H.COORDT, Die Ausgaben der privaten Haushalte im Lebenszyklus der Familie, Dissertation Köln 1962, S.17-18.

Beachtung findet (30) und aus dem Zusammenleben in einer Einkommens- und Verbrauchsgemeinschaft nur bedingt Rechte und Pflichten abgeleitet werden können, ist das Familienrecht ein fester Bestandteil unserer Rechtsordnung. Die rechtlichen Beziehungen der einzelnen Personen zueinander sind vor allem durch das Privatrecht geregelt; doch hat das Familienrecht vor allem auch eine Fülle öffentlich-rechtlicher Bezüge, dort wo das Interesse des Staates an Förderung und Erhaltung der Familie wirksam wird. Daneben stehen die aus ökonomischer Sicht interessanten verwaltungsrechtlichen Maßnahmen , beispielsweise die Gewährung von Kindergeld, die Staffelung von Steuern und Tarifen in Abhängigkeit von familienspezifischen Merkmalen, die Familienfürsorge in der Sozialversicherung u.ä. . Durch diese und andere rechtliche Regelungen ist die Familie vielschichtig in der Sozialordnung verankert (31), so daß es notwendig wird, bei einer Analyse sozialer Maßnahmen auch die Gliederung der Bevölkerung in die als Familien bezeichneten *Rechtseinheiten* zu berücksichtigen.

Familien sind zugleich, wenn auch in etwas unterschiedlicher Abgrenzung zu den Rechtseinheiten, *"biologische" Einheiten*, die das generative Verhalten der Bevölkerung bestimmen

---

(30) Vergl. K.BALLERSTEDT, Der private Haushalt als rechtswissenschaftliches Problem, in: H.ACHINGER, L.PRELLER und H.J.WALLRAFF, Normen der Gesellschaft, Festgabe für Oswald von Nell-Breuning SJ, Mannheim 1965,S.212 ff.

(31) Vergl. G.BEITZKE, Artikel "Familien- und Eherecht", in: HdSW,Bd. 3,S.465. Eine ausführliche Darstellung und Diskussion familienpolitischer Maßnahmen für die BRD erfolgt in F.E.BÜNGER, Familienpolitik in Deutschland, Berlin 1970; H.H.BÜHLER, Familienpolitik als Einkommens- und Eigentumspolitik Berlin 1961; M.WINGEN, Familienpolitik: Ziele, Wege und Wirkungen, Paderborn 1964; DEUTSCHER BUNDESTAG(Hrsg.), Bericht der Bundesregierung über die Lage der Familien in der Bundesrepublik Deutschland, Bundestagsdrucksache V/2532, Bonn 1968.

und sich der Kindererziehung widmen. Dieser Familienbegriff ist maßgeblich für die Definition der "Familie" durch das STATISTISCHE BUNDESAMT (32):

> Familie im Sinne der Familienstatistik ist immer die in einem Haushalt zusammenlebende Familie. Unter Familie versteht man sowohl die Eltern-Kind-Gemeinschaft als auch verwitwete oder geschiedene Personen, die mit ihren ledigen Kindern zusammenleben, daneben aber auch Ehepaare ohne ledige Kinder sowie auch verwitwete oder geschiedene Personen ohne ledige Kinder. Ledige Personen mit ledigen Kindern, insbesondere ledige Mütter, gelten ebenfalls als Familien. Nicht als familienzugehörig wurden alle ledigen Personen gezählt, die weder mit ihren Eltern noch mit ihren eigenen Kindern zusammenleben. Da die Familie durch die Eltern-Kind-Gemeinschaft begrenzt ist, wobei die Kinder immer ledig sein müssen, können in einem Privathaushalt mehrere Familien leben.

Wie die Haushaltsdefinition, so ist auch die Definition des Begriffes Familie wesentlich bestimmt von der Möglichkeit einer klaren und eindeutigen Erhebung dieser Personengruppe. Die Erfassung der Familien basiert auf der Erhebungseinheit "Haushalt"; dies ermöglicht, Familien- und Haushaltserhebungen simultan durchzuführen. Zugleich ist eine hierarchische Struktur vorgegeben: zunächst wird die Bevölkerung in Haushalte untergliedert, diese werden ihrerseits wieder in Familien zerlegt. Die Familie kann nie größer sein als der Haushalt, dem sie angehört, in einem Haushalt können aber mehrere Familien leben. Zu beachten bleibt allerdings, daß zwar alle Personen zu einem Haushalt (Privathaushalt oder Anstaltshaushalt) gehören, aber nur ein Teil der Bevölkerung sich Familien zurechnen läßt, da alle ledigen Personen, die weder mit ihren Eltern noch mit ihren eigenen Kindern zusammenleben, ebenso wie die Anstaltsinsassen nicht als Familien betrachtet

---

(32) STATISTISCHES BUNDESAMT(Hrsg.),Statistisches Jahrbuch 1970 ... , S.24.

werden. Eine vollständige Untergliederung läßt das Familienkonzept des STATISTISCHEN BUNDESAMTES damit nicht zu.

Wenn auch die vom STATISTISCHEN BUNDESAMT gewählte Definition den Familienbegriff sehr einschränkt, so erweist sich diese Eingrenzung unter sozioökonomischen Gesichtspunkten nicht als nachteilig. Die Gliederung in biologische Einheiten ist vor allem interessant bei jungverheirateten Ehepaaren und den zu ihnen gehörenden Kindern. Dieser Personenkreis wird durch das erläuterte Schema jedoch recht gut erfaßt. Auch eine Abgrenzung nach Rechtseinheiten erscheint auf der Basis der amtlichen Definition möglich. Die meisten familienbezogenen Ansprüche sind abhängig vom Alter und Einkommen der Kinder einer Familie; sie entfallen in der Regel mit dem Ausscheiden der Kinder aus der Haushaltsgemeinschaft. Lediglich Unterhaltsansprüche bzw. -verpflichtungen sowie Erbansprüche sind danach noch von ökonomischer Relevanz. Das verfügbare wirtschaftsstatistische Material liefert aber zu diesem Problemkreis ohnehin so gut wie keine Informationen. Die hier definierte Familie kann auch noch im Rahmen eines Haushaltes am ehesten als Einkommens- und Verbrauchsgemeinschaft betrachtet werden. Problematisch wird allerdings diese Abgrenzung dann, wenn Kinder volljährig sind und über Einkommen aus eigener Erwerbstätigkeit verfügen.

Dieser Überblick über einige wesentliche sozioökonomische Gemeinschaftsformen zeigt, daß die von der amtlichen Statistik vorgenommene Haushaltsgliederung der Bevölkerung nur mittelbar die eigentlich interessierenden ökonomischen und sozialen Gruppierungen erfaßt. Naheliegend ist es deshalb, das im folgenden beschriebene Gliederungskonzept zu realisieren, auch wenn diese Lösung nicht den Anspruch erheben kann, optimal in jeder Beziehung zu sein. Versucht wird lediglich, die hier diskutierten Wünsche mit Möglichkeiten der technischen Realisierung in Einklang zu bringen.

Der Begriff "Haushalt" wird eingegrenzt auf sozioökonomische Elementareinheiten. Diese werden gebildet von erwachsenen Personen und ihren Kindern. Kinder sind alle nichtverheirateten kinderlosen Personen unter 18 Jahren. Alle Anstaltshaushalte werden in Einpersonenhaushalte aufgelöst.

Grundsätzlich sind damit 5 Typen von Elementareinheiten möglich:

Typ 1 : Ehepaare ohne Kinder
Typ 2 : Ehepaare mit Kindern
Typ 3 : Unverheiratete Erwachsene ohne Kinder
Typ 4 : Unverheiratete Erwachsene mit Kindern
Typ 5 : Alleinstehende Kinder (33)

Das Gliederungskonzept ist aus dem Familienkonzept des STATISTISCHEN BUNDESAMTES abgeleitet, es unterscheidet sich hiervon aber zunächst dadurch, daß alle zur Wohnbevölkerun zählenden Personen einem dieser Typen zugeordnet werden können. Im Gegensatz dazu erfaßt - wie bereits erläutert - das STATISTISCHE BUNDESAMT alleinlebende ledige Personen und Anstaltsinsassen nicht als Familien. Vollständig berücksichtigt werden nach diesem Gliederungsschema alle Einpersonenhaushalte sowie Mehrpersonenhaushalte, die nur aus Ehepaaren ohne Kinder bestehen. Sieht man einmal davon ab, daß Kinder von ihrem 18. Lebensjahr an von ihrem elterlichen Haushalt getrennt werden, so sind auch alle Haushalte, die nur aus einer Elterngeneration und ledigen

---

(33) Dieser Haushaltstyp wird durch die Auflösung der Anstaltshaushalte und den Verzicht einer Zuordnung alleinstehender Kinder zu Familien notwendig. Es kann nämlich vorkommen, daß Ehepaare und unverheiratete Erwachsene sterben und Kinder hinterlassen, die normalerweise einem Anstaltshaushalt zugewiesen oder von einer anderen Familie als Pflegekinder aufgenommen werden.

Kindern bestehen in dem Gliederungsschema voll enthalten. Bei der Volkszählung 1961 waren dies (ohne Anstaltshaushalte) etwa 85% aller Haushalte (34). Alle übrigen Haushaltstypen können durch eine Zusammenfügung aus den hier entwickelten Grundelementen gebildet werden.

Die gewählte Haushaltsdefinition grenzt die sozioökonomischen Elementareinheiten so ab, daß das Gruppierungsschema vielen der genannten Haushaltsfunktionen gerecht wird. Einmal können die gebildeten Gruppen als biologische Einheiten betrachtet werden, da in ihnen verheiratete bzw. unverheiratete Personen mit ihren minderjährigen Kindern zusammenleben. Sie sind daneben auch Rechtseinheiten, da die Abgrenzung etwa der des bürgerlichen Rechts entspricht. Problematisch ist diese Abgrenzung lediglich bei über 18 Jahre alten Kindern, die noch über kein eigenes Einkommen verfügen, aus dem sie ihren Lebensunterhalt bestreiten können. Daraus resultierende Unterhaltsverpflichtungen der Eltern lassen sich in dem gewählten Modellansatz nicht mehr erfassen. Allerdings ist zu erwarten, daß die Unterhaltsverpflichtungen zunehmend durch Transferzahlungen des Staates, beispielsweise in Form von Stipendien, abgelöst werden, so daß auch dieser Personenkreis über ein eigenes Einkommen verfügen wird und damit wirtschaftlich aus dem elterlichen Haushalt ausgegliedert werden kann. Hinzu kommt, daß die Volljährigkeitsgrenze in absehbarer Zeit wohl auf 18 Jahre festgelegt werden wird und damit auch eine uneingeschränkte Entscheidungsbefugnis über das Einkommen gegeben ist.

Aber auch unter dem Blickwinkel der Einkommens- und Verbrauchs-

---

(34) Berechnet nach L.HERBERGER und J.ADAMS, Die demographische Struktur der Haushalte und Familien, Ergebnis der 10%-Aufbereitung der Volkszählung am 6.Juni 1961, in: WISTA 1965, S.429. Inzwischen dürfte sich dieser Anteil noch weiter erhöht haben.

gemeinschaft erscheint die gewählte Abgrenzung zweckmäßig. Sofern Haushalte aus mehr als einer der definierten sozioökonomischen Grundeinheiten bestehen, ist zu erwarten, daß sich die Beziehungen nur in wenigen Fällen auf eine gemeinsame Planung von Einkommen und Verbrauch erstrecken; allenfalls gilt dies für Teilbereiche, etwa in Form von Wohn- und Verpflegungsgemeinschaften. Die zu einem Haushalt gehörende Hausangestellte oder das volljährige Kind werden in einer Vielzahl von Fällen aber wirtschaftliche Entscheidungen treffen, die nicht mit den übrigen Haushaltsmitgliedern abgestimmt sind.

Die Abgrenzung in sozioökonomische Elementareinheiten der beschriebenen Art erscheint aber auch noch aus einem anderen Grund vorteilhaft. Betrachtet man die Entwicklung von Zahl und Struktur der Privathaushalte in den vergangenen Jahren (35) , so ist ein nicht unerheblicher Wandel zu erkennen. Zwischen 1957, dem Jahr der ersten Mikrozensus-Erhebung, und 1969 ist die Zahl der Privathaushalte um 23% gestiegen, während die Wohnbevölkerung in Privathaushalten lediglich um 11% zunahm. Infolgedessen ist die durchschnittliche Haushaltsgröße von 2,97 auf 2,69 Personen gesunken. Die Abnahme der durchschnittlichen Haushaltsgröße wurde vor allem durch eine erhebliche Zunahme der Einpersonenhaushalte

(35) Die Zahlen sind entnommen: H.-J.BORRIES, Entwicklung der Privathaushalte nach Zahl und Struktur, in: WISTA 1970, S. 344. Daneben sind vom STATISTISCHEN BUNDESAMT in jüngster Zeit eine Reihe weiterer Veröffentlichungen herausgegeben worden, in denen die sich im Bereich der Privathaushalte vollziehenden Strukturverschiebungen analysiert werden. Hingewiesen sei hier u.a. auf J.ADAMS, Entwicklung der Privathaushalte seit 1950, in WISTA 1967, S.29 ff., L.HERBERGER und H.-J.BORRIES, Vorausschätzung der Zahl der Privathaushalte bis 1980, in: WISTA 1970, S.504 ff.; H.-J.BORRIES, Entwicklung der Familien nach Zahl und Struktur, in: WISTA 1972, S.86 ff.; H.-J.BORRIES, Haushalte und Familien von Ausländern, in: WISTA 1972, S.164 ff.

verursacht. Zwischen 1957 und 1969 stieg ihre Zahl um 72% an. Der Zuwachs der Mehrpersonenhaushalte entspricht mit 12% etwa dem Zuwachs der Bevölkerung in Privathaushalten insgesamt. Aber auch hinter dieser konstant gebliebenen Zahl verbirgt sich ein tiefgreifender Umschichtungsprozeß; so stieg beispielsweise die Anzahl der Zweipersonenhaushalte im Bezugszeitraum um 27% .

Versucht man, die Ursachen dieser Entwicklung zu ergründen, so erweist es sich als zweckmäßig, zwischen demographischen und nicht-demographischen Faktoren zu unterscheiden.
Für die erhebliche Zunahme der Zahl der Einpersonenhaushalte waren vor allem nicht-demographische Faktoren von größerer Bedeutung. Hierzu gehört u.a., daß immer weniger alte Menschen in einer Wohngemeinschaft mit ihren verheirateten Kindern leben und daß erwachsene nichtverheiratete Kinder immer mehr einen Einpersonenhaushalt bilden (36). Diese Tendenz zur Bildung von Einpersonenhaushalten wirkt zurück auf die Größe der Mehrpersonenhaushalte und verschiebt dort die Relation zugunsten immer kleinerer Einheiten.

Wie sich diese Entwicklung fortsetzen wird, ist gegenwärtig noch nicht abzusehen. Ohne Kenntnis der Gesetzmäßigkeiten dieses Wandels schien es sinnvoll, einen Ansatz zu wählen, der weitgehend zeitinvariant ist und nur die dauerhaften familiären Bindungen erfaßt.

Die genannten Vorzüge sollten nun aber nicht dazu verführen, Nachteile zu übersehen, die eine Realisierung des hier entwickelten Konzepts mit sich bringt. Das bevölkerungsstatistische Material liegt in einer hinreichend disaggregierten Form vor, so daß es möglich ist, die vorgeschlagenen Personengruppen zu bilden. Nur zum Teil gilt dies jedoch

---

(36) Vergl. H.-J.BORRIES, Entwicklung der Privathaushalte nach Zahl und Struktur ... ,S.348.

für die wirtschaftsstatistischen Erhebungen. Mittlerweile sind zwar viele Daten über das wirtschaftliche Verhalten von Haushalten verfügbar; dieses Material erlaubt es aber oft nicht, auf einzelne Mitglieder des Haushaltes zurückzuschließen und sie evtl. getrennt auszuweisen. Aus Gründen der Kompatibilität kann es deshalb notwendig sein, Informationen über die Entwicklung von Haushalten zu besitzen, die in ihrer definitorischen Abgrenzung den Erhebungseinheiten des vorliegenden wirtschaftsstatistischen Materials entsprechen.

Hier soll versucht werden, kurz einige Lösungsansätze zu skizzieren, durch die das Modell an diese Erfordernisse angepaßt werden könnte (37). Die klarste Lösung wäre die Einführung eines der Eheschließung analogen Zuordnungsprozesses (38). Zunächst wäre dabei der Eheschließungsprozeß so zu modifizieren, daß nicht bei jeder Eheschließung ein neuer Haushalt gebildet wird. Denkbar ist ja, daß das neuverheiratete Ehepaar in einem elterlichen Haushalt lebt. Zusätzlich wären zwei neue Prozeßvariablen einzuführen: eine Prozeßvariable, die analog zur Ehescheidung bestimmt, ob eine Untermenge von Personen aus einem Haushalt ausscheidet und eine andere Prozeßvariable, die wie bei der Eheschließung bestimmt, ob zwei Personengruppen sich vereinigen zu einem neuen Haushalt. Die Hauptschwierigkeit, die einer Realisierung der hier skizzierten Zuordnungs- und Trennungsprozesse entgegensteht, ist, daß kein Datenmaterial vorliegt, das für ein Prognosemodell verwertbare Informationen über diese Vorgänge liefert. Die Erfassung von Geburten, Sterbefällen, Eheschließungen und Scheidungen zählt zum Standardprogramm der Bevölkerungsstatistik, während Verän-

---

(37) Siehe hierzu auch G.H.ORCUTT et al., Microanalysis ... , S.232 ff.

(38) Vergl. hierzu auch Abschnitt 3.3.9.

derungen in der Haushaltszusammensetzung nicht unmittelbar erfaßt werden und sich allenfalls aus Querschnittsdaten näherungsweise schließen lassen.

Dieser soeben skizzierte Lösungsweg wäre der genaueste aber auch anspruchvollste. Näherungsweise könnte jedoch auch ein anderes Verfahren die Ergebnisse im Sinne der beschriebenen Zielsetzung verbessern. Vergleicht man die Zahl der Haushalte, wie sie sich gemäß der Definition des STATISTISCHEN BUNDESAMTES ergibt (1969: 22,2 Mio.) (39), mit der Zahl, die aus der in dieser Arbeit gewählten Definition folgt (1969: 29,0 Mio.) (40), so fällt auf, daß ein großer Teil der Differenz zwischen beiden Zahlen sich einfach erklären läßt. Insgesamt 72% der zusätzlich gebildeten Haushalte (4,9 Mio. von 6,8 Mio.) (41) entfallen auf ledige Kinder, die 18 Jahre und älter sind und deshalb aus ihrem elterlichen Haushalt ausgegliedert werden. Näherungsweise können die unterschiedlichen Gliederungskonzepte damit relativ einfach in Übereinstimmung gebracht werden, wenn man darauf verzichtet, die ledigen Kinder generell bei Überschreiten einer bestimmten Altersgrenze als eigenständigen Einpersonenhaushalt zu betrachten und ersatzweise eine Abgangsordnung schätzt, durch die das Ausscheiden unverheirateter lediger Kinder aus dem elterlichen Haushalt reguliert wird.

Es wurde versucht, mittels der Mikrozensus-Erhebung vom April 1969 Daten zu gewinnen, die Anhaltspunkte über das Ausscheiden

---

(39) STATISTISCHES BUNDESAMT (Hrsg.), Statistisches Jahrbuch 1970 ... ,S.39.

(40) Vergl. die Angaben im Anhang

(41) Berechnet nach H.-J.BORRIES, Die unverheirateten und die alleinstehenden Männer und Frauen ... , S. 72Ox.

lediger Kinder aus dem elterlichen Haushalt geben. Zwar **wird** im Mikrozensus das Ausscheiden aus einem Haushalt gegenüber dem Vorjahr erfaßt, doch bestehen nicht unerhebliche Bedenken hinsichtlich der Verwendung dieser Angaben, da sich eine Fülle von Abgrenzungsproblemen ergeben und die Repräsentativität an dieser Stelle auch nicht ausreichend sein dürfte. Statt dessen wird hie: jeweils für ein Altersjahr - getrennt nach dem Geschlecht - die Quote der ledigen Personen ermittelt, die noch im elterliche: Haushalt leben. In Abb. 3.2.3./1 sind diese von Zufallschwankung geglätteten Quoten dargestellt. Bemerkenswert ist vor allem, daß offensichtlich ledige Frauen früher aus dem elterlichen Haushalt ausscheiden. Eine Umrechnung dieser Bestandsquoten in Abgangsquoten ist allerdings nicht ohne zusätzliche Informationen möglich. Insbesondere in den höheren Altersjahren kann das Ausscheiden aus dem elterlichen Haushalt auch durch den Tod der Eltern bedingt sein. Will man zu realistischen Abgangsquoten kommen, die **ausschließlich** die Verhaltenskomponente zutreffend beschreiben, so wären die vorgelegten Daten von diesem Einfluß zu bereinigen. Zusätzlich müßte freilich noch die Annahme getroffen werden, daß das Ausscheiden aus dem elterlichen Haushalt ein irreversibler Prozeß ist.

Mit einfachen Mitteln ließe sich das Modell auch noch durch einen getrennten Ausweis von Anstaltsinsassen verbessern. Ausgehend von alters-, geschlechts- und familienstandsspezifischen Anteilen an der Gesamtbevölkerung kann man nämlich die Anzahl der Personen bestimmen, die in Anstalten leben (siehe Abb. 3.2.3./2 sowie Tab. 3.2.3./1) und sie - abgesehen von den Verheirateten, für die spezielle Annahmen zu treffen sind - getrennt von den Einpersonenhaushalten ausweisen.

Schließlich ist noch auf ein weiteres Problem aufmerksam zu machen. Bei haushaltsstatistischen Erhebungen

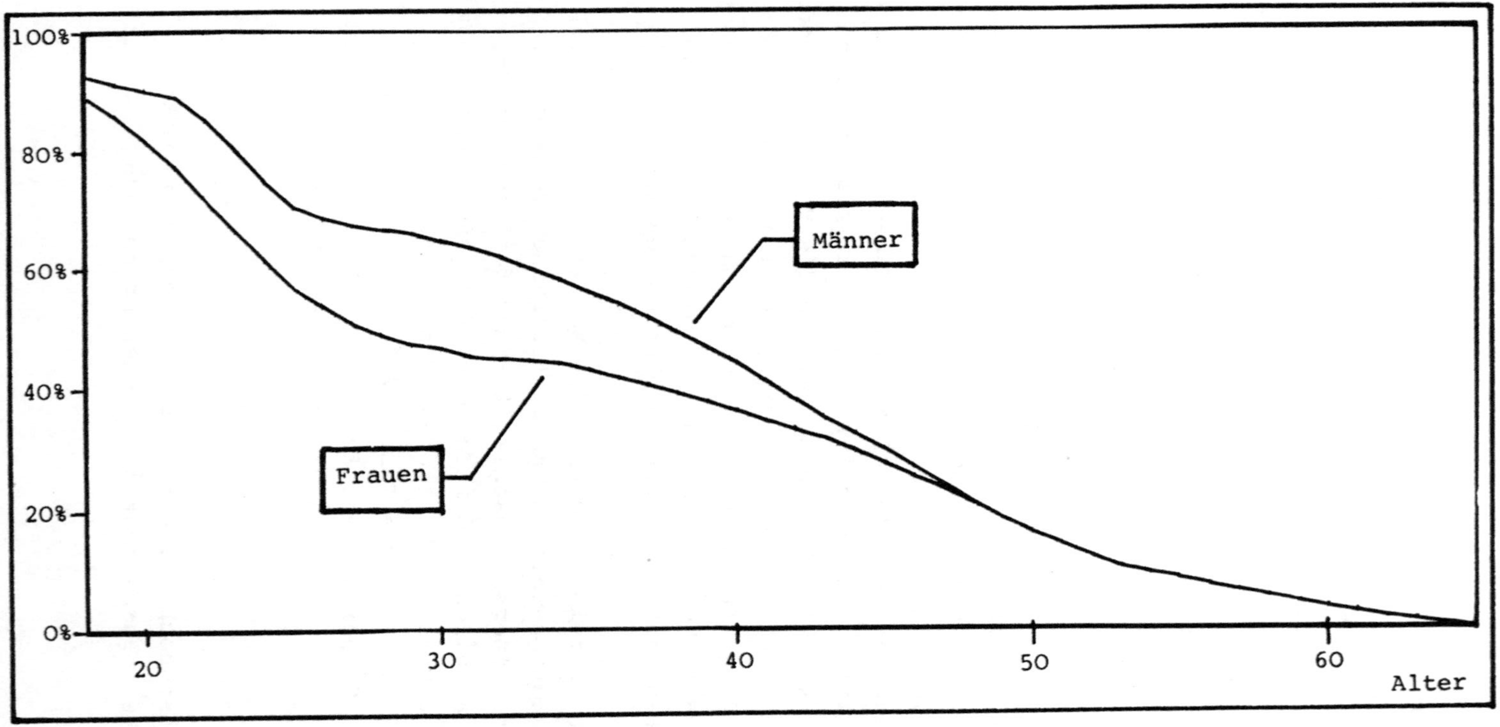

Abb. 3.2.3./1

Anteil der im elterlichen Haushalt lebenden Ledigen in Prozent

Alter	MÄNNER				FRAUEN			
	ledig	verh.	verw.	gesch.	ledig	verh.	verw.	gesch.
20-24	3.2	0.4	-	-	6.8	0.3	-	2.6
25-29	4.2	0.3	-	2.4	8.2	0.1	-	2.2
30-34	5.4	0.3	-	7.6	10.7	0.1	-	1.9
35-39	8.1	0.4	-	7.1	10.9	-	0.3	2.0
40-44	8.8	0.3	-	8.1	9.8	-	0.2	1.0
45-49	7.6	0.2	0.8	6.7	9.3	-	0.1	1.4
50-54	9.0	0.3	0.8	8.2	11.2	-	0.5	1.0
55-59	10.7	0.2	1.3	7.4	13.2	0.1	0.4	2.5
60-64	10.0	0.2	1.1	5.1	12.4	0.1	0.4	2.0
65-69	12.6	0.1	1.8	5.3	12.5	0.1	0.7	1.6
70 u.m.	18.2	0.7	5.5	13.4	18.5	1.1	5.3	7.3

Tab. 3.2.3./1

Anstaltsinsassenquoten für Deutsche
in Abhängigkeit von Alter, Geschlecht und Familienstand

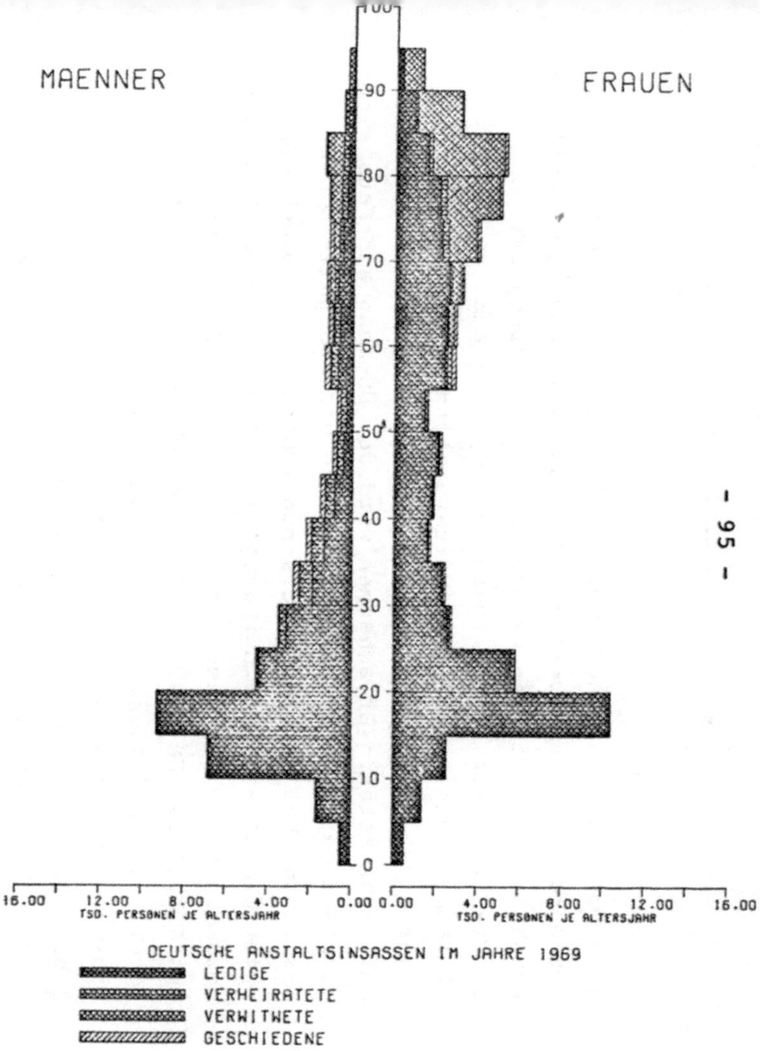

Abb. 3.2.3./2

wird meist ein "Haushaltsvorstand" (42) erfaßt, dessen sozioökonomischen Merkmale zur Klassifizierung des jeweiligen Haushalts herangezogen werden. Der Haushaltsbegriff, so wie er dieser Arbeit zugrunde liegt, erlaubt es relativ einfach, einen solchen Haushaltsvorstand zu bestimmen: unverheiratete Erwachsene sind stets auch Haushaltsvorstände, bei verheirateten Erwachsenen wird der Ehemann als Haushaltsvorstand betrachtet. (43). Nicht so einfach fällt diese Festlegung bei komplexen Personenverbindungen, wo mehrere unverheiratete und verheiratete Erwachsene in einem Haushalt zusammenleben, wie dies gemäß der Haushaltsdefinition des STATISTISCHEN BUNDESAMTES möglich ist. Hier müßte jeweils in Abhängigkeit von der Haushaltsstruktur ein Haushaltsvorstand bestimmt werden. Zu beachten bleibt dabei zusätzlich, daß die Rolle des Haushaltsvorstandes im Zeitablauf auf andere Haushaltsmitglieder übergehen kann. So können von einem bestimmten Alter ab im Haushalt ihrer Eltern verbliebene ledige oder verheiratete Kinder die Rolle des Haushaltsvorstandes übernehmen. Als Beispiel sei der Sohn genannt, der in der Landwirtschaft den elterlichen Hof übernimmt.

---

(42) In der amtlichen Statistik ist ein Haushaltsvorstand diejenige Person, die aufgrund ihres Alters und des überwiegenden Beitrags zum Lebensunterhalt in erster Linie befugt ist, über Beschaffung und Verwendung von Gütern zu disponieren, Entscheidungen zu treffen und den Haushalt zu vertreten. Siehe hierzu H.SCHUBNELL, Die Haushalte nach der Größe, Merkmalen des Haushaltsvorstandes, Kinderzahl und Zahl der Einkommensbezieher, in: WISTA 1960, S.147.

(43) Diese Annahme rechtfertigt sich aus der Erhebung der Haushaltsvorstände im Mikrozensus 1969. Hier waren 97,4% aller verheirateten männlichen Personen Haushaltsvorstände, jedoch nur 1,2% aller verheirateten Personen weiblichen Geschlechts. Siehe H.-J.BORRIES, Entwicklung der Privathaushalte nach Zahl und Struktur ..., S.345.

Wie sich gezeigt hat, kann auch das hier entwickelte Konzept einer sozioökonomischen Gliederung der Bevölkerung nicht allen gestellten Anforderungen gerecht werden. Es wurde aber auch versucht, deutlich zu machen, welche zusätzlichen Probleme eine Anpassung an spezielle Fragestellungen mit sich bringt. In jedem Einzelfall wird zu prüfen sein, inwieweit die dem entwickelten Modell zugrundeliegende Bevölkerungsgliederung brauchbar ist.

3.3. Die Struktur des Prozessablaufs

3.3.1. Die Simulationsvariablen

Die Veränderung des Bestandes und der Struktur der Bevölkerung im Zeitablauf ist eine Resultante mehrerer Elementarprozesse. Geburten, Sterbefälle, Eheschließungen und Ehelösungen sind wesentliche Vorgänge, die jene Veränderungen bewirken (1). Im folgenden soll diskutiert werden, wie sich diese elementaren Bevölkerungsprozesse durch einen Individual-Simulator modellmäßig erfassen lassen und wie Schätzwerte für die entsprechenden Ereigniswahrscheinlichkeiten gefunden werden können.

Ein Vorteil bei der Individual-Simulation liegt darin, daß sich die zu erklärenden Wirkungszusammenhänge einfach und überschaubar darstellen lassen. Bezugseinheit bei der Simulation ist stets ein Individuum, das beschrieben wird durch bestimmte *Strukturvariablen* in aufeinanderfolgenden Zeitpunkten. *Prozeßvariablen* erklären dabei jeweils die Transformierung von Merkmalsausprägungen eines Individuums beim Übergang von einem Zustand zum Zeitpunkt t-1 auf einen Zustand zum Zeitpunkt t. Zugleich macht es die Verbindung der Individuen in sozioökonomischen Einheiten erforderlich, neben der Erklärung von Zustandsveränderungen einzelner Personen auch Prozesse des Zusammenschlusses verschiedener Personen zu einer Einheit zu steuern. Dies

---

(1) Da bei der periodenweisen Fortschreibung nur der deutschstämmige Teil der Wohnbevölkerung einbezogen wird, können hier Wanderungen außer Betracht bleiben.

geschieht durch sogen. *Zuordnungsvariablen*.

Freilich schließt die große Zahl der in die Simulation einzubeziehenden Individuen die Möglichkeit aus, den Prozeßverlauf durch eine Betrachtung der sich stets auf Individuen beziehenden Variablen zu beobachten. Wie bei der Erfassung realer Prozesse liegt es auch hier nahe, Klassen zu bilden und Individuen nach bestimmten Merkmalsausprägungen auszuzählen. Dazu dienen neben den Struktur- und Prozeßvariablen besondere *Klassifizierungsvariablen* , in denen die zuvor beschriebenen Merkmalsvariablen in eine tabellierungsgerechte Form umgesetzt sind.

Schließlich sind bei der Simulation Prozesse des Abrufens und Speicherns von Daten in Massenspeichern notwendig. Diese Speichervorgänge sind nicht unabhängig vom Prozeßverlauf. Um Möglichkeiten zu besitzen, diese Prozesse zu beeinflussen, sind *Steuervariablen* in das System eingefügt, die auf Hardware-Funktionen einwirken können.

Der simulierte Prozeßverlauf erweist sich als sehr komplex und die natürliche Sprache erscheint wenig geeignet, alle Verlaufsphasen in einer nachvollziehbaren Form darzustellen. Notwendig wird deshalb eine stark formalisierte Prozeßbeschreibung. Ablaufdiagramme wie auch die häufig bei der Erfassung von Prozessen mit vielen bedingten Handlungsabläufen eingesetzten Entscheidungstabellen können hier den Ansprüchen einer übersichtlichen Darstellung des Prozeßablaufs nicht genügen. Da jedoch alle im Bevölkerungsmodul vereinigten Teilprozesse in einem Rechner-Unterprogramm zusammengefaßt sind, bietet sich dieses Programm hier zur Prozeßbeschreibung an. Die Symbolik eines in einer problemorientierten Sprache (FORTRAN) verfaßten Programms erscheint nämlich am ehesten geeignet, die Prozeßstruktur klar zu beschreiben und damit einen Nachvollzug zu ermöglichen. Dieses Programm ist im Anhang abgedruckt; die Reproduktion des Rechner-Ausdrucks schließt dabei gleichzeitig Übertragungsfehler aus.

Die Darstellung der Struktur des Simulators folgt dem Programmverlauf und der dort vorgenommenen Untergliederung. Die Anmerkungen zu den einzelnen Teilprozessen sind zu verstehen als eine Kommentierung und Diskussion der getroffenen Modellannahmen. Zugleich wird versucht, die Auswahl und Aufbereitung des Datenmaterials zu erläutern und zu begründen.

3.3.2. Analyse der Haushaltsstruktur

Durch vorgeschaltete Organisationsprogramme wird in einem Speicher (Haushaltsspeicher) eine Menge von Personen, repräsentiert durch bestimmte Merkmalsausprägungen, bereitgestellt (siehe Abb. 3.3.1./1). Diese Personen bilden definitionsgemäß einen gemeinsamen Haushalt. Die Reihenfolge, in der das Organisationsprogramm die Personen einspeichert, ist beliebig, da ihre Beziehungen zueinander durch bestimmte Merkmalsausprägungen festgelegt sind.

Aus simulationstechnischen Gründen ist es zweckmäßig, zunächst diese interpersonalen Relationen zu analysieren und die erhaltene Strukturinformation in einer Variablen als Ordnungsnummer zu speichern. Aus dieser Ordnungsnummer ist einmal ersichtlich, ob es sich um ein Kind oder um einen Erwachsenen handelt; bei Erwachsenen kann man aus dieser Zahl zudem das Geschlecht entnehmen (Erwachsene männlichen Geschlechts erhalten die Nummer 1, Erwachsene weiblichen Geschlechts die Nummer 2, Kinder die Nummern

1-te Person:	KF(1 ,1) ... KF(1 ,NKF)	JF(1 ,1) ... JF(1 ,NJF)	RF(1 ,1) ... RF(1 ,NRF)
.	. .	. .	. .
.	. .	. .	. .
.	. .	. .	. .
n-te Person:	KF(NPMAX,1) ... KF(NPMAX,NKF)	JF(NPMAX,1) ... JF(NPMAX,NJF)	RF(NPMAX,1) ... RF(NPMAX,NRF)

mit NPMAX = NPF

Abb. 3.3.2./1

Die Struktur des Haushaltsspeichers

3, 4 usw.). Wenn auch zum Periodenbeginn alle im Haushaltsspeicher erfaßten Personen einen gemeinsamen Haushalt bilden, so ist doch die Möglichkeit gegeben, daß durch den Simulationsprozeß dieser Haushalt in mehrere vollständige oder unvollständige Haushalte aufgespalten wird. Um diese Möglichkeit der Haushaltstrennung erfassen zu können, bedarf es einer zusätzlichen Strukturinformation. Hier wird diese mit in die Ordnungsnummer einbezogen. Der ursprünglich im Speicher enthaltene Haushalt hat die Ordnungsnummer 1, neugebildeten Haushalten werden die Nummern 2, 3 usw. zugewiesen. Die Ordnungsnummer innerhalb eines Haushaltes und die relative Haushaltsnummer werden nach der folgenden Rechenvorschrift zusammengefaßt:

$$KF(3,I) = N(OR) + N(HH) * 10\ EXP(6) \qquad (Gl.\ 3.3.2./1)$$

mit

N(OR) : Ordnungsnummer innerhalb eines Haushalts
N(HH) : Relative Haushaltsnummer

Diese Zahl ist so aufgebaut, daß sie relativ einfach die Einbeziehung weiterer Strukturinformationen, beispielsweise die Untergliederung von Haushalten in Familien, erlaubt.

Personen, die in der Vorperiode gestorben sind, werden mitregistriert, da sie bei der dem Simulationsprozeß vorangehenden Klassifizierung noch Berücksichtigung finden. Sie haben als Kennzeichnung die Ordnungsnummer

$$KF(3,I) = 0 \qquad (Gl.\ 3.3.2./2)$$

und werden bei den einzelnen Simulationsschritten jeweils

übersprungen und anschließend gelöscht.

3.3.3. Anpassung von Lebensalter und Ehedauer

Der Simulator arbeitet nach dem Prinzip der jahrgangsweisen Fortschreibung eines Bevölkerungsbestandes. Dementsprechend werden die periodenbezogenen Variablen Alter und, für verheiratete Personen, Ehedauer bei jedem Simulationsdurchlauf um 1 erhöht. Alternativ hierzu hätte sich angeboten, in Anlehnung an die Erfassung dieser Daten im Mikrozensus, das Geburtsjahr anstelle des Alters und das Eheschließungsjahr anstelle der Ehedauer zu registrieren. Im Hinblick darauf, daß für die Bestimmung der Prozeßwahrscheinlichkeiten jedoch Alter und Ehedauer die relevanten Variablen sind, erschien diese Variante nicht zweckmäßig. Bei einem Simulationsdurchlauf hätten diese Variablen dann nämlich mehrmals errechnet werden müssen.

Die Anpassung von Alter und Ehedauer steht hier am Anfang des Simulationsprozesses. Grundsätzlich wäre es auch möglich gewesen, diese Anpassung am Ende vorzunehmen. Der Unterschied besteht lediglich in der zeitlichen Abgrenzung bei der Klassifizierung. Schreibt man das Alter erst nach der Klassifizierung fort, wie es hier geschieht, so bedeutet dies, daß der Bestand am Ende der Vorperiode erfaßt wird, d.h. am 31.12. eines Jahres. Eine Anpassung vor der Klassifizierung hätte dagegen zur Folge, daß der Bestand am 1.1. des folgenden Jahres erfaßt würde. In diesem Falle gäbe es auch keine Personen mit dem Alter bzw. der Ehedauer von 0 Jahren.

3.3.4. Trennung von Haushalten bei Überschreiten einer Altersgrenze

Gemäß der getroffenen Modellannahme scheiden alle Kinder mit Vollendung ihres 18. Lebensjahres aus dem Haushalt ihrer Eltern aus und bilden als alleinstehende Personen einen neuen Haushalt. Dies findet Berücksichtigung in einer Änderung ihrer Ordnungsnummer und der Variablen "Erwachsenenstatus".

3.3.5. Bestimmung von Sterbefällen

Die Wahrscheinlichkeit, daß eine Person im Laufe einer Periode stirbt, ist abhängig von vielerlei Einflußfaktoren. Um Schätzwerte für diese Wahrscheinlichkeit zu erhalten, die den Ansprüchen eines Prognosesystems genügen, ist es erforderlich, die Bevölkerung in möglichst homogene Gruppen hinsichtlich des Merkmals Sterblichkeit zu untergliedern, wobei die Gruppierungsmerkmale selbst innerhalb des Modellzusammenhanges erklärt werden müssen, wenn sie nicht explizit als zeitinvariant definiert sind (2). Dies zwingt dazu, die zahllosen individuellen Unterschiede durch einige wenige Variablen zu erfassen und Abweichungen innerhalb dieser Gruppen als natürlich zustandegekommene

---

(2) Als Beispiel für ein zeitinvariantes Merkmal sei hier die Variable "Geschlecht" genannt.

Zufallsausprägungen zu betrachten. Dieser ausschließliche Bezug auf prognostizierte bzw. zeitinvariante Merkmalsvariablen schränkt damit den Bereich der Disaggregationsmöglichkeiten erheblich ein; allerdings erlaubt das vorliegende Datenmaterial ohnehin keine weitergehende Disaggregation.

Bestimmend für das Sterberisiko sind hauptsächlich die Merkmale Alter und Geschlecht eines Individuums. Auf diesen beiden Variablen ist auch die "Allgemeine Sterbetafel" für die Bundesrepublik Deutschland aufgebaut (3). Im Hinblick auf die familienstandsspezifische Erfassung der Bevölkerungsstruktur erscheint es angebracht, die Sterberate darüber hinaus nach dem Merkmal Familienstand zu differenzieren. Entsprechende Daten sind vom STATISTISCHEN BUNDESAMT auf der Basis der Volkszählungsergebnisse des Jahres 1961 errechnet worden (4). Damit sind die Merkmale, die zu einer Bestimmung der spezifischen Sterbewahrscheinlichkeiten herangezogen werden, umschrieben. Für die hier beabsichtigte Prognose erscheint der Grad der Disaggregation hinreichend, da alle anderen in die Prognose einbezogenen Variablen nur mittelbar, d.h. über die bereits genannten Variablen mit der Sterbewahrscheinlichkeit korreliert sind. Es wären aber auch keine Daten verfügbar, die eine weitere Disaggregation in dieser Richtung ermöglichten.

---

(3) Siehe STATISTISCHES BUNDESAMT (Hrsg.), Allgemeine Sterbetafel für die Bundesrepublik Deutschland 1960/62, Fachserie A: Bevölkerung und Kultur, Reihe 2: Natürliche Bevölkerungsbewegung, Sonderbeitrag, Stuttgart-Mainz 1965.

(4) Siehe STATISTISCHES BUNDESAMT (Hrsg.), Familienstandsspezifische Heiratstafeln 1960/62, Ehedauertafeln 1961 sowie spezielle Sterbetafeln 1960/62, Fachserie A: Bevölkerung und Kultur, Reihe 2: Natürliche Bevölkerungsbewegung, Sonderbeitrag, Stuttgart-Mainz 1969.

Freilich kann man sich nicht generell damit begnügen, die Sterbewahrscheinlichkeit in Abhängigkeit von Alter, Geschlecht und Familienstand zu bestimmen. Sobald in das Prognosesystem weitere Variablen einbezogen werden, die eng mit der Sterblichkeit korreliert sind, wird es notwendig werden, die Sterbetafeln nach zusätzlichen Merkmalen zu disaggregieren. Unterscheidet man beispielsweise zwischen Erwerbstätigen sowie erwerbs- bzw. berufsunfähigen Personen, so muß berücksichtigt werden, daß die Sterberaten der Berufs- bzw. Erwerbsunfähigen überdurchschnittlich hoch liegen, andernfalls würde der prognostizierte Anteil dieser Gruppe an der Gesamtbevölkerung überschätzt (5). Ähnliche Probleme treten auf, wenn man die Personen nach ihrem Einkommen gliedert. Amerikanische Untersuchungen lassen nämlich darauf schließen, daß es unrealistisch wäre, die allgemeinen Sterberaten auf wohlhabende Personen anzuwenden (6). Ebenso wird es notwendig sein, die regional und insbesondere in Abhängigkeit von der Gemeindegröße bedingten Unterschiede in der Sterblichkeit zu erfassen, sobald die entsprechenden erklärenden Variablen mit in die Prognose einbezogen werden.

Zu prüfen bleibt nun noch die Zeitinvarianz der diskutierten Ereigniswahrscheinlichkeiten. Verfolgt man die Lebenserwartung verschiedener Altersgruppen, so zeigt sich , daß diese sich in den vergangenen Jahren verändert hat. Zunächst fällt auf, daß die Lebenserwartung Neugeborener in den letzten Jahrzehnten ständig gestiegen ist. Uneinheitlich dagegen ist die Entwicklung bei Älteren Personen. Zwar stieg auch hier die Lebenserwartung der Frauen ständig

(5) Vergl. H.GROHMANN, Die Entwicklung eines Bevölkerungsmodells ... , S.106 .

(6) Siehe G.H.ORCUTT et al., Microanalysis ... , S.74 .

an, dagegen ist in den letzten Jahren ein Rückgang der Lebenserwartung bei Männern über 50 Jahren zu erkennen (siehe Abb. 3.3.5./1).

Wie dieser allgemeine Überblick zeigt, variiert die Entwicklung der Sterblichkeit innerhalb der Geschlechter und in den einzelnen Altersgruppen (7). Einheitlich ist im wesentlichen nur der Trend für die ersten Lebensjahre. Im Zeitraum von 1961 bis 1968 ging die Säuglingssterblichkeit bei den Knaben um 27% und bei den Mädchen um 29% zurück. Relativ stark war in diesem Zeitraum auch noch die Abnahme bei den Einjährigen mit 22% (Knaben) bzw. 26% (Mädchen) und bei den 2- bis 5jährigen mit je 17%. Dagegen betrug der Rückgang bei den 5- bis unter 10jährigen nur noch 2% für beide Geschlechter. Die Sterblichkeit des weiblichen Bevölkerungsteils verringerte sich auch in allen folgenden Altersgruppen mit Ausnahme der 15- bis unter 20jährigen, während bei den Männern, wie Abb. 3.3.5./2 zeigt, in mehreren Altersgruppen eine Zunahme der Sterblichkeit zu beobachten ist. Der stärkste Anstieg ergab sich bei den 15- bis unter 20jährigen, aber auch in den Altersjahrgängen zwischen 40 und 50 sowie 65 bis 75 ist eine deutliche Anhebung der Sterberate seit 1961 zu erkennen.

Fragt man nach den Bestimmungsgründen dieser Entwicklung, so läßt sich zunächst feststellen, daß die wirtschaftliche Lage nicht mehr unmittelbar zur Erklärung herangezogen werden kann. Unzweifelhaft ist, daß die im langfristigen Trend erkennbare Abnahme der Sterblichkeit auch mitbedingt ist durch die Erhöhung des Lebensstandards; dies ist jedoch nicht vergleichbar mit der Malthusianischen Situation im 18. und 19. Jahrhundert. Neuere Versuche, einen Erklärungs-

---

(7) Vergl. G.R.RÜCKERT, Entwicklung der Sterblichkeit seit 1961 nach den abgekürzten Sterbetafeln, in: WISTA 1971, S. 405 ff .

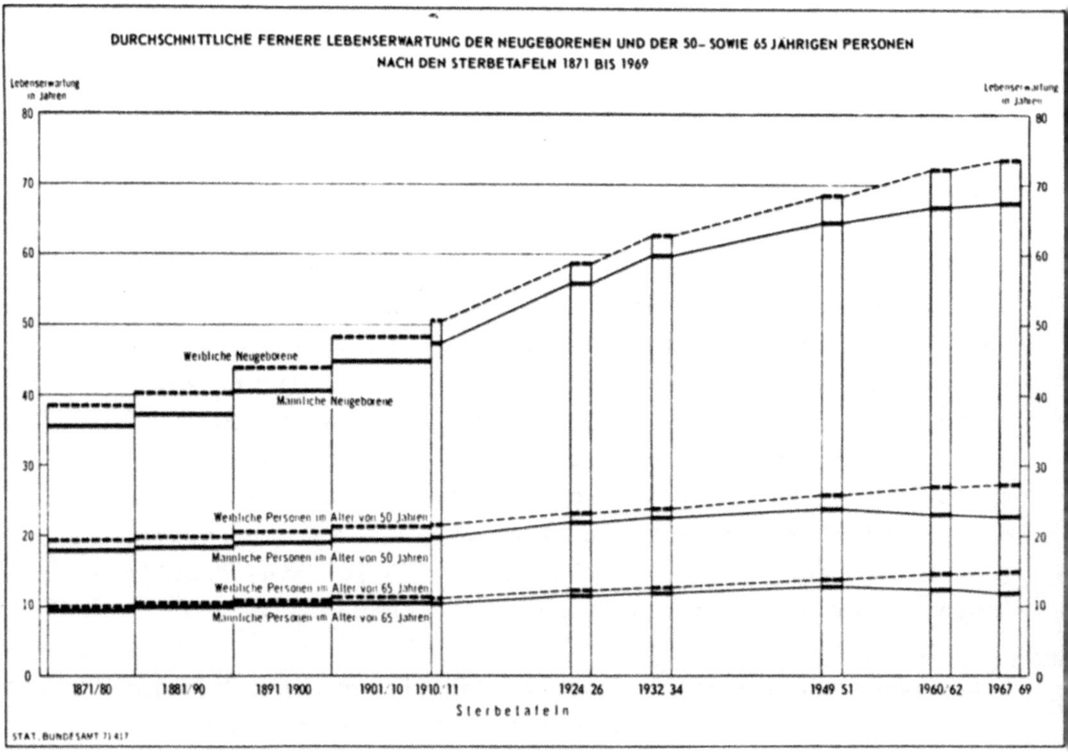

Abb. 3.3.5./1

Quelle: STATISTISCHES BUNDESAMT (Hrsg.), Fachserie A: Bevölkerung und Kultur, Reihe 2: Natürliche Bevölkerungsbewegung 1969, S. 20

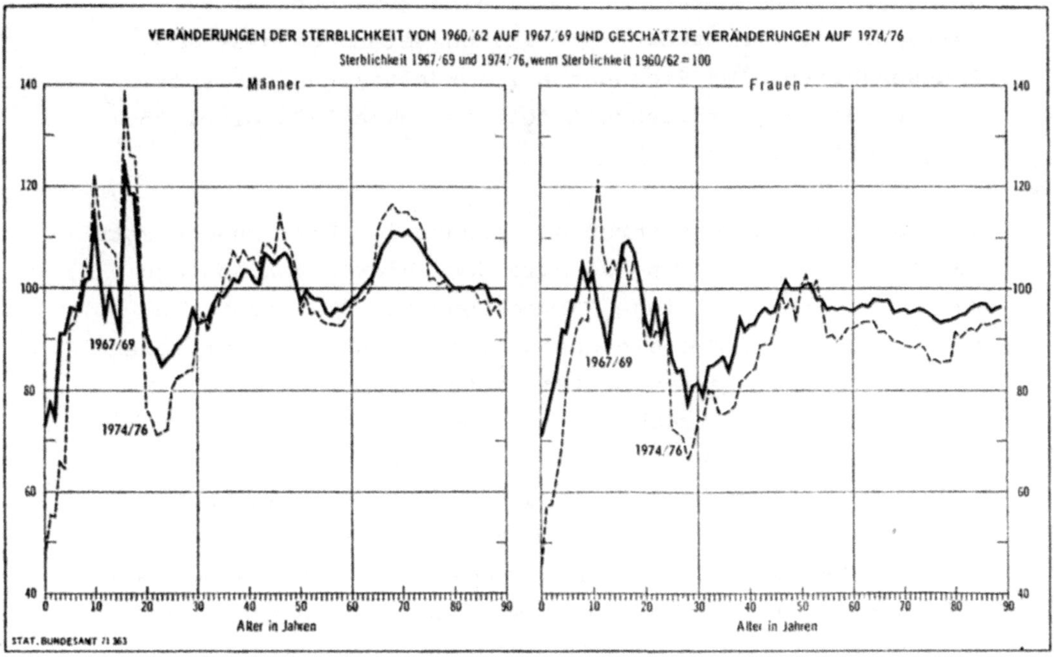

Abb. 3.3.5./2

Quelle: G.R.RÜCKERT, Entwicklung der Sterblichkeit seit 1961 nach den abgekürzten Sterbetafeln, in: WISTA 1971, S. 407

zusammenhang zwischen wirtschaftlicher Lage und Sterblichkeitsentwicklung herzustellen, liegen nicht vor. Soweit über die Erfassung von Trendgrößen hinaus überhaupt der Versuch unternommen wurde, die zeitliche Entwicklung der Sterbewahrscheinlichkeiten zu erklären, gehen diese aus von der Todesursachenstatistik (8). In jüngster Zeit wurden vom STATISTISCHEN BUNDESAMT entsprechende Untersuchungen vorgenommen und durch eine Zusammenführung extrapolierter Sterbewahrscheinlichkeiten aus bestimmten Todesursachen eine Prognose der zukünftigen altersspezifischen Gesamtsterblichkeit für die Jahre 197o bis 1975 vorgelegt (9).

Wenn auch dieses Verfahren als sinnvoller Erklärungsansatz betrachtet werden kann, so wird doch hier davon Abstand genommen, eine zeitliche Entwicklung der Sterberate zu berücksichtigen. Wie die Fortschreibung der todesursachenspezifischen Sterberate zeigt, setzt sich der Trend der letzten Jahre ungebrochen fort, insbesondere ergibt sich in den Altersgruppen 15 bis unter 2o, 35 bis unter 45 sowie 65 bis 75 eine weitere Zunahme der Sterblichkeit bei Männern. Zwar erscheint diese Entwicklung innerhalb der vom STATISTISCHEN BUNDESAMT gewählten Prognoseperiode (7 Jahre) realistisch, doch ist solch eine Annahme bei langfristigen Prognosen sehr problematisch, da nicht angenommen werden kann, daß sich dieser Trend auch in den folgenden Jahrzehnten unverändert fortsetzt. Andererseits wäre es aber auch nicht zu vertreten, inzwischen eingetretene Veränderungen unberücksichtigt zu lassen. Hier wird deshalb ein Mittelweg vorgezogen. Die alters- und geschlechts-

---

(8) Siehe hierzu beispielsweise H.GROHMANN, Die Entwicklung eines Bevölkerungsmodells ... , S. 1O7 ff.

(9) Siehe G.R.RÜCKERT, Entwicklung der Sterblichkeit ... , S.4O6 ff.

spezifischen Sterbewahrscheinlichkeiten für die Jahre 1967/69 warden mit der Prognose für die Jahre 1969/71 gemittelt, so daß ein Näherungswert für das Basisjahr 1969 gefunden ist. Anschließend werden diese Daten in Beziehung gesetzt mit vergleichbaren Daten für die Jahre 1960/62 und auf diesem Wege Korrekturfaktoren bestimmt. Die Korrekturfaktoren schließlich dienen dazu, die Werte der speziellen Sterbetafel 1960/62 an inzwischen eingetretene Veränderungen in der Sterblichkeit der Bevölkerung anzupassen.

In einigen vom STATISTISCHEN BUNDESAMT erstellten langfristigen Bevölkerungsprognosen ist zwar die Sterbewahrscheinlichkeit generell konstant gesetzt, jedoch wird die Säuglingssterblichkeit durch einen Zeittrend angepaßt an aktuelle Veränderungen (10). Dieses Vorgehen wird damit begründet, daß bei diesen Gruppen in den letzten Jahren ein erheblicher Rückgang zu verzeichnen war. Zudem liegt die Sterblichkeit der Säuglinge in der BRD, vergleicht man sie mit der Säuglingssterblichkeit in anderen Industriestaaten, immer noch relativ hoch, so daß auch eine weitere Abnahme grundsätzlich möglich erscheint. Jedoch deutet auch hier die jüngste Entwicklung auf eine Stagnation hin, die eine Konstantsetzung rechtfertigt (11).

---

(10) Siehe K.KAMP und G.R.RÜCKERT, Voraussichtliche Bevölkerungsentwicklung bis 1985, Ergebnis der 3. koordinierten Bevölkerungsvorausschätzung, in: WISTA 1971, S.668; STATISTISCHES BUNDESAMT (Hrsg.), Vorausschätzung der Bevölkerung für die Jahre 1966 bis 2000, Fachserie A: Bevölkerung und Kultur, Reihe 1: Bevölkerungsstand und -entwicklung, Sonderbeitrag, Stuttgart-Mainz 1967, S.6 f.

(11) Vergl. G.R.RÜCKERT, Untersuchungen zur Entwicklung der Säuglingssterblichkeit, in: WISTA 1972, S.168 ff. Diese Untersuchung läßt erkennen , daß die Säuglingssterblichkeit seit 1968 sogar wieder leicht ansteigt, was vorwiegend auf den steigenden Anteil der nichtehelich Lebendgeborenen zurückgeführt wird. Hinzu kommt, daß der Geburtenrückgang sich in stärkerem Maße bei den Frauen unter 30 als bei den

Die altersspezifischen Sterberaten sind schließlich noch durch Bildung von Mittelwerten in kalenderjahrbezogene Sterbewahrscheinlichkeiten umzurechnen (12), wobei zu beachten ist, daß die Säuglingssterblichkeit in den ersten Tagen und Wochen überdurchschnittlich hoch liegt. Hier wird unterstellt, daß der auf das erste *Kalender*lebensjahr entfallende Anteil der Sterblichkeit im ersten Lebensjahr bei Knaben und Mädchen 87,614% (13) beträgt.

3.3.6. ENDOGENE BESTIMMUNG VON VERWITWUNGEN

Eine Verwitwung ist bedingt durch den Tod eines Ehepartners. Dementsprechend wird bei allen Personen eines Haushalts geprüft, ob sie verheiratet sind und in der Simulationsperiode sterben. Liegt solch ein Fall vor, so wird in dem Haushalt der Ehepartner gesucht und sein Familienstand entsprechend der eingetretenen Änderung auf "verwitwet" geändert.

(Fortsetzung von Anmerkung 11)
Frauen über 30 Jahre zeigte und die Säuglingssterblichkeit von Kindern älterer Mütter höher ist als die von Kindern jüngerer Mütter. Aber auch der steigende Anteil ausländischer Eltern wird als Ursache für einen Anstieg betrachtet, da die Säuglingssterblichkeit der ausländischen Kinder höher ist als die der deutschen.

(12) Zur Vorgehensweise vergl. H.GROHMANN, Die Entwicklung eines Bevölkerungsmodells ... , S.85 ff.

(13) Siehe STATISTISCHES BUNDESAMT (Hrsg.), Vorausschätzung der Bevölkerung für die Jahre 1966 - 2000 ... , S. 13 .

Grundsätzlich gelten alle Personen als verwitwet, die nicht im gleichen Jahr sterben. Aus simulationstechnischen Gründen ist es jedoch zweckmäßig, sowohl den gestorbenen wie auch den verwitweten Ehepartner als verwitwet zu bezeichnen und erst bei Abschluß der Simulation die Merkmalsausprägung "Verwitwung" bei allen gestorbenen Personen zu löschen. Sterben beide Ehepartner im gleichen Jahr, so gilt demnach keine Person als verwitwet, sondern es wird angenommen, daß sie gleichzeitig sterben.

3.3.7. Bestimmung von Ehescheidungen

Während Verwitwungen induziert werden, lassen sich Scheidungen einer Ehe nur unmittelbar aus Verhaltensannahmen erklären. Im Gegensatz zu Geburten, Sterbefällen und Eheschließungen sind dabei geringe Wandlungen in den Auffassungen über Ehe , Familie, Veränderungen der Wirtschaftslage und ähnliche Dinge so sehr mitbestimmend, daß stärkere Schwankungen nicht ausgeschlossen werden können und Veränderungen eigentlich immer im Bereich des Möglichen liegen (14). Betrachtet man allein die Entwicklung der Scheidungshäufigkeiten in den Nachkriegsjahren (siehe Abb. 3.3.7./1), so ist nach einem Rückgang zwischen 195o und 1956 von 16,9 auf 8,7 je 10.000 Einwohner wieder ein Anstieg erkennbar. Im Jahr 1969 wurden 72.517 Ehen gelöst, das sind 11,9 Ehen auf 10.000 Einwohner. Die Scheidungsziffern nähern sich damit wieder den Werten zu Anfang der fünfziger Jahre,

(14) Siehe H.GROHMANN, Die Entwicklung eines Bevölkerungsmodells ... , S.142 .

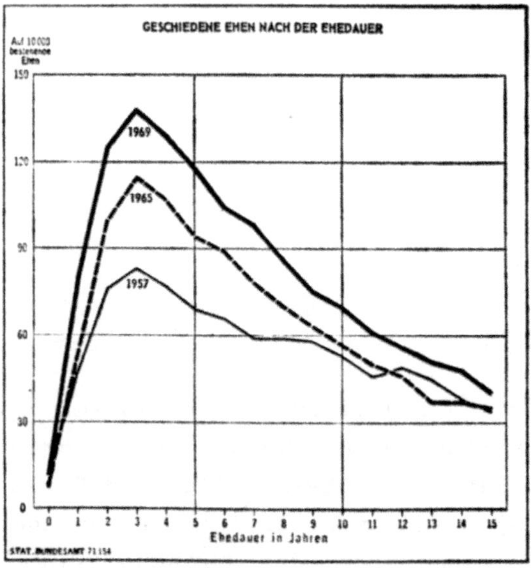

Abb. 3.3.7./1

Quelle: H.-G.OEHLERT, Ehescheidungen 1969, in: WISTA 1971, S. 167

als die Gerichte noch über eine große Anzahl von Scheidungsbegehren als Folge des Krieges urteilen mußten (15). Von den zur Diskussion stehenden rechtlichen Regelungen zur Ehescheidung ist in den nächsten Jahren eine weitere Zunahme der gerichtlichen Ehelösung zu erwarten, insbesondere dürften viele Ehescheidungen dann nachgeholt werden, deren Antrag zuvor aufgeschoben worden war, so daß gegenwärtig die weitere Entwicklung der Scheidungshäufigkeiten nur schwer absehbar ist.

Sucht man nach Erklärungszusammenhängen, so kommen in erster Linie Alter der Ehepartner, Ehedauer und Anzahl der Kinder in Betracht, daneben sind aber auch regionale und konfessionelle Merkmale bedeutend (16). In Anbetracht der Unsicherheit hinsichtlich der zeitlichen Entwicklung sowie der relativ geringen Bedeutung der Scheidungen im Systemzusammenhang wird darauf verzichtet, einen sehr differenzierten Ansatz zu wählen. Am ausgeprägtesten erscheint die Abhängigkeit der Scheidungen von der Ehedauer. Der Simulation liegen die auf kalenderjahrbezogene Werte umgerechneten Scheidungshäufigkeiten des Jahres 1961 zugrunde (17). Um inzwischen eingetretene Veränderungen zu erfassen, sind die Werte für die ersten zehn Jahre durch die Scheidungshäufigkeiten des Jahres 1969 ersetzt.

Schließlich sind einige Besonderheiten zu erläutern, die die Eingliederung des "Scheidungsmoduls" in den System-

---

(15) Siehe H.-G.OEHLERT, Ehescheidungen 1969, in: WISTA 1971, S. 166 ff.

(16) Vergl. H.GROHMANN, Die Entwicklung eines Bevölkerungsmodells ... , S. 142 ff.; H.-G.OEHLERT, Ehescheidungen 1969 ..., S.166 ff.; G.H.ORCUTT et al., Microanalysis ... , S. 96 ff.

(17) Siehe STATISTISCHES BUNDESAMT (Hrsg.), Heiratstafeln 1960/62, Ehedauertafeln 1961 sowie spezielle Sterbetafeln 1960/62 ... , S.34 .

zusammenhang mit sich gebracht hat. Da stets nur zusammenlebende Ehepartner geschieden werden, die definitionsgemäß die gleiche Ehedauer haben, ist es gleich, durch welchen der Ehepartner die Scheidung induziert wird. Hier wird unterstellt, daß die Scheidung vom Ehemann ausgeht. Tritt dieses Ereignis ein, so wird in dem Haushalt nach seiner Frau gesucht und auch ihre Scheidungsvariable gekennzeichnet.

Verwitwung und Scheidung sind konkurrierende Ereignisse, und das Eintreten einer Verwitwung darf eine Ehescheidung nicht grundsätzlich ausschließen. Dem wird dadurch Rechnung getragen, daß auch die Hälfte aller in der laufenden Periode verwitweten Männer mit in den Zufallsprozeß einbezogen werden, durch den eine Ehescheidung bestimmt wird. Dieser Annahme liegt die Vorstellung zugrunde, daß Verwitwungen unabhängig von Ehescheidungen sind und sich gleichmäßig über das Jahr verteilen. Im Mittel bleibt demnach noch ein halbes Jahr Zeit für eine Ehescheidung.

Da Eheschließungen den Ehelösungen in der Simulationssequenz nachgeordnet sind, kann im 1. Kalenderehejahr keine Scheidung erfolgen. Es ist deshalb notwendig, daß alle im ersten Ehejahr zu erwartenden Ehescheidungen im zweiten Kalenderehejahr nachgeholt werden. Um dies zu erreichen werden die Scheidungshäufigkeiten des ersten und zweiten Ehejahres zusammengefaßt.

3.3.8. INDUZIERTE HAUSHALTSTRENNUNG BEI EHELÖSUNG

Verwitwung und Scheidung machen es erforderlich, eine Haushaltstrennung durchzuführen. Grundsätzlich wird hierbei unterstellt, daß die zum Haushalt gehörigen Kinder bei der Mutter verbleiben. Von dieser Regel wird nur dann abgewichen, wenn eine Verwitwung durch den Tod der Mutter eintritt.

3.3.9. EHESCHLIESSUNG

Besonders problematisch ist bei einer Simulation von Individualdaten die Erfassung von Eheschließungen. Während bei der Ehelösung, sei es durch Tod, Verwitwung oder Scheidung nur ein bestehender Haushalt aufgelöst, d.h. in Untermengen von Personen gespalten wird, sind bei der Eheschließung zwei in unterschiedlichen Haushalten lebende Ehepartner einschließlich etwaiger Kinder zu einem Haushalt zu vereinigen. Das Problem liegt nun darin, daß einerseits bei dem Simulationsprozeß sequentiell alle in der Stichprobe enthaltenen Haushalte abgearbeitet werden, zugleich aber auch alle als heiratsfähig geltenden Personen für eine Eheschließung in Betracht kommen und am Ende die die Zahl der eheschließenden Männer gleich der Zahl der eheschließenden Frauen sein soll, wobei erwünscht ist, daß eine möglichst gute Übereinstimmung zwischen beiden Ehepartnern hinsichtlich vorgegebener Merkmale besteht.

In der Literatur werden verschiedene Wege vorgeschlagen, dieses Zuordnungsproblem zu lösen. MICHIELUTTE und SPREHE (18)

---

(18) R.L.MICHIELUTTE und J.T.SPREHE, Problems and Prospects in Simulating Large-Scale Social Change ... , S.19-20.

erfassen alle in der laufenden Periode eine Ehe schließenden Personen getrennt nach dem Geschlecht in Zwischenspeichern. Für jede neu hinzukommende Person wird geprüft, ob bereits ein Ehepartner mit gleichen Zuordnungsmerkmalen bereitsteht. Alle nach Ablauf des Simulationsprozesses noch keinem Ehepartner zugeordneten Personen werden schließlich nach dem Kriterium der größtmöglichen Übereinstimmung zusammengeführt. Dann noch verbleibende Männer oder Frauen, für die sich kein Ehepartner mehr findet, da die Anzahl der Personen männlichen Geschlechts nicht mit der Anzahl der Personen weiblichen Geschlechts übereinstimmt, werden als alleinlebende Verheiratete betrachtet. Für diese Lösung spricht vor allem ihre einfache technische Realisierungsmöglichkeit. Beschränkt man sich darauf, nur jene Personen, die in einem Zufallsprozeß als Eheschließende bestimmt werden, zu neuen Haushalten zusammenzuführen, so hat dies insbesondere den Vorteil, daß man lange und zeitaufwendige Suchprozesse erspart. Es ist allerdings zu erwarten, daß der Grad der Übereinstimmung in bezug auf die Zuordnungsmerkmale nicht sehr gut sein kann.

ORCUTT, GREENBERGER, KORBEL und RIVLIN (19) schlagen ein etwas aufwendigeres Zuordnungsverfahren vor. Sie bestimmen für alle heiratsfähigen Frauen und Männer, ob sie in der laufenden Periode eine Ehe eingehen. Im Gegensatz zu dem zuvor beschriebenen Verfahren werden nun aber nicht nur die Personen, die eine Ehe eingehen, hinsichtlich gemeinsamer Zuordnungsmerkmale überprüft, sondern es wird bei allen in der Simulationssequenz folgenden Personen festgestellt, ob bereits in einem Zwischenspeicher ein Ehepartner "wartet". Dieses Verfahren kommt einem

(19) G.H.ORCUTT et al. , Microanalysis ... , S.75-76.

idealen Zuordnungsprozeß schon näher, da die Zahl der potentiellen Ehepartner erheblich größer ist als die Zahl der schließlich eine Ehe eingehenden Personen. Aber auch hier wird lediglich für eine Teilmenge von heiratsfähigen Personen überprüft, ob sie die gesuchten Zuordnungsmerkmale besitzen. Denn nur bei jenen Personen, die zu Anfang des Simulationsprozesses als Eheschließende ausgewählt werden, ist sichergestellt, daß der gesamte Bestand nach einem geeigneten Ehepartner abgesucht wird. Dagegen kann nicht damit gerechnet werden, daß für den Personenkreis, der erst am Ende der Simulationssequenz für eine Eheschließung ausgewählt wird, ein passender Partner in dem noch nicht abgearbeiteten Bestand bereitsteht.

Hier wird versucht, das Zuordnungsproblem noch allgemeiner zu lösen. Dies geschieht vor allem im Hinblick darauf, daß es bei einer Verfeinerung des Simulationsansatzes einmal wünschenswert sein kann, den Zuordnungsprozeß komplexer zu gestalten und dabei nicht nur einzelne Individuen sondern Personengruppen miteinander zu vereinigen, etwa bei der Zusammenführung von Familien zu Haushalten. Eine Analyse des Problems zeigt, daß die Zahl der Personen, die für eine Eheschließung in Betracht kommt, im Vergleich zur Gesamtbevölkerung recht klein ist. Einmal scheiden, wie noch zu erläutern sein wird, alle Kinder unter 16 bzw. 18 Jahren für eine Eheschließung aus. Dagegen sind die Erwachsenen zum größten Teil verheiratet. Somit können nur sehr wenige Personen in der Bevölkerung überhaupt eine Ehe eingehen. Im Jahr 1969 waren dies etwa 17% aller Männer und 31% aller Frauen (20). Zugleich ist die Zahl der Merkmale, die für eine Zuordnung der Ehepartner relevant

(20) Berechnet nach H.-J.BORRIES, Die unverheirateten und die alleinstehenden Männer und Frauen, Ergebnis des Mikrozensus 1969, in: WISTA 1970, S.720x.

sind, erheblich kleiner als die Zahl der für jede Person insgesamt registrierten Merkmale. Daraus ist zu ersehen, daß es mit einem vergleichsweise geringen Speicheraufwand möglich ist, die für den Zuordnungsprozeß interessierenden Daten zu erfassen.

Diese Erkenntnis legt es nahe, das Zuordnungsproblem in der im folgenden beschriebenen Weise zu lösen. Für eine Gruppe von Personen, Männern oder Frauen, wird bestimmt, ob ein Individuum eine Ehe eingeht oder nicht. Alle heiratsfähigen Individuen des anderen Geschlechts werden dagegen mit ihren Zuordnungsmerkmalen registriert. Nachdem der gesamte Bevölkerungsbestand durchgerechnet ist, werden passende Ehepartner einander zugeordnet; ihre vollständigen Merkmalskombinationen werden bei diesem Zuordnungsprozeß lediglich durch Speicheradressen repräsentiert, unter denen diese zu finden sind. Bei der Simulation der Folgeperiode werden dann die so gebildeten neuen Haushalte zusammengeführt. Alleiniges Identifikationsmerkmal ist dabei die Haushaltsnummer.

Grundsätzlich ist es gleichgültig, ob man nun für Männer bestimmt, daß sie eine Ehe eingehen und diesen dann eine passende Frau zuordnet oder umgekehrt. Aus vielerlei Gründen erweist es sich aber als zweckmäßig, zunächst für die Frauen zu bestimmen, ob sie in der laufenden Periode eine Ehe schließen, und ihnen danach einen Ehepartner zuzuordnen. Einmal ist die Fruchtbarkeit von Frauen bereits im Jahr der Eheschließung relativ groß. Würde man erst bei der Zuordnung bestimmen, ob eine Frau heiratet, so könnte frühestens dann die Simulation der Fruchtbarkeit erfolgen. Dies würde erfordern, daß eine Prozeßvariable an zwei verschiedenen Stellen zu errechnen wäre und ließe es nicht zu, den Bevölkerungsprozeß in einem Gang zu simulieren. Zudem können Mädchen von 16 und 17 Jahren sofort nach dem Eintritt einer Eheschließung von ihrem elterlichen Haushalt getrennt werden, während dies bei heiratenden Männern, für die im Modell eine Eheschließung erst ab 18 Jahren möglich ist, ohnehin unnötig ist, da diese gemäß der getroffenen Annahme als Erwachsene in einem eigenen Haushalt leben. Schließlich ist die Zahl der eheschließungsfähigen Männer kleiner als die der weiblichen Vergleichsgruppe. Einmal nämlich wird unterstellt, daß Frauen schon vom 16. Lebensjahr an heiraten können, Männer dagegen erst ab dem 18. Lebensjahr. Daneben ist die Zahl der verwitweten Frauen erheblich größer als die der verwitweten Männer. Sieht man einmal von gesellschaftlichen Normenvorstellungen ab, die es vielleicht angebracht erscheinen ließen, den umgekehrten Weg zu beschreiten, so dürfte es doch hier zweckmäßig sein, die Zuordnung in der beschriebenen Weise vorzunehmen.

Soll der Zuordnungsprozeß in der dargestellten Form ablaufen, so sind zwei Typen von Variablen zu bestimmen. Einmal ist zu entscheiden, ob eine Person überhaupt für eine Eheschließung in Betracht kommt bzw. eine Ehe eingeht, zum anderen sind Variablen zu erklären, die eine Zuordnung zu einem anderen Ehepartner ermöglichen. Für Männer fällt die Lösung recht einfach. Sind sie 18 Jahre alt oder älter, und nicht verheiratet, so gelten sie als eheschließungsfähig. Ihre Zuordnungsvariablen bestimmen sich aus einer Untermenge ihrer Strukturvariablen. Bei Frauen hingegen ist nicht nur die Ehefähigkeit zu prüfen, d.h. daß sie das 16. Lebensjahr vollendet haben und unverheiratet sind, es muß auch noch bestimmt werden, ob sie in der laufenden Periode tatsächlich eine Ehe eingehen. Zudem sind die für eine Zuordnung maßgeblichen Merkmale ihres zukünftigen Ehepartners festzulegen.

In der statistischen Methodenlehre gilt die alters-, geschlechts- und familienstandsspezifische Heiratswahrscheinlichkeit als die korrekteste Maßzahl zur Kennzeichnung der Heiratsgewohnheiten (21). Die erforderlichen empirischen Daten werden laufend von der amtlichen Statistik erfaßt. Auf der Basis der Volkszählung 1961 und unter Zugrundelegung eines Beobachtungszeitraumes von drei Jahren (196o/62) hat das STATISTISCHE BUNDESAMT (22) Heiratstafeln mit den genannten Abhängigkeitsrelationen erstellt.

Nach diesen Heiratstafeln schließen ledige Frauen am häufigsten im Alter von 22 bis 24 Jahren die Ehe. Da nach den Vorschriften des Eherechts eine Frau nicht vor dem 16. Lebensjahr heiraten soll, andererseits aber manche Ledige erst sehr spät heiraten, ergeben sich für die einjährigen Heiratswahrscheinlichkeiten der Ledigen Kurven, die zunächst sehr steil ansteigen und danach nicht ganz so steil wieder abfallen und allmählich immer flacher verlaufen (siehe Abb. 3.3.9./1). Im Vergleich zu den Männern drängen sich die Eheschließungen lediger Frauen auf wenige Altersjahre zusammen und der Gipfelpunkt der Heiratswahrscheinlichkeiten liegt dementsprechend nicht nur höher, sondern er wird auch früher erreicht (23).

Das Durchschnittsalter der heiratenden Frauen und Männer ist in den letzten Jahren ständig gesunken. Betrug es noch 195o für Männer 31,o und für Frauen 27,4 Jahre, so liegen die Vergleichszahlen für 1969 bei 28,4 bzw. 25,o Jahren. Noch deutlicher wird dieser Rückgang, wenn man allein die zeitliche Entwicklung des durchschnittlichen Heiratsalters von Männern und Frauen betrachtet, die

---

(21) Siehe H.GROHMANN, Die Entwicklung eines Bevölkerungsmodells ... , S.131.

(22) Siehe STATISTISCHES BUNDESAMT (Hrsg.), Heiratstafeln 1960/62, Ehedauertafeln 1961 sowie spezielle Sterbetafeln 1960/62 ... , S.8 ff.

(23) Siehe STATISTISCHES BUNDESAMT (Hrsg.), Heiratstafeln 1960/62, Ehedauertafeln 1961 sowie spezielle Sterbetafeln 1960/62 ... , S.14 .

vor der Eheschließung ledig waren. Hier sanken die Durchschnittswerte zwischen 195o und 1969 von 28,1 auf 25,7 Jahre (Männer) bzw. von 25,4 auf 23,1 Jahre (Frauen) (24). Nun sind die Werte für das Jahr 195o zweifellos beeinflußt von den außergewöhnlichen Verhältnissen der Nachkriegszeit. Viele Eheschließungen, die während und unmittelbar nach dem Krieg ausgeblieben waren, wurden in dieser Zeit nachgeholt. Aber auch noch zwischen 1961 und 1969 ist das Heiratsalter Lediger gesunken. Bei Männern zwar nur gering fügig von 25,9 auf 25,7 Jahre, bei Frauen immerhin jedoch um o,6 Jahre von 23,7 auf 23,1 (25).

Dieser recht erhebliche Rückgang bei den Frauen weckt Zweifel an der Brauchbarkeit der vom STATISTISCHEN BUNDESAMT für 196o/62 ermittelten Heiratstafel für Zwecke der Bevölkerungs prognose. Hinzu kommen Bedenken methodischer Art, auf die GROHMANN (26) aufmerksam gemacht hat:"Aus der Tatsache,

---

(24) Siehe STATISTISCHES BUNDESAMT (Hrsg.), Natürliche Bevölkerungsbewegung 1969, Fachserie A: Bevölkerung und Kultur, Reihe 2: Natürliche Bevölkerungsbewegung, Stuttgart-Mainz 1971, S.34 .

(25) Siehe STATISTISCHES BUNDESAMT (Hrsg.), Natürliche Bevölkerungsbewegung 1969 ... ,S. 34 . Diese Mittelwerte beziehen sich auf die tatsächlich erfolgten Eheschließungen. Betrachtet man dagegen jene Durchschnittszahlen, die unabhängig von der Altersgliederung der Männer und Frauen in den einzelnen Beobachtungsjahren sind, so zeigt sich , daß die Abnahme des Heiratsalters noch viel größer ist, als es jene Zahlen vermuten lassen, die sich ja nur auf die absoluten Zahlen der eheschließenden Ledigen nach dem Alter stützen. So ging zwischen 1961 und 1969 das normalisierte durchschnittliche Heiratsalter lediger Männer von 26,2 auf 25,2 und das lediger Frauen von 23,6 auf 21,4 Jahre zurück.Siehe hierzu K.SCHWARZ, Eheschließungen nach dem Zweiten Weltkrieg, in: WISTA 1971, S.613 .

(26) H.GROHMANN, Die Entwicklung eines Bevölkerungsmodells ... , S.132; siehe hierzu auch K.SCHWARZ, Eheschließungen nach dem Zweiten Weltkrieg ... S.614.

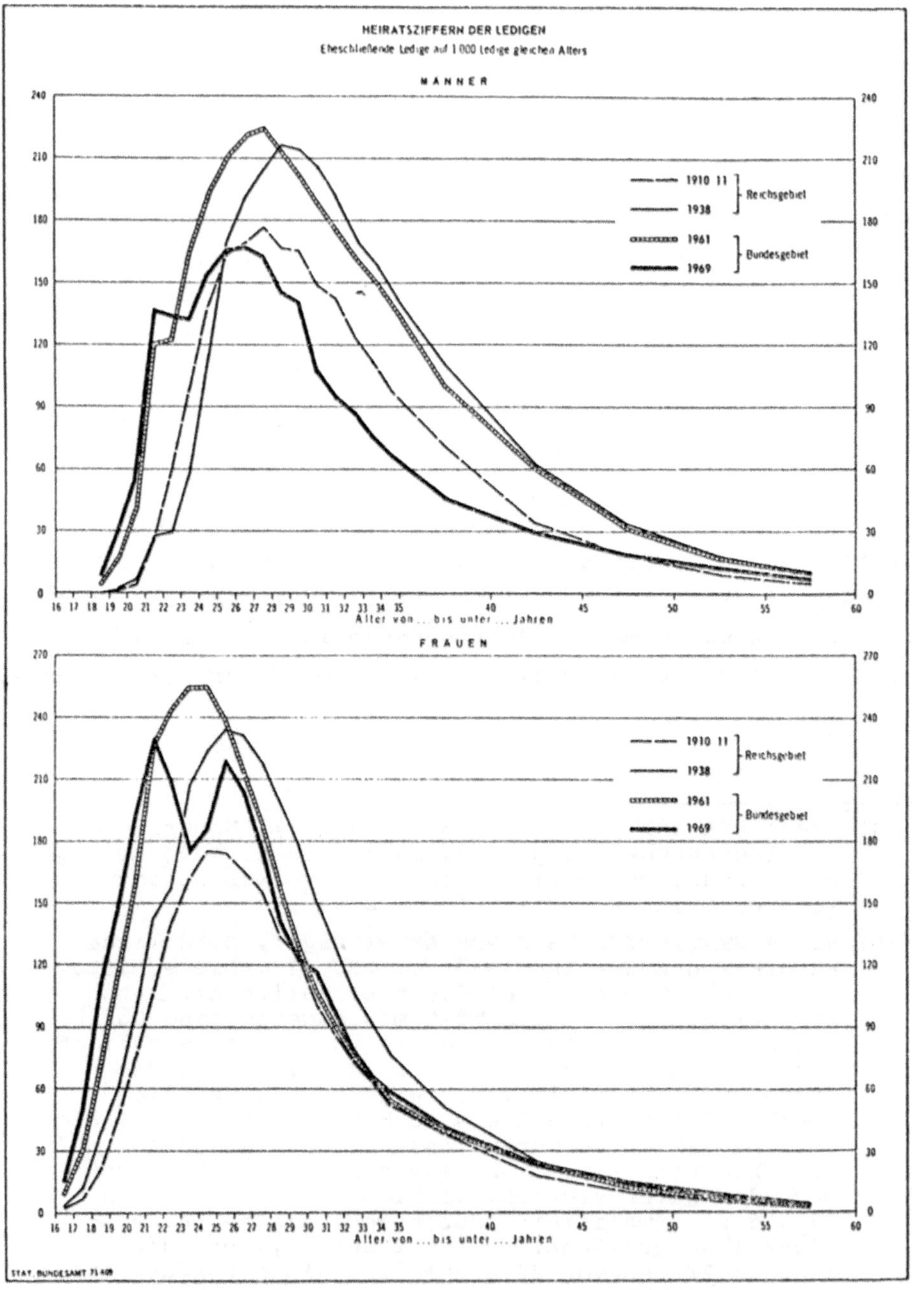

Abb. 3.3.9./1
Quelle: STATISTISCHES BUNDESAMT(Hrsg.), Fachserie A: Bevölkerung und Kultur, Reihe 2: Bevölkerungsbewegung 1969, S. 14

daß Eheschließungen durch Willensentscheidungen herbeigeführt werden, folgt, daß im Zusammenhang mit wirtschaftlichen und sozialen Vorgängen leicht vorübergehende Änderungen der Eheschließungshäufigkeiten auftreten können, die u.U. in allen Altersklassen in die gleiche Richtung gehen. Verwendet man solche Verhältniszahlen ... , so muß dies zu unrealistischen Ergebnissen führen, weil dann gewissermaßen unterstellt wird, daß die zeitweilig für alle Jahrgänge besonders hohen oder besonders niedrigen Ziffern auch für ein und denselben Jahrgang nacheinander in dieser außergewöhnlichen Höhe wirksam werden könnten. Das ist aber keinesfalls möglich; denn die Eheschließungshäufigkeiten für einen bestimmten Geburtsjahrgang in aufeinanderfolgenden Jahren sind untereinander verbundene Größen, d.h. sie sind voneinander abhängig. War die Heiratshäufigkeit für einen bestimmten Geburtsjahrgang in einem Jahr oder in einigen Jahren außergewöhnlich hoch, so kann sie nicht auch in den folgenden Jahren außergewöhnlich hoch sein; die 'vorweggenommenen' Eheschließungen werden vielmehr in späteren Jahren zu einem Rückgang der Eheschließungshäufigkeit unter das normale Niveau führen".

In Zeiten, in denen merkliche Veränderungen der Heiratsgewohnheiten im Gange sind, erscheinen demnach aus Querschnittsdaten geschätzte Heiratswahrscheinlichkeiten wenig geeignet, eine Heiratstafel aufzustellen. Für langfristige Prognosen ist es in erster Linie wesentlich, daß die Gesamtzahl der Personen eines Jahrganges, die eine Ehe eingeht, richtig erfaßt wird; erst in zweiter Linie interessiert das genaue Eheschließungsjahr. Aus dieser Überlegung folgt, daß es zweckmäßig ist, anstelle eines aktuellen Querschnittes bei der Ermittlung von Heiratswahrscheinlichkeiten Lediger, die Eheschließungshäufigkeiten eines Jahrganges im Zeitablauf zu erfassen. Anfänglich niedrige Heiratshäufigkeiten können so später durch entsprechend höhere ausgeglichen werden, während umgekehrt auf hohe

Heiratshäufigkeiten in jüngeren Jahren später entsprechend niedrigere zu erwarten sind (27).

Nun ist es aber unter dem Gesichtspunkt einer möglichst realistischen Erfassung der Altersverteilung bei der Eheschließung nicht ganz einfach, einen geeigneten Jahrgang auszuwählen. Greift man auf einen sehr frühen Jahrgang zurück, so liegen zwar schon sehr viele Jahresdaten vor, jedoch bleibt der Rückgang des durchschnittlichen Heiratsalters unberücksichtigt. Umgekehrt sind bei späteren Jahrgängen realitätsnähere Daten bezüglich des durchschnittlichen Heiratsalters zu erwarten, es liegen dann aber nur sehr wenige Beobachtungswerte vor. Hinzu kommt ein weiteres Problem. Betrachtet man die Abnahme des durchschnittlichen Heiratsalters bei Frauen näher, so ist zwischen 1967 und 1968 ein ganz erheblicher Rückgang festzustellen. Während der Durchschnittswert (normalisiert) 1961 23,6 Jahre betrug und bis 1967 auf 23,o Jahre absank, fiel er allein in den beiden folgenden Jahren auf 21,4 Jahre. Bei den Männern ist ein ähnlich starker Abfall nicht zu erkennen (28). In Verbindung damit dürfte der außergewöhnliche Verlauf der Kurve der Heiratshäufigkeiten von Frauen im Jahre 1969 stehen, die zwei Maxima aufweist (siehe Abb. 3.3.9./1). Dieser Kurvenverlauf und der erhebliche Rückgang des Heiratsalters lediger Frauen könnten darin eine Erklärung finden, daß zwar die altersspezifische Heiratshäufigkeit lediger Männer relativ konstant blieb, diese Männer jedoch infolge der geburtenschwachen Nachkriegsjahrgänge immer jüngere Frauen heirateten. Diese Erkenntnis legt es nahe, bei der Berechnung der Heiratswahrscheinlich-

---

(27) Siehe H.GROHMANN, Die Entwicklung eines Bevölkerungsmodells ... , S.137 .

(28) Siehe K.SCHWARZ, Eheschließungen nach dem Zweiten Weltkrieg ... , S.614 .

keiten keinen der geburtenschwachen Jahrgänge zugrunde zu legen. Da aber für alle folgenden Jahrgänge bisher nur wenige Beobachtungswerte bereitstehen, erscheint es am zweckmäßigsten, den Jahrgang 1944 als Basis zu wählen. Bis zum Jahr 1969 waren schon über 80% aller Frauen dieses Jahrganges verheiratet, so daß die erforderlichen Näherungen für die Rest-Heiratswahrscheinlichkeiten in den Folgejahren die Genauigkeit nur noch geringfügig beeinflussen können.

Besondere Probleme bei der Schätzung der Ereigniswahrscheinlichkeiten bereitet die Wanderungsbewegung. Während man normalerweise ja erwarten könnte, daß die Zahl der Personen gemäß den jahrgangsspezifischen Sterblichkeitsziffern ständig abnimmt, ist zwischen 1959 und 1969 bei den Frauen des Jahrgangs 1944 gerade das Gegenteil zu beobachten. Sieht man einmal von dem konjunkturell bedingten Rückgang im Jahre 1967 ab, so ist Jahr für Jahr ein ständiger Anstieg zu erkennen, der sich auf die Zuwanderung von Ausländern zurückführen läßt. Hier wird vereinfachend unterstellt, daß sich die Eheschließungsgewohnheiten der Ausländer nicht von denen der gleichaltrigen Deutschen unterscheiden und die neu hinzukommenden Ausländer in gleichem Umfang verheiratet sind wie die vergleichbare deutsche Bevölkerungsgruppe. In Anbetracht eines spezifischen Ausländeranteils von weniger als 10% in dieser Altersgruppe erscheint diese Annahme gerechtfertigt (29). Die Heiratshäufigkeiten werden jeweils in der Weise

---

(29) Vergl. hierzu auch STATISTISCHES BUNDESAMT (Hrsg.), Fachserie A: Bevölkerung und Kultur, Reihe 3: Wanderungen 1968, Stuttgart-Mainz 1971, S.40 . Danach waren 72% der 18-21jährigen und 49% der 21-25jährigen einwandernden ausländischen Frauen ledig, so daß keine erhebliche Abweichung von der deutschen Vergleichsgruppe feststellbar ist.

errechnet, daß die Anzahl der eheschließenden Ledigen in Beziehung gesetzt wird zum Bestand an Ledigen am Periodenanfang; Sterbefälle bleiben dabei unberücksichtigt. Die Beziehung zwischen zwei aufeinanderfolgenden Perioden wird hergestellt durch eine jeweils für das Periodenende errechnete Ledigenquote, die dazu dient, unter Zugrundelegung einer neuen Bestandszahl am Anfang der Folgeperiode die absolute Zahl der noch verbleibenden Ledigen zu errechnen. Es gilt:

$$L(T) = (B(T)/B(T-1)) * (L(T-1) - E(T-1)) \quad \text{(Gl.3.3.9./1)}$$

mit

L(T) : Anzahl der Ledigen zu Beginn der Periode T

B(T) : Bestand an Personen zu Beginn der Periode T

E(T) : Eheschließungen in der Periode T

Die Querschnittsdaten des Jahrganges 1944 reichen bis zum 25. Lebensjahr. Einschließlich der Eheschließungen in diesem Lebensjahr sind bereits 82,3 % aller ledigen Frauen verheiratet,und es kann unterstellt werden, daß in allen folgenden Jahren nur noch weitere 1o-15 % der Personen dieses Jahrganges eine Ehe eingehen. Dieser relativ kleine Anteil noch verbleibender Personen mit einer Aussicht auf eine zukünftige Eheschließung rechtfertigt eine vereinfachende Annahme. Unterstellt wird, daß für alle folgenden Jahre die Werte der Heiratstafel 196o/62 gelten. Um der zwischenzeitlich eingetretenen Vorverlegung des durchschnittlichen Heiratsalters Rechnung zu tragen, die - vernachlässigt man die beschriebene Verzerrung -

etwa ein Jahr beträgt, werden die berechneten Eheschließungswahrscheinlichkeiten für ledige Frauen der Heiratstafel 196o/62 entsprechend umgedeutet. Die errechneten Werte einer Altersgruppe finden jeweils Anwendung auf die um ein Jahr jüngere Altersgruppe, d.h. der errechnete Wert für ein Alter von t Jahren dient zur Bestimmung der Eheschließungswahrscheinlichkeit für eine t-1 Jahre alte Person (30).

Die bisherige Analyse bezog sich nur auf die Schätzung von altersspezifischen Heiratswahrscheinlichkeiten für ledige Frauen. Daneben sind aber noch Wiederverheiratungswahrscheinlichkeiten für Verwitwete und Geschiedene zu bestimmen. Auch hier gelten in gleichem Umfang die kritischen Anmerkungen zur Verwendung von Querschnittsdaten, jedoch ist die absolute Zahl der Wiederverheiratungen, verglichen mit den Erst-Eheschließungen nicht sonderlich groß (31). Deshalb werden den Berechnungen hier generell die vom STATISTISCHEN BUNDESAMT errechneten Werte der Heiratstafel 196o/62 zugrunde gelegt (32).

Die hier erläuterte Schätzung der Eheschließungswahrscheinlichkeiten kann freilich insbesondere bei ledigen Frauen kurzzeitig zu Anpassungsschwierigkeiten führen, denn

---

(30) Während nach der Heiratstafel 1960/62 die Gesamtzahl der heiratenden Frauen ohne Berücksichtigung von Sterbefällen 95,56% beträgt, liegt der entsprechende Anteil jetzt bei 94,83%. Ohne die zuletzt beschriebene Korrektur hätte der Anteil mit 95,88% allerdings noch höher gelegen als bei der Heiratstafel 1960/62.

(31) Vergl. H.GROHMANN, Die Entwicklung eines Bevölkerungsmodells ... , S.140 .

(32) Siehe STATISTISCHES BUNDESAMT (Hrsg.), Heiratstafeln 1960/62, Ehedauertafeln 1961 sowie spezielle Sterbetafeln 1960/62 ... , S.26 .

"bei einer Verminderung des Heiratsalters finden Eheschließungen ", wie SCHWARZ (33) bemerkt ,"die erst zu einem späteren Zeitpunkt zu erwarten gewesen wären, früher (in einem niedrigen Alter) statt. Umgekehrt werden bei einer Erhöhung des Heiratsalters die Ehen später (in einem höheren Alter) geschlossen. Diese zeitlichen Verschiebungen wirken sich wie folgt aus: Während der Übergangszeit zu einem niedrigeren Heiratsalter finden nicht nur die Eheschließungen der Personen statt, die auf Grund der bisherigen Verhaltensweise ohnehin geheiratet hätten, sondern auch die Eheschließungen der Personen, die jetzt früher heiraten. Das ergibt eine vorübergehende Zunahme der Eheschließungen. Sie hält aber nur solange an, bis sich das Heiratsalter auf dem tieferen Niveau stabilisiert hat. Umgekehrt fallen bei einer Erhöhung des Heiratsalters Eheschließungen vorübergehend aus."

Da die Eheschließungswahrscheinlichkeiten lediger Frauen hier durch die bei der Datengewinnung getroffenen Annahmen direkt auf einem höheren Durchschnittsheiratsalter stabilisiert werden und keine allmähliche Erhöhung erfolgt, ist sogar ein sehr rascher Anpassungsprozeß zu erwarten, der kurzfristig zu erheblichen Abweichungen von der tatsächlichen Entwicklung führen kann.

In dem Simulator ist die Eheschließung der Ehelösung nachgeordnet. Dabei wird zugelassen, daß Personen, die sich in der lfd. Periode scheiden lassen bzw. verwitwen, wieder eine neue Ehe eingehen können. Die Stellung des Eheschließungsprozesses in der Simulationssequenz erlaubt dagegen keine Ehelösung von Personen, die in der laufenden

(33) K.SCHWARZ, Eheschließungen nach dem Zweiten Weltkrieg ... ,S.614 .

Periode eine Ehe eingehen. Diese Modellannahme hat in bezug auf die Anzahl der Eheschließungen und Verwitwungen eine geringfügige Unterschätzung zur Folge, da ausgeschlossen wird, daß Personen, die in der laufenden Periode sterben, überhaupt eine Ehe eingehen. Bei den Scheidungen kommt es dagegen lediglich zu einer Verzögerung gegenüber der Realität, da potentielle Scheidungen im ersten Kalenderehejahr erst in der folgenden Periode realisiert werden; entsprechend dieser Annahme sind ja - wie dargestellt - die Scheidungshäufigkeiten des ersten und zweiten Ehejahres korrigiert.

Nachdem eine Frau zur Eheschließung ausgewählt wurde, sind für sie in dem Simulator jene Merkmale zu bestimmen, die eine Zuordnung zu einem Ehepartner ermöglichen. Hier dienen als Zuordnungsvariablen der Familienstand vor der Eheschließung und das Alter des Ehepartners. Sicherlich wird damit der Zuordnungsprozeß gegenüber den tatsächlichen Gegebenheiten erheblich vereinfacht, in der Realität wirken hier hier noch eine Reihe anderer Variablen ein, z.B. Bildungsstand, Religion, soziale Stellung, Einkommen, Kinderzahl (34). Aber diese sind entweder nicht im Modell erfaßt oder es fehlen einfach die Daten, um eine differenzierte Zuordnung vornehmen zu können. Zu beachten bleibt ja stets, daß ein prognosefähiges Modell entwickelt werden soll, wobei die Personen zu erklären sind durch eine beschränkte Anzahl von Variablen und es lediglich darauf ankommt, einen diese Variablen prognostizierenden geschlossenen Erklärungszusammenhang herzustellen. Alle Variablen, die in diesem Zusammenhang weder als erklärende noch als erklärte auftreten, können außer Betracht bleiben. Hinzu kommt, daß einfach der Mangel an Daten dazu zwingt,

(34) Siehe hierzu bspw. P.M.BLAU und O.D.DUNCAN, American Occupational Structure, New York 1967.

vereinfachende Annahmen zu treffen. So wird unterstellt, daß das Alter des gesuchten Ehepartners und sein Familienstand vor der Eheschließung zwei Variablen sind, die in keinem Abhängigkeitsverhältnis zueinander stehen. Wie leicht einsehbar ist, entspricht dies nicht der Realität. Mit zunehmendem Alter ist vielmehr zu erwarten, daß die Zahl der Wiederverheiratungen im Vergleich zur Zahl der Erst-Heiraten ansteigen wird. Trotzdem kann man wohl in Anbetracht der geringen Zahl der Eheschließungen in späteren Altersjahren annehmen, daß die tatsächlichen Verhältnisse insgesamt gesehen durch die getroffenen Annahmen recht gut erfaßt werden.

Die Verteilung der Eheschließungen nach dem Altersunterschied der Ehegatten in Abhängigkeit vom Alter der Frau sind berechnet nach einer vom STATISTISCHEN BUNDESAMT veröffentlichten Tabelle "Eheschließungen 1969 nach dem Alter der Ehepartner " (35) . Die absoluten Zahlen dieser Tabelle sind in Prozenthäufigkeiten umgerechnet, wobei unterstellt ist, daß der Ehemann maximal 23 Jahre älter bzw. 15 Jahre jünger als seine Frau sein kann. Da sich bei einigen Alterskombinationen infolge eines nichtstationären Altersaufbaus der Bevölkerung anormale Tabellenwerte ergeben, sind die Häufigkeiten in Anlehnung an die Grundstruktur der Tabelle geglättet. Dabei sind auch einige zufällige Unregelmäßigkeiten, insbesondere in den gering besetzten höheren Altersjahrgängen, beseitigt.

Der Berechnung der Familienstandsverknüpfungsmatrix schließlich liegen die vom STATISTISCHEN BUNDESAMT veröffentlichten

---

(35) STATISTISCHES BUNDESAMT (Hrsg.), Natürliche Bevölkerungsbewegung 1969 ... ,S.36-37; vergl. hierzu auch H.GROHMANN, Die Entwicklung eines Bevölkerungsmodells ... , S. 144-145.

Daten für das Jahr 1969 über die Abhängigkeit des Familienstandes des Mannes vor der Eheschließung von dem der Frau vor der Eheschließung zugrunde (36). Die absoluten Zahlen sind in Prozenthäufigkeiten umgerechnet, eine Bereinigung erfolgt nicht.

3.3.10. FRUCHTBARKEIT

Während noch Mitte der sechziger Jahre über die Ursachen einer stetigen Geburtenzunahme in der BRD gerätselt wurde (37), fragte man wenig später nach den Gründen, auf die sich der danach einsetzende Geburtenrückgang zurückführen läßt (38). Gegenwärtig ist es völlig offen, ob sich der

---

(36) STATISTISCHES BUNDESAMT (Hrsg.), Natürliche Bevölkerungsbewegung 1969 ... , S. 39 .

(37) Vergl. K.SCHWARZ, Ursachen der Geburtenzunahme seit 1958, in: WISTA 1965, S.177 ff.; auch K.SCHWARZ, Die Ursachen der Geburtenzunahme seit 1950, in: WISTA 1959, S.611 ff.; H.-J.KREMP, Demographische Aspekte des Geburtenrückganges in der Bundesrepublik Deutschland, in: Bundesarbeitsblatt, 22(1971), S.346 ff. Während bis zum Jahr 1958 die Geburtenzunahme auf einer Zunahme der Zahl der Ehen beruhte und ohne diese Zunahme sogar eine Verminderung der Geburtenzahlen zu erwarten gewesen wäre, war in den folgenden Jahren der Anstieg der Geburtenhäufigkeit in den Ehen der Hauptgrund für die Geburtenzunahme.

(38) Vergl. K.SCHWARZ, Geburtenrückgang im Jahr 1968, in: WISTA 1969, S.152 ff.; H.-G.OEHLERT, Überlegungen zum Geburtenrückgang, in: WISTA 1970, S.232 ff.; auch H.J.KREMP, Demographische Aspekte des Geburtenrückganges ... , S.346 ff.; K.SCHWARZ, Bedeutung des Geburtenrückganges für die Bestandserhaltung der Bevölkerung und die Zahl der Kinder in den Ehen, in: WISTA 1971, S.14 ff.

fallende Trend weiter fortsetzen wird oder ob in den kommenden Jahren wieder mit einem Anstieg der Geburtenhäufigkeit gerechnet werden kann.

Im Vergleich zu anderen Bevölkerungsprozessen ist das generative Verhalten der Bevölkerung nämlich nur schwer voraussehbar, da es eine echt verhaltensabhängige Größe ist. Zwar hängen auch die Heiratshäufigkeiten von dem Entschluß ab, eine Ehe einzugehen, doch kann man dort immer noch unterstellen, daß ein relativ konstanter Prozentsatz aller Personen eine Ehe eingeht und allenfalls zeitliche Verschiebungen des Eheschließungsalters eintreten können, während es für die Gesamtzahl der in einer Familie geborenen Kinder keine ähnlichen Anhaltspunkte gibt (39).

Bevölkerungswissenschaftliche Untersuchungen machen deutlich, welch eine erhebliche Bedeutung Veränderungen der Geburtenhäufigkeit (40) für die Entwicklung und den Altersaufbau der Bevölkerung haben , so daß eine präzise Spezifizierung von Erklärungszusammenhängen hier notwendig erscheint. Zwar wird es nicht möglich sein, die Veränderungen im Verhalten der Bevölkerung zu prognostizieren, doch soll durch eine disaggregierte Erfassung von Daten versucht werden, zumindest die allein schon aus der demographischen Struktur folgenden Effekte genauer vorauszusagen.

Unumstritten ist wohl, daß eine Prognose der Fruchtbarkeit von Frauen auf der Basis von Geburts- bzw. Fruchtbarkeits-

---

(39) Gewisse Anhaltspunkte kann lediglich ein internationaler Vergleich bringen. Siehe hierzu H.J.KREMP, Demographische Aspekte des Geburtenrückganges ..., S.347 .

(40) Vergl. z.B. K.SCHWARZ, Die Bedeutung von Veränderungen der Geburtenhäufigkeit und Sterblichkeit für die Entwicklung und den Altersaufbau der Bevölkerung, in: WISTA 1967, S. 163 ff.

ziffern, bei denen die Zahl der Neugeborenen auf den Gesamtbestand der Bevölkerung oder die Zahl der Frauen innerhalb bestimmter Altersjahrgänge bezogen ist, zu unzureichenden Ergebnissen führt. Meist bestimmt man deshalb heute die Fruchtbarkeit von Frauen anhand alters- und familienstandsspezifischer Daten (41).

Betrachtet man jedoch die zeitliche Entwicklung altersspezifischer Fruchtbarkeitsziffern (siehe Abb. 3.3.1o./1), so sind auch hier erhebliche Strukturverschiebungen erkennbar, die offensichtlich in einem Zusammenhang stehen mit der in den letzten Jahren zu beobachtenden Tendenz zu einer Vorverlegung des Heiratsalters bei Frauen. Im Gegensatz dazu weisen die ehedauerspezifischen Fruchtbarkeitsziffern keine ähnlichen Strukturverschiebungen auf (siehe Abb. 3.3.1o./2), allerdings zeigen sich auch hier die Auswirkungen des in den letzten Jahren eingetretenen Geburtenrückganges.

Die in Tabelle 3.3.1o./1 wiedergegebenen Daten, in denen die durchschnittliche Ehedauer der verheirateten Frauen bei der Geburt ihrer lebendgeborenen Kinder erfaßt ist, lassen freilich Zweifel aufkommen, ob die Struktur der ehedauerspezifischen Fruchtbarkeitsziffern tatsächlich so zeitinvariant ist, wie es zunächst den Anschein hat. Zwar hat sich zwischen 1964 und 1969 bei der Geburt des ersten Kindes im Mittel nur eine Verzögerung von o,o7 Jahren ergeben, doch liegt die zwischen der Geburt des ersten und zweiten Kindes feststellbare Verzögerung immerhin schon bei o,27 Jahren und sie ist mit o,32 Jahren zwischen der Geburt des zweiten und dritten Kindes ähnlich groß.

---

(41) Vergl. hierzu die Bevölkerungsprognosen des STATISTISCHEN BUNDESAMTES.

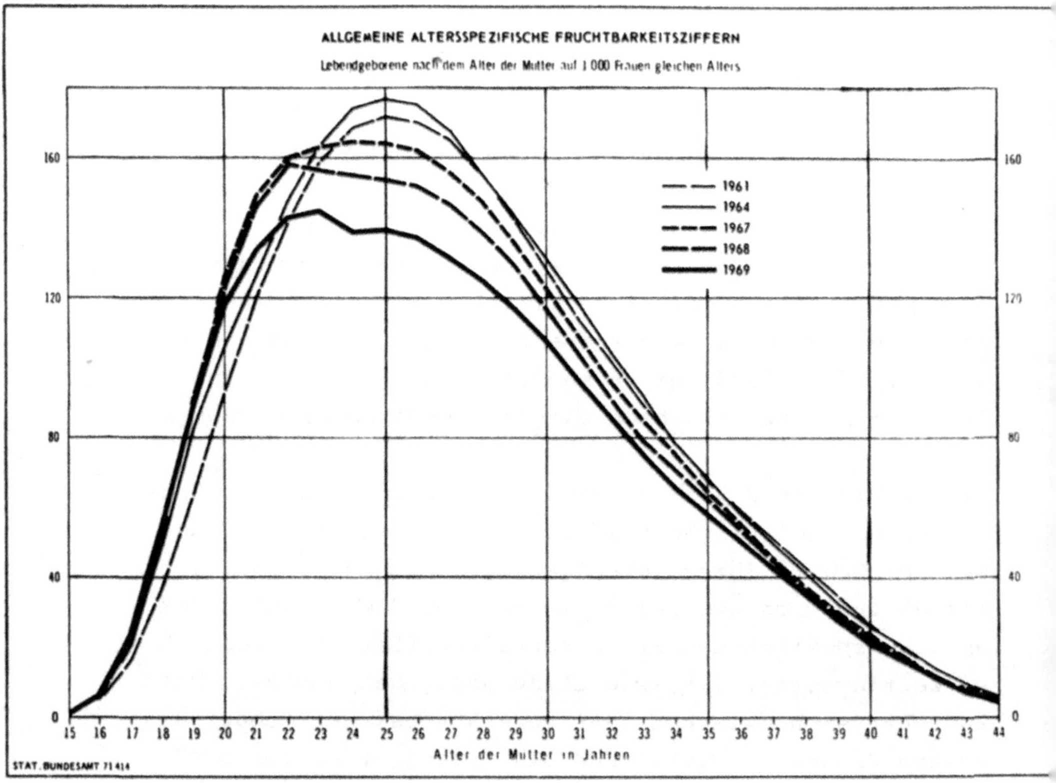

Abb. 3.3.10./1

Quelle: STATISTISCHES BUNDESAMT (Hrsg.), Fachserie A: Bevölkerung und Kultur, Reihe 2: Natürliche Bevölkerungsbewegung 1969, S. 18

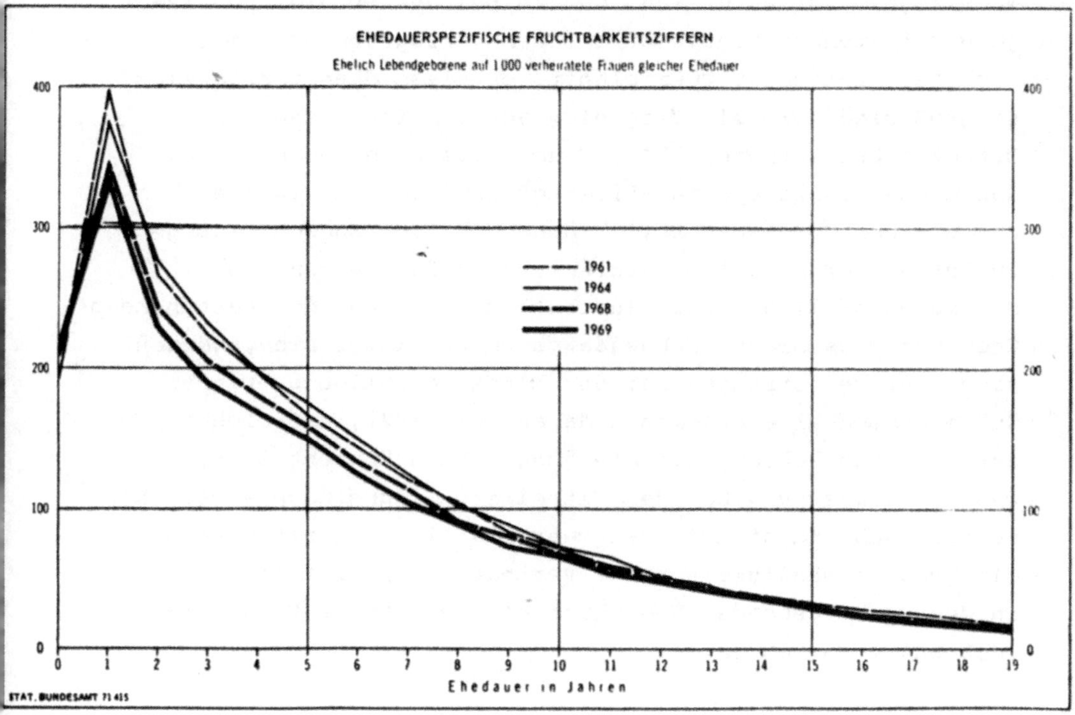

Abb. 3.3.10./2

Quelle: STATISTISCHES BUNDESAMT (Hrsg.), Fachserie A: Bevölkerung und Kultur, Reihe 2: Natürliche Bevölkerungsbewegung 1969, S. 18

Durchschnittliche Ehedauer der Eltern bei der Geburt ihrer lebendgeborenen Kinder

Geburts-jahr	Ehedauer der Eltern in Jahren bei der Geburt ihrer . . Kinder				
	1	2.	3.	4.	5. und weiteren
1964	1,89	4,66	7,11	9,02	11,56
1965	1,92	4,69	7,18	9,11	11,74
1966	1,91	4,73	7,24	9,16	11,83
1967	1,93	4,77	7,35	9,30	12,03
1968	1,95	4,87	7,61	9,57	12,23
1969	1,96	5,00	7,77	9,84	12,51

Tab. 3.3.10./1

Quelle: H.-J.KREMP, Demographische Aspekte des Geburtenrückgangs in der Bundesrepublik Deutschland, in: Bundesarbeitsblatt, 22(1972), S. 356 (nach Unterlagen des Statistischen Bundesamtes)

Naheliegend ist natürlich, daß es bei den vergleichsweise jung heiratenden Frauen zu solchen Verzögerungen kommt, doch ist zumindest zweifelhaft, ob diese dann tatsächlich so groß sind, wie ein Vergleich jener Differenzen von Mittelwerten vermuten läßt. Einmal erscheint es möglich, daß diese "child-spacing-Effekte" zumindest teilweise auf die überdurchschnittlich hohe Zahl von Eheschließungen zu Anfang der sechziger Jahre zurückzuführen sind. Da die Daten nämlich nicht hinsichtlich der Zahl der bestehenden Ehen der verschiedenen Ehejahrgänge bereinigt sind, können sich hier Verzerrungen bei der Mittelwertbildung ergeben. Zudem deuten alle Anzeichen darauf hin (42), daß sich der Geburtenrückgang auf die jungen Ehen konzentriert, was die Verzerrung bei der Mittelwertbildung noch verstärken dürfte. Während sich in den mehr als 12 Jahre alten Ehen die Geburtenhäufigkeit nicht verändert hat, ist nämlich in den vorhergehenden Ehejahren ein deutlicher Geburtenrückgang zu erkennen.

Bei einer Beurteilung dieses Sachverhalts stellt sich freilich die Frage, ob möglicherweise doch nur eine Vergrößerung des Geburtenabstandes vorliegt, und die in den ersten Ehejahren ausgefallenen Geburten in späteren Ehejahren noch eintreten werden. SCHWARZ hat dies mittels eines kohortenanalytischen Verfahrens untersucht. Dabei zeigte sich, daß in bezug auf die zweiten Kinder ein schon von Anfang an bestehender Rückstand der 1965 geschlossenen Ehen gegenüber den Ehen aus dem Jahre 1962 in den weiteren Ehejahren (untersucht wurde ein Zeitraum von viereinhalb Jahren) nicht aufgeholt worden ist. "Er hat sich sogar

---

(42) Siehe hierzu Abb. 3.3.10./2; auch K.SCHWARZ, Bedeutung des Geburtenrückganges für die Bestandserhaltung der Bevölkerung und die Zahl der Kinder in den Ehen ... , S.15 .

von 9 Kindern nach zweieinhalbjähriger Ehe auf 17 nach dreieinhalbjähriger Ehe und schließlich auf 25 Kinder nach viereinhalbjähriger Ehe vergrößert. Nach allen Beobachtungen, die bisher gemacht werden konnten, ist es somit wahrscheinlich, daß dem ... zu beobachtenden Geburtenrückgang neue Vorstellungen der Eheleute von der gewünschten Kinderzahl zugrundeliegen. Ein endgültiges Urteil wird man aber wohl erst nach Vorliegen der Ergebnisse der Geburtenstatistik 1971/72 bilden können (43)".

Trotz dieser Unbestimmtheit sollen hier die Geburten von verheirateten Frauen nach ehedauerspezifischen Fruchtbarkeitsziffern ermittelt werden. Immerhin läßt sich durch jene Daten die auch als "Ziehharmonika-Effekt" bezeichnete Verzerrung ausschließen, die aufgrund der in den letzten Jahren zu beobachtenden Vorverlegung des Heiratsalters bei Frauen erwartet werden muß (44). Es bleibt allerdings zu beachten, daß dann, wenn tatsächlich Verzögerungen der Geburtenfolge eingetreten sind, die nicht durch einen allgemeinen Geburtenrückgang in den späteren Ehejahren kompensiert werden, die getroffene Fruchtbarkeitsannahme zu einer Untererfassung der Zahl der Geburten führen kann, da während des Verzögerungsvorganges die ehedauerspezifischen Fruchtbarkeitsziffern unterschätzt werden, ebenso wie bei einer Vorverlegung des Heiratsalters von Frauen ihre altersspezifischen Fruchtbarkeitsziffern überhöht sind.

Da hier nicht nur eine Voraussage der Bevölkerungsentwicklung

---

(43) K.SCHWARZ, Bedeutung des Geburtenrückganges für die Bestandserhaltung der Bevölkerung und die Zahl der Kinder in den Ehen ... , S.16 .

(44) Vergl. Abschnitt 3.3.9.

erstellt werden soll, sondern auch Veränderungen der Bevölkerungsgliederung Gegenstand der Prognose sind, ist eine ehedauerspezifische Fruchtbarkeitstafel allein unzureichend. Notwendig sind zusätzliche Informationen über die Fruchtbarkeit von Frauen in Abhängigkeit von der Familiengröße. Gerade in Hinblick auf eine zunehmende Geburtenplanung kann nicht unterstellt werden, daß das Eintreten einer Geburt unabhängig ist von der Zahl der vorausgegangenen Geburten in der Familie.

Bei den Prognosen werden deshalb vom STATISTISCHEN BUNDESAMT veröffentlichte ehedauer- und kinderzahlspezifische Fruchtbarkeitswahrscheinlichkeiten zugrunde gelegt (45). Beachtet werden muß hierbei allerdings, daß diese Tafeln nicht nach dem Alter der Frauen untergliedert sind. Auch die sonst übliche Beschränkung auf Frauen zwischen 16 und 45 Jahren ist hier entfallen, so daß möglicherweise noch für Frauen in einem sehr hohen Alter eine Geburt prognostiziert wird. Da weniger als 5% der Frauen 45 Jahre und älter sind, wenn sie eine Ehe eingehen, hält sich dieser Fehler jedoch in Grenzen. Ohnehin lebt eine nicht unbeträchtliche Anzahl von Kindern, die näherungsweise jenem Anteil entspricht, in der Familie ihrer Großeltern, so daß auch eine Zuordnung von neugeborenen Kindern zu älteren Ehepaaren vertretbar erscheint.

Da sich das generative Verhalten der Bevölkerung in den letzten Jahren erheblich verändert hat, ist es problematisch, die Fruchtbarkeitsdaten eines bestimmten Jahres bei der Prognose zugrundezulegen. Aber auch Mittelwerte können in dieser Situation keine geeignete Prognosegrundlage

---

(45) Siehe K.SCHWARZ, Bedeutung des Geburtenrückganges für die Bestandserhaltung der Bevölkerung und die Zahl der Kinder in den Ehen ... , S. 4x .

sein, da bei ihnen unterstellt würde, daß es sich bei den beobachteten extremen Verhaltensweisen nur um zufällige Abweichungen handelt, während man allgemein ja annimmt, daß sich hier eine grundsätzlich veränderte Vorstellung der Eheleute von der Kinderzahl niederschlägt. Andererseits kann aber nicht ausgeschlossen werden, daß in den kommenden Jahren wieder ein Wandel in diesen Vorstellungen eintritt, wie er sich ja auch schon bei dem Anstieg der Geburtenzahlen zwischen 1958 und 1964/66 bemerkbar gemacht hat (siehe Abb. 3.3.1o./3). Aus diesem Grunde erscheint es sinnvoll, alternativ zwei der zwischen 1966 und 1969 beobachteten extremen Verhaltensweisen zugrundezulegen. Einmal werden die ehedauer- und kinderzahlspezifischen Fruchtbarkeitsziffern des Jahres 1969 ausgewählt, da in diesem Jahr die Kinderzahl mit 2,o34 Kindern pro Ehe (46) einen Minimalwert angenommen hatte. Zum Vergleich sollen die entsprechenden Fruchtbarkeitsziffern des Jahres 1966 herangezogen werden, in dem die Kinderzahl mit 2,276 Kindern pro Ehe das in den letzten fünf Jahren beobachtete Maximum darstellt (47).

Bei der Bestimmung der Fruchtbarkeit nichtverheirateter Frauen wird dagegen auf Alternativrechnungen verzichtet. Hier zeigt sich nämlich, daß das Ausmaß der nichtehelichen Geburten in den vergangenen Jahren relativ stabil geblieben ist. " Die Vermutung, daß unter den Bedingungen der Rationalisierung der Geburtenhäufigkeit hier erst recht eine solche Tendenz sichtbar werden müßte, bestätigt sich nicht. Die Zahl der nichtehelichen Geburten lag 1969 bei 45.OOO, ... ihre Abnahme war ... deutlich geringer

---

(46) Zum Berechnungsverfahren vergl. Abschnitt 3.1.3.

(47) Noch größer sind die Unterschiede zwischen 1957 mit 2,O19 und 1964 mit 2,318 Kindern pro Ehe, doch liegen für diese Jahre keine geeigneten Fruchtbarkeitshäufigkeiten vor.

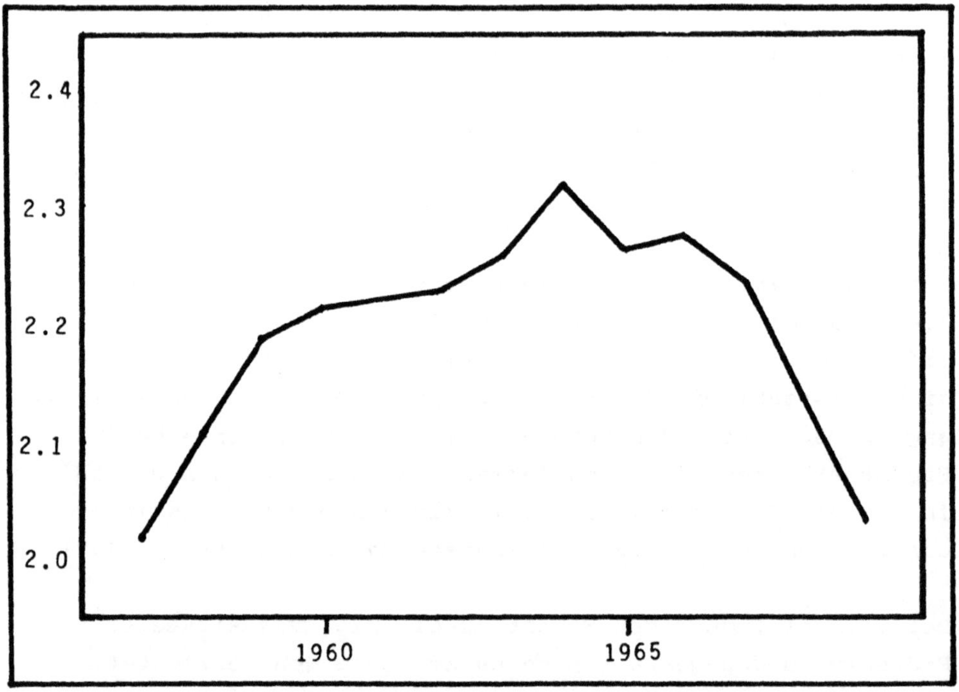

Abb. 3.3.10./3

Anzahl der Geburten pro Ehe (1957 - 1969)

als die der Lebendgeborenen insgesamt. Dadurch ergibt sich sogar eine Zunahme des Anteils der nichtehelichen Geburten (48)." Mit 5% aller Geburten fallen diese jedoch ohnehin kaum ins Gewicht, so daß man sich mit relativ einfachen Annahmen begnügen kann. Bei nichtverheirateten Frauen von 16 bis 45 Jahren sind deshalb zur Bestimmung einer Geburt altersspezifische Fruchtbarkeitsziffern zugrunde gelegt. Definitionsgemäß führt die Geburt eines Kindes bei ledigen Frauen von 16 und 17 Jahren, die noch im elterlichen Haushalt leben, zur Herauslösung aus diesem Haushalt . Mutter und neugeborenes Kind werden danach als ein eigenständiger Haushalt erfaßt.

Da Fruchtbarkeit und Tod bei weiblichen Personen konkurrierende Ereignisse sind, wird unterstellt, daß eine Frau, die in der laufenden Periode stirbt, nur noch mit einer Wahrscheinlichkeit von p=o,5 ein Kind bekommen kann. Bei Ehelösungen (Verwitwung, Scheidung) werden die Frauen dagegen während der laufenden Periode noch voll den verheirateten Frauen gleichgestellt. Auch wenn diese Annahme nicht unproblematisch ist und vor allem bei Scheidungen in aller Regel die Ehen faktisch schon einige Zeit vor der gerichtlichen Ehelösung aufgehoben sein dürften, so stimmt diese Annahme doch mit der Erfassung ehelicher Geburten in der amtlichen Statistik überein. Hier gelten noch alle Kinder, die bis zum 3o2. Tag nach Auflösung der Ehe geboren werden, als ehelich (49).

---

(48) Siehe H.J.KREMP, Demographische Aspekte des Geburtenrückganges ... , S.349 .

(49) Siehe STATISTISCHES BUNDESAMT (Hrsg.), Statistisches Jahrbuch 197O ... , S. 43 .

3.3.11. Geburt

Nachdem die Fruchtbarkeit von Frauen und damit auch die Zahl der Geburten festliegt, müssen schließlich die Individualdaten der Neugeborenen in den Simulationsprozeß eingeführt werden. Generell wird angenommen, daß alle Kinder bei der Geburt zum Haushalt der Mutter gehören. Definitionsgemäß haben sie ein Alter von 0 Jahren und den Familienstand "ledig". Bestimmt werden muß im Einzelfall nur noch das Geschlecht der neu hinzugekommenen Kinder. Durch einen Zufallsprozeß kann dann auch ermittelt werden, ob das Kind bereits im ersten Kalenderjahr stirbt.

Es wird hier unterstellt, daß die Sexualproportion eine zeitlich konstante Verhältniszahl ist. Naheliegen würde es deshalb, durch einen Zufallsprozeß das Geschlecht eines jeden neugeborenen Kindes zu bestimmen. Da aber schon die Fruchtbarkeit von Frauen durch einen Zufallsprozeß ermittelt wird und die Haushalte auf dem sequentiell abgearbeiteten Bestandsband ohnehin praktisch zufällig verteilt sind, wird hier einem anderen Verfahren der Vorzug gegeben. Abwechselnd erhalten die Neugeborenen ein männliches oder ein weibliches Geschlecht. Um jedoch eine der Realität entsprechende Sexualproportion zu erreichen, sind in einem Zyklus von 35 Geburten jeweils 18 Knaben- und 17 Mädchengeburten unterstellt. Dies entspricht einer Sexualproportion von 1o5,8:1oo,o. Gegenüber der Anwendung eines Zufallsprozesses hat die deterministische Bestimmung des Geschlechts den Vorteil, daß in jeder Simulationsperiode die sich bezogen auf die Gesamtzahl der simulierten Geburten ergebende Sexualproportion praktisch konstant ist, während bei einem Zufallsprozeß recht erhebliche Schwankungen zu verzeichnen gewesen wären. Immerhin hätte man bei Zugrundelegung von 9oo simulierten Geburten innerhalb der 1-σ-Grenze mit Schwankungen der Sexualproportion zwischen 1oo und 113 rechnen müssen. Zwar bewirkt die stochastische Simulation auch an anderen Stellen ähnliche Zufallsfehler, doch sollte dort, wo dies möglich ist und vertretbar erscheint, versucht werden, sie auszuschließen.

Die Sexualproportion der Neugeborenen wird in der sozialwissenschaftlichen Statistik immer wieder als Musterbeispiel für eine zeitlich weitgehend, von gewissen Ausnahmen abgesehen nur zufälligen Schwankungen unterworfene Verhältniszahl (50) betrachtet, und die hier getroffene Annahme einer zeitlichen Invarianz erscheint aus dieser Sicht voll gerechtfertigt. Freilich läßt eine Untersuchung des zeitlichen Verlaufs der Sexualproportion die Frage aufkommen, ob diese Größe tatsächlich so rein zufallsabhängig ist, wie dies oft dargestellt wird.

Betrachtet man die Entwicklung der Sexualproportion Neugeborener (siehe Abb. 3.3.11./1) in den letzten zwanzig Jahren, so ist deutlich ein ständiger Rückgang des Knabenüberschusses erkennbar. Untersuchungen über einen längeren Zeitraum zeigen allerdings eine größere Stabilität. Zwischen 188o und 1915 schwankte die Sexualproportion ebenso wie zwischen 196o und 1969 bereits in einem Intervall mit den Grenzen 1o5,o und 1o6,o (51). In Kriegs- vor allem jedoch Nachkriegsjahren ist dagegen ein deutlicher Anstieg zu erkennnen, der nicht mehr als Zufallsabweichung ange-

---

(50) Vergl. H.GROHMANN, Die Entwicklung eines Bevölkerungsmodells ... , S.99; siehe auch P.FLASKÄMPER, Allgemeine Statistik, 2.Auflage, Hamburg 1953, S.137 .

(51) Siehe H.GROHMANN, Die Entwicklung eines Bevölkerungsmodells ... , S.99; STATISTISCHES BUNDESAMT (Hrsg.), Statistisches Jahrbuch 1970 ... , S.45 .

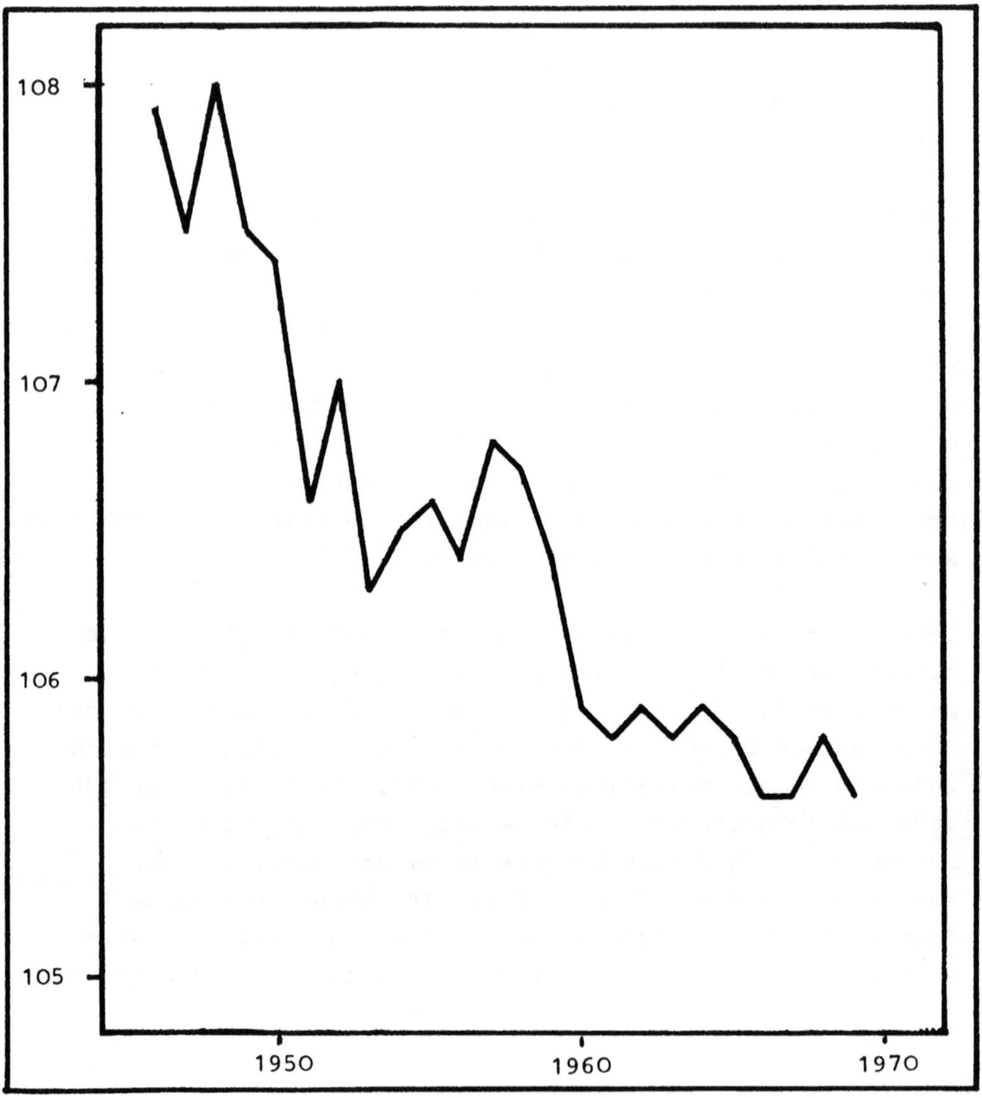

Abb. 3.3.11./1

Sexualproportion der Lebendgeborenen für die Jahre 1946 - 1969 sehen werden kann. Aus dieser Perspektive läßt sich der dargestellte Rückgang in den vergangenen zwanzig Jahren als eine Rückkehr zu normalen Verhältnissen betrachten.

Es gibt einige Anhaltspunkte dafür, daß die erkennbaren Sonderbewegungen auf soziale Vorgänge zurückführbar sind (52). Auch wenn man - was umstritten ist - unterstellt, daß die Sexualproportion bei der Konzeption (primäre Sexualproportion) eine biologische Konstante ist, die zufällig um einen zeitinvarianten Mittelwert schwankt, können sich infolge von Einwirkungen auf die Embryonen in der pränatalen Phase Veränderungen der Sexualproportion bei der Geburt (sekundäre Sexualproportion) ergeben, sofern die Abortgefährdung geschlechtsspezifisch ist. Tatsächlich ist bereits in der pränatalen Phase die Knabensterblichkeit höher als die Mädchensterblichkeit, wie sich allein aus dem Geschlechtsverhältnis der Totgeborenen ersehen läßt (53). Je größer aber der Anteil der natürlichen Aborte ist, um so mehr mindert das die Zahl der lebendgeborenen Knaben. Der Wunsch, ein noch ungeborenes Kind lebend zur Welt zu bringen, verbunden mit entsprechenden Maßnahmen einer medizinischen Vorsorge können sich somit

---

(52) Siehe hierzu R.V.UNGERN-STERNBERG, Warum steigt die Sexualproportion in Kriegs- und unmittelbaren Nachkriegsjahren ?, in: ASTA, 40 (1956),S.241 ff.; sowie die Replik von J.FILSER, Warum steigt die Sexualproportion in Kriegs- und unmittelbaren Nachkriegsjahren ? , in: ASTA, 40(1956),S.251 ff.; H.GROHMANN, Die Entwicklung eines Bevölkerungsmodells ... , S.98 ff. Ein Überblick über ähnliche amerikanische Untersuchungen ist zu finden bei G.H.ORCUTT et al., Microanalysis ... , S.125 ff.

(53) Während im Jahre 1969 die Sexualproportion der ehelich Lebendgeborenen 105,77 betrug, lag die Sexualproportion der ehelich Totgeborenen bei 118,11 . Vergl. hierzu STATISTISCHES BUNDESAMT (Hrsg.), Natürliche Bevölkerungsbewegung 1969 ... ,S. 40 .

auf die Sexualproportion der lebendgeborenen Kinder auswirken. Man nimmt nun an, daß dies in besonderem Maße für erstgeborene Kinder gilt und hat damit zugleich auch eine Erklärung für einen hohen Knabenüberschuß in den Nachkriegsjahren, da in diesen Zeiten die Zahl der Erstgeburten jeweils relativ hoch lag.

Für die BRD liegt bisher nur wenig Datenmaterial vor, das eine differrenzierte Wirkungsanalyse ermöglicht. Um aber dennoch einige hier relevante Zusammenhänge aufzeigen zu können, die zumindest eine Problematisierung der getroffenen Annahmen erlauben, wurden die verfügbaren Familiendaten im Mikrozensus 1969 hinsichtlich der Merkmale Sexualproportion und Geburtenfolge untersucht. Die Mängel einer Querschnittsanalyse zu dieser Frage liegen offen und brauchen hier nicht näher erläutert zu werden, andererseits liefert aber bereits das verfügbare Material eine Fülle interessanter Informationen. Um möglichst homogene Gruppen bilden zu können, wurden in die Auswertung nur zusammenlebende Ehepaare mit einer Ehedauer von maximal 15 Jahren einbezogen, bei denen der Familienvorstand zugleich Haushaltsvorstand und von deutscher Staatsangehörigkeit war. Die Beschränkung auf maximal 15 Ehejahre erfolgte, da man wohl unterstellen kann, daß dann nahezu alle in der Ehe geborenen Kinder zum Zeitpunkt der Erhebung noch in den untersuchten Familien lebten. Da die Familienbildungsprozesse in den ersten Ehejahren zum Teil noch nicht abgeschlossen sind, wurden bei der Auswertung jeweils Teilgruppen zusammengefaßt, die einmal hinreichend groß waren, um signifikante Aussagen zu erlauben, die andererseits aber die Besonderheiten der ersten Ehejahre übergingen. Wie die vom STATISTISCHEN BUNDESAMT ausgewiesene Zahl der ehelich Lebendgeborenen nach der Lebendgeburtenfolge und der Ehedauer der Mutter deutlich macht, werden zwar nach dem 5. Ehejahr nur noch 6,5% der ersten und 23,1% der zweiten Kinder geboren, doch 7o,5% der dritten und 93,4% aller vierten und weiteren Kinder (54). Nach dem lo. Ehejahr kommen immerhin noch 25,3% der im folgenden besonders interessierenden dritten und 57,9% der vierten und weiteren Kinder zur Welt. Die über die Ehedauer aggregierten Daten erlauben deshalb keine Aussage über Kinderhäufigkeiten, es können allenfalls die ersichtlichen Strukturunterschiede zwischen verschiedenen Teilgruppen analysiert werden.

In Tabelle 3.3.11./1 sind die über eine Ehedauer von 6 bis 15 Jahren aggregierten Daten ausgewiesen. Dargestellt werden nur kumulierte Werte, d.h. in der Zahl der ersten Kinder sind auch die ersten Kinder von Familien mit zwei und mehr Kindern enthalten, in der Zahl der zweiten Kinder auch die zweiten Kinder von Familien mit drei und mehr Kindern usw. Da auch in den ersten Lebensjahren die Knabensterblichkeit vergleichsweise hoch liegt, kann zu einem Vergleich nur die Sexualproportion aller in den untersuchten Familien lebenden Kinder herangezogen werden, die lo4,95 beträgt.

Man erkennt, daß die Sexualproportion aller ersten Kinder erheblich über diesem Mittelwert liegt. Dies überrascht insbesondere deshalb, da die ersten Kinder im Mittel wohl älter sind als alle Kinder zusammen und somit wegen der höheren Knabensterblichkeit eine vergleichsweise kleinere Sexualproportion zu erwarten gewesen wäre. Der beobachtete Unterschied ist signifikant bei 5% Irrtumswahrscheinlichkeit. Nicht signifikant ist dagegen die zwischen allen ersten und allen zweiten Kindern erkennbare Abweichung. Man kann hier wohl annehmen, daß diese Differenz auf das unterschiedliche Durchschnittsalter beider Gruppen

---

(54) Vergl. STATISTISCHES BUNDESAMT (Hrsg.),Statistisches Jahrbuch 1971 ..., S. 50.

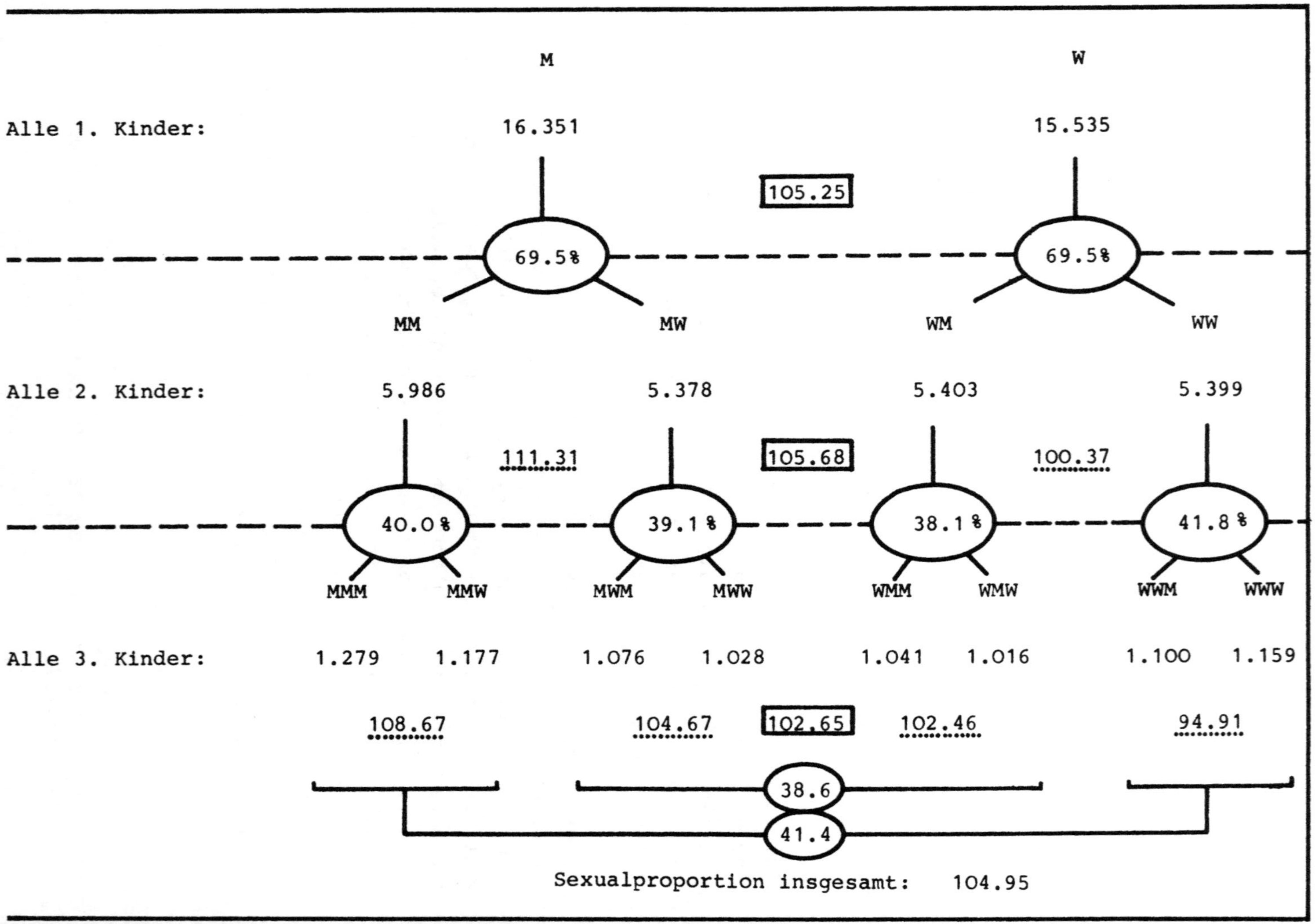
M
W
Alle 1. Kinder:
16.351
15.535
105.25
69.5%
69.5%
MM
MW
WM
WW
Alle 2. Kinder:
5.986
5.378
5.403
5.399
111.31
105.68
100.37
40.0%
39.1%
38.1%
41.8%
MMM
MMW
MWM
MWW
WMM
WMW
WWM
WWW
Alle 3. Kinder:
1.279
1.177
1.076
1.028
1.041
1.016
1.100
1.159
108.67
104.67
102.65
102.46
94.91
38.6
41.4
Sexualproportion insgesamt: 104.95

in der Stichprobe und damit auf die höhere Knabensterblichkeit zurückführbar ist. Überraschend ist das Ergebnis für die Sexualproportion aller dritten Kinder. Hier weicht der Durchschnitt erheblich vom Gesamtmittel sowie der Sexualproportion aller ersten und zweiten Kinder ab. Dieses Ergebnis steht im Einklang mit der bereits erläuterten Hypothese, daß die Sexualproportion der ersten Kinder vergleichsweise hoch ist, und man kann daraus auch die Schlußfolgerung ziehen, daß die Sexualproportion aller Kinder mittelbar abhängig ist von der Kinderhäufigkeit in den Familien.

Diese Daten erlauben zusätzlich auch noch die Offenlegung eines anderen Zusammenhanges, der die Sexualproportion aller Neugeborenen beeinflussen kann. Betrachtet man nicht alle Geburten, sondern jeweils nur abhängige Ereignisse, d.h. hier die Abhängigkeit der Sexualproportion von den schon in der Familie lebenden Kindern, so kann man feststellen, daß diese erheblich beeinflußt wird von dem Geschlecht des zuvor geborenen Kindes. So beträgt die Sexualproportion, wie man sieht, bei zweitgeborenen Kindern 111,31, wenn das erstgeborene Kind ein männliches Geschlecht hat, nur loo,o7 dagegen, wenn das erste Kind ein Mädchen ist.

Diese Unterschiede sind, wie aus der Tabelle zu entnehmen ist, auch bei dritten Kindern zu erkennen, doch reicht diese Beobachtung allein freilich nicht aus, Veränderungen der Sexualproportion aller Kinder zu erklären. Nur in Verbindung mit einer differenzierten Geburtenneigung in Abhängigkeit von der Geschlechtsstruktur der bereits geborenen Kinder wirken sich diese Strukturunterschiede aus.

Die Neigung ein zweites Kind zu bekommen, ist offensichtlich unabhängig vom Geschlecht. In beiden Fällen haben

69.5% der Familien mit einem Kind auch noch ein zweites Kind. (55). Bemerkenswert ist dagegen der bei 5% Irrtum signifikante Unterschied in der Geburtenhäufigkeit dritter Kinder in Abhängigkeit von der Geschlechtsstruktur der beiden ersten Kinder. Hier bestätigen sich die auch bereits in amerikanischen Untersuchungen (56) erkennbaren Unterschiede im Geburtsverhalten von Ehepaaren mit zwei Kindern des gleichen Geschlechts gegenüber Familien, in denen bereits ein Junge und ein Mädchen leben. Immerhin ist die Neigung in der ersten Gruppe noch ein weiteres Kind zu bekommen, fast 10% größer gegenüber der Vergleichsgruppe.

Derartige Verhaltensweisen können sich allerdings nur auf die Sexualproportion aller Kinder auswirken, wenn sie nicht symmetrisch erfolgen, d.h. wenn Unterschiede vorliegen in Hinblick auf das Geschlecht der bereits in der Familie lebenden Kinder. Tatsächlich sind derartige Abweichungen feststellbar. Ist das Geschlecht des zweiten Kindes männlich, so liegt die Wahrscheinlichkeit für die Geburt eines dritten Kindes jeweils um einen Prozentpunkt unter der Wahrscheinlichkeit für die Vergleichsgruppe, so daß sich bereits aufgrund dieser Verhaltensweisen in Verbindung mit Unterschieden in den Sexualproportionen von Teilgruppen Änderungen in der Sexualproportion aller Kinder ergeben können.

---

(55) Hier sei nochmals darauf hingewiesen, daß diese Querschnittsdaten keine Aussage über absolute Kinderhäufigkeiten enthalten, sondern daß sie allenfalls Strukturunterschiede aufzeigen können.

(56) Vergl. hierzu den Überblick bei G.H.ORCUTT, Microanalysis ... , S.125 ff.

3.4. Die Bereitstellung eines Bevölkerungsquerschnittes

3.4.1. Die Brauchbarkeit des Mikrozensus als Grundlage eines Bevölkerungsquerschnittes

Durch den Simulationsprozeß wird ein Bevölkerungsquerschnitt periodenweise fortgeschrieben. Voraussetzung für die Simulation ist demnach eine Menge von Daten, die die Bevölkerungsstruktur zu einem Startzeitpunkt beschreiben. Um dem hier angewandten Simulationsverfahren zu genügen, muß der Querschnitt Informationen über einzelne Personen und ihre Verbindung in den als "Haushalte" bezeichneten sozioökonomischen Einheiten enthalten. Zunächst ist zu diskutieren, woher diese Informationen bezogen werden können, und anschließend wird zu prüfen sein, wie diese Daten den Bedürfnissen der Simulation angepaßt werden können.

Grundsätzlich sind als Ausgangsbasis bei der Erstellung des Simulationsquerschnittes alle auf die Einheit Haushalt bzw. Wohnung bezogenen vollständigen oder repräsentativen Erhebungen der Bevölkerung geeignet. Beschränkt man sich auf die vom STATISTISCHEN BUNDESAMT durchgeführten Erhebungen, so kommen in Betracht: die Volkszählung, der Mikrozensus, die Einkommens- und Verbrauchsstichprobe, die Gebäude- und Wohnungszählung sowie die Wohnungsstichprobe.

Für die *Einkommens- und Verbrauchsstichprobe* (1), die

---

(1) Siehe u.a. M.EULER, Die Einkommens- und Verbrauchsstichprobe 1969, in: WISTA 1968, S. 289 ff.

Gebäude- und Wohnungszählung (2) sowie die *Wohnungsstichprobe* (3) gilt dies jedoch nur mit Einschränkungen. Es handelt sich hier um Erhebungen mit einer speziellen, nicht direkt auf den Bevölkerungsaufbau hinzielenden Fragestellung. Zwar sind hier auch Informationen enthalten, die Aufschlüsse über den Aufbau der Bevölkerung geben, doch sind nicht alle interessierenden Variablen erfaßt. Bei der Einkommens- und Verbrauchsstichprobe sowie der Wohnungsstichprobe erweist sich zusätzlich noch als Nachteil, daß erst mithilfe des Mikrozensus ein Erhebungsplan aufgestellt wird und die Stichproben daher nicht originär repräsentativ für die Gesamtbevölkerung sind. Allerdings dürfte sich das Material dann als Grundlage für einen Simulationsquerschnitt eignen, wenn die Simulation direkt auf die in diesen Erhebungen behandelten Fragestellungen abgestellt ist. Denkbar ist auch, daß das Datenmaterial mit einer originären Bevölkerungsstichprobe verkettet wird.

Die vom Kreis der einbezogenen Personen her umfangreichste und auch regelmäßig wiederholte Bevölkerungserhebung ist die *Volkszählung* (4). Sie gibt ein vergleichsweise genaues Bild (5) des Bevölkerungsaufbaus und enthält auch alle für die Simulation relevanten Variablen. Der

---

(2) Siehe u.a. K.-H.SCHLÜTER, Zum Konzept der Gebäude- und Wohnungszählung 1968, in: WISTA 1968, S.239 ff.

(3) Siehe u.a. H.HEEP, Die 1%-Wohnungsstichprobe 1965, in: WISTA 1966, S.359 ff.

(4) Siehe u.a. H.SCHUBNELL und L.HERBERGER, Die Volkszählung am 27.Mai 1970 , in: WISTA 1970, S. 179 ff.

(5) Allerdings rechnet man auch bei der Volkszählung 1970 mit einer Untererfassung von etwa 350.000 Personen. Siehe hierzu H.SCHUBNELL und L.HERBERGER, Die Bevölkerung des Bundesgebietes nach den Ergebnissen der Volkszählung am 27.Mai 1970, in: WISTA 1971 , S.736.

Merkmalskatalog umfaßt u.a. Geschlecht, Geburtsdatum, Familienstand, Jahr der Eheschließung, Angaben über eine Wiederverheiratung, Anzahl und Alter der Kinder. Daneben werden bei der Volkszählung Informationen erfragt, die eine Gliederung der Bevölkerung in Haushalte und Familien ermöglichen. Nachteilig sind hier die langen Zeiträume zwischen den Erhebungen, bedingt vor allem durch den hohen Aufwand, den eine solche Erhebung bereitet. Hinzu kommen die lange dauernden Aufbereitungsarbeiten, die dazu führen, daß das Material erst Jahre nach der Erhebung für Auswertungszwecke zur Verfügung steht.

Neben der nur etwa alle zehn Jahre durchgeführten Volkszählung wird deshalb jährlich eine repräsentative 1%-Erhebung der Bevölkerung vorgenommen. Diese als *Mikrozensus* (6) bezeichnete Stichprobe umfaßt neben einem Großteil des in der Volkszählung enthaltenen Merkmalskataloges auch noch Fragen zu sozialen und ökonomischen Tatbeständen. Da technisch bedingte Beschränkungen es ohnehin nahelegen, die Simulation mit einer repräsentativen Auswahl der Wohnbevölkerung durchzuführen, bietet sich der Mikrozensus als geeignete Bezugsgrundlage bei der Erstellung eines Bevölkerungsquerschnittes an. Einmal spricht dafür, daß alle für den Bevölkerungsaufbau relevanten Merkmale von Personen und Gruppen enthalten sind, daneben erlauben es die zusätzlich erfragten sozialen und ökonomischen Tatbestände, die Simulation leicht auf andere Gebiete auszudehnen. Vor allem aber erweist sich als Vorteil, daß der Mikrozensus in kurzen Zeitabständen erhoben wird und relativ schnell, d.h. in der Regel innerhalb eines Jahres, verfügbar ist, so daß der Simulation jeweils

---

(6) Siehe u.a. L.HERBERGER, Der Mikrozensus als neues Instrument zur Erfassung sozial-ökonomischer Tatbestände, in: WISTA 1957, S.209 ff.

ein aktueller Querschnitt zugrunde gelegt werden kann.

Wie die Volkszählung, so erlaubt auch der Mikrozensus eine Gruppierung der Personen nach Haushalten und Familien. Auf dem Datenband ist nämlich die Bevölkerung nach Haushalten geordnet und weiter nach Familien untergliedert. Die Art der Abgrenzung entspricht den Standarddefinitionen des STATISTISCHEN BUNDESAMTES (7). Aufmerksam zu machen ist allerdings auf einige Besonderheiten. Erfaßt werden Personen zunächst an allen ihren Wohnsitzen, ganz gleich ob sie dort zur Wohnbevölkerung zählen oder nicht. Erst bei der Aufbereitung des Datenmaterials wird maschinell anhand der Antworten auf die Fragen: "Gründe der Abwesenheit (am Stichtag)", "Weiterer Wohnraum vorhanden", "Weiterer Wohnraum -von dort zur Arbeit oder Berufsausbildung" (8) mittels einer Entscheidungstabelle (siehe Tabelle 3.4.1./1) die zur Wohnbevölkerung zählende Personengruppe bestimmt. Diese Entscheidungstabelle konkretisiert die vom STATISTISCHEN BUNDESAMT vorgenommene definitorische Abgrenzung des Begriffes "Wohnbevölkerung". Zu beachten ist insbesondere, daß die Wohnbevölkerung nicht am Familienwohnort erfaßt wird, sondern an dem Wohnort, von dem aus die Personen ihrer Erwerbstätigkeit nachgehen bzw. an dem sie sich überwiegend aufhalten. Ein Blick in die Entscheidungstabelle zeigt, daß dies teilweise zu recht problematischen Abgrenzungen führen kann. So wird beispielsweise ein Haushaltsvorstand und Familienvater, der einen zweiten Wohnsitz hat, von dem aus er seiner Erwerbstätigkeit nachgeht, am Familienwohnsitz zur Nichtwohnbevölkerung gezählt, auch wenn er am Tage der Erhebung bei seiner Familie angetroffen wird. Bezieht man nur die Wohnbevölkerung in den Querschnitt

---

(7) Siehe Abschnitt 3.2.3.

(8) Siehe STATISTISCHES BUNDESAMT (Hrsg.), Aufbereitungsanleitung für den Mikrozensus , Wiesbaden 1969,S.8.

Frage 6		Frage 7		Frage 8		
An/Abwesenheit	Schlüssel	weiterer Wohnraum	Schlüssel	von dort zur Arbeit ...	Schlüssel	Entscheidung
Anwesend	1	nein	2	nein	2, leer	Gehört zur Wohnbevölkerung
Anwesend	1	ja	1	nein	2, leer	Gehört zur Wohnbevölkerung
Anwesend	1	ja	1	ja	1	Gehört nicht zur Wohnbevölkerung
Krankenhaus, Reise, Geschaftsreise, Besuchsreise, Kur, Erholung, Untersuchungshaft	2-4, 9	nein ja ja	2 1 1	nein nein ja	2, leer 2, leer 1	Gehört zur Wohnbevölkerung Gehört zur Wohnbevölkerung Gehört nicht zur Wohnbevölkerung
Berufsausübung (Bauarbeit, Montage)	5	nein ja ja	2 1 1	nein nein ja	2, leer 2, leer 1	Gehört zur Wohnbevölkerung Gehört zur Wohnbevölkerung Gehört nicht zur Wohnbevölkerung
Berufsausbildung, Studium, Schulbesuch (Internat)	6	nein ja ja	2 1 1	nein nein ja	2, leer 2, leer 1	Gehört zur Wohnbevölkerung Gehört zur Wohnbevölkerung Gehört nicht zur Wohnbevölkerung
Heil-, Pflege-, Versorgungs-, Erziehungs- od. Strafanstalt	8	nein ja ja	2 1 1	nein nein ja	2, leer 2, leer 1	Gehört nicht zur Wohnbevölkerung
Auf Schiff, auf See	X					Gehört zur Wohnbevölkerung

Wehrpflichtige gehören zur Wohnbevölkerung

Tab. 3.4.1./1

Entscheidungstabelle zur maschinellen Bestimmung der Wohnbevölkerung, Quelle: STATISTISCHES BUNDESAMT (Hrsg.), Aufbereitungsanleitung für den Mikrozensus April 1969, Wiesbaden 1969, S. 8

ein, so kann es demnach vorkommen, daß die Familien zwar vollständig erhoben, jedoch nur unvollständig im Querschnitt enthalten sind.

Ein ähnliches Problem entsteht durch die Anpassung an die fortgeschriebene Wohnbevölkerung. Der Grundgedanke ist hier, daß die auf der Basis der alle zehn Jahre vorgenommenen Volkszählung beruhenden Fortschreibungen des Bevölkerungsbestandes den Bevölkerungsumfang sowie die regionale und geschlechtsspezifische Gliederung der Bevölkerung genauer erfassen als die durch zufällige und systematische Stichprobenfehler verzerrte Mikrozensus-Stichprobe. Deshalb werden die Mikrozensuserhebungen jeweils auf den Rahmen der fortgeschriebenen Wohnbevölkerung abgestimmt (9). Freilich ist hier zu beachten, daß diese Anpassung ohne Rücksicht auf die Struktur der Haushalte und Familien erfolgt, indem sie lediglich bei Einzelpersonen ansetzt. Da für die hier beabsichtigte Untersuchung vor allem die Gruppierung der Personen in Haushalte und Familien relevant ist, kann somit von dem angepaßten Datenbestand kein Gebrauch gemacht werden. Allerdings ist die ursprüngliche Bevölkerungsstruktur aus dem Datenmaterial ersichtlich. Die bei der Anpassung gelöschten Personen sind nämlich weiterhin in dem Datenbestand enthalten und lediglich durch eine Variable gekennzeichnet, ebenso sind die zufallsgedoppelten Personen markiert.

Wie jede Stichprobe so ist auch der Mikrozensus mit Fehlern behaftet, die einen genauen Rückschluß auf die Grundgesamtheit verhindern. Man unterscheidet hierbei zwischen Zufallsfehlern

---

(9) Siehe STATISTISCHES BUNDESAMT (Hrsg.), Entwicklung der Erwerbstätigkeit April 1964, Fachserie A: Bevölkerung und Kultur, Reihe 6: Erwerbstätigkeit, Stuttgart-Mainz 1967, S.26.

und systematischen Fehlern. Zufallsfehler sind Abweichungen, die sich darauf zurückführen lassen, daß nicht alle Einheiten der untersuchten Grundgesamtheit herangezogen werden, sondern nur eine rein zufällig ausgewählte Stichprobe, von der auf die Grundgesamtheit geschlossen wird. Während dieser Fehlertyp durch die Stichprobentheorie hinreichend erfaßbar ist (10), gilt dies nicht für den systematischen Fehler, der aus der Klumpenauswahl (11) resultiert. Den Mikrozensusbefragungen liegt nämlich seit Oktober 1962 ein Stichprobenplan zugrunde, der seinem Prinzip nach eine Flächenstichprobe ist. Auswahleinheiten bilden die Zählbezirke der Volkszählung 1961. Im Vergleich zu dem vorher angewandten Auswahlverfahren - auf der ersten Stufe eine Gemeindeauswahl, auf der zweiten Stufe eine direkte Wohnungsauswahl - hat das Prinzip der Flächenstichprobe erhebungstechnisch wesentliche Vorteile. Zunächst einmal gilt dies für den Interviewer, der die Befragung in einem unmittelbar zusammenhängenden Teil einer Gemeinde durchführen kann. Vor allem liegt aber ein Vorteil darin, daß ohne Mehraufwand nun auch die aus der Neubautätigkeit resultierenden Veränderungen entsprechend dem Stand am jeweiligen Erhebungsstichtag erfaßt werden können, während früher die Bautätigkeitsstatistik zusätzlich herangezogen werden mußte. Der Preis für diese Vorzüge ist allerdings ein nicht unerheblicher Klumpenfehler.
Das STATISTISCHE BUNDESAMT gibt zwar Hinweise, die eine Vorstellung von der Größenordnung dieses Fehlers vermitteln, jedoch beziehen sich diese Angaben nur auf den Bevölkerungs-

---

(10) Siehe z.B. STATISTISCHES BUNDESAMT (Hrsg.), Stichproben in der amtlichen Statistik, Stuttgart-Mainz 1960; STATISTISCHES BUNDESAMT (Hrsg.), Entwicklung der Erwerbstätigkeit April 1964 ... , S.27 .

(11) Siehe STATISTISCHES BUNDESAMT (Hrsg.), Entwicklung der Erwerbstätigkeit April 1969, Fachserie A: Bevölkerung und Kultur, Reihe 6: Erwerbstätigkeit.

durchschnitt. Insbesondere die Daten über Personengruppen, die nur an wenigen Stellen und dann dort auch noch besonders dicht zusammenwohnen, sind hier sehr kritisch zu betrachten. Dies gilt vor allem für die in der Bundesrepublik lebenden ausländischen Arbeitnehmer und ihre Familienangehörigen.

3.4.2. Die Vorgehensweise bei der Erstellung eines Bevölkerungsquerschnittes auf der Basis des Mikrozensus

Diskutiert werden soll nun, wie die Daten des Mikrozensus in einen simulationsgerechten Bevölkerungsquerschnitt transformiert werden können. Grundsätzlich gilt, daß die zur Wohnbevölkerung gehörigen und im Mikrozensus erfaßten Personen eindeutig auf den Bevölkerungsquerschnitt abzubilden sind. Jede Person soll dabei durch eine Menge von Zustandsvariablen beschrieben werden. Im einzelnen sind dies:

1. Ordnungsnummer sowie Bezeichnung der Zugehörigkeit zu einem Haushalt
2. Alter
3. Geschlecht
4. Ehedauer (bei Verheirateten)
5. Familienstand
6. Erwachsenenstatus (Haushaltsvorstand)

Zunächst ist nun zu prüfen, ob und wie diese Variablen bestimmt werden können.

Das *Alter* wird nicht direkt im Mikrozensus erfragt, statt

dessen wird das Geburtsjahr erhoben. Alter und Geburtsjahr sind zwei nicht direkt ineinander überführbare Größen, wenn man berücksichtigt, daß eine Person zu jedem beliebigen Zeitpunkt innerhalb eines Jahres geboren werden kann. Unterstellt man jedoch, wie dies bei der Simulation eines diskreten stochastischen Prozesses naheliegt, daß die Geburtstage mit dem Periodenanfang bzw. dem Periodenende zusammenfallen, so läßt sich die Skala der Geburtsjahre durch eine einfache arithmetische Operation in die Skala der Altersjahre umrechnen, wenn die Periodenlänge gerade ein Jahr ist. Alle in der lfd. Periode geborenen Personen haben am Jahresende das Alter 0, alle in der Vorperiode geborenen Personen das Alter 1 usw. . In einer Altersklasse zusammengefaßt sind im Mikrozensus allerdings die 1876 und früher geborenen Personen, da das Geburtsjahr dieser Gruppe generell mit 76 signiert wurde. Diese Ungenauigkeit kann hier jedoch vernachlässigt werden.

Auch das *Geschlecht* der Personen ist direkt aus den Mikrozensus-Daten zu entnehmen. Da das Merkmal Geschlecht gleichzeitig aber auch dazu dient, die in Privathaushalten lebenden Personen von den in Anstaltshaushalten lebenden zu unterscheiden, müssen beim Übertragen jeweils zwei Teilgruppen zusammengefaßt werden.

Die *Ehedauer* verheirateter Personen kann errechnet werden wie das Lebensalter. Bei nicht verheirateten Personen hat diese Variable generell den Wert 0. Daraus folgt, daß für Verwitwete und Geschiedene nicht mehr die Dauer der vorhergehenden Ehe erfaßt ist.

Der *Familienstand* kann auch direkt aus der Mikrozensus-Erhebung übertragen werden. Es wird wie üblich unterschieden zwischen Ledigen, Verheirateten, Verwitweten und Geschiedenen.

Die Variable *Erwachsenenstatus* legt fest, ob jemand einen

eigenen Haushalt gründen kann oder nicht. Gemäß dem gewählten Haushaltskonzept bilden Erwachsene einen Haushalt. Dabei können im Falle eines Ehepaares maximal zwei, bei unverheirateten Personen lediglich ein Erwachsener in einem Haushalt leben. Jedoch können dem Haushalt beliebig viele Kinder unter 18 Jahren angehören. Durch die Variable Erwachsenenstatus werden die Prozesse der Bildung und Auslösung von Haushalten gesteuert. Als Erwachsene werden definitionsgemäß alle Personen bezeichnet, die 18 Jahre und älter sind, daneben alle Verheirateten, Verwitweten und Geschiedenen sowie alle ledigen Mütter.

Die zu einem Haushalt gehörenden Personen sind durch eine gemeinsame *Ordnungsnummer* gekennzeichnet. Sie dient einmal dazu, die Zugehörigkeit zu einem Haushalt festzulegen und soll daneben auch einen Haushalt für Zuordnungsprozesse auffindbar machen.

Die Überführung der Mikrozensus-Haushalte in Simulationshaushalte wird wesentlich bestimmt durch die Mikrozensus-Variable Familienzusammensetzung. Durch diese Variable wird der Mikrozensus-Haushalt so in Personengruppen untergliedert, daß sie dem der Simulation zugrundeliegenden Haushaltskonzept entsprechen. Lediglich alle 18 Jahre alten und älteren Personen müssen dann noch ausgegliedert werden.

Die so abgegrenzten Einheiten sind schließlich auf Vollständigkeit zu prüfen. Es kann vorkommen, daß eine verheiratete Person ermittelt wird, für die sich im betreffenden Haushalt kein Ehepartner finden läßt. Die Diskussion der Abgrenzung des Begriffes "Wohnbevölkerung" hat ja gezeigt, daß dies möglich ist, da nicht alle Personen am Familienwohnort erfaßt werden. Andererseits erscheint es aber notwendig, alle Haushalte bzw. Familien vollständig zu erheben, da die Prozeßvariablen Verwitwung und Scheidung nicht für eine Person direkt bestimmt, sondern durch den Ehepartner induziert werden. Ohne einen zugehörigen Ehepartner könnte damit eine verheiratete Person nicht verwitwen und geschieden werden. Gelöst wird dieses Problem durch die Einführung von "Phantom-Personen" in unvollständigen Familien. In Abhängigkeit von den Merkmalen des in der Stichprobe enthaltenen Partners werden dem Phantom-Partner die relevanten Merkmale zugeordnet, d.h. Alter, Geschlecht, Ehedauer, Familienstand, Erwachsenenstatus, Ordnungsnummer. Die einzige Funktion der Phantom-Personen ist die Induzierung von Scheidungen oder Verwitwungen bei ihrem Ehepartner; sie werden nicht klassifiziert und nach einer durch den Simulationsprozeß bedingten Trennung von ihrem Ehepartner sofort gelöscht.

Gemäß der Trennung nach der Staatsangehörigkeit in zwei Bevölkerungsteile sind aus dem Querschnitt auch alle Ausländer auszugliedern. Da jedoch nicht Einzelpersonen sondern vollständige Haushalte in der Stichprobe erfaßt werden, können nicht einfach alle Ausländer gelöscht werden, da in einigen Haushalten auch Personen deutscher und nichtdeutscher Staatsangehörigkeit zusammenleben. Dies würde nämlich dazu führen, daß Simulationseinheiten getrennt werden. Deshalb wird hier der im folgenden beschriebene Weg beschritten: In allen Haushalten wird ein "Haushaltsvorstand" bestimmt. Lebt nur ein Erwachsener in einem Haushalt, so ist dieser der Haushaltsvorstand, bei Ehepaaren wird der Mann als Haushaltsvorstand betrachtet. Ist dieser Haushaltsvorstand Ausländer, so wird der gesamte Haushalt gelöscht, auch wenn in ihm noch Personen mit deutscher Staatsangehörigkeit leben. Umgekehrt werden alle Personen als Deutsche betrachtet, wenn der Haushaltsvorstand Deutscher ist.

Der Mikrozensus erfaßt 1% der Bevölkerung, d.h. etwa 600.000 Personen, und es liegt zunächst nahe, die Gesamtzahl der erhobenen Personen in die Simulation einzubeziehen. Allein technische Gründe zwingen dazu, die Simulation auf eine Teilgruppe zu beschränken, da ein Durchrechnen der vollständigen Stichprobe einen Zeitaufwand von ca. 100 Minuten pro Jahr erfordern würde. Deshalb wird hier eine Untermenge von Haushalten ausgewählt, die die Simulationszeit auf ein vertretbares Maß beschränkt. Um dabei die Hochrechnung der Simulationsergebnisse auf die Gesamtbevölkerung nicht zu erschweren, sind 10% der Originalstichprobe, d.h. 1 v.T. der Bevölkerung bzw. ca. 60.000 Personen dem erstellten Querschnitt zugrunde gelegt.

Die Erhebung des Mikrozensus erfolgt jedes Jahr in der letzten Aprilwoche. Nun wird hier, wie bereits dargestellt wurde, nicht Alter und Ehedauer, sondern das Geburts- und Eheschließungsjahr erfragt. Dies hat zur Folge, daß nach einer Umrechnung dieser Jahresangaben in Alter und Ehedauer nur die in der Zeit von Januar bis April erfolgten Geburten und Eheschließungen mit der Dauer 0 ausgewiesen werden, es fehlen dagegen die Ereignisse, die in den Monaten Mai bis Dezember noch zu erwarten sind. Als notwendig erweist es sich demnach, den Querschnitt so zu verändern, daß er sich auf das Jahresende bzw. den Jahresanfang bezieht. Hier bieten sich nun grundsätzlich zwei Möglichkeiten an, diese Anpassung vorzunehmen. Man kann einmal versuchen, den Querschnitt auf den Jahresanfang zurückzurechnen, man kann aber auch versuchen, ihn auf das Jahresende fortzuschreiben. Betrachtet man allein die Geburten, so erscheint das Zurückrechnen als die günstigste Lösung. Es müßten nur die in der angefangenen lfd. Periode bereits geborenen Kinder gelöscht werden. Allerdings ist ein Zurückrechnen der anderen Prozeßvariablen nicht so einfach. Nahezu unmöglich erscheint es, zwischenzeitlich gestorbene Personen wieder in den Querschnitt einzusetzen, sie insbesondere wieder in einen Haushalt einzufügen. Das gleiche Problem entsteht beim erneuten Zusammenfügen der in den ersten Monaten des Jahres geschiedenen Ehen; andererseits müßten neugeschlossene Ehen wieder gelöst werden. All dies zeigt, daß es erhebliche Schwierigkeiten bereiten würde, den Bevölkerungsquerschnitt durch ein Zurücksetzen auf den Jahresanfang anzugleichen. Viel einfacher erscheint es dagegen, den Querschnitt durch ein Fortschreiben auf das Jahresende anzupassen, da auch hierzu der entwickelte Simulator eingesetzt werden kann und dabei nur geringfügige Änderungen nötig sind. Berücksichtigt werden muß freilich, daß nicht eine volle, sondern nur eine Teilperiode zu simulieren ist.

Geht man davon aus, daß der hier der Simulation zugrunde liegende Mikrozensus mit dem Stichtag 23.4.1969 erhoben wurde, so entfallen 69,0% aller Tage auf den noch verbleibenden Rest des Jahres 1969. Grundsätzlich wären dann bei einer Simulation nur 69,0% aller im Jahre 1969 eintretenden Ereignisse noch zu berücksichtigen. Nun zeigt aber eine Analyse der Daten der Bevölkerungsbewegung, daß Geburten, Sterbefälle und Eheschließungen nicht gleichmäßig über das Jahr verteilt sind und eine Gleichverteilung allenfalls bei den Ehescheidungen unterstellt werden kann. Sterbefälle treten besonders häufig in den Wintermonaten am Jahresanfang auf, die Zahl der Eheschließungen ist überproportional in der zweiten Jahreshälfte, lediglich die Geburtenhäufigkeit liegt, bezieht man die Daten auf den genannten Stichtag, in der Nähe des Durchschnitts. Unter Zugrundelegung der monatlich ausgewiesenen Daten der Bevölkerungsbewegung und bei Annahme einer Gleichverteilung der Ereignishäufigkeiten innerhalb eines Monats werden bei der Anpassung der Daten des Querschnitts auf das Jahresende die folgenden Restwahrscheinlichkeiten zugrunde gelegt (12):

(12) Die Berechnungen erfolgen auf der Basis von veröffentlichten Monatsdaten des STATISTISCHEN BUNDESAMTES . Siehe STATISTISCHES BUNDESAMT (Hrsg.), Natürliche Bevölkerungsbewegung 1969 ...

Geburten	67,0 %
Eheschließungen	74,3 %
Sterbefälle	59,7 %
Scheidungen	69,0 %

Den gemäß dem beschriebenen Verfahren aufbereiteten Querschnitt kann man - von Zufallsfehlern abgesehen - als repräsentativ für die Bevölkerungsstruktur der BRD betrachten. Allerdings muß damit gerechnet werden, daß der Umfang der in der Stichprobe enthaltenen Personen nicht mehr genau einem Promille der deutschen Wohnbevölkerung entspricht. Um jedoch einen Vergleich mit anderen Bevölkerungsprognosen zu ermöglichen, wird die Stichprobe durch eine Löschung bzw. Zufallsdoppelung von Haushalten genau auf die fortgeschriebene deutsche Wohnbevölkerung am 31.12.69 abgestimmt. Dabei liegen folgende Daten zugrunde (in Tsd. Personen):

Wohnbevölkerung am 31.12.69	(13)	61.195
- Ausländer in der Wohnbevölkerung am 30.9.69	(14)	2.381
- Wanderungsgewinn 1.10.-31.12.69	(15)	.126
Deutsche Wohnbevölkerung am 31.12.69	(16)	58.688

Freilich zeigt das Ergebnis der Volkszählung 1970, daß die hier verwendeten Daten der fortgeschriebenen Wohnbevöl-

---

(13) Siehe STATISTISCHES BUNDESAMT (Hrsg.), Statistisches Jahrbuch 1971 ... , S.35.

(14) Siehe H.FLEISCHER, Ausländer im Bundesgebiet, in: WISTA 1970, S.283x.

(15) Siehe H.FLEISCHER, Wanderungen 1969 , in: WISTA

kerung den Bevölkerungsbestand zu hoch ausweisen. Für den 27.5.1970 ergab sich, daß die Bevölkerungszahl der Fortschreibung um 859.000 Personen höher lag als das Ergebnis der Volkszählung (17). Da diese Abweichungen jedoch zu einem erheblichen Teil auf Fehlerfassungen der Wanderungsbewegung zurückzuführen sind, ist der Fehler bei der Fortschreibung der deutschstämmigen Wohnbevölkerung in Wirklichkeit nicht so groß. Hier beträgt die Differenz zur Fortschreibung nur etwa 500.000 Personen. Andererseits wird bei der Volkszählung mit einer Untererfassung von rund 350.000 Personen gerechnet (17), so daß die Abweichung zwischen Simulationsannahme und tatsächlichem Bevölkerungsbestand doch relativ klein sein dürfte. Ohnehin ist der absolute Bevölkerungsbestand bei der hier zu erstellenden Prognose nur von geringer Bedeutung, da vor allem die strukturbedingten relativen Veränderungen des Bestandes im Vordergrund des Interesses stehen.

(Fortsetzung von Anmerkung 15)
1970, S.463; sowie STATISTISCHES BUNDESAMT (Hrsg.), Fachserie A: Bevölkerung und Kultur, Reihe 3: Wanderungen 1968. Zu beachten ist hier, daß in diesen Wanderungsdaten auch die zu- und abwandernden Personen deutscher Staatsangehörigkeit enthalten sind, doch soll angenommen werden, daß bei ihnen sich Zu- und Abwanderungen ausgleichen.

(16) Da bei einer Löschung bzw. Zufallsdopplung immer nur geschlossene Haushalte gestrichen bzw. hinzugefügt werden können, läßt sich der Simulationsquerschnitt allerdings nicht exakt auf diese Ausgangszahl abstimmen.

(17) Siehe H.SCHUBNELL und L.HERBERGER, Die Bevölkerung des Bundesgebietes nach den Ergebnissen der Volkszählung am 27.Mai 1970 ... , S.736.

4. DAS ERWERBSTÄTIGKEITSMODUL

4.1. MESSUNG VON ARBEITSKRÄFTEPOTENTIAL UND TATSÄCHLICHER ERWERBSTÄTIGKEIT DER BEVÖLKERUNG

4.1.1. ARBEITSKRÄFTEPOTENTIAL UND ERWERBSPERSONENKONZEPT

Unter ökonomischen Gesichtspunkten besteht bei einer Prognose der Bevölkerungsentwicklung vor allem ein Interesse an zusätzlichen Informationen über eine tatsächliche oder mögliche Beteiligung der Individuen am volkswirtschaftlichen Produktionsprozeß. Einmal ist Arbeit für die meisten Menschen die Haupteinkommensquelle, zum anderen sind die Erwerbstätigen Träger der Produktion. Die Erwerbstätigkeit der Bevölkerung ist damit eine wesentliche Komponente für die Entwicklung einer Volkswirtschaft. Vor allem im Rahmen der in den letzten Jahren diskutierten Wachstumstheorien rückten deshalb auch Fragen nach der Ausstattung der Wirtschaft mit Arbeitskräften, nach dem Arbeitskräftepotential und den aktivierbaren Arbeitskraftreserven in den Vordergrund (1).

Bei Versuchen, das Arbeitskräftepotential einer Volkswirtschaft zu messen, steht man immer vor dem Problem, daß die Zahl der erwerbstätigen Personen die Resultante eines Ausgleichs von Angebot und Nachfrage in bezug auf den Produktionsfak-

---

(1) Siehe hierzu u.a. K.BERKING, Arbeitspotential und Wirtschaftswachstum ...

tor Arbeit ist. Ebenso wie man sich vorstellen kann, daß die nachgefragte Zahl von Arbeitskräften das Angebot übersteigt, so ist auch andererseits der Fall denkbar, daß der Kreis der arbeitswilligen Personen größer ist als die Gesamtheit der Erwerbstätigen. Kennziffern, die sich auf die Zahl der erwerbstätigen Personen beziehen, beschreiben nur den Punkt des mengenmäßigen Ausgleichs zwischen Angebot und Nachfrage und liefern somit lediglich ein Bild der aktuellen Lage auf dem Arbeitsmarkt.

Für Prognosezwecke sind diese Zahlen jedoch nur bedingt geeignet. Meist interessiert man sich bei einer langfristigen Vorausschau für mögliche wirtschaftliche Entwicklungen bei Vollauslastung aller produktiven Faktoren. Dazu ist aber eine genaue Messung des volkswirtschaftlichen Arbeitskräftepotentials erforderlich, vor allem muß man versuchen, den Kreis der bisher nicht oder nur unstetig beschäftigten arbeitswilligen Personen zu erfassen. Aber auch bei einer kurzfristigen Analyse kann die Messung der tatsächlichen Zahl der Beschäftigten nicht befriedigen. In Zeiten der "Vollbeschäftigung" ist man vornehmlich daran interessiert, ein Bild von den noch vorhandenen und aktualisierbaren Arbeitskraftreserven zu erhalten, in der Rezession möchte man dagegen einen Überblick über das Ausmaß der offenen und versteckten Arbeitslosigkeit gewinnen (2).

Es sind verschiedene Konzepte entwickelt worden, das Arbeitskräftepotential einer Volkswirtschaft zu messen. Sie sollen im folgenden kurz dargestellt und diskutiert werden. Stets wird dabei zu prüfen sein, inwieweit die betreffenden Verfahren operationalisierbar sind und für

---

(2) Vergl. I.ESENWEIN-ROTHE, Allgemeine Wirtschaftsstatistik, 2.Auflage, Wiesbaden 1969, S.72, auch D.J.JÜTTNER, Arbeitspotential, Arbeitsmarktreserven und Vollbeschäftigung, in: ZfgSt, 128(1972),S.22 ff.

eine Prognose brauchbar erscheinen.

Der weitestgesteckte Rahmen für das Arbeitskräftepotential eines Landes ist die Wohnbevölkerung. Nun ist aber unbestritten, daß ein Teil dieser Grundgesamtheit nicht der erwerbsfähigen Bevölkerung zugerechnet werden kann. Ließe sich jedoch der erwerbsfähige Teil der Bevölkerung eindeutig vom nichterwerbsfähigen durch die Vorgabe bestimmter Altersgrenzen trennen, so könnte man unter Zugrundelegung des Altersaufbaus der Bevölkerung eine Potentialgröße recht einfach bestimmen. Tatsächlich ist es üblich, ein *totales Arbeitskräftepotential* zu errechnen, das als Anteil aller Personen im Alter von 15 bis unter 65 Jahren definiert ist (3). Hier liegt der Gedanke zugrunde, daß die Erwerbsfähigkeit begrenzt wird durch die Schulpflicht- und Pensionsgrenze. Diese Größe eignet sich vor allem dort als Maßzahl, wo man rasch einen internationalen oder intertemporalen Vergleich des Arbeitskräftepotentials vornehmen will, ohne auf ein differenziertes Datenmaterial zurückgreifen zu können. Wenn der Anteil der als arbeitsfähig definierten Altersklassen hoch ist, dann spricht zumindest eine erste Vermutung für eine hohe Erwerbsquote.

Problematisch ist diese Definition jedoch allein schon deshalb, weil es unmöglich erscheint, eine generelle Aussage über die altersmäßigen Grenzen der Erwerbsfähigkeit zu machen. Ein Blick in die Erwerbsstatistik mag dies verdeutlichen. Einmal zählen nicht alle Personen, die zwischen 15 und 65 Jahre alt sind, zum Kreis der Erwerbs-

---

(3) Siehe hierzu W.KLAUDER und G.KÜHLEWIND, Zur längerfristigen Vorausschätzung des Arbeitskräfteangebots in der Bundesrepublik Deutschland, Techniken, Probleme, Möglichkeiten und Grenzen, in:IAB-Mitteilungen, Nr.10, 1969, S.795, auch DEUTSCHER BUNDESTAG (Hrsg.), Raumordnungsbericht 1968, Drucksache V/3958, Bonn 1968, S.28 .

personen. Bei der Mikrozensus-Erhebung im April 1969 waren es etwa 12,8 von 32,1 Mio. Personen, d.h. 33,7%. Wenn auch die Zahl der erwerbsfähigen Personen über dieser Zahl liegen dürfte, so ist kaum zu erwarten, daß der Rest voll aktivierbar ist. Man denke allein an die große Zahl der Erwerbsunfähigen zwischen dem 5o. und dem 65. Lebensjahr. Andererseits setzen auch nicht wenige Personen ihre Erwerbstätigkeit über das 65. Lebensjahr hinaus fort. Im Jahr 1969 zählten immerhin noch 1,1 von 8,5 Mio., also etwa 12,8% zum Kreis der Erwerbspersonen (4).

Den Potentialberechnungen der amtlichen Statistik liegt das *Erwerbspersonenkonzept* des STATISTISCHEN BUNDESAMTES zugrunde. Dieses Potentialberechnungskonzept ist abgeleitet von dem in den USA entwickelten und schließlich von allen OECD (OEEC)-Ländern übernommenen Labor-Force-Konzept. Danach sind Erwerbspersonen "alle Personen mit Wohnsitz im Bundesgebiet (Inländerkonzept), die eine unmittelbar oder mittelbar auf Erwerb gerichtete Tätigkeit auszuüben pflegen (Selbständige, Mithelfende Familienanghörige, Abhängige) unabhängig von der Bedeutung des Ertrages dieser Tätigkeit für ihren Lebensunterhalt und ohne Rücksicht auf die von ihnen tatsächlich geleistete oder vertragsmäßig zu leistende Arbeitszeit.Sie setzen sich zusammen aus den Erwerbstätigen und den Erwerbslosen (5)". Während die Erhebung der Erwerbstätigen vergleichsweise unproblematisch ist (6), ergeben sich bei der Erfassung von Erwerbslosen erhebliche Abgrenzungsschwierigkeiten, da mit diesem Begriff eine sehr inhomogene Personengruppe umschrieben

---

(4) Die Zahlenangaben sind errechnet nach STATISTISCHES BUNDESAMT (Hrsg.), Fachserie A: Bevölkerung und Kultur, Reihe 6: Erwerbstätigkeit 1969, S.24 .

(5) STATISTISCHES BUNDESAMT (Hrsg.), Statistisches Jahrbuch 1970 ... , S. 117 .

(6) Vergl. Abschnitt 4.1.2.

wird. Aber gerade diese Personengruppe steht bei Potentialberechnungen im Mittelpunkt des Interesses, da man vor allem Informationen zu erhalten wünscht über den Umfang des für eine außerhäusliche Wirtschaftstätigkeit noch verfügbaren Arbeitskräftereservoirs und damit zugleich über das Ausmaß seiner möglichen Aktivierung.

Oft werden die Erwerbslosen mit "Arbeitslosen" gleichgesetzt. Jedoch deckt die in der amtlichen Statistik ausgewiesene Zahl der "Arbeitslosen" die mit dem Begriff "Erwerbslose" bezeichnete Personengruppe auf der einen Seite nur unzureichend ab und führt andererseits zu Doppelzählungen. Nach den Erläuterungen zur Statistik der Arbeitslosenver - mittlung (7) gelten alle Personen als arbeitslos, wenn sie als Arbeitnehmer tätig sein wollen und nicht oder nur geringfügig beschäftigt sind. Zu den Arbeitslosen zählen daher nicht nur Personen, die bereits als Arbeitnehmer tätig waren, sondern auch Selbständige, Mithelfende Familienangehörige und Schulentlassene, die eine Arbeitnehmertätigkeit suchen. Es ist für die Erfassung als Arbeitsloser auch unbedeutend, ob die Personen Leistungen aus der Arbeitslosenversicherung beziehen, notwendig ist es jedoch, daß sie sich persönlich, fernmündlich oder schriftlich beim Arbeitsamt als Arbeitssuchende haben registrieren lassen.

Es ist also möglich, daß Erwerbstätige, die nur geringfügig beschäftigt sind, sich auch als Arbeitslose registrieren

---

(7) Vergl. BUNDESANSTALT FÜR ARBEIT, Erläuterungen zur Statistik der Arbeitsvermittlung; auch TH.GALLAND, Statistik der Beschäftigten und Arbeitslosen in der Bundesrepublik Deutschland, Schriftenreihe des Bundesarbeitsministeriums, Heft 3, Stuttgart 1956, S. 56 ff.; H.WERNER, Zum Problem der internationalen Vergleichbarkeit von Arbeitslosenquoten , in: Statistische Hefte, 12(1971), S.167 ff.

lassen, und damit wird offenkundig, daß es zu Doppelzählungen kommen kann. Allerdings sollte man diese Fehlerquelle nicht überschätzen (8). Auf der anderen Seite ist kaum damit zu rechnen, daß alle nichterwerbstätigen Personen das Arbeitsamt in die Arbeitssuche einschalten. Dies gilt insbesondere für den Teil der Personen, die keinen Anspruch auf eine Arbeitslosenunterstützung haben. Sie können damit nicht als Arbeitslose registriert und in eine Potentialberechnung einbezogen werden.

Natürlich ist auch hier die Frage berechtigt, ob denn alle als arbeitslos erfaßten Personen überhaupt noch für eine Erwerbstätigkeit verfügbar sind. Nach einer Untersuchung des INSTITUTS FÜR ARBEITSMARKT- UND BERUFSFORSCHUNG (9) scheiden von den registrierten Arbeitslosen rund 100.000 Personen von vornherein aus. Vor allem handelt es sich dabei um friktionell oder saisonal Arbeitslose. Hinzu kommt jedoch ein ständig steigender Anteil qualifikationsbedingter Arbeitslosigkeit. Die Gruppe der Personen, die aus Alters- und Qualifikationsgründen aller Voraussicht nach nicht wieder vermittelt werden können, ist zur Zeit größer als in früheren Jahren. Nicht unbeträchtlich dürfte auch der "Bodensatz" von Personen sein, die zwar noch als Arbeitslose registriert sind, aber ohne Vermittlung des Arbeitsamtes inzwischen eine Erwerbstätigkeit aufgenommen haben.

---

(8) Im Mikrozensus vom April 1969 sind keine erwerbstätigen Personen ausgewiesen, die ihren überwiegenden Lebensunterhalt aus Arbeitslosengeld bzw. -hilfe beziehen, da ihre Zahl hochgerechnet 5.000 Personen nicht übersteigt. Vergl. STATISTISCHES BUNDESAMT, Erwerbstätigkeit 1969 ... , S. 47 .

(9) Siehe L.REYHER und R.RIEFERS, Zur voraussichtlichen Entwicklung des Arbeitsmarktes in der Bundesrepublik im zweiten Halbjahr 1968, in: IAB-Mitteilungen, Nr.4, 1968, S. 221.

Ein umfassenderes und aktuelleres Bild über Umfang und Struktur der arbeitswilligen nichterwerbstätigen Personen ist von repräsentativen Bevölkerungsumfragen zu erwarten. Einerseits erscheint es möglich, hier Fehler auszuschalten, die dadurch entstehen, daß eine Löschung der Registrierung als Arbeitsloser unterblieben ist, obwohl inzwischen eine Erwerbstätigkeit aufgenommen wurde, und man kann auch damit rechnen, daß sich der Kreis der Personen quantifizieren läßt, die eine Arbeit suchen, ohne das Arbeitsamt in die Vermittlung einzuschalten.

In den regelmäßig vom STATISTISCHEN BUNDESAMT durchgeführten Mikrozensus-Erhebungen sind es vor allem drei Fragen, die Aufschluß geben können über das Arbeitskräftepotential in der BRD (10):

(1) Frage 22: In irgendeiner Weise regelmäßig oder gelegentlich erwerbs- oder berufstätig, hauptberuflich oder nur nebenher, auch mithelfend im Familienbetrieb ?

(2) Frage 25: Wer ist arbeitslos und wer von den Arbeitslosen erhält Arbeitslosengeld oder Arbeitslosenhilfe ? Die Angabe einer Erwerbstätigkeit in Frage 22 schließt Arbeitslosigkeit nicht aus.

(3) Frage 33: Wer sucht eine Beschäftigung durch: Meldung beim Arbeitsamt, eine private Stellenvermittlung, eigene Anzeige in einer Zeitung, persönliche Verbindung, Bewerbung, sonstige Suche ?

Wird mindestens eine dieser Fragen bejaht, so zählt die betreffende Person zum Kreis der Erwerbspersonen. Die eigentliche Grenzziehung erfolgt dabei durch die dritte Frage. An ihr erkennt man, wie weit der Kreis gefaßt

(10) Siehe STATISTISCHES BUNDESAMT, Mikrozensus in der Bundesrepublik Deutschland einschl. Berlin(West), Interviewer-Handbuch, Wiesbaden 1970, S. 59, 67 und 71.

ist. Neben der Meldung beim Arbeitsamt sind hier noch eine Reihe anderer Möglichkeiten der Beschäftigungssuche erwähnt, die alle die betreffende Person zu einer "Erwerbsperson" machen (11). Hier bleibt zu diskutieren, inwieweit diese Abgrenzung zwischen Erwebspersonen und Nichterwerbspersonen zu befriedigenden Ergebnissen führt (12).

Vor allem die offene Frage "Sonstige Suche" enthält sehr viel Unbestimmtheit und erlaubt eine sehr weitgehende Interpretation. Die einzelnen befragten Personen können diese Frage aufgrund ihrer eigenen sehr willkürlichen Definition des Begriffs "Arbeitssuche" beantworten. So erscheint es durchaus denkbar, daß Personen angeben, eine Arbeit zu suchen, obwohl sie nicht mehr erwerbsfähig sind und die Möglichkeit, eine Arbeit zu finden, für sie nicht mehr besteht. Man kann sich aber auch Personen vorstellen, die regelmäßig die Stellenangebote in Tageszeitungen prüfen und unter bestimmten Bedingungen auch bereit wären, eine Arbeit anzunehmen, ohne daß sie sich

---

(11) Hinzuweisen ist hier darauf, daß bei der Mikrozensus-Erhebung vom April 1969 erstmals - entsprechend den Anforderungen des Statistischen Amtes der Europäischen Gemeinschaften - der Kreis der arbeitssuchenden Personen weiter gefaßt wurde. Als Arbeitssuchende gelten seit dieser Erhebung auch alle Personen, die die Arbeitssuche noch nicht aufgenommen haben. Vergl. H.L.MAYER, Erwerbstätigkeit im April 1969, in: WISTA 1970, S. 135 .

(12) In Deutschland wurde diese Frage bisher noch nicht sehr eingehend diskutiert. Sehr umfangreiche Untersuchungen liegen dagegen für die USA vor, wo man lange Zeit mit einem Erfassungsschema gearbeitet hat, das ähnlich dem in der BRD war. Vergl. hierzu G.BANCROFT, The American Labor Force, Its Growth and Changing Composition, New York-London 1958, S.183 ff.; GORDON COMMITTEE(President's Committee to Appraise Employment and Unemployment, Washington 1962; W.G.BOWEN und T.A.FINEGAN, The Economics of Labor Force Participation, Princeton/New Jersey 1969, S. 7 ff. Die folgenden Ausführungen lehnen sich teilweise an diese Untersuchungen an.

zum Zeitpunkt der Befragung als Arbeitssuchende bezeichnen. Vor allem verheiratete Frauen, aber auch Rentner und andere Personen, die nicht ihren Lebensunterhalt aus einer eigenen Erwerbstätigkeit bestreiten müssen, zählen zu dieser Gruppe (13).

Man ersieht daraus, wie problematisch es ist, allein anhand der Grenzfrage "Sonstige Arbeitssuche" eine Unterscheidung von Erwerbspersonen und Nichterwerbspersonen vorzunehmen, vor allem da eine nicht unbeträchtliche Zahl von Personen fähig und bereit wäre, unter bestimmten Umständen eine Arbeit anzunehmen, sich bei einer Befragung aber nicht als "arbeitssuchend" bezeichnet. Um diese "versteckte Arbeitslosigkeit" besser erfassen zu können, wird seit einigen Jahren dem amerikanischen Current Population Survey (CPS), der dem deutschen Mikrozensus entspricht und vorher auch vergleichbare Fragen zur Erwerbstätigkeit der Bevölkerung enthielt, ein etwas verändertes Frageschema zugrundegelegt (14). Anstelle die Personen zu befragen, ob sie eine Arbeit suchen, wird hier nach Gründen gefragt,die sie dazu bewegen, nicht auf Arbeitssuche zu gehen.

Außerhalb der BRD ist vor allem das *Labor-Force-Konzept* zur Ermittlung des Arbeitskräftepotentials üblich. Wie das Erwerbskonzept zwischen Erwerbspersonen und Nicht-Erwerbspersonen unterscheidet, so grenzt das Labor-Force-

(13) Man bezeichnet diese Gruppe auch als "secondary-workers" bzw. "sekundäre Erwerbsbevölkerung" im Gegensatz zur "primären Erwerbsbevölkerung" (primary-workers).

(14) Siehe W.G.BOWEN und T.A.FINEGAN, The Economics of Labor Force Participation ... , S. 567 f.; vergl. auch H.WERNER, Zur Arbeitsmarktstatistik in acht Industriestaaten, Quellen, Methodenhinweise und Definitionen, in: IAB-Mitteilungen, 4(1971), s. 221 ff.

Konzept zwischen In-the-Labor-Force und Not-in-the-Labor-Force ab. Beide Konzepte sind weitgehend identisch, so daß die für das Erwerbskonzept diskutierte Abgrenzungsproblematik auch für das Labor-Force-Konzept zutrifft. Der wesentliche Unterschied besteht darin, daß das Labor-Force-Konzept Mithelfende Familienangehörige, die nicht mehr als 15 Stunden in der Woche erwerbstätig sind, nicht zur Labor-Force rechnet. Die Grenze von 15 Wochenstunden ist definiiert als ein Drittel der Normalarbeitszeit. Wie problematisch die Festlegunge einer solchen Grenze ist, zeigt sich allein schon daran, daß die "Normalarbeitszeit" heute bei etwa 4o Wochenstunden liegt und die Grenze entsprechend auf etwa 13 Wochenstunden herabgestetzt werden müßte (15).

Erwerbspersonenkonzept und Labor-Force-Konzept sollen durch die Zusammenfassung von Erwerbstätigen und Erwerbslosen Daten über das Arbeitskräftepotential einer Volkswirtschaft liefern. Man stellte sich vor, daß konjunkturelle Veränderungen lediglich eine Umschichtung zwischen diesen beiden Personengruppen bewirken und das Aggregat unverändert lassen.Die dargestellten Mängel bei der Erfassung der Arbeitssuchenden führen jedoch dazu, daß auch die Zahl der Erwerbspersonen abhängig ist vom Konjunkturverlauf. Es wurden deshalb Verfahren zur Diskussion gestellt, durch die nach dem Erwerbspersonenkonzept ermittelte Daten von Konjunktureinflüssen bereinigt werden können. Zu nennen sind hier das Verfahren zur Ermittlung "konjunkturneutraler Erwerbsquoten" und das Verfahren zur Bestimmung des "realisierten Arbeitskräftepotentials" (16). Während bei der Ermittlung *konjunk-*

---

(15) Siehe R.WAGENFÜHR, Wirtschafts- und Sozialstatistik, Band 1: Produktionsweise und güterwirtschaftliche Reproduktion, Freiburg 1970, S. 72 .

(16) Vergl. hierzu W.KLAUDER und G.KÜHLEWIND, Zur längerfristigen Vorausschäzung des Arbeitskräfteangebots ... , S. 796 ff.

turneutraler Erwerbsquoten die realisierten Erwerbsquoten, d.h. das Verhältnis von Erwerbspersonen zur Gesamtbevölkerung, über den Konjunkturzyklus gemittelt werden, wird bei dem Verfahren zur Ermittlung des *realisierten Arbeitskräftepotentials* eine Trendgerade durch die im Konjunkturzyklus erreichten Gipfelpunkte gelegt. Beide Verfahren sind praktikabel, methodisch jedoch unbefriedigend. Das Verfahren zur Ermittlung der konjunkturneutralen Erwerbsquoten erscheint allein schon deshalb ungeeignet, weil es eine Abkehr vom Potentialkonzept, das ja ein Maximalkonzept ist, beinhaltet. Schon eher entspricht das Verfahren zur Ermittlung des realisierten Arbeitskräftepotentials den theoretischen Erfordernissen. Allerdings hängt auch die maximal erreichte Erwerbsquote von bestimmten Konstellationen des Arbeitsmarktes ab, und man kann nie sicher sein, ob nicht doch noch mehr Arbeitskräfte aktivierbar gewesen wären. Noch problematischer erscheint es, die Gipfelpunkte durch eine Trendgerade zu verbinden. Es wird dabei eine Gleichförmigkeit des Konjunkturverlaufes unterstellt, die in Wirklichkeit nicht gegeben ist (17).

Schließlich ist noch auf einen Punkt aufmerksam zu machen, der bei Diskussionen über die Messung des Arbeitskräftepotentials häufig übersehen wird: Gemessen wird nur das Potential an Personen, die marktmäßig verwertbare Leistungen erstellen. Dies hat zur Folge, daß Personen, die gegen Entgelt gerade eine Stunde in der Woche arbeiten, zu

---

(17) Ein Verfahren, das als Kombination von "konjunkturneutralen Erwerbsquoten" und "realisiertem Arbeitskräftepotential" betrachtet werden kann, schlägt JÜTTNER vor. Er empfiehlt, durch die Erwerbsquoten für die einzelnen Jahre eine Trendgerade zu legen, und diese dann so weit nach oben zu verschieben, bis sie durch die am weitesten vom Trend liegende Erwerbsquote verläuft. Vergl. D.J.JÜTTNER, Arbeitspotential, Arbeitsmarktreserven und Vollbeschäftigung ... , S. 30 .

den Erwerbspersonen gerechnet werden, während andere Personen, die unentgeltlich arbeiten, zu den Nichterwerbspersonen zählen. Nicht neu ist die Erkenntnis, daß das Sozialprodukt einer Volkswirtschaft erhöht würde, wenn Hausfrauen sich gegenseitig und gegen Entgelt ihre Hausarbeit verrichteten (18). Das nach den diskutierten Konzepten gemessene Arbeitskräftepotential hängt somit zu einem erheblichen Teil vom Grad der Arbeitsteilung in einer Gesellschaft ab. Deshalb bedürfen auch Prognosen, die eine zunehmende Beteiligung weiblicher Arbeitskräfte am Erwerbsprozeß voraussagen, einer differenzierten Beurteilung. Zu einem nicht unerheblichen Anteil wird hier nur ein Substitutions-

---

(18) Im Bericht der Bundesregierung über die Situation der Frauen in Beruf, Familie und Gesellschaft wird versucht, die von Hausfrauen erbrachten Leistungen zu messen. Vergl. hierzu DEUTSCHER BUNDESTAG (Hrsg.), Drucksache V/909 (Frauenenquête), S. 25 ff. Es wird davon ausgegangen, daß die Hausfrau eines 4-Personen-Haushalts eine durchschnittliche wöchentliche Arbeitsleistung von etwa 60 Stunden erbringt und daß diese Zahl repräsentativ für die durchschnittliche Wochenarbeitszeit in einem Mehrpersonenhaushalt ist. Bei 15,5 Mio. Mehrpersonenhaushalten und 52 Arbeitswochen im Jahr ergibt sich damit für die Bundesrepublik ein Arbeitsvolumen von jährlich etwa 48 Mrd. Arbeitsstunden. Rechnet man noch die Stunden in den 4 Mio. Einpersonenhaushalten hinzu, die auf 4 Mrd. geschätzt werden (bei 20 Wochenstunden und 52 Arbeitswochen im Jahr), so ergeben sich insgesamt 52 Mrd. Arbeitsstunden. Vergleicht man die 52 Mrd. Arbeitsstunden im Haushalt mit der Zahl der in allen Wirtschaftsbereichen geleisteten Arbeitsstunden von insgesamt 60 bis 65 Mrd. pro Jahr, so läßt sich die Bedeutung erkennen, die der Hausarbeit bei einer wirtschaftlichen Betrachtung beizumessen ist. Allerdings kann man diese Zahl nicht für fiktive Wertschöpfungsvergleiche heranziehen, da die "Kapitalausstattung" der Haushalte vergleichsweise gering ist. Am ehesten erscheint eine Bewertung mit dem durchschnittlichen Stundensatz von Hausgehilfinnen möglich, doch ist auch dies problematisch (vergl. S.27). Immerhin, legt man einen für das Jahr 1969 angemessenen kalkulatorischen Stundenlohn von DM 4,-- zugrunde, so hätte sich das Bruttosozialprodukt in jenem Jahr um rund 35 % erhöht.

prozeß eingeleitet. Güter und Dienste, die früher im Haus erstellt wurden, werden dem Markt entnommen, während die hierdurch freigesetzte Arbeitskraft auf dem Markt angeboten wird.

Freilich entsteht bei allen nicht marktmäßig verwerteten Leistungen das Problem, sie mit ökonomischen Maßstäbenn zu bewerten, da es ja die hierzu herangezogenen Marktpreise nicht gibt. Dies ist auch der Grund dafür, daß diese Leistungen nicht in die Sozialproduktsberechnungen einbezogen werden. Da nun aber die Abgrenzung des Kreises der Erwerbspersonen konsistent sein soll mit der Ermittlung anderer ökonomischer Daten, liegt es nahe,als Erwerbspersonen nur solche Personen zu betrachten,die marktmäßig verwertete Leistungen erbringen. Für die Erfassung zusätzlicher, nicht marktmäßig verwerteter Leistungen erscheinen ohnehin differenzierter Meßverfahren, die nicht mehr unbedingt darauf abstellen, alle Aktivitäten durch eine Maßzahl zu beschreiben, geeigneter. Zu denken ist hier beispielsweise an ein System sozialer Indikatoren (19).

Den hier vorgenommenen Berechnungen wird das Erwerbspersonenkonzept des STATISTISCHEN BUNDESAMTES zugrunde

---

(19) Vergl. u.a. R.A.BAUER (Hrsg.), Social Indicators, Cambridge/Mass. 1966. Von besonderer Bedeutung ist hier jener Teil der Bevölkerung, der nicht erwerbstätig ist, der sich aber in einer Ausbildung befindet. Viele Gründe sprechen nämlich dafür, auch das Lernen als eine produktive Tätigkeit zu betrachten, denn es erhöht das Produktionspotential einer Volkswirtschaft. Ebenso wie Arbeitskräfte, die "Sachkapital" erstellen, zum Kreis der Erwerbspersonen gezählt werden, liegt es u.U. nahe, auch den Prozeß der Erstellung von "Human Capital" als produktive Leistung zu zählen. Von einigen Autoren wird versucht, diese Gruppe analog zur "Labor Force" als "Learning Force" zu erfassen. Vergl. hierzu W.COHEN, Education and Learning, in: B.GROSS (Hrsg.), Social Intelligence For America's Future, Boston 1967, S.193 ff.

gelegt. Bei der Beurteilung der Zahlen wird aber stets zu berücksichtigen sein, daß der Kreis der in weitem Sinne "produktiv" tätigen Personen erheblich größer ist und daß die Alternative zur Erwerbstätigkeit für viele nicht die Freizeit sondern irgendeine Form nichtmarktmäßiger Aktivität ist.

4.1.2. Erwerbstätige und ihre Erwerbsintensitäten

Als Erwerbstätige zählen alle Personen, für die die Frage "In irgendeiner Weise regelmäßig oder gelegentlich erwerbs- oder berufstätig, hauptberuflich oder nur nebenher, auch mithelfend im Familienbetrieb?" mit "Ja" beantwortet wird. Hierzu gehören auch solche Personen, die zum Zeitpunkt der Erhebung ihren Arbeitsplatz nicht aufgesucht haben, aber in einem festen Beschäftigungsverhältnis stehen. Auch Aushilfstätigkeiten sowie regelmäßig oder unregelmäßig ausgeübte Tätigkeiten , die aber mindestens in einem 3-wöchigen Rhythmus ausgeübt werden, erfaßt die amtliche Statistik als Erwerbstätigkeit. Abgrenzungsschwierigkeiten ergeben sich allerdings bei Personen, die nur saisonal einer Beschäftigung nachgehen. Saisonarbeiten, die nicht in die Erhebungswoche fallen, auch wenn es sich um regelmäßig wiederholte Tätigkeiten handelt (Ski-Lehrer, Bademeister, Erntehelfer), werden nicht als Erwerbstätigkeit erfaßt. Soldaten gelten dagegen generell als erwerbstätig, während eine ehrenamtliche Tätigkeit keine Erwerbstätigkeit ist (2o).

(20) Vergl. STATISTISCHES BUNDESAMT (Hrsg.), Mikrozensus in der Bundesrepublik Deutschland einschl. Berlin(West), Interviewer-Handbuch ... ,S.59 .

Diese Messung der Erwerbstätigkeit folgt der Ermittlung der Zahl der "Employed" nach dem Labor-Force-Konzept. Es wird hier der Versuch unternommen, die gesamte Berufstätigkeit zu erfassen, gleichgültig ob hauptberuflich oder nur nebenberuflich, von welchem Umfang und von welcher Bedeutung für die wirtschaftliche Stellung und den Lebensunterhalt des Einzelnen (21). Demgegenüber war es früher in der deutschen amtlichen Statistik üblich, die Erwerbstätigen allein nach einem Konzept zu erfassen, das in der internationalen Diskussion als "Gainful-Worker-Konzept" bezeichnet wird (22). Erster und entscheidender Gesichtspunkt bei der Erfassung der Erwerbstätigen war dabei die Frage nach der Quelle des Lebensunterhaltes, wobei die überwiegende Einkommens- und Unterhaltsquelle den Ausschlag gab. Viele Personen, die nur vorübergehend oder teilweise beschäftigt sind, werden nach dem Gainful-Worker-Konzept nicht erfaßt, da sie sich als Studenten, Hausfrauen u.ä. bezeichnen. Bei der Erfassung nach dem Labor-Force-Konzept steht dagegen nicht mehr die Gewinnung einer umfassenden Kenntnis der beruflichen oder sozialen Schichtung der Bevölkerung im Vordergrund des Interesses ("Wovon lebt die Bevölkerung?"), sondern die Frage nach der Ausstattung der Wirtschaft mit Arbeitskräften ("Wer arbeitet?") (23). Dazu ist es aber erforderlich, die Gesamtzahl der beschäftigten Personen zu erfassen und nicht nur die hauptberuflich tätigen.

Während man bei den nach dem Gainful-Worker-Konzept er-

---

(21) Vergl. K.HORSTMANN, Erwerbspersonen oder Labor-Force, Überlegungen zur Statistik der erwerbstätigen Bevölkerung, in: ASTA, 36(1952), S. 253 .

(22) Vergl. K.HORSTMANN, Erwerbspersonen oder Labor-Force ... , S. 250 ff.

(23) Vergl. L.HERBERGER, Die Statistik der Erwerbstätigkeit, in: A.BLIND (Hrsg.), Umrisse einer Wirtschaftsstatistik, Hamburg 1966, S.89 .

mittelten Erwerbstätigen unterstellen kann, daß es sich in der Regel um Vollarbeitskräfte handelt , ist dies bei den Erwerbstätigen im Sinne des Labor-Force-Konzeptes nicht mehr möglich, da auch Personen, die Tätigkeiten mit nur geringem Arbeitsaufwand ausüben (evtl. nur 1 Stunde pro Woche), hinzugerechnet werden. Durch die Zugehörigkeit dieser Teilarbeitskräfte zum Kreis der Erwerbstätigen kann es aber zu erheblichen Abweichungen zwischen der Gesamtzahl an erwerbstätigen Personen und dem Äquivalent an Vollarbeitskräften kommen. Gerade dann jedoch, wenn man - wie bei dem Labor-Force-Konzept - aus der Zahl der Erwerbstätigen Rückschlüsse auf die Ausstattung der Wirtschaft mit Arbeitskräften und damit das Potential an produktiven Kräften ziehen will, aber auch wenn man beurteilen will, welchen Beitrag die Erwerbstätigkeit zum Lebensunterhalt leistet, interessiert im Grunde nicht die Tatsache, ob jemand überhaupt erwerbstätig ist, sondern die von einer Person erbrachte Arbeitsleistung (24). Es erscheint deshalb notwendig,neben der Erwerbstätigkeit auch die Erwerbsintensität der am Erwerbsprozeß beteiligten Personen bei einer Prognose zu erfassen (25).

Wie bedeutend der Anteil der Teilzeitkräfte unter den Erwerbstätigen ist, zeigt eine vom STATISTISCHEN BUNDESAMT vorgenommene Mikrozensus-Auswertung (26). Zwar arbeiten

---

(24) Vergl. L.HERBERGER, Die Statistik der Erwerbstätigkeit ... , S. 89 .

(25) Zwar wurde dies in der Vergangenheit von verschiedenen Autoren gefordert, doch liegen bisher für die BRD noch keine entsprechenden Prognosen vor.

(26) Siehe H.-J.BORRIES, Frauen mit Teilzeitarbeit, Ergebnis des Mikrozensus, in: WISTA 1971, S. 416 ff.; vergl. auch E.KREUZALER, Teilzeitbeschäftigung bei männlichen Arbeitnehmern, in: Bundesarbeitsblatt, 1971, S.669 ff. Das STATISTISCHE BUNDESAMT bezeichnet als Teilzeitkräfte alle Personen, die weniger als 40 Wochenstunden arbeiten (siehe BORRIES).

nur 3,6% aller erwerbstätigen Männer weniger als 4o Wochenstunden, die Vergleichszahl für Frauen beträgt dagegen immerhin 26,9%. Von der Gruppe der abhängig erwerbstätigen verheirateten Frauen haben sogar rund 41% von der Möglichkeit einer Teilzeitarbeit Gebrauch gemacht; leben dazu noch Kinder unter 18 Jahren in der Familie, so ist mehr als die Hälfte der Frauen (54,1%) weniger als 4o Stunden beschäftigt, etwa 3o% von ihnen arbeiten dann sogar weniger als 25 Wochenstunden.

Interessant ist vor allem aber die Entwicklung im Zeitverlauf. Die in den letzten Jahren zu beobachtende relative Zunahme der Erwerbstätigkeit unter den Frauen führte fast ausschließlich zu einer Vergrößerung der Zahl der Teilzeitkräfte, die im Zeitraum von 1961 bis 1970 um etwa 80% anstieg. Die Zahl der Frauen, die die volle Zeit arbeiteten, war dagegen leicht rückläufig und fiel in dem gleichen Zeitraum um etwa 10%. Bezogen auf das Äquivalent an Vollarbeitskräften war damit der Zustrom weit weniger stark als die relative Zunahme der Zahl der Erwerbstätigen dies vermuten ließe.

Die Messung und Prognose eines personenbezogenen Arbeitskräftepotentials gibt somit nur ein unzureichendes Bild von der Erwerbsbeteiligung einer Bevölkerung. Insbesondere bei einer langfristigen Prognose mit den zu erwartenden Strukturänderungen im Bevölkerungsbestand sind bei einem ausschließlich personenbezogenen Meßkonzept erhebliche Fehler zu erwarten, vor allem da in den kommenden Jahren der Anteil lediger und verwitweter Frauen an der Gesamtbevölkerung abnehmen, der Anteil verheirateter Frauen hingegen zunehmen wird. Zwar differieren die familienstandsspezifischen Erwerbsquoten dieser Teilgruppen schon erheblich, es ist aber zu erwarten, daß der Unterschied in bezug auf die Intensität des Arbeitskräfteeinsatzes die sich abzeichnende Veränderung noch verstärken wird.

Erhebliche Probleme wirft nun die Frage auf, wie die Erwerbsintensität gemessen werden soll. Im Mikrozensus wird die Arbeitszeit in der Berichtswoche erfragt, getrennt nach der ersten und den weiteren Erwerbstätigkeiten. Jedoch sind hier verschiedene Fehlerquellen zu berücksichtigen: Urlaub, Krankheit und Schichtarbeit verzerren das Ergebnis, ebenso Überstunden. Bildet man jedoch aus größeren Aggregaten ein Mittel, so können einige dieser Sondereinflüsse, die sich bei der Zusammenfassung mehrerer Personen ausgleichen, unberücksichtigt bleiben. Zunächst gilt dies für Schichtarbeiten, aber auch bei Krankheitsfällen erscheint es zulässig, im Monat April eine Annäherung an das Jahresmittel zu unterstellen. Dagegen ist die Berichtswoche unter dem Gesichtspunkt Urlaub nicht repräsentativ für das Jahr. Eine Hochrechnung der Wochenarbeitszeiten auf ein Jahr erscheint deshalb unzulässig. Da jedoch die zu Fehlern führenden Einflußfaktoren, sieht man von vernachlässigbaren Sonderbewegungen saisonaler Art ab, weitgehend unabhängig sind von den zu bildenden Personengruppen, ist es möglich, die im Mikrozensus ausgewiesenen Wochenstunden zumindest als Gewichtungsfaktoren bei einer Berechnung von Erwerbsintensitäten zu benutzen.

Betrachtet man die gemittelten Wochenstunden, so ist festzustellen, daß sie in einzelnen Altersgruppen erheblich über der "Normalarbeitszeit" von etwa 40-45 Wochenstunden liegen. Trennt man jedoch Selbständige und Abhängige, so wird erkennbar, daß sich diese hohen Werte vor allem auf die sehr hohen Wochenstundenzahlen der Selbständigen (einschließlich mithelfender Familienangehöriger) zurückführen lassen. Nun könnte man zwar diese recht erheblichen Unterschiede außer Betracht lassen, da keine Strukturverschiebungen zwischen Selbständigen und Abhängigen prognostiziert werden. Um jedoch die Möglichkeit zu schaffen, Auswirkungen von Änderungen abzuschätzen, werden beide Gruppen in der Prognose getrennt ausgewiesen.

Ein Nachweis der aggregierten Wochenstundenzahlen ist allerdings wegen mangelnder Vergleichsmöglichkeiten nicht sinnvoll. Statt dessen werden die durchschnittlichen Wochenstundenzahlen umgerechnet in Arbeitskrafteinheiten (AK). Eine Arbeitskrafteinheit ist definiert als die durchschnittliche Wochenstundenzahl der abhängig beschäftigten Männer im Alter von 30-45 Jahren (44,2 Wochenstunden). Diese Bezugsgruppe wird gewählt, da hier am ehesten eine "Normalarbeitszeit" bzw. "Normalleistung" zu erwarten ist. Vergleichsweise hat nämlich diese Gruppe die höchste Erwerbsquote, zudem bezieht dieser Personenkreis fast ausschließlich seinen Unterhalt aus eigener Erwerbstätigkeit und hat das Maximum an Leistungsfähigkeit erreicht. Die Beschränkung auf abhängig Erwerbstätige erfolgt, da die hohen Erwerbsstundenzahlen der Selbständigen das Ergebnis unrealistisch verzerren. Es wäre natürlich auch möglich, eine feste Stundenzahl, etwa 40 Stunden, vorzugeben und alle übrigen Zahlen auf diesen Wert zu beziehen. Diese Lösung erscheint jedoch allein schon deswegen ungeeignet, weil bisher nicht alle tariflich vereinbarten Wochenstundenzahlen vereinheitlicht wurden und jede hier gewählte Zahl willkürlich ist. Gerade der im Begriff "Arbeitskrafteinheit" enthaltene personelle Bezug legt es nahe, die Maßzahl auf eine Personengruppe zu beziehen, deren Leistung in besonderem Maße als "normal" empfunden wird.

Wie jede derartige Festlegung, so wirft freilich auch diese einige Probleme auf. Zunächst ist ein nicht geringes Maß an Skepsis in bezug auf die Genauigkeit der Stundenangaben sicherlich berechtigt (27). Angestrebt wird die Erfassung der effektiven Arbeitszeit; erfaßt wird jedoch sicherlich bei vielen abhängig Beschäftigten die tariflich

---

(27) Vergl. I.ESENWEIN-ROTHE, Allgemeine Wirtschaftsstatistik ... , S. 79; H.-J.BORRIES, Frauen mit Teilzeitarbeit ... , S.417 .

vereinbarte Zeit, die bei einer Befragung ja am ehesten erinnerlich ist. Andererseits sollen Wegezeiten nicht mit eingerechnet werden, aber für viele Selbständige und Angestellte ist die Arbeit häufig nicht mit dem Verlassen ihrer Arbeitsstätte beendet. Die Ermittlung dieser "Arbeitszeit" bringt deshalb fragwürdige Ergebnisse. Frauen, die als Selbständige oder Mithelfende Familienangehörige tätig sind, haben in den meisten Fällen einen Arbeitsplatz, der mit ihrem Wohnplatz identisch ist, zumal rund drei Viertel dieser Frauen als Mithelfende in einem Familienbetrieb arbeiten. So ist es ihnen weitgehend möglich, neben der Berufstätigkeit ihren Haushalt und ihre Kinder zu versorgen. Zwar sind bei Mithelfenden Familienangehörigen nur die für den Betrieb geleisteten Arbeitsstunden anzugeben, doch führt dies zu einer Reihe von Abgrenzungsproblemen, die sich in der Regel in überhöhten Stundenzahlangaben niederschlagen werden. Aber auch wenn man unterstellen könnte, daß die gemessenen Stundenzahlen ein genaues Bild ergeben, so kann nicht erwartet werden, daß die Relationen im Zeitverlauf unverändert bleiben. Vor allem durch Arbeitszeitverkürzungen ist in den nächsten Jahren ein Sinken der "Normalarbeitszeit" zu erwarten, wobei ungewiß ist, ob die mittlere Stundenzahl bei Personen, die nur teilzeitbeschäftigt sind, in gleichem Maße zurückgehen wird.

Schließlich bleibt zu berücksichtigen, daß die in Stunden gemessene Intensität nur ein sehr unzulässiges Maß für die tatsächlich erbrachte Arbeitsleistung ist. Vernachlässigt werden eine Vielzahl von Faktoren, die sich neben der genannten Arbeitszeit noch auf Quantität und Qualität des Arbeitsergebnisses auswirken. Die Arbeitswissenschaft (28)

---

(28) Vergl. beispielsweise die Ausführungen über den "menschlichen Leistungsgrad" in VERBAND FÜR ARBEITSSTUDIEN (Hrsg.), Das REFA-Buch, Band 2: Zeitvorgabe, München 1958, S.21 ff.

hat hier eine Reihe von Meßkonzepten entwickelt, die eine differenziertere Analyse ermöglichen, doch sind diese immer nur für Teilgruppen von Erwerbstätigen brauchbar.

4.2. Bestimmungsfaktoren der Erwerbstätigkeit und Erwerbsintensität

Nach einem Überblick über mögliche Meßkonzepte sollen nun die relevanten Bestimmungsfaktoren für die Erwerbsbeteiligung der Bevölkerung untersucht werden. Gegenstand der Erörterung können jedoch nicht die vielen Erklärungszusammenhänge sein, die zwischen den verschiedensten Größen eines sozioökonomischen Systems und der Erwerbstätigkeit je hergestellt wurden. Verbindet man eine Prognose der Erwerbsbeteiligung nur mit einer Bevölkerungsprognose, so kommen vor allem für eine Erklärung die folgenden demographischen Variablen in Betracht: Alter, Geschlecht, Familienstand, Ehedauer, Anzahl und Alter der Kinder. Viele der oft in der Arbeitsmarkttheorie diskutierten Faktoren, insbesondere die ökonomischen Daten, bleiben damit zunächst unberücksichtigt. Ihr Einfluß soll in einem abschließenden Kapitel diskutiert werden.

4.2.1. Alter und Geschlecht

Eine Gliederung der Bevölkerung nach Altersgruppen und dem Geschlecht zeigt typische Unterschiede in der Erwerbsbeteiligung von Männern und Frauen (siehe Abb. 4.2.1./1). Bis zum 3o. Lebensjahr ist ein ständiger Anstieg der Erwerbsquote des männlichen Bevölkerungsteils erkennbar. Im Alter von 3o bis unter 45 Jahren gehören dann im Mittel etwa 98,5% der Männer zum Kreis der Erwerbspersonen. Mit Vollendung des 3o. Lebensjahres ist somit der Übergang

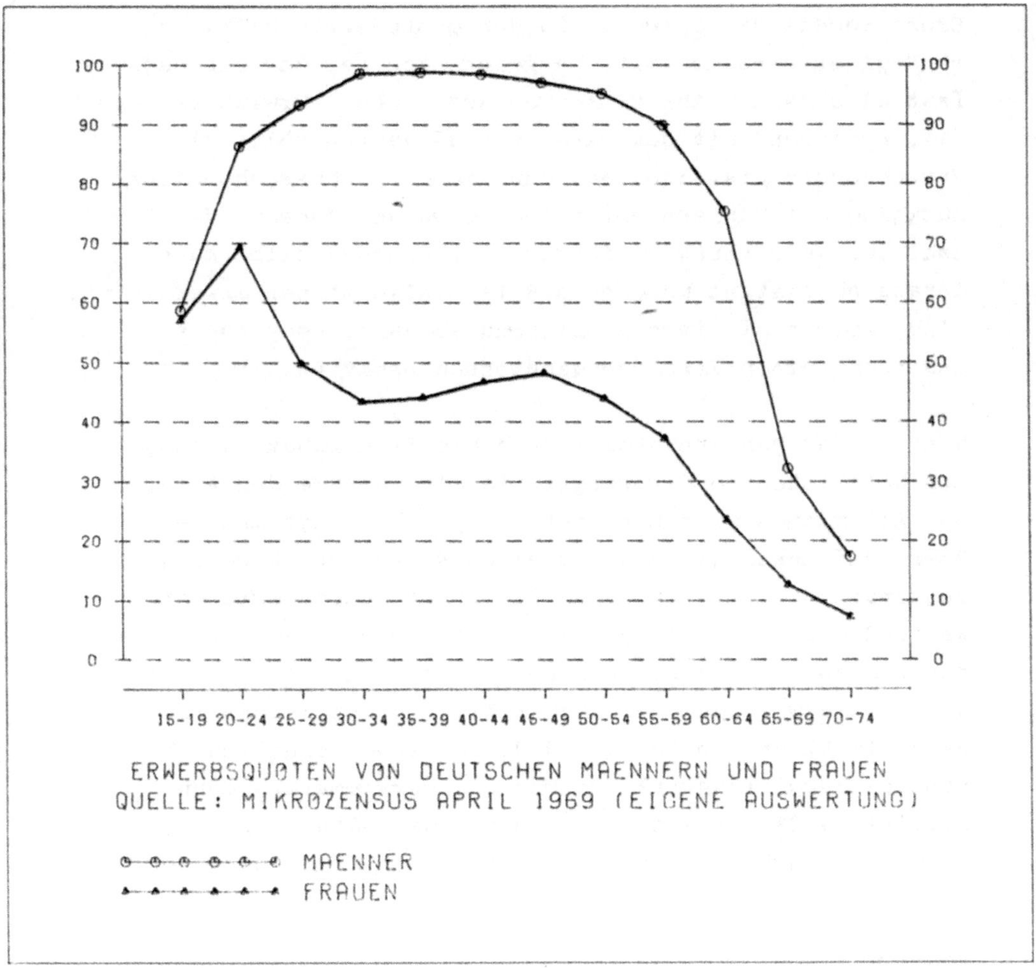
100
90
80
70
60
50
40
30
20
10
0
15-19 20-24 25-29 30-34 35-39 40-44 45-49 50-54 55-59 60-64 65-69 70-74
ERWERBSQUOTEN VON DEUTSCHEN MAENNERN UND FRAUEN
QUELLE: MIKROZENSUS APRIL 1969 (EIGENE AUSWERTUNG)
MAENNER
FRAUEN

Abb. 4.2.1./1

von Schülern und Studenten in das Erwerbsleben praktisch abgeschlossen. Während bis zu dieser Altersgrenze die Erwerbsquote das Spiegelbild der Quote wirtschaftlich abhängiger Personen ist, beziehen nach dem 3o. Lebensjahr fast alle Männer ihr Einkommen aus eigener Erwerbstätigkeit (1). Beginnend mit dem Alter von 45 Jahren fällt die Erwerbsquote erst langsam, dann immer rascher ab. Dieser Rückgang bei Männern entspricht etwa der Zunahme der Zahl der Versorgungsempfänger (2). Grundsätzlich kann daraus abgeleitet werden, daß fast alle Männer erwerbstätig sind, sofern sie ihre Ausbildung abgeschlossen haben und noch keinen Versorgungsanspruch besitzen.

Wie bei den Männern steigt auch die Erwerbsbeteiligung des weiblichen Bevölkerungsteils mit zunehmenden Alter an. Allerdings wird hier der Höhepunkt - legt man jene über fünf Lebensjahre gemittelten Werte der Erwerbsquoten zugrunde - bereits zwischen 2o und 24 Jahren erreicht. Während die Beteiligung beider Geschlechter am Erwerbsleben bis zum 2o Lebensjahr noch annähernd gleich ist, fällt der Maximalwert der Erwerbsbeteiligung von Frauen mit 69,2% im Alter von 2o bis 24 Jahren schon deutlich ab von dem Vergleichswert für Männer, der immerhin dann bereits 86,3% beträgt. Mit zunehmenden Alter wird der Übergang von Frauen in das Erwerbsleben überlagert von

(1) Vergl. STATISTISCHES BUNDESAMT (Hrsg.), Wohnbevölkerung mit überwiegenden Lebensunterhalt durch Angehörige, Ergebnis des Mikrozensus April 1967, in: WISTA 1969, S. 261 ff.

(2) Allerdings steigt die Zahl der Versorgungsempfänger stärker an, als es vom Rückgang der Zahl der erwerbstätigen Männer her zu erwarten wäre, da ein Teil der Personen auch dann noch in geringem Umfang erwerbstätig ist, wenn sie ihren überwiegenden Lebensunterhalt aus einer Rente u.ä. bestreiten. Vergl. H.L.MAYER, Personen mit überwiegendem Lebensunterhalt durch Rente, Pensionen und Unterstützungen, Ergebnis des Mikrozensus, April 1969, in: WISTA 1970, S. 406

dem Ausscheiden verheirateter Frauen, das schließlich die Erwerbsquote im Alter von 3o bis 34 Jahren auf 43,o% absinken läßt. Danach ist wieder ein leichter Anstieg erkennbar, der vor allem durch den Wiedereintritt verheirateter Frauen in das Erwerbsleben bedingt ist. Hinzu kommt, daß der Anteil lediger Frauen, die durchweg eine sehr hohe Erwerbsquote haben, im Alter von 4o bis 49 Jahren infolge der kriegsbedingten Männerverluste relativ groß ist. Allerdings wird mit 48,2% zwischen 45 und 49 Jahren ein Maximalwert erreicht, dessen Amplitude nur noch 7o% des ersten Maximums beträgt. Tatsächlich ist der Abfall gegenüber dem ersten Maximum jedoch noch größer. Vergleicht man nämlich nicht die über einen Zeitraum von fünf Altersjahren gemittelten Erwerbsquoten, sondern die Erwerbsbeteiligung nach einzelnen Altersjahren (3), so liegt das erste Maximum bei Frauen mit einer Erwerbsquote von 84% im Alter von 19 bis unter 2o Jahren. Bezogen auf diesen Wert zählen schließlich nur noch 57% der Frauen im Gipfelpunkt der "zweiten Erwerbsphase" zum Kreis der Erwerbspersonen (4). Im Gegensatz zur Erwerbsbeteiligung der Männer wird somit offensichtlich die Erwerbsbeteiligung der Frauen in erheblichem Umfang durch familiäre Tatbestände beeinflußt.

Eine Analyse der Erwerbsstundenzahlen (siehe Abb. 4.2.1./2) läßt zunächst einen großen Unterschied in der Erwerbsintensität von Selbstständigen (einschl. Mithelfende Familienangehörige) und Abhängigen erkennen (5). In beiden Fällen

---

(3) Siehe STATISTISCHES BUNDESAMT (Hrsg.), Bevölkerung nach Lebensunterhalt und Beteiligung am Erwerbsleben, Fachserie A: Bevölkerung und Kultur, ErgVZ61, Heft 10, Stuttgart-Mainz 1967, S.24

(4) Tatsächlich dürfte dieser Prozentsatz noch kleiner sein, da mit 19 Jahren einige Frauen schon wieder aus dem Erwerbsleben ausgeschieden sind.

(5) Siehe Abschnitt 4.2.2.

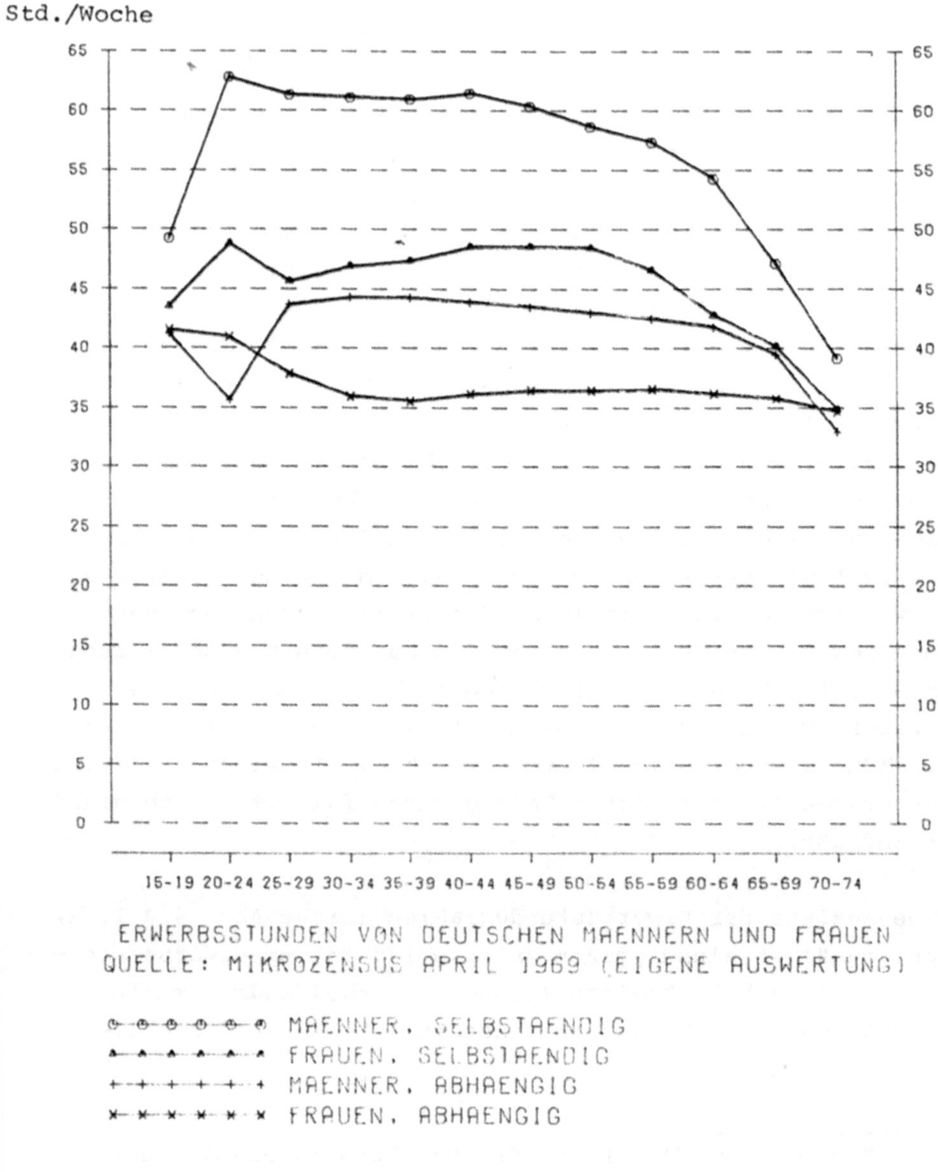

ERWERBSSTUNDEN VON DEUTSCHEN MAENNERN UND FRAUEN
QUELLE: MIKROZENSUS APRIL 1969 (EIGENE AUSWERTUNG)

Abb. 4.2.1./2

liegen jedoch die vergleichbaren Zahlen für Frauen erheblich unter denen der Männer. Erwartungsgemäß werden die höchsten Werte von selbständigen Männern erreicht. Mit zunehmendem Alter ist aber auch hier ein erheblicher Abfall feststellbar, doch verlaufen dann die Durchschnittswerte immer noch deutlich über den Werten von abhängig beschäftigten Männern. Auffällig ist auch, daß die Erwerbsstundenzahlen selbständiger Frauen in allen Altersjahren über denen der abhängig beschäftigten Männer liegen.

Ein Vergleich beider Altersverläufe macht die Unterschiede in der Erwerbsbeteiligung von Frauen und Männern deutlich. Während fast 9o% aller Männer zwischen dem 2o. und 6o. Lebensjahr zum Kreis der Erwerbspersonen zählen, ist eine ähnlich intensive Erwerbsbeteiligung für die Gesamtzahl der Frauen nicht über einen längeren Zeitraum zu beobachten. Nach dem 3o. Lebensjahr liegt die Erwerbsquote bei ihnen durchgängig unter 5o%. In verhaltenstheoretischen Ansätzen wird diese unterschiedliche Erwerbsbeteiligung auf eine differenzierte Rollenerwartung zurückgeführt (6). Männer arbeiten gemäß dieser Theorie vorwiegend, weil die Gesellschaft es in Form einer Rollenerwartung vorschreibt. Dementsprechend bedarf die Nichterwerbstätigkeit eines Mannes einer gesellschaftlich akzeptablen Begründung. In jüngeren Jahren ist dies die Berufsausbildung, im Alter die Erwerbsunfähigkeit bzw. der Bezug einer Altersrente. Im Gegensatz zum Mann ist aus der Sicht der ökonomischen Verhaltenstheorie die Rollenerwartung der Frau nicht so stark ausgeprägt und abhängig von der familiären Situation. Immerhin hielten es bei einer im Jahre 1964 vom INSTITUT

---

(6) Siehe R.M.MICHEL, "Ökonomische" und "außerökonomische" Determinanten des Arbeitsangebots, Dissertation Köln, 1967, S. 121 ff.; vergl. auch F.WELTZ, Bestimmungsgrößen der Frauenerwerbstätigkeit, in: IAB-Mitteilungen, 4(1971), S. 201 ff.

FÜR ANGEWANDTE SOZIALWISSENSCHAFTEN (7) durchgeführten Erhebung 72% der befragten Männer und 68% der Frauen in der Bundesrepublik nicht für normal, daß verheiratete Frauen erwerbstätig sind. Als richtigen Zeitpunkt des Ausscheidens der Frau aus dem Erwerbsleben bezeichneten 7o% die Geburt eines Kindes und 26% die Eheschließung.

Es erscheint allerdings unzulänglich, die Erwerbstätigkeit der Bevölkerung allein mit einer gesellschaftlichen Rollenerwartung zu begründen. Zwar läßt sich mit rein ökonomischen Maßstäben wenig über die Aufgabenverteilung von Mann und Frau in Familie und Haushalt aussagen, und demnach auch nicht erkären, warum mehr Männer als Frauen erwerbstätig sind, doch kann man grundsätzlich feststellen, daß die Erwerbsbeteiligung vor allem die Funktion hat, zur Sicherung des Lebensunterhaltes beizutragen und Individuen wohl nicht so sehr aus dem Grunde arbeiten, weil dies die Gesellschaft von ihnen erwartet, sondern weil sie auf das Einkommen aus dieser Erwerbstätigkeit angewiesen sind, um einen angestrebten Lebensstandard zu erreichen. Dabei besteht freilich kaum eine Möglichkeit, die Arbeitsbedingungen - vor allem unter dem Gesichtspunkt einer zeitlichen Intensität - den individuellen Wünschen anzupassen (8). So liegen denn auch die Erwerbsstundenzahlen von

---

(7) Siehe INSTITUT FÜR ANGEWANDTE SOZIALWISSENSCHAFTEN (Hrsg.), Frau und Öffentlichkeit, Bad Godesberg 1965, S. 48 .

(8) Vor allem gilt dies für Männer. Nach einer Untersuchung von KREUZALER stuft die Mehrzahl der Betriebe die mit Teilzeitarbeitskräften besetzten Stellen nicht als Dauerarbeitsplätze ein. Die in Teilzeitarbeit beschäftigten männlichen Arbeitnehmer werden danach primär eingesetzt, um konjunkturell oder saisonal bedingte Personalengpässe zu überbrücken. Siehe hierzu E.KREUZALER, Teilzeitbeschäftigung bei männlichen Arbeitnehmern, in: Bundesarbeitsblatt, 22(1971), S. 671; vergl. auch M.BORRIS, Teilzeitarbeit in der Bundesrepublik Deutschland, RKW-Bericht, Frankfurt 1968; R.SHERMAN und TH.D. WILLETT, The Standardized Work Week and the Allocation of Time, in: KYKLOS, 25(1972), S. 65 ff.

abhängig beschäftigten Männern fast ausnahmslos zwischen 4o und 45 Wochenstunden (9).

4.2.2. FAMILIENSTAND

Die erhebliche Abhängigkeit der Erwerbsbeteiligung vom Familienstand der Frauen legt es nahe, bei einer Prognose nach diesem Merkmal zu differenzieren (1o). Betrachtet man den Verlauf der Erwerbsquoten lediger, verheirateter, verwitweter und geschiedener Frauen, so ist zunächst festzustellen, daß Ledige durchgängig die höchsten, Verheiratete vergleichsweise die niedrigsten Erwerbsquoten haben. Dazwischen liegen die Erwerbsquoten der Verwitweten und Geschiedenen (siehe Abb. 4.2.2./1). Auffallend ist, daß der Verlauf bei den Ledigen etwa dem Altersverlauf bei den Männern entspricht. Ledige Frauen sind meist darauf angewiesen, ihren Lebensunterhalt aus eigener Erwerbstätigkeit zu bestreiten; entsprechend hoch sind deshalb die Erwerbsquoten.

Die häufig vorgenommene Zusammenfassung von Verwitweten und Geschiedenen ist zumindest problematisch, da ihre Erwerbsbeteiligung sehr unterschiedlich ist. Allerdings sind die entsprechenden Bestandszahlen vergleichsweise klein, und es sind im Zeitlablauf auch nur gerinfügige Strukturverschiebungen zwischen diesen beiden Gruppen

---

(9) Siehe hierzu Abb. 4.2.1./2

(1O) Dies ist bei Erwerbstätigkeitsprognosen allgemein üblich. Siehe hierzu Abschnitt 4.3.

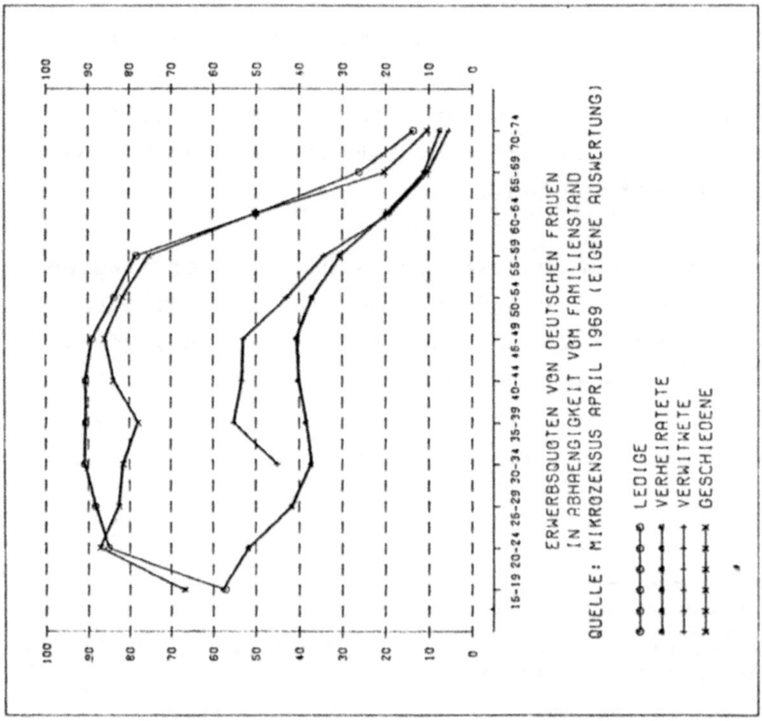

Abb. 4.2.2./1

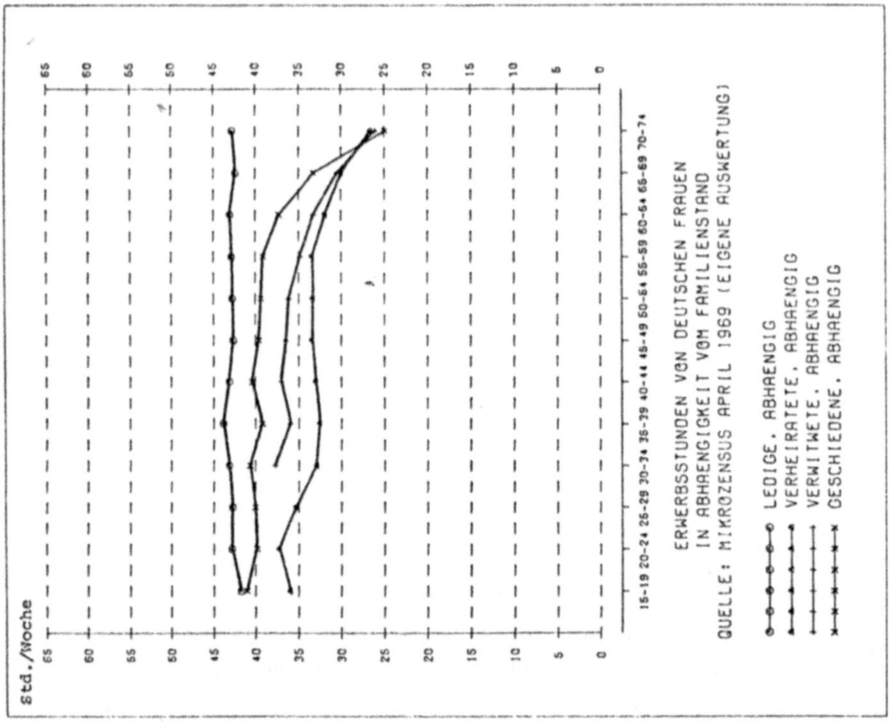

Abb. 4.2.2./2

zu erwarten, so daß sich auch diese Annahme rechtfertigen läßt.

Die Erwerbsbeteiligung verheirateter Frauen ist zu einem erheblichen Teil beeinflußt durch familiäre Tatbestände, die zu einer Phasenerwerbstätigkeit führen. MYRDAL und KLEIN (11) haben diesen Sachverhalt durch die sogen. "Dreiphasentheorie" beschrieben, nach der das Leben der Frau unter dem Aspekt der Erwerbstätigkeit sich in drei Phasen untergliedern läßt:

1. Erwerbstätigkeit vor und kurz nach der Eheschließung
2. Ausscheiden aus dem Erwerbsleben und Betreuung der Kinder
3. Wiedereintritt in das Erwerbsleben

Tatsächlich ergibt sich, legt man die Erwerbquoten von verheirateten Frauen zugrunde, ein Verlauf, der mit den Grundannahmen der Dreiphasentheorie vereinbar ist. Zunächst fällt die Erwerbsquote verheirateter Frauen bis zum 3o. Lebensjahr ab, steigt dann vom 35. Lebensjahr wieder leicht an und erreicht zwischen dem 40. und 5o. Lebensjahr einen neuen Höhepunkt. MYRDAL und KLEIN erklären dies damit, daß eine Frau etwa mit 25 Jahren heiratet und danach aus dem Erwerbsleben ausscheidet, zwei Kinder im Abstand von drei Jahren bekommt und wieder eine Erwerbstätigkeit aufnimmt, wenn das jüngste Kind älter als lo Jahre ist. Hinter dem durch die Dreiphasentheorie plausibel erklärten Verlauf der Gruppenvariablen "Erwerbsquote verheirateter Frauen" verbergen sich freilich sehr komplexe Prozesse des Ausscheidens und Wiedereintritts in das

---

(11) A.MYRDAL und V.KLEIN, Die Doppelrolle der Frau in Familie und Beruf, Köln-Berlin 1960, S. 54 ff.

Erwerbsleben. Erst in jüngster Zeit konnten hier für den Arbeitsmarkt in der BRD durch Untersuchungen des STATISTISCHEN BUNDESAMTES (12) und vom INSTITUT FÜR ARBEITSMARKT- UND BERUFSFORSCHUNG (13) in Auftrag gegebene Erhebbungen aufschlußreiche Informationen gewonnen werden.

In einer Zusatzbefragung zum Mikrozensus vom April 1966 wurden von rund 1oo.ooo weiblichen Personen der Geburtsjahrgänge 19o1 bis 1926, d.h. der 4o- bis 65-jährigen Frauen, Daten über den Ablauf ihres Erwerbslebens ermittelt. Zwar reichen diese Ergebnisse nur zum Teil in die Gegenwart hinein, da die Unterbrechung und anschließende Wiederaufnahme der Erwerbstätigkeit bei diesen Personen hauptsächlich in der Zeit zwischen 1925 und 1955 lagen, doch zeigen auch schon diese Daten Regelmäßigkeiten, die gut zur Erklärung des Ablaufs in der jüngsten Vergangenheit herangezogen werden können. Von der befragten Grundgesamtheit haben insgesamt 89,6% der Frauen mindestens einmal eine Erwerbstätigkeit aufgenommen, nur etwa 10% sind damit nie in das Erwerbsleben eingetreten. Während 15,6 % bis zum Zeitpunkt der Befragung ohne Unterbrechung erwerbstätig waren, haben 74,o% die Erwerbstätigkeit mindestens einmal unterbrochen. Nur 37,5%, d.h. nur rund 5o% der Frauen, die ihre Erwerbstätigkeit unterbrochen hatten, kehrten anschließend wieder in das Erwerbsleben zurück, bei 9,8%

---

(12) Siehe H.-J.BORRIES Zum Verlauf des Erwerbslebens der Frauen, Ergebnis des Mikrozensus April 1966, in: WISTA 1968, S. 498 ff.; H.-J.BORRIES, Aufnahme und Unterbrechung der Erwerbsbeteiligung der Frauen, Ergebnis des Mikrozensus April 1966, in: WISTA 1969, S. 20 ff.; H.KOHLER und L.REYHER, Erwerbstätigkeitsphasen der Frauen, in: IAB-Mitteilungen, S. 286 .

(13) Siehe H.HOFBAUER, U.BINTING und W.DADZIO, Die Rückkehr von Frauen in das Erwerbsleben, in: IAB-Mitteilungen, Nr. 9, 1969, S. 713 ff.; F.WELTZ, Bestimmungsgrößen der Frauenerwerbstätigkeit ...

war sogar der Beginn einer 3. und weiteren Erwerbstätigkeitsphase feststellbar (14).

Der Grund für die erste Unterbrechung der Erwerbstätigkeit steht in einem Zusammenhang mit dem Alter der Frau. Während zunächst die Weiterbildung ein relativ häufiger Grund für die Unterbrechung ist, steigt mit zunehmendem Alter der Anteil der Frauen, die aus familiären Gründen (Heirat, Geburt eines Kindes) die Erwerbstätigkeit beenden. Bei den 27-jährigen sind es immerhin 75%, die deswegen aus dem Erwerbsleben ausscheiden.

Von Sonderbewegungen abgesehen, die auf eine Weiterbildung zurückzuführen sein dürften, verteilt sich die Zahl der in das Erwerbsleben zurückkehrenden Frauen sehr kontinuierlich über die Zeit. Wie KOHLER und REYHER feststellen, sind "ausgesprochene Häufungen - etwa in den Lebensjahren, in denen Kinder ein gewisses Alter errreicht haben, wie die Drei-Phasen-Theorie vermutet,... in Wirklichkeit nicht zu beobachten (15)." Der häufigste Wert des Beginns der zweiten Erwerbstätigkeitsphase liegt mit einem Anteil von rund 4% der Rückkehrerinnen bereits beim Alter von 27 Jahren. Danach fällt die Rückkehrhäufigkeit fast kontinuierlich ab, bemerkenswert ist jedoch, daß auch im Alter von 5o bis 6o Jahren im Mittel noch eine Rückkehrhäufigkeit von 1% feststellbar ist.

Untersucht man die Abhängigkeit der Erwerbsstundenzahlen

---

(14) Bei einer Beurteilung dieser Zahlen bleibt stets zu berücksichtigen, daß hier auch Personen erfaßt sind, deren Erwerbsleben noch nicht abgeschlossen ist, so daß vor allem die Rückkehrhäufigkeiten tatsächlich höher liegen dürften, als es die hier wiedergegebenen Zahlen ausweisen.

(15) H.KOHLER und L.REYHER, Erwerbstätigkeitsphasen der Frauen ... , S. 291

vom Familienstand (siehe Abb. 4.2.2./2), so ist zu erkennen, daß die Abstufung jener bei den Erwerbsquoten entspricht und daß damit die Unterschiede in der Erwerbsbeteiligung sich durch die Einbeziehung der Erwerbsstundenzahlen noch verstärken. Auffällig ist aber, daß die Rückkehr verheirateter Frauen in das Erwerbsleben nur zu einer geringen Erhöhung der Erwerbsintensität führt. Auch wenn diese Frauen keine Kinder mehr zu betreuen haben, wählen sie offensichtlich zu einem großen Teil nur eine Teilzeitbeschäftigung. Dieses Ergebnis deckt sich mit der schon erwähnten Untersuchung des INSTITUTS FÜR ARBEITSMARKT- UND BERUFSFORSCHUNG. Eine Befragung von Frauen, die nach einer Unterbrechung ihrer Erwerbstäigkeit wieder eine Arbeit suchten, erbrachte, daß über die Hälfte aller verheirateten Rückkehrerinnen (58,3% aller Frauen, deren Gatte in Vollzeitarbeit erwerbstätig ist) ausschließlich eine Teilzeitarbeit wünschten (16).

4.2.3. ANZAHL UND ALTER DER KINDER

Da über 8o% der Frauen im Alter zwischen 2o und 5o Jahren verheiratet sind und ihre Erwerbstätigkeit, wie dargestellt wurde, wesentlich von familiären Tatbeständen beeinflußt wird, soll diese Gruppe hier weiter nach Anzahl und Alter der Kinder untergliedert werden.

Ein Vergleich der Erwerbsquoten verheirateter Frauen mit und ohne Kinder läßt deutliche Unterschiede erkennen

---

(16) Siehe H.HOFBAUER et al., Die Rückkehr von Frauen in das Erwerbsleben ... , S. 723 .

(siehe Abb. 4.2.3./1). Während die Erwerbsquote verheirateter Frauen bis zum 30. Lebensjahr noch bei etwa 80% liegt und dann erst allmählich abfällt, verläuft die vergleichbare Quote von Frauen mit Kindern durchgehend unter der 40%-Marke. Vor allem die finanziellen Belastungen bei einer Familiengründung dürften für die zunächst recht hohe Erwerbsquote von verheirateten Frauen ohne Kinder ausschlaggebend sein. Wie die Verlaufsuntersuchungen gezeigt haben, gibt dann ein Großteil der Frauen bei der Geburt des ersten Kindes die Erwerbstätigkeit auf.

Bemerkenswert ist zudem, daß die Erwerbsquote von Frauen ohne Kinder bis zum 30. Lebensjahr über der Vergleichsgruppe lediger Frauen liegt. Dies kann einmal damit erklärt werden, daß die Frauen erst nach Abschluß ihrer Schulausbildung eine Ehe eingehen, daneben ist denkbar, daß die Eheschließung einen vorzeitigen Abbruch der Ausbildung bewirkt, da für notwendige Erstanschaffungen ein durch die Frau erzieltes Zusatzeinkommen benötigt wird.

Auch bei der Teilgruppe der verheirateten Frauen mit Kindern zeichnet sich eine "Phasenerwerbstätigkeit" ab. Allerdings liegt hier das Minimum bereits im Alter von 25 bis 29 Jahren. Eine Erklärung läßt sich finden, wenn man die Gruppe der Frauen mit Kindern unter 18 Jahren weiter untergliedert. Während die Erwerbsquote von verheirateten Frauen mit einem Kind unter 6 Jahren noch vergleichsweise hoch liegt und hier bis zum 25. Lebensjahr fast die 40%-Marke erreicht wird, fällt diese Quote bei Frauen mit 2, 3 und mehr Kindern unter 30%. Da ein großer Teil der Frauen im Alter von 25 bis 34 Jahren zu dieser Gruppe zählt, ergibt sich in diesen Jahren ein Rückgang der Erwerbsquote aller Frauen mit Kindern unter 18 Jahren. Mit zunehmendem Alter der Kinder steigt dann die Erwerbstätigkeit erheblich an. Sind die Kinder mindestens 6 Jahre alt oder älter, so liegen die Erwerbsquoten der verheirateten Frauen in fast allen Altersjahren rund

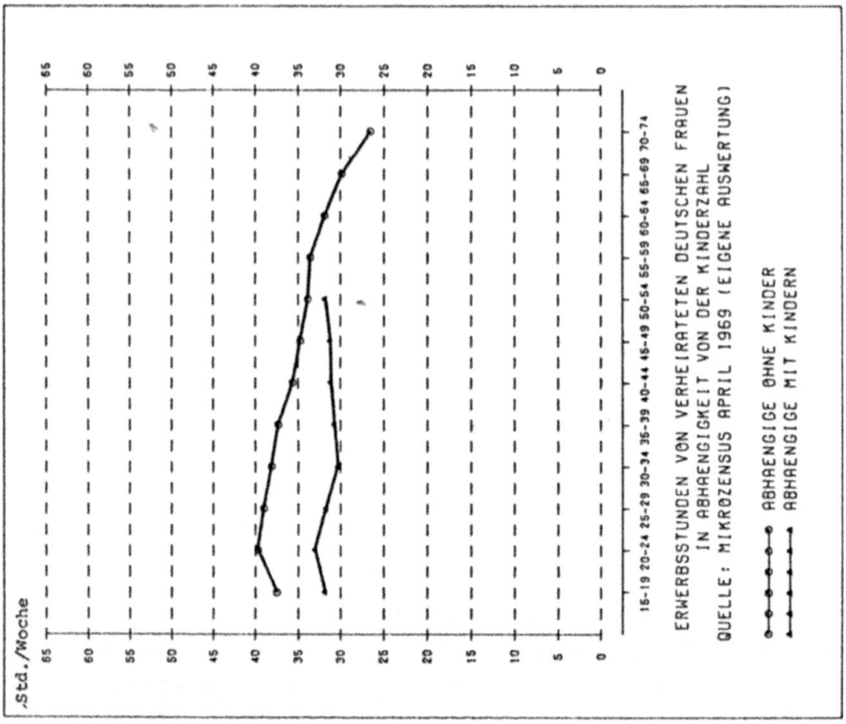

Abb. 4.2.3./2

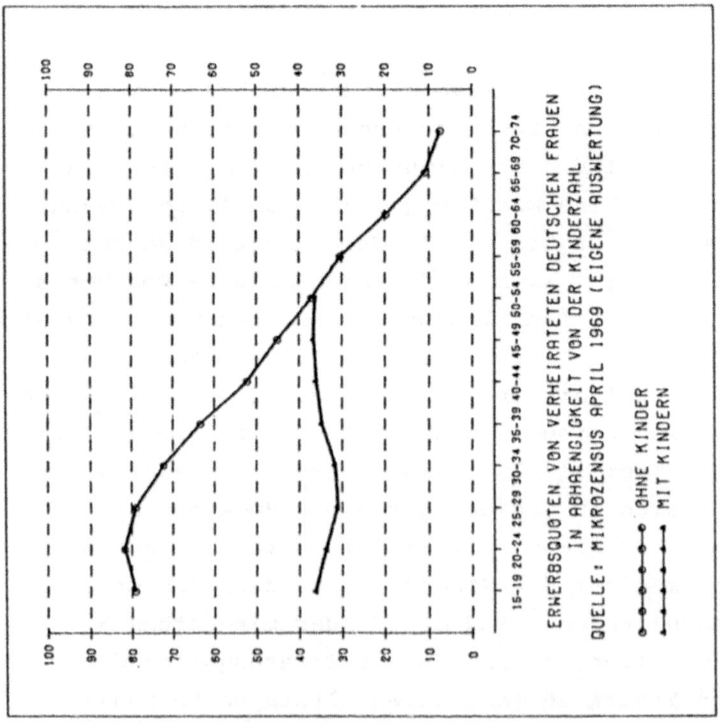

Abb. 4.2.3./1

10 Prozentpunkte über den Quoten der Vergleichsgruppe mit Kindern im Alter von 0 bis 5 Jahren.

Auch eine Untersuchung der Erwerbsstundenzahl läßt einen Unterschied in der Erwerbsintensität von Frauen mit und ohne Kinder erkennen (siehe Abb. 4.2.3./2), der bei abhängig Beschäftigten durchschnittlich 5 Wochenstunden beträgt. Bemerkenswert ist jedoch, daß die Stundenzahlen bei Frauen mit Kindern durchweg gleich hoch sind und bei etwa 30 Wochenstunden liegen. Anzahl und Alter der Kinder haben demnach nur eine sehr geringe Auswirkung auf die ohnehin niedrige Erwerbsintensität dieser Gruppen.

Zusammenfassend kann man feststellen, daß nach der Geburt eines zweiten Kindes die Erwerbsbeteiligung der Frauen erheblich sinkt, während diese Beteiligung bei einem Kind nur zurückgeht, wenn es noch nicht älter als 5 Jahre ist. Die Daten für die Erwerbsbeteiligung von verheirateten Frauen mit Kindern zwischen 15 und 17 Jahren lassen generell eine Annäherung an den Verlauf von verheirateten Frauen ohne Kinder erkennen, teilweise liegt die Beteiligung sogar geringfügig über dieser Vergleichsgruppe. Denkbar ist, daß jene Frauen durch die Kinder in der Haushaltsführung unterstützt werden und ihre Erwerbsbeteiligung sich daher erhöht.

Mittels einer Untergliederung nach dem Alter und der Anzahl der Kinder kann, wie ersichtlich ist, die komplexe Struktur der Erwerbsbeteiligung verheirateter Frauen zerlegt werden in weitgehend lineare, nur vom Alter der Frau abhängige Kurvenverläufe. Man stößt somit durch eine Disaggregation auf sehr einfache Verhaltensmuster, die dann anschließend wieder in einem Modell zu umfassenden Erklärungszusammenhängen verknüpft werden können (siehe Abb. 4.2.3./3-8). Freilich darf daraus nicht die Schlußfolgerung gezogen werden, daß diese Verhaltensgrößen auch zeitinvariant sind. Doch erscheint es eher möglich,

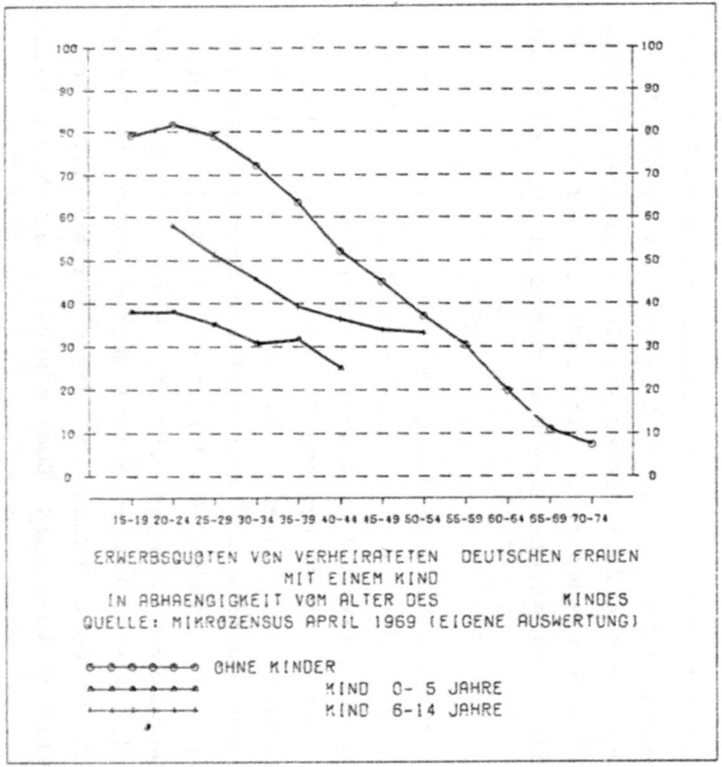

Abb. 4.2.3./3

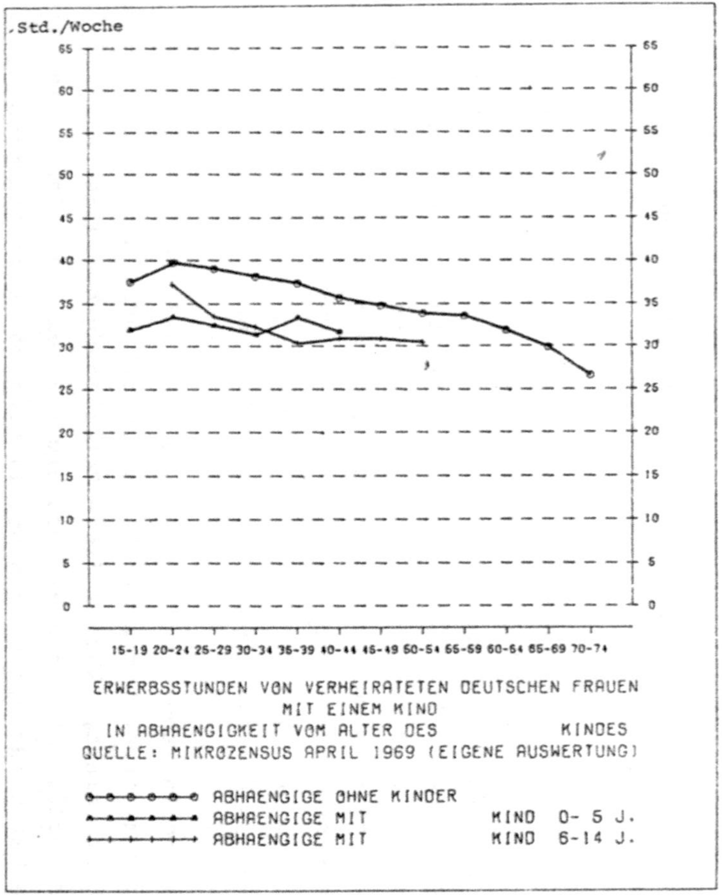

Abb. 4.2.3./4

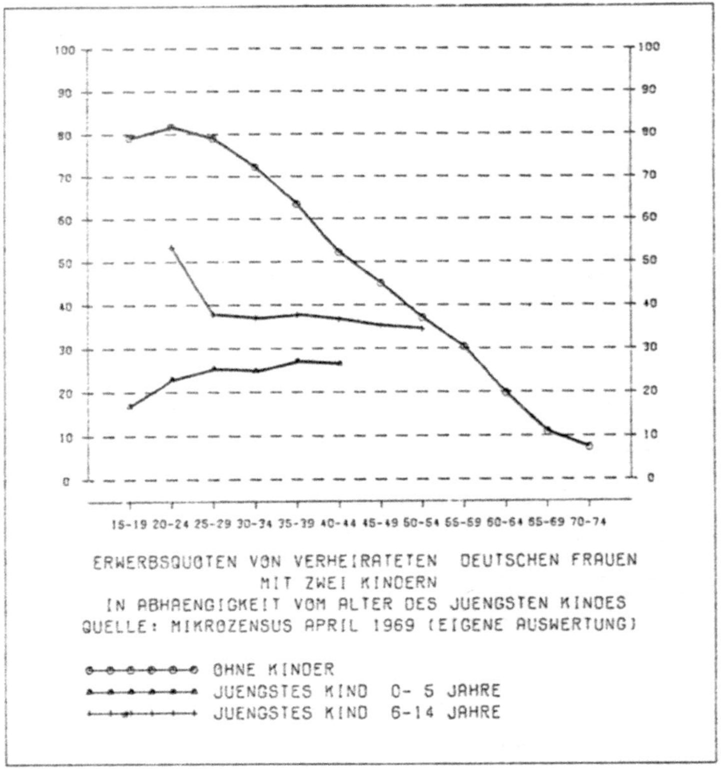

Abb. 4.2.3./5

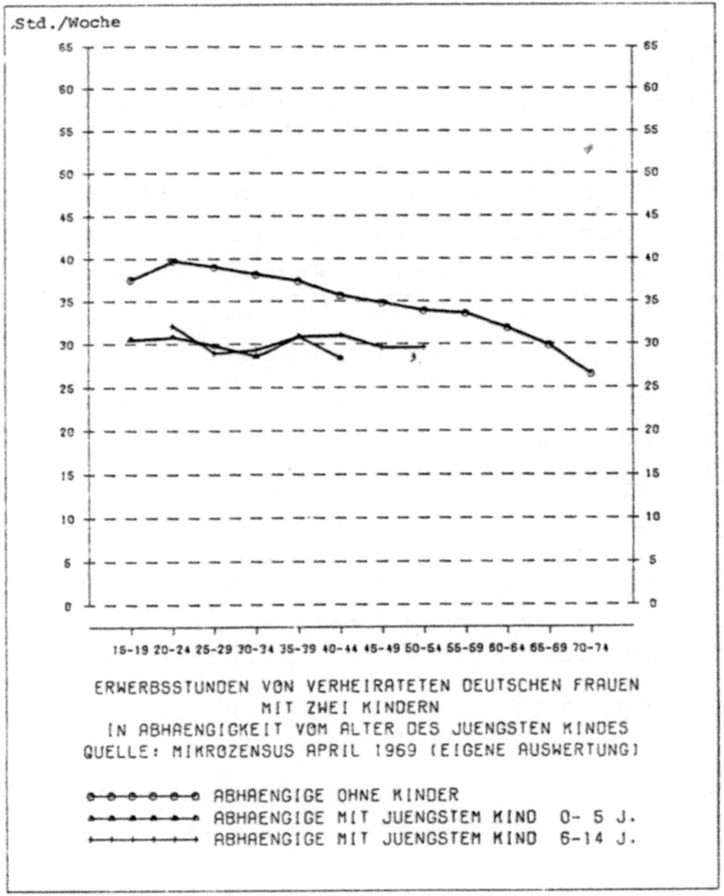

Abb. 4.2.3./6

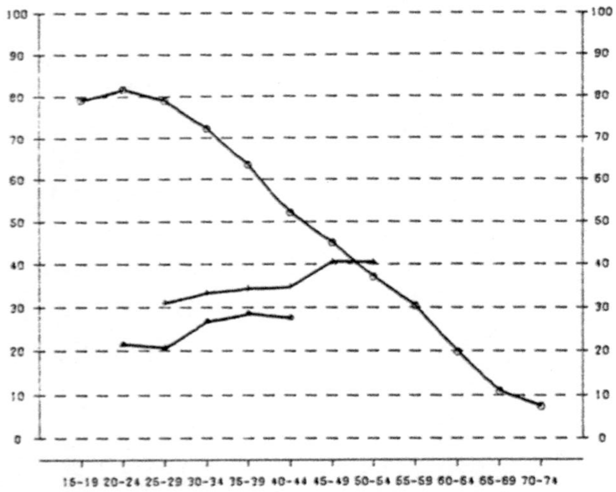

ERWERBSQUOTEN VON VERHEIRATETEN DEUTSCHEN FRAUEN
MIT DREI UND MEHR KINDERN
IN ABHAENGIGKEIT VOM ALTER DES JUENGSTEN KINDES
QUELLE: MIKROZENSUS APRIL 1969 (EIGENE AUSWERTUNG)

OHNE KINDER
JUENGSTES KIND 0- 5 JAHRE
JUENGSTES KIND 6-14 JAHRE

Abb. 4.2.3./7

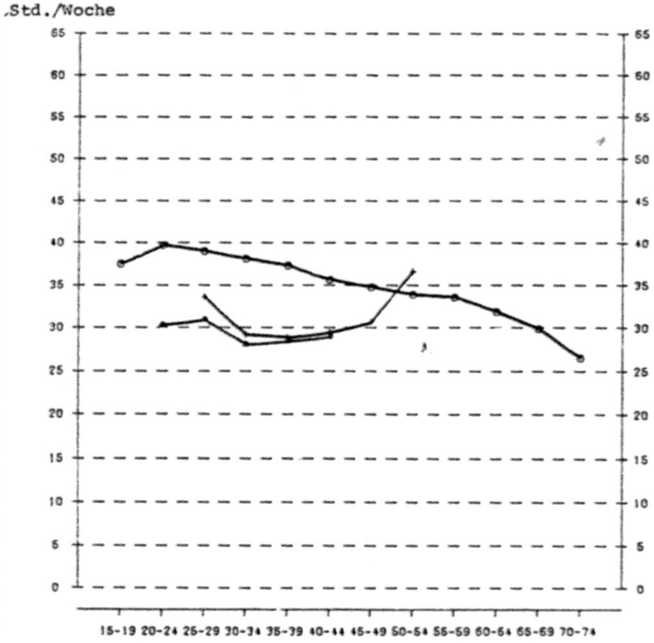

ERWERBSSTUNDEN VON VERHEIRATETEN DEUTSCHEN FRAUEN
MIT DREI UND MEHR KINDERN
IN ABHAENGIGKEIT VOM ALTER DES JUENGSTEN KINDES
QUELLE: MIKROZENSUS APRIL 1969 (EIGENE AUSWERTUNG)

ABHAENGIGE OHNE KINDER
ABHAENGIGE MIT JUENGSTEM KIND 0- 5 J.
ABHAENGIGE MIT JUENGSTEM KIND 6-14 J.

Abb. 4.2.3./8

auf diesem disaggregierten Niveau Aussagen über einen Zeittrend zu machen, da hier nur noch echte Verhaltensänderungen in Betracht zu ziehen sind, während die möglichen demographischen Einflußfaktoren weitgehend durch modellimmanente Annahmen, wie z.B. die Veränderung der Kinderzahl, erklärt werden können.

Daneben bietet eine so weit gehende Disaggregation auch die Möglichkeit, Auswirkungen von Instrumentvariationen auf die Frauenerwerbstätigkeit abzuschätzen. Zu einem erheblichen Umfang ist nämlich eine geringe Erwerbsbeteiligung von Frauen mit Kindern bedingt durch die notwendige Betreuung dieser Kinder (17). Mittels entsprechender Projektionsannahmen läßt sich dann beurteilen, wie eine Veränderung der institutionellen Betreuung (Schule,Kindergarten) die Erwerbsbeteiligung der verheirateten Frauen beeinflußt.

4.2.4. Sonstige Einflussfaktoren

Neben den zuletzt diskutierten demographischen Variablen wird gelegentlich auch die *Ehedauer* als Einflußfaktor der Erwerbstätigkeit von verheirateten Frauen betrachtet (18). Zweifellos ist es richtig, daß "junge Ehen" allein

---

(17) Siehe hierzu H.-J.BORRIES, Die Erwerbstätigkeit der Mütter und die Betreuung ihrer Kinder, Ergebnis der Mikrozensus-Zusatzbefragung 1969, in: WISTA 1971, S. 86 ff. ; H.-J.BORRIES, Die Betreuung der Kinder erwerbstätiger und nichterwerbstätiger Mütter, Ergebnis der Zusatzbefragung 1969, in: WISTA 1971, S. 161 ff.

(18) Siehe J.ADAMS, Einfluß der Ehedauer auf die Erwerbstätigkeit verheirateter Frauen, in: WISTA 1967, S. 362 ff.

schon ökonomisch ganz andere Probleme zu bewältigen haben als "alte Ehen", doch sind diese ehedauerspezifischen Besonderheiten eng korreliert mit dem Alter der Ehegatten sowie der Anzahl und dem Alter ihrer Kinder, so daß eine zusätzliche Unterscheidung nach dem Merkmal "Ehedauer" nicht notwendig erscheint, da die zu beobachtenden Abhängigkeiten bereits in den genannten anderen Variablen mit erfaßt werden. Vor allem durch die Differenzierung der Frauen nach dem Alter und der Anzahl ihrer Kinder kann man Sonderbewegungen, wie etwa die Vorverlegung des Heiratsalters, und ihren Einfluß auf die Erwerbstätigkeit hinreichend genau berücksichtigen. Alternativ würde sich allenfalls anbieten, bei verheirateten Frauen nicht nach dem Alter sondern nach der Ehedauer zu untergliedern, doch erscheint dies nicht sehr sinnvoll, da die Begrenzung der Erwerbstätigkeit durch Ausbildung und Eintritt in den Ruhestand im wesentlichen vom Alter abhängt, wie auch der Eintritt einer Berufs- bzw. Erwerbsunfähigkeit am besten in Abhängigkeit vom Lebensalter erklärt werden kann.

Neben den demographischen sind es vor allem *ökonomische Variablen*, die zur Erklärung der Erwerbsbeteiligung von Bevölkerungsgruppen herangezogen werden. Hier sei darauf verzichtet, die Vielzahl der Einflüsse von ökonomischen Variablen auf die Erwerbstätigkeit und Erwerbsintensität der Bevölkerung, wie sie die Arbeitsmarkttheorie beschreibt, erschöpfend zu diskutieren (19). Von besonderem Interesse dürfte jedoch in Hinblick auf das vorgelegte Bevölkerungsmodell eine Diskussion darüber sein, wie sich dieses Bevölkerungsmodell mit seiner Gliederung der Bevölkerung in sozioökonomische Einheiten ergänzen läßt durch eine Prognose der Erwerbsbeteiligung, die

---

(19) Zur Einführung siehe u.a. CH.A.MORGAN, Labor Economics, Third Edition, Georgetown/Ontario 1970; R.PERLMAN, Labor Theory, New York-London-Sydney-Toronto 1969

ebenfalls nicht bei Einzelpersonen ansetzt, sondern die die Zugehörigkeit dieser Personen zu einer sozioökonomischen Einheit berücksichtigt und die damit letztlich eine Aussage trifft über den Umfang der Erwerbsbeteiligung aller in einem Haushalt lebenden Personen in Abhängigkeit von bestimmten, jenen Haushalt beschreibenden Merkmalen.

Konkret heißt dies - legt man einmal die in dieser Arbeit gewählte Haushaltsdefinition zugrunde - , daß für Haushalte eine Aussage über die Erwerbsbeteiligung des Haushaltsvorstandes, der Ehefrau des Haushaltsvorstandes und der im Haushalt lebenden ledigen Kinder zu treffen ist. Man kann zwar annehmen, daß die Erwerbsbeteiligung des Haushaltsvorstandes von einer Erwerbstätigkeit der übrigen Haushaltsmitglieder kaum beeinflußt wird, doch dürfte zumindest die Erwerbsbeteiligung der Ehefrau und der Kinder nicht unabhängig sein von sozialen und erwerbsstatistischen Merkmalen des Haushaltsvorstandes.

Die Notwendigkeit einer Ermittlung solcher Daten steht wohl außer Frage. Insbesondere für Prognosen der personellen Einkommensverteilung ist es nämlich unerläßlich, neben der Zahl der Haushaltsmitglieder auch die Zahl der Erwerbstätigen bzw. die Zahl der Einkommensbezieher zu kennen. Unumgänglich wird es dabei sein, zumindest die Abhängigkeit der Erwerbstätigkeit weiterer Haushaltsmitglieder von der sozialen Stellung und dem Einkommen des Haushaltsvorstandes zu bestimmen, da dies die wesentlichen Gliederungsmerkmale von Haushaltsstatistiken sind, auf denen auch Modelle der personellen Einkommensverteilung in der Regel aufbauen.

Neben der bereits diskutierten Abhängigkeit der Erwerbstätigkeit verheirateter Frauen von der Anzahl und dem Alter ihrer Kinder wäre somit zusätzlich zu untersuchen, wie sich die soziale Stellung und das Einkommen ihres Ehemannes auf ihre Erwerbstätigkeit auswirkt. Auch bei ledigen Kindern, die noch im Haushalt ihrer Eltern leben, muß angenommen werden, daß ihre Erwerbsbeteiligung erheblich von der lediger Personen abweicht, die das Elternhaus bereits verlassen haben. Auch hier wäre eine Abhängigkeit ihrer Erwerbsbeteiligung von dem Einkommen sowie der sozialen Stellung des Haushaltsvorstandes zu prüfen.

Eine Erweiterung der Zahl der erklärenden Variablen verringert freilich die Besetzungshäufigkeiten in den Zellen noch weiter, so daß die auf Gruppenbasis errechneten Quoten mit einer noch größeren Unsicherheit behaftet wären, als dies ohnehin schon der Fall ist. Zudem ließe die große Zahl der anfallenden Daten nur schwerlich eine zusammenfassende Beurteilung der Ergebnisse zu. In beträchtlichem Umfang wären Zwischenaggregationen erforderlich, um die Resultate überhaupt noch überschaubar zu machen. Nicht zuletzt aus simulationstechnischen Gründen wäre dieses Verfahren aber auch wenig praktikabel. Eine Berücksichtigung solch großer Matrizen würde nämlich viel Speicherplatz im Rechner erfordern, den man meist nicht zur Verfügung hat.

Alle diese Gesichtspunkte legen es nahe, die Abhängigkeit der Erwerbsbeteiligung von den genannten Variablen mittels einer multiplen Regression zu untersuchen (20). Dieses Verfahren hat

---

(20) Da die Abhängigkeit von qualitativen Merkmalen zu untersuchen ist, werden die unabhängigen Variablen bei dieser Regression durch einen Vektor mit sogen. "Dummy-Variablen" dargestellt,d.h. durch einen Vektor, dessen einzelne Elemente nur die Werte 0 oder 1 annehmen können. Die Anzahl der Elemente des Vektors ist gleich der Anzahl der Merkmalsausprägungen einer Variablen, vermindert um 1. Die errechneten Regressionskoeffizienten geben zunächst nur die Abweichung von einer als Normalfall definierten Gruppe an (bei ihr sind alle Regressoren gleich 0, so daß die abhängige Variable allein durch das Absolutglied bestimmt wird). Erst durch eine anschließende Umrechnung dieser Regressoren erhält man die letztlich interessierenden Abweichungen vom Mittelwert der abhängigen

allerdings den Nachteil, daß zwischen den erklärenden Variablen eine lineare Unabhängigkeit angenommen wird. So darf sich z.B. der Einfluß , den Anzahl und Alter der Kinder auf die Erwerbstätigkeit einer verheirateten Frau haben, nicht mit dem Alter der Frau ändern, wie umgekehrt der spezifische Einfluß der vom Alter auf die Erwerbstätigkeit ausgeht, gleich sein muß bei Frauen mit wie bei Frauen ohne Kinder. Bei einer Interpretation der Rechenergebnisse hat man stets zu bedenken, daß diese Voraussetzung in der Realität meist nicht gegeben ist, wenn auch ihre Eignung für Prognosezwecke dadurch nicht beeinträchtigt wird. Bei Prognosen kann es sich allerdings als Nachteil erweisen, daß die aus dem Regressionsansatz errechneten abhängigen Variablen nicht in dem theoretisch erwarteten Bereich liegen. Unsinnig sind z.B. Erwerbstätigkeitsquoten kleiner als 0 oder größer als 1. Es gibt aber auch hierfür Vorschläge, wie man solche "Ausreißer" korrigieren kann(21), so daß die Brauchbarkeit des Regressionsansatzes durch diesen

---

(Fortsezung der Fußnote von der Vorseite)

Variablen. Um eine Beurteilung der gegenseitigen Abhängigkeit zwischen einzelnen unabhängigen Variablen zu ermöglichen, wurden neben den Regressionen, in die alle Dummy-Variablen-Vektoren eingeschlossen waren, auch Regressionen mit einzelnen Dummy-Variablen-Vektoren durchgeführt. Die Ergebnisse sind jeweils gegenübergestellt und lassen bei einigen Variablen einen recht aufschlußreichen Vergleich zu. In Klammern sind jeweils die Standardabweichungen angegeben; bei Merkmalsausprägungen, die den Normalfall der Regression bezeichnen, enthält diese Klammer ein "a", da diese Koeffizienten erst durch die Umrechnung auf Abweichungen vom Mittelwert der abhängigen Variablen entstanden sind. Zur Methode vgl. insbesondere J.N.MORGAN, M.H.DAVID, W.J.COHEN und H.E.BRAZER, Income and Welfare in the United States,New York-San Francisco-Toronto-London 1962,S. 508 ff. sowie W.G.BOWEN und T.A.FINEGAN, The Economics of Labor Force Participation, Princeton/ New Jersey 1969,S. 641 ff.

(21) Siehe G.H.ORCUTT, et al., Microanalysis of Socioeconomic Systems ... , S. 230 f.

Sachverhalt nicht beeinträchtigt wird.

Bei den Regressionen zur Bestimmung der Erwerbstätigkeit und der Arbeitsstundenzahl verheirateter Frauen, die mit dem Originalmaterial des Mikrozensus vom April 1969 durchgeführt wurden, sind insgesamt 141.794 Personen aller Altersjahrgänge berücksichtigt, von denen zum Zeitpunkt der Erhebung 47.254 erwerbstätig waren. Geschätzt wurden folgende Funktionen mit Dummy-Variablen-Regressoren:

$$L_F = a_L + b_{L1}A + b_{L2}K + b_{L3}S + b_{L4}E + b_{L5}N$$

$$H_F = a_H + b_{H1}A + b_{H2}K + b_{H3}S + b_{H4}E + b_{H5}N$$

hierbei bedeutet:

L_F : Erwerbstätigkeit verheirateter Frauen

H_F : wöchentliche Arbeitsstundenzahl verheirateter Frauen

A +): Alter

K +): Alter und Anzahl der Kinder unter 15 Jahren

S +): Soziale Stellung des Haushaltsvorstandes

E +): Monatliches Nettoeinkommen des Haushaltsvorstandes

N +): Staatsangehörigkeit

b_{ij} : Regressionskoeffizientenvektoren

a_i : Konstanten

+) Dummy-Variablen-Vektoren

Wie man aus Tab. 4.2.4./1 entnehmen kann, geht die Erwerbstätigkeit mit zunehmendem Alter erwartungsgemäß zurück. Auffällig ist jedoch, daß dieser Rückgang bei einer Berücksichtigung aller Regressoren ausgeprägter ist, als wenn man nur die Regression in Abhängigkeit vom Alter durchführt. Offensichtlich wird der Alterseinfluß durch andere Variablen

Regressoren	Anteil	Erwerbstätigenquote Abweichungen vom Mittelwert 0.333		Anteil	Arbeitsstunden Abweichungen vom Mittelwert 37.8	
		ohne Berück-sichtigung weiterer Regressoren	mit Berück-sichtigung weiterer Regressoren		ohne Berück-sichtigung weiterer Regressoren	mit Berück-sichtigung weiterer Regressoren
bis 25	.054	.165 (a)	.250 (a)	.081	-0.4 (a)	2.7 (a)
25 - 35	.249	.049 (.006)	.177 (.005)	.285	-1.1 (.3)	1.2 (.3)
35 - 45	.223	.056 (.006)	.102 (.006)	.260	0.0 (.3)	0.7 (.3)
45 - 55	.189	.053 (.006)	-.027 (.006)	.219	1.0 (.3)	-0.2 (.3)
55 - 65	.176	-.087 (.006)	-.217 (.006)	.130	1.1 (.4)	-3.3 (.4)
65 u.m.	.109	-.261 (.006)	-.338 (.007)	.024	-1.1 (.6)	-11.0 (.6)

Tabelle 4.2.4./1

Erwerbstätigkeit und wöchentliche Arbeitsstunden von Ehefrauen in Abhängigkeit vom Lebensalter

teilweise kompensiert. Die in Tab. 4.2.4./2 wiedergegebene Abhängigkheit vom Alter und der Anzahl der Kinder stimmt in der Wirkungsrichtung mit den bereits graphisch präsentierten Ergebnissen überein. Auch hier ist erkennbar, daß die Berücksichtigung weiterer

Regressoren	Anteil	Erwerbstätigenquote Abweichungen vom Mittelwert 0.333		Anteil	Arbeitsstunden Abweichungen vom Mittelwert 37.8	
		ohne Berück-sichtigung weiterer Regressoren	mit Berück-sichtigung weiterer Regressoren		ohne Berück-sichtigung weiterer Regressoren	mit Berück-sichtigung weiterer Regressoren
Keine Kinder	.537	.011 (a)	.127 (a)	.555	.4 (a)	1.5 (a)
1 Kind/0-6[x)]	.088	-.004 (.005)	-.177 (.005)	.087	-2.9 (.3)	-2.5 (.3)
1 Kind/6-15	.127	.053 (.004)	-.022 (.004)	.147	-1.4 (.2)	-1.3 (.2)
2 Kinder/0-6	.038	-.112 (.007)	-.298 (.006)	.025	-0.1 (.5)	-2.8 (.5)
2 Kinder/6-15	.120	-.024 (.004)	-.154 (.004)	.111	0.0 (.3)	-2.2 (.3)
3 und mehr Kinder/0-6	.006	-.109 (.016)	-.339 (.015)	.004	6.8 (1.3)	-1.1 (1.2)
3 und mehr Kinder/6-15	.084	-.054 (.005)	-.213 (.005)	.070	2.6 (.3)	-1.3 (.3)

x) Alter des jüngst. Kindes

Tabelle 4.2.4./2

Erwerbstätigkeit und wöchentliche Arbeitsstunden von Ehefrauen in Abhängigkeit vom Alter und der Anzahl der Kinder unter 15 Jahren

Regressoren	Anteil	Erwerbstätigenquote Abweichungen vom Mittelwert 0.333		Anteil	Arbeitsstunden Abweichungen vom Mittelwert 37.8	
		ohne Berücksichtigung weiterer Regressoren	mit Berücksichtigung weiterer Regressoren		ohne Berücksichtigung weiterer Regressoren	mit Berücksichtigung weiterer Regressoren
Landwirte	.045	.586 (.006)	.412 (.015)	.123	14.4 (.4)	14.3 (.8)
Sonst. Selbst.	.099	.184 (.005)	.248 (.005)	.154	5.3 (.4)	6.9 (.4)
Beamte	.079	-.101 (.005)	-.080 (.006)	.055	-5.1 (.4)	-5.1 (.5)
Angestellte	.200	-.040 (.004)	-.033 (.005)	.176	-3.6 (.4)	-3.7 (.4)
Arbeiter	.404	.029 (.003)	-.015 (.004)	.439	-3.5 (.3)	-4.0 (.4)
Nichterwerbst.	.174	-.230 (a)	-.139 (a)	.054	-2.4 (a)	-2.7 (a)

Tabelle 4.2.4./3

Erwerbstätigkeit und wöchentliche Arbeitsstunden von Ehefrauen in Abhängigkeit von der sozialen Stellung des Ehemannes

Variablen die kinderspezifischen Einflüsse deutlicher hervortreten läßt. Nicht überraschend ist die in Tab. 4.2.4./3 dargestellte Abhängigkeit von der sozialen Stellung des Haushaltsvorstandes. Daß die Frauen von Landwirten und sonst. Selbständigen die höchsten Erwerbsquoten haben, war zu erwarten. Bestätigt wird auch die Sonderstellung der Beamten. Die Ehefrauen dieser Gruppe haben, wie zu er-

Regressoren	Anteil	Erwerbstätigenquote Abweichungen vom Mittelwert 0.333		Anteil	Arbeitsstunden Abweichungen vom Mittelwert 37.8	
		ohne Berücksichtigung weiterer Regressoren	mit Berücksichtigung weiterer Regressoren		ohne Berücksichtigung weiterer Regressoren	mit Berücksichtigung weiterer Regressoren
Kein Einkommen	.007	.557 (a)	.234 (a)	.010	15.2 (a)	1.9 (a)
0 - 600	.171	-.023 (.006)	.085 (.014)	.146	1.0 (.3)	2.1 (.8)
600 - 800	.298	.039 (.006)	.033 (.014)	.311	-1.1 (.2)	.1 (.8)
800 - 1200	.326	-.013 (.006)	-.030 (.014)	.289	-0.7 (.2)	-0.7 (.8)
1200 - 1800	.100	-.050 (.007)	-.083 (.014)	.078	1.4 (.3)	-0.8 (.8)
1800 u.m.	.054	-.041 (.007)	-.140 (.015)	.043	3.9 (.4)	-1.8 (.9)

Tabelle 4.2.4./4

Erwerbstätigkeit und wöchentliche Arbeitsstunden von Ehefrauen in Abhängigkeit vom monatlichen Nettoeinkommen des Ehemannes (ohne Landwirte)

kennen ist, eine signifikant geringere Erwerbstätigkeit als die Ehefrauen von Angestellten. Unter diesem Gesichtspunkt erscheint die gelegentlich zu findende Zusammenfassung von Beamten und Angestellten recht problematisch. Auch hinsichtlich der Einkommensabhängigkeit der Erwerbstätigkeit verheirateter Frauen werden durch Tab. 4.2.4./4 die Erwartungen bestätigt (22). Interessant ist jedoch, daß sich nur bei Berücksichtigung aller Regressoren eine eindeutige Kreuzelastizität ergibt. Vermutlich kommt es durch die Einbeziehung der sozialen Stellung zu dem erheblichen Rückgang der Erwerbstätigkeit in den höheren Einkommensklassen. Andernfalls kompensieren nämlich die durchweg hohen Erwerbsquoten von Selbständigen den negativen Einkommenseffekt. Tab 4.2.4./5 weist die Erwerbstätigkeit verheirateter Frauen in Abhängigkeit von der Staatsangehörigkeit aus. Nicht überraschend

Regressoren	Anteil	Erwerbstätigenquote Abweichungen vom Mittelwert 0.333		Anteil	Arbeitsstunden Abweichungen vom Mittelwert 37.8	
		ohne Berücksichtigung weiterer Regressoren	mit Berücksichtigung weiterer Regressoren		ohne Berücksichtigung weiterer Regressoren	mit Berücksichtigung weiterer Regressoren
Deutsche	.981	-.004 (a)	-.003 (a)	.968	-0.1 (a)	-0.1 (a)
Ausländer	.019	.229 (.009)	.139 (.008)	.032	1.6 (.5)	3.8 (.4)

Tabelle 4.2.4./5

Erwerbstätigkeit und wöchentliche Arbeitsstunden von Ehefrauen in Abhängigkeit von der Staatsangehörigkeit

ist hier die erheblich höhere Erwerbstätigkeit von Ausländerinnen. Ohne Berücksichtigung weiterer Regressoren liegt sie wohl noch höher als mit ihrer Berücksichtigung, weil Ausländerinnen im Mittel jünger sind als deutsche Ehefrauen und ihre Ehemänner in der Regel als Arbeiter tätig sind sowie ein unterdurchschnittliches Einkommen beziehen.

---

(22) Ohne Landwirte, da im Mikrozensus das Einkommen der Landwirte nicht erfragt wird.

Ausgehend von den skizzierten Modellvorstellungen ist jetzt noch die Abhängigkeit der Erwerbsbeteiligung jener im elterlichen Haushalt lebenden Kindern von relevanten Haushaltsvariablen zu untersuchen. Wie man aus den Abbildungen 4.2.4./1 und 4.2.4./2 entnehmen kann, unterscheidet sich die Erwerbstätigenquote dieser Gruppe erheblich von der Erwerbstätigenquote der als Haushaltsvorstände in Privathaushalten lebenden Ledigen sowie der ledigen Anstaltsinsassen. Bei einer differenzierten Erwerbstätigkeitsprognose wird es deshalb erforderlich sein, diese Gruppen zu trennen. Die Bestimmung der Erwerbsbeteiligung lediger Kinder in Haushalten könnte dann durch folgenden Ansatz erfolgen:

$$L_K = a_L + b_{L1}A + b_{L2}G + b_{L3}EE + b_{L4}HM + b_{L5}S + b_{L6}E + b_{L7}N$$

$$H_K = a_H + b_{L1}A + b_{L2}G + b_{L3}EE + b_{L4}HM + b_{L5}S + b_{L6}E + b_{L7}N$$

hierbei bedeutet:

L_K = Erwerbstätigkeit lediger Kinder im elterlichen Haushalt

H_K : wöchentliche Arbeitsstundenzahl lediger Kinder im elterlichen Haushalt

A +): Alter

G +): Geschlecht

EE+): Erwerbstätigkeit der Ehefrau des Haushaltsvorstandes

HM+): Anzahl der zusatzlichen Haushaltsmitglieder (neben Haushaltsvorstand, Ehefrau des Haushaltsvorstandes und dem jeweils betrachteten ledigen Kind)

S +): Soziale Stellung des Haushaltsvorstandes

E +): Monatliches Nettoeinkommen des Haushaltsvorstandes

N +): Staatsangehörigkeit

b_{ij} : Regressionskoeffizienten

a_i : Konstanten

+) Dummy-Variablen-Vektoren

In die ebenfalls mit dem Originalmaterial des Mikrozensus vom

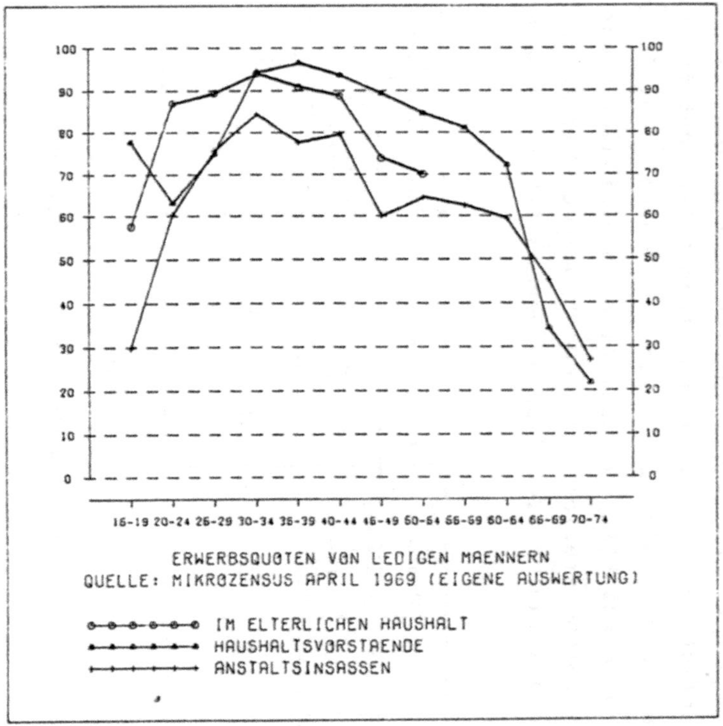

Abb. 4.2.4./1

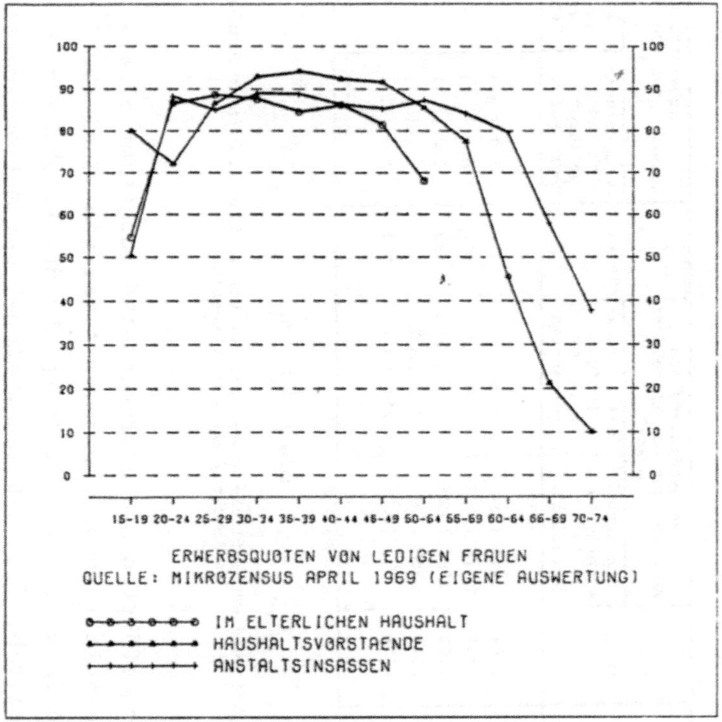

Abb. 4.2.4./2

Regressoren	Anteil	Erwerbstätigenquote Abweichungen vom Mittelwert 0.679		Anteil	Arbeitsstunden Abweichungen vom Mittelwert 42.7	
		ohne Berücksichtigung weiterer Regressoren	mit Berücksichtigung weiterer Regressoren		ohne Berücksichtigung weiterer Regressoren	mit Berücksichtigung weiterer Regressoren
15 - 18	.384	-.254 (a)	-.263 (a)	.240	-1.9 (a)	-1.9 (a)
18 - 20	.232	.114 (.005)	.111 (.004)	.271	-0.3 (.1)	-0.2 (.1)
20 - 22	.153	.166 (.005)	.174 (.005)	.190	0.8 (.1)	0.8 (.1)
22 - 25	.118	.180 (.006)	.195 (.006)	.149	1.1 (.1)	1.0 (.1)
25 - 30	.114	.213 (.006)	.223 (.006)	.150	1.6 (.1)	1.5 (.1)

Tabelle 4.2.4./6

Erwerbstätigkeit und wöchentliche Arbeitsstunden von ledigen Kindern im Haushalt in Abhängigkeit vom Lebensalter

April 1969 durchgeführten Regressionen sind insgesamt 57.685 im elterlichen Haushalt lebende Ledige im Alter von 15 bis 30 Jahren einbezogen, von denen 39.143 zum Zeitpunkt der Erhebung erwerbstätig waren. Aus Tab. 4.2.4./6 ist zunächst der mit dem Alter erheblich anwachsende Anteil der Erwerbstätigen ersichtlich. Ein altersspezifischer Einfluß anderer Variablen liegt offensichtlich nicht vor, denn dieser Anstieg wird durch weitere Regressoren, die neben dem Alter noch berücksichtigt wurden, nicht beeinflußt. Recht unterschiedliche Ergebnisse stellen sich jedoch bei der Variablen "Geschlecht" ein - wie Tab. 4.2.4./7 zu entnehmen ist -, je nachdem,ob

Regressoren	Anteil	Erwerbstätigenquote Abweichungen vom Mittelwert 0.679		Anteil	Arbeitsstunden Abweichungen vom Mittelwert 42.7	
		ohne Berücksichtigung weiterer Regressoren	mit Berücksichtigung weiterer Regressoren		ohne Berücksichtigung weiterer Regressoren	mit Berücksichtigung weiterer Regressoren
Männer	.573	.019 (a)	-.003 (a)	.589	0.4 (a)	0.2 (a)
Frauen	.427	-.025 (.004)	.004 (.003)	.411	-0.6 (.1)	-0.3 (.1)

Tabelle 4.2.4./7

Erwerbstätigkeit und wöchentliche Arbeitsstunden von ledigen Kindern im Haushalt in Abhängigkeit vom Geschlecht

Regressoren	Anteil	Erwerbstätigenquote Abweichungen vom Mittelwert 0.679		Anteil	Arbeitsstunden Abweichungen vom Mittelwert 42.7	
		ohne Berücksichtigung weiterer Regressoren	mit Berücksichtigung weiterer Regressoren		ohne Berücksichtigung weiterer Regressoren	mit Berücksichtigung weiterer Regressoren
Ehefrau nicht erwerbstätig	.524	-.038 (a)	-.012 (a)	.495	-0.7 (a)	-0.1 (a)
Ehefrau erwerbstätig	.312	.017 (.004)	.021 (.004)	.320	1.0 (.1)	0.2 (.1)
Keine Ehefrau im Haushalt	.024	.071 (.013)	.030 (.011)	.027	0.2 (.3)	-0.2 (.3)
Frau ist Haushaltsvorstand	.140	.090 (.006)	-.007 (.006)	.158	0.2 (.1)	0.0 (.1)

Tabelle 4.2.4./8

Erwerbstätigkeit und wöchentliche Arbeitsstunden von ledigen Kindern im Haushalt in Abhängigkeit von der Erwerbstätigkeit der Ehefrau des Haushaltsvorstandes

man nur diese oder auch noch andere Variablen berücksichtigt. Während eine ausschließliche Berücksichtigung des Geschlechts zu nicht unerheblichen Unterschieden führt, ist bei einer Berücksichtigung weiterer Regressoren der Unterschied nicht mehr signifikant. Dieses Ergebnis dürfte darauf zurückzuführen sein, daß Frauen durchweg früher aus dem elterlichen Haushalt ausscheiden als Männer und

Regressoren	Anteil	Erwerbstätigenquote Abweichungen vom Mittelwert 0.679		Anteil	Arbeitsstunden Abweichungen vom Mittelwert 42.7	
		ohne Berücksichtigung weiterer Regressoren	mit Berücksichtigung weiterer Regressoren		ohne Berücksichtigung weiterer Regressoren	mit Berücksichtigung weiterer Regressoren
0	.287	.039 (a)	-.008 (a)	.304	0.0 (a)	-0.2 (a)
1	.311	-.020 (.005)	-.011 (.004)	.302	-0.2 (.1)	-0.1 (.1)
2	.203	-.034 (.006)	-.005 (.005)	.192	0.2 (.1)	0.3 (.1)
3 u.m.	.199	.009 (.006)	.035 (.005)	.202	0.1 (.1)	0.3 (.1)

Tabelle 4.2.4./9

Erwerbstätigkeit und wöchentliche Arbeitsstunden von ledigen Kindern im Haushalt in Abhängigkeit von der Zahl der neben Haushaltsvorstand, Ehefrau des Haushaltsvorstandes und dem betrachteten ledigen Kind sonst noch zum Haushalt gehörigen Personen

Regressoren	Anteil	Erwerbstätigenquote Abweichungen vom Mittelwert 0.679		Anteil	Arbeitsstunden Abweichungen vom Mittelwert 42.7	
		ohne Berücksichtigung weiterer Regressoren	mit Berücksichtigung weiterer Regressoren		ohne Berücksichtigung weiterer Regressoren	mit Berücksichtigung weiterer Regressoren
Landwirte	.049	.180 (.010)	.076 (.019)	.062	7.2 (.2)	6.6 (.4)
Sonst. Selbst.	.142	-.064 (.007)	-.016 (.007)	.129	1.8 (.2)	1.5 (.2)
Beamte	.077	-.214 (.008)	-.160 (.008)	.053	-0.9 (.2)	-1.0 (.2)
Angestellte	.179	-.142 (.007)	-.108 (.007)	.142	-0.9 (.2)	-0.9 (.2)
Arbeiter	.411	.065 (.006)	.072 (.006)	.450	-1.0 (.1)	-0.7 (.1)
Nichterwerbst.	.141	.110 (a)	.005 (a)	.164	-0.3 (a)	-0.7 (a)

Tabelle 4.2.4./10

Erwerbstätigkeit und wöchentliche Arbeitsstunden von ledigen Kindern im Haushalt in Abhängigkeit von der sozialen Stellung des Haushaltsvorstands

somit im Mittel jünger sind. Jüngere Kinder haben jedoch eine geringere Erwerbsbeteiligung als ältere und deshalb ist auch bei Außerachtlassung des Altersunterschiedes die Erwerbsbeteiligung der Kinder weiblichen Geschlechts im Mittel kleiner. In Tabelle 4.2.4./8 ist die Abhängigkeit der Erwerbstätigkeit lediger Kinder von der Erwerbstätigkeit der Ehefrau des Haushaltsvorstandes dargestellt. Der geringe Einfluß einer nicht erwerbstätigen Ehefrau bei

Regressoren	Anteil	Erwerbstätigenquote Abweichungen vom Mittelwert 0.679		Anteil	Arbeitsstunden Abweichungen vom Mittelwert 42.7	
		ohne Berücksichtigung weiterer Regressoren	mit Berücksichtigung weiterer Regressoren		ohne Berücksichtigung weiterer Regressoren	mit Berücksichtigung weiterer Regressoren
Kein Einkommen	.009	.176 (a)	.032 (a)	.021	1.5 (a)	0.0 (a)
0 - 600	.355	.054 (.008)	.046 (.018)	.379	-0.3 (.2)	0.0 (.4)
600 - 800	.225	.055 (.009)	.024 (.018)	.241	-0.2 (.2)	0.0 (.4)
800 - 1200	.229	-.040 (.009)	-.023 (.018)	.213	-0.2 (.2)	-0.1 (.4)
1200 - 1800	.089	-.112 (.010)	-.055 (.019)	.074	1.4 (.2)	0.5 (.4)
1800 u.m.	.042	-.331 (.012)	-.286 (.020)	.021	1.5 (.3)	0.0 (.5)

Tabelle 4.2.4./11

Erwerbstätigkeit und wöchentliche Arbeitsstunden von ledigen Kindern im Haushalt in Abhängigkeit vom Nettoeinkommen des Haushaltsvorstandes (ohne Landwirte)

einer Berücksichtigung weiterer Regressoren ist vornehmlich auf die Einbeziehung der Einkommensvariablen zurückzuführen. Immerhin sind Ehefrauen ja dann in geringerem Umfang erwerbstätig, wenn das Einkommen des Ehemannes hoch liegt und diese Abhängigkeit gilt - wie noch zu zeigen sein wird - auch für Kinder. Läßt man bei einer Untersuchung der Erwerbstätigkeit der Kinder das Einkommen des Haushaltsvorstandes außer Betracht, so muß dies zwangsläufig zu einer ausgeprägten Abhängigkeit von der Erwerbstätigkeit der Ehefrau führen.Die Anwesenheit weiterer Haushaltsmitglieder(neben Haushaltsvorstand, Ehefrau des Haushaltsvorstands und dem betrachteten ledigen Kind) - siehe Tab. 4.2.4./9 - ist nur von geringer Bedeutung für die Erwerbstätigkeit und könnte wohl bei einer Simulation außer Betracht bleiben. Schon eher dürfte hier das Einkommen der übrigen Haushaltsmitglieder bzw. ihre Erwerbstätigkeit von Einfluß sein. Die in Tab. 4.2.4./10 dargestellte Auswirkung der sozialen Stellung des Haushaltsvorstandes auf die Erwerbstätigkeit lediger Kinder stimmt in der Wirkungsrichtung mit dem Einfluß, den diese Variable auf die Erwerbstätigkeit der Ehefrau ausübt, überein; sie ist allerdings weniger ausgeprägt. Gleiches gilt für die in Tabelle 4.2.4./11 dargestellte Einkommensabhängigkeit. Wie man Tab. 4.2.4./12 entnehmen kann, ist dagegen die Staatsangehörigkeit lediger Kinder im Gegensatz zu der der Ehefrau von untergeordneter Bedeutung.

Regressoren	Anteil	Erwerbstätigenquote Abweichungen vom Mittelwert 0.679		Anteil	Arbeitsstunden Abweichungen vom Mittelwert 42.7	
		ohne Berücksichtigung weiterer Regressoren	mit Berücksichtigung weiterer Regressoren		ohne Berücksichtigung weiterer Regressoren	mit Berücksichtigung weiterer Regressoren
Deutsche	.984	-.001 (a)	.000 (a)	.983	0.0 (a)	0.0 (a)
Ausländer	.016	.040 (.016)	-.004 (.013)	.017	-0.6 (.3)	0.1 (.3)

Tabelle 4.2.4./12

Erwerbstätigkeit und wöchentliche Arbeitsstunden von ledigen Kindern im Haushalt in Abhängigkeit von der Staatsangehörigkeit

Trotz der erkennbaren signifikanten Zusammenhänge zwischen Einkommensgrößen und Erwerbsbeteiligung erscheint eine Einbeziehung der Abhängigkeiten in ein Prognosemodell in dieser Form problematisch. Betrachtet man etwa die negative Einkommenselastizität der Erwerbstätigkeit von verheirateten Frauen, so wäre bei einem steigenden Einkommen der Ehemänner ein zunehmender Rückgang zu erwarten. Tatsächlich ist jedoch in den letzten Jahren ein stetiger Anstieg erkennbar. LONG hat versucht, hier einen Erklärungszusammenhang herzustellen und bezeichnet diese auch in den USA feststellbare Entwicklung als die Resultante gegenläufiger Tendenzen (23). Neben einer durch sogen. "statische", d.h. auf einer Analyse von Querschnittsdaten beruhenden Untersuchung nachgewiesenen negativen Kreuzelastizität, sind zusätzliche Trends zu berücksichtigen, die diese Entwicklung überkompensieren. So verkürzt u.a. die zunehmende Ausstattung der Haushalte mit modernen Küchengeräten die Hausarbeitszeit ständig, eine sinkende Geburtenrate und zunehmende Vorschulerziehung verringern den Aufwand für die Kinderbetreuung, und ein höheres Bilddungsniveau weckt allgemein ein stärkeres Interesse an einer Berufstätigkeit. Zudem ist der absolute Anstieg des Einkommens zumeist nicht mit einer relativen Verbesserung der Einkommenslage verbunden und in dem Maße, in dem das Einkommen steigt, steigen auch die Ansprüche bezüglich des angestrebten Lebensstandards, so daß sich für den einzelnen Haushalt im Zeitverlauf kaum eine

---

(23) Siehe C.D.LONG, The Labor Force under Changing Income and Employment, Princeton/New Jersey 1958, S.9 ff. In mehreren ökonometrischen Makro-Modellen wurde versucht, den Zeitverlauf von Erwerbsquoten zu schätzen. Siehe hierzu u.a. S.W.BLACK und H.H.KELEJIAN, A Macro Model of the U.S.Labor Market, in: Econometrica, 38(1970), S. 718 ff.; auch R.C.FAIR, Labor Force Participation, Wage Rates and Money Illusion, in: RevEcStat, 53(1971), S. 164 ff. Schätzungen für die BRD sind zu finden bei K.SCHLOENBACH, Ökonometrische Analyse der Lohn- und Arbeitsmarktentwicklung in der Bundesrepublik Deutschland 1957 - 1968, Meisenheim 1972 .

Änderung ergibt.

Neben diesen soeben diskutierten und evtl. einmal modell-endogen erklärbaren Bestimmungsgründen wird die zukünftige Entwicklung der Erwerbsbeteiligung zu einem erheblichen Umfang beeinflußt werden durch exogene *arbeitsmarkt- und gesellschaftspolitische Maßnahmen*. Bei einem rein extrapolativen Ansatz wird unterstellt, daß die hierin implizit enthaltenen Zielvorstellungen weiterhin gültig bleiben sollen. Es ist jedoch nicht nur vorstellbar, sondern sogar wahrscheinlich, daß sich in den kommenden Jahren ganz andere arbeitsmarkt- und gesellschaftspolitische Ziele herausbilden, die eine Abkehr von den in der Vergangenheit beobachteten Trends schaffen werden (24).

Eine status-quo-Prognose bleibt deshalb unzureichend; es muß möglich sein, in einem Prognosesystem über Instrumentvariationen die Auswirkungen alternativer Maßnahmen zu analysieren. Der hier gewählte weitgehend disaggregierte Erklärungszusammenhang wird es einmal erlauben, in Verbindung mit einem computerunterstützten Simulator eine Fülle von arbeitsmarkt- und gesellschaftspolitische relevanten Instrumentvariablen in das Systen zu integrieren und ihre Auswirkungen auf die Erwerbsbeteiligung der Bevölkerung zu erfassen. Zu nennen sind hier u.a. die Dauer der Berufsausbildung, die Altersgrenze in der gesetzlichen Rentenversicherung, der Umfang der institutionellen Betreuung von Kindern, die Zahl der arbeitsfreien Tage im Jahr, die wöchentliche Arbeitszeit, die Zahl der ausländischen Arbeitskräfte. Freilich wird es dabei jedoch teilweise notwendig werden, zusätzliche Verhaltensfunktionen in das System einzubeziehen,

---

(24) Siehe D.MERTENS, Längerfristige Arbeitsmarktprognose bei alternativer Arbeitsmarkt- und Gesellschaftspolitik, in: IAB-Mitteilungen, Nr. 10, 1969, S. 782 f.

die einen Wirkungszusammenhang zwischen bestimmten arbeitsmarkt- und gesellschaftspolitischen Maßnahmen und den Variablen des Prognosemodells herstellen.

4.3. Die Struktur des Simulationsprozesses

4.3.1. Bestandsrechnung versus Zu- und Abgangsrechnung

Die modellmäßige Erfassung von Erwerbstätigkeitsprozessen kann auf verschiedenen Wegen erfolgen. Grundsätzlich hat man die Wahl zwischen einer Bestandsrechnung sowie einer Stromrechnung, wobei sich zusätzlich als Alternative anbietet, Individual- und Gruppen-Variablen zu erfassen. Naheliegen würde es hier, an den Bevölkerungssimulator, durch den einzelne Personen bzw. Haushalte periodenweise fortgeschrieben werden, unmittelbar einen Individual-Simulator anzuschließen, in dem die Erwerbsbeteiligung der einzelnen Haushaltsmitglieder bestimmt wird. In Abhängigkeit von bestimmten Merkmalen der Person und des Haushalts könnte festgelegt werden, ob und mit wieviel Wochenstunden ein Haushaltsmitglied erwerbstätig ist.

Dieser Weg wird von ORCUTT, GREENBERGER, KORBEL und RIVLIN (1) beschritten. Sie bilden Quoten, die angeben, wie groß in Abhängigkeit von bestimmten Merkmalen die Wahrscheinlichkeit ist, daß ein Individuum von einem beliebigen Erwerbstätigkeitszustand in der Vorperiode in einen beliebigen Erwerbstätigkeitszustand in der laufenden Periode übergeht. Eine Übertragung dieses Ansatzes auf ein Erwerbstätigkeitsmodell für die BRD scheitert allerdings gegenwärtig allein schon an dem Mangel geeigneter Daten (2). Notwendig wären nämlich Verlaufsuntersuchungen, mittels derer für bestimmte sozioökonomische Gruppen

---

(1) Siehe G.H.ORCUTT et al., Microanalysis ... , S. 175 ff.

(2) Relativ brauchbare Daten wird vermutlich die Zusatzerhebung zum Mikrozensus April 1971 erbringen, die eine umfassende Längsschnittanalyse der Erwerbstätigkeit der befragten Personen enthält.

entsprechende Übergangswahrscheinlichkeiten geschätzt werden könnten. Da infolge einer weitgehenden Disaggregation stets nur ein kleiner Bruchteil der Grundgesamtheit als Basis für eine Quotenbildung benutzt werden kann und nur bei einem sehr kleinen Teil der Personen Veränderungen zwischen zwei Perioden erkennbar sein werden, kommt erschwerend hinzu, daß die entsprechende Stichprobe relativ groß sein muß, wenn man einigermaßen brauchbare Daten erhalten will.

Neben dieses formal-statistische Problem tritt jedoch noch ein simulationstechnischer Hinderungsgrund. Während ORCUTT et al. bei der Auslegung ihres Modells davon ausgehen, daß ihnen Monatsdaten zur Verfügung stehen und damit auch ein rekursiver Simulationsansatz gerechtfertigt sein kann, läßt sich bei einer Periodenlänge von einem Jahr nicht mehr vernachlässigen, daß innerhalb einer Periode interdependente Beziehungen zwischen der Erwerbstätigkeit der Bevölkerung und gesamtwirtschaftlichen Größen bestehen, die eine iterative Lösungstechnik erfordern und damit die sehr zeitaufwendige Individual-Simulation bei der Erwerbstätigkeitsprognose ausschließen.

Wenn somit eine Zu- und Abgangsrechnung auf der Basis von Individualdaten nicht durchführbar ist oder zumindest nicht zweckmäßig erscheint, kann man auch daran denken, ähnliche Berechnungen mit Gruppen-Variablen vorzunehmen. Der Erwerbspersonenbestand wird dann nicht durch eine Transformation von Individualdaten sondern mithilfe spezifischer Zu- und Abgangsquoten fortgeschrieben. Dieses Prognoseverfahren arbeitet analog zu den in der amtlichen Bevölkerungsvorausschätzung üblichen Verfahren der periodenweisen Fortschreibung von Personengruppen. Für Arbeitsmarktprognosen wurde es in Deutschland erstmalig vom BATTELLE-INSTITUT herangezogen. In Verbindung mit einer Bevölkerungsvorausschätzung erfolgte hier eine

Prognose des Neuangebots von Berufsanfängern aus dem Bildungssystem sowie eine Projektion des Abgangs von Personen aus dem Erwerbsprozeß und ihres möglichen Wiedereintritts in den Erwerbsprozeß (3).

Freilich bestehen hier ähnliche Probleme der Datenbeschaffung wie bei einer Simulation von Individualdaten (4). Während sich die Schulanfängerzahlen noch relativ sicher vorausberechnen lassen, ist es schon bedeutend schwerer, die Abgänge aus den allgemeinbildenden Schulen zu ermitteln. Vor allem aber für eine Prognose der Zu- und Abgänge im berufsbildenden Schulsystem sowie im Fach- und Hochschulbereich erweist sich das Datenmaterial als lückenhaft und unzureichend (5) , so daß sich schon das Neuangebot von Berufsanfängern aus dem Bildungssystem mittels dieser Verfahren nur schwer vorausschätzen läßt.

Noch problematischer ist jedoch die Erfassung von Abgangsquoten. Das BATTELLE-INSTITUT hat hier bei seinen Berech - nungen zwei verschiedene Verfahren angewandt, die zu unterschiedlichen Ergebnissen führten. Einmal wurden globale Abgangsquoten verwandt, bei denen die Differenz des Bestandes von Kohorten inländischer Erwerbspersonen zwischen zwei aufeinander folgenden Jahren jeweils auf

(3) BATTELLE-INSTITUT (Hrsg.), Quantitative und qualitative Vorausschau auf dem Arbeitsmarkt der Bundesrepublik Deutschland mit Hilfe eines Strukturmodells, Frankfurt 1969; siehe hierzu auch L.ALEX, Prognose der Arbeitsmarktentwicklung und ihre Probleme, in: Bundesarbeitsblatt, 21(1970), S. 13 ff.

(4) Siehe W.KLAUDER und G.KÜHLEWIND, Zur längerfristigen Vorausschätzung des Arbeitskräfteangebots in der Bundesrepublik Deutschland ... , S. 801 ff.

(5) Dies liegt vor allem darin begründet, daß die deutschen Bildungsstatistiken vornehmlich Bestandszahlen ausweisen, die sich nur schwer in Verlaufsströme umrechnen lassen.

den Bestand des Vorjahres bezogen ist. Vermutlich infolge von Stichprobenfehlern ergaben sich hier z.T. bei Zugrundelegung von Mikrozensus-Daten unplausible negative Abgangsquoten. Bei der alternativen Berechnung mittels ursachenspezifischer Abgangsquoten konnte dagegen auf ein zum Teil verläßlicheres Datenmaterial zurückgegriffen werden, wie z.B. allgemeine Sterbetafeln. Letztlich bleibt aber auch bei dieser Aufgliederung nach Ursachen (unterschieden wird hier zwischen Tod, Invalidität, Pensionierungsgrenze, Rückkehr ins Bildungssystem, Außenwanderung, familiäre Tatbestände) ungewiß, ob die Quoten einigermaßen realistisch erfaßt worden sind. Schon kleinere Fehlspezifizierungen bei einzelnen Quoten können sich nämlich durch die ständige Fortschreibung summieren und letztlich zu ganz erheblichen Fehlern führen. Dies gilt insbesondere dann, wenn relativ geringe Bestandsveränderungen aus hohen Zu- und Abgangszahlen resultieren (6).

Im Vergleich zur Individual-Simulation ist dieses Verfahren weniger rechenaufwendig und damit auch geeignet für eine iterative Systemlösungstechnik. Andererseits ist es jedoch eng mit einer Bevölkerungsprognose nach dem Gruppenkonzept verknüpft, so daß ein Anschluß an das hier entwickelte Bevölkerungsmodell nicht möglich ist.

Die Verknüpfung eines als Individual-Simulator konzipierten Bevölkerungsmoduls mit einem als Gruppen-Simulator ausge-

---

(6) Teilweise lassen sich die Ergebnisse dadurch verbessern, daß man die Berechnungen nach dem Netto- und nicht nach dem Brutto-Verfahren durchführt. Während sich die Brutto-Daten nämlich auf reine Zu- bzw. Abgänge beziehen, werden bei dem Netto-Verfahren nur die entsprechenden Salden bei der Berechnung zugrundegelegt. Siehe hierzu W.KLAUDER und G.KÜHLEWIND, Zur längerfristigen Vorausschätzung des Arbeitskräfteangebots in der Bundesrepublik Deutschland ..., S. 800.

legten Modul zur Prognose des Erwerbstätigkeitsprozesses läßt sich am einfachsten realisieren, wenn jene Prognose des Erwerbstätigkeitsprozesses über eine Bestandsrechnung erfolgt. Nach einer Aggregation des durch eine Individual-Simulation fortgeschriebenen Bevölkerungsbestandes hinsichtlich relevant erscheinender Merkmale wird bei diesem Verfahren die Erwerbsbeteiligung einzelner Bevölkerungsgruppen mittels gruppenspezifischer Erwerbsquoten bestimmt.

Im Gegensatz zu einer Stromrechnung lassen sich hiermit allerdings nur schwer Strukturveränderungen berücksichtigen. Während nämlich bei einer Stromrechnung allein schon aus einmaligen Bestandsveränderungen Strukturverschiebungen erklärt werden können, ist dies bei einer Bestandsrechnung nicht so einfach möglich, da sich die Bestandsquoten jeweils nur auf eine Bestandsgruppe beziehen, während die Stromrechnung die Übergänge eines Ausgangsbestandes in andere Gruppen beschreibt, so daß sich die Bestandsveränderung in einer Gruppe mittelbar auf viele andere Gruppen auswirken kann. An einem Beispiel sei dies verdeutlicht: Bei einer Veränderung der Altersgrenze in der gesetzlichen Rentenversicherung müßte bei einer Zu- und Abgangsrechnung lediglich bestimmt werden, wieviel Personen in einem Jahr zusätzlich aus dem Erwerbsleben ausscheiden werden. Sind diese Personen jedoch einmal aus dem Erwerbsleben ausgeschieden, so können sie in den folgenden Altersgruppen außer Betracht bleiben. Dagegen sind bei einer Bestandsrechnung die Erwerbsquoten auch noch in allen folgenden Altersgruppen zu verändern. Freilich bedarf auch dies einer Einschränkung. Es ist nämlich kaum anzunehmen, daß eine Veränderung der Altersgrenze ohne Einfluß auf die Abgangsquoten in den folgenden Jahren sein wird. Von einer Inanspruchnahme eines vorgezogenen Altersruhegeldes werden nämlich vor allem solche Personen Gebrauch machen, die ohnehin nicht mehr voll leistungsfähig sind, so daß beispielsweise mit einem Rückgang der Invalidisierungshäufigkeiten in den folgenden Jahren gerechnet werden kann. Man sieht an diesem Beispiel, daß auch bei einer Stromrechnung eine genaue Spezifizierung von Strukturveränderungen nicht ohne Schwierigkeiten ist. Andererseits konnte ja schon am Beispiel der Erwerbsbeteiligung verheirateter Frauen gezeigt werden, daß sich bei einer weitgehenden Disaggregation Strukturveränderungen auch durch eine Bestandsrechnung endogen erklären lassen.

Da in der BRD vierteljährlich durch eine Mikrozensus-Erhebung Daten über die Erwerbsbeteiligung der Bevölkerung erfragt werden, kann bei einer Bestandsrechnung zumindest auf ein relativ aktuelles und zuverlässiges Datenmaterial zurückgegriffen werden, das sich auch nach vielerlei demographischen Merkmalen aufschlüsseln läßt. Natürlich ergeben sich auch hier Grenzen für eine Disaggregation. Allein schon bei einer Untergliederung der Erwerbsquoten nach Altersgruppen zeigen sich Ausschläge, die zu einem erheblichen Teil nur durch die geringe Besetzung dieser Gruppen und dem damit verbundenen Stichprobenfehler zu erklären sind (7).

Als wesentlicher Vorteil einer Bestandsrechnung wird hier die Tatsache angesehen, daß sie relativ leicht in ein ökonometrisches Makro-Modell einbaubar ist. Sowohl vom verfügbaren Datenmaterial her wie auch unter dem Gesichtspunkt der Lösungstechnik ist es nämlich möglich, interdependente Beziehungen zwischen der Erwerbsbeteiligung einzelner Bevölkerungsgruppen und anderen ökonomischen Variablen zu erfassen. Es lassen sich so nicht nur Trendüberlegungen anstellen, sondern man kann auch die Abhängigkeit der Erwerbsquoten von ökonomischen Daten berüchsichtigen

---

(7) Vergl. W.KLAUDER und G.KÜHLEWIND, Zur längerfristigen Vorausschätzung des Arbeitskräfteangebots in der Bundesrepublik Deutschland ... , S. 800.

und damit jeweils Aussagen über die Beschäftigungslage einzelner Bevölkerungsgruppen in Abhängigkeit vom Konjunkturverlauf machen. Auch wenn dieser Gedanke hier nicht weiter verfolgt werden wird, so erscheint es doch notwendig, schon bei der Gestaltung solch eines Systems die Möglichkeiten seines weiteren Ausbaus bei Strukturentscheidungen zu berücksichtigen (8).

4.3.2. DAS MODELL ZUR BERECHNUNG DER ERWERBSTÄTIGKEIT UND ERWERBSINTENSITÄT

Die Bestimmung der Erwerbsbeteiligung der Bevölkerung erfolgt hier nach einem Bestandsrechnungsverfahren. Ausgehend von einem Bevölkerungsquerschnitt zu einem Zeitpunkt werden dabei mittels Erwerbsquoten die Erwerbspersonenzahlen in den jeweiligen Bestandsgruppen ermittelt und mit gruppenspezifischen Erwerbsintensitäten gewichtet.

Von ähnlichen Berechnungen unterscheidet sich das hier angewandte Verfahren zunächst nur durch eine weitergehende

---

(8) An dieser Stelle sei insbesondere auf neuere Veröffentlichungen hingewiesen, in denen Vorschläge gemacht werden, wie sich das angebotsorientierte social-demand-Konzept mit dem nachfrageorientierten manpower-Konzept verbinden läßt. Siehe hierzu H.GERFIN, W.KIRNER und J.WULF, Entwürfe für disaggregierte Modelle zur Arbeitsmarktprognose für die Bundesrepublik Deutschland, Berlin 1972; G.WEIßHUHN, Zum Problem des Arbeitsmarktgleichgewichts in der wachstumsorientierten Arbeitskräfte- und Bildungsplanung, in: VJWF 1971, S. 157 ff.; W.KIRNER, Ein interregionales Gesamtmodell für die BRD, Konzept eines Forschungsprojekts, in: VJWF 1971, S. 148 .

Disaggregation (9). Während man allgemein die Erwerbsquote nach Altersklassen sowie dem Geschlecht untergliedert und bei Frauen zusätzlich noch eine Disaggregation nach dem Familienstand vornimmt, wird hier auch bei Männern der Familienstand berücksichtigt und die verheirateten Frauen werden auch nach dem Alter und der Anzahl ihrer Kinder unterschieden, um die Phasenerwerbstätigkeit modell-endogen erfassen zu können.

Die folgenden Berechnungen gehen von Matrizen aus, die jeweils n=20 Zeilen und m=17 Spalten haben. Durch die Zeilen erfolgt eine Untergliederung nach Altersjahren, wobei jeweils fünf Altersklassen zusammengefaßt sind, so daß in der Matrix die Bevölkerung von 0 bis 99 Jahren enthalten ist. Die Spalten unterteilen dagegen die Elemente nach den folgenden demographischen Merkmalen:

1. Männer, ledig
2. Männer, verheiratet
3. Männer, verwitwet
4. Männer, geschieden
5. Frauen, ledig
6. Frauen, verheiratet, keine Kinder
7. Frauen, verheiratet, 1 Kind, Alter 0 - 5 Jahre
8. Frauen, verheiratet, 1 Kind, Alter 6 - 14 Jahre
9. Frauen, verheiratet, 1 Kind, Alter 15 - 17 Jahre
10. Frauen, verheiratet, 2 Kinder, Alter d. jüngst. Kindes 0 - 5 Jahre
11. Frauen, verheiratet, 2 Kinder, Alter d. jüngst. Kindes 6 - 14 Jahre
12. Frauen, verheiratet, 2 Kinder, Alter d. jüngst. Kindes 15 - 17 Jahre
13. Frauen, verheiratet, 3 u.m. Kinder, Alter d. jüngst. Kindes 0 - 5 Jahre
14. Frauen, verheiratet, 3 u.m. Kinder, Alter d. jüngst. Kindes 6 - 14 Jahre
15. Frauen, verheiratet, 3 u.m. Kinder, Alter d. jüngst. Kindes 15 - 17 Jahre
16. Frauen, verwitwet
17. Frauen, geschieden

Soweit nichts anderes angegeben ist, beziehen sich die Aussagen auf alle $i=1, \ldots, n$ sowie alle $j=1, \ldots, m$. Großbuchstaben beschreiben jeweils eine Matrix, Kleinbuchstaben mit Indices die Elemente der entsprechenden Matrix und Kleinbuchstaben ohne Indices einen Skalar.

(9) Vergl. u.a. W.KLAUDER und G.KÜHLEWIND, Projektionen des Angebots an inländischen Arbeitskräften in der Bundesrepublik Deutschland für die Jahre 1973, 1975 und 1980, in: IAB-Mitteilungen, 3(1970), S. 10 ff.; L.HERBERGER und W.WERMTER, Vorausschätzung der Erwerbspersonen bis 1985, in: WISTA 1970, S. 459 ff.

Bezeichnet man den Bevölkerungsbestand einer Gruppe mit b(i,j), den relativen Anteil der Erwerbspersonen in dieser Gruppe mit eq(i,j), so bestimmt sich die Zahl der Erwerbspersonen ep(i,j) in dieser Gruppe zu

$$ep(i,j) = b(i,j) \cdot eq(i,j) \qquad \text{(Gl. 4.3.2./1)}$$

Die Gesantzahl der Erwerbspersonen beträgt dann

$$epg = \sum_i \sum_j ep(i,j) \qquad \text{(Gl. 4.3.2./2)}$$

und der gesamte Bevölkerungsbestand

$$bvg = \sum_i \sum_j b(i,j) \qquad \text{(Gl. 4.3.2./3)}$$

Setzt man die Gesamtzahl der Erwerbspersonen in Beziehung zum gesamten Bevölkerungsbestand, so läßt sich endogen die resultierende Gesamterwerbsquote bestimmen zu

$$eqg = epg \,/\, bvg \qquad \text{(Gl. 4.3.2./4)}$$

Entsprechend lassen sich die endogen ergebenden Erwerbsquoten für Teilaggregate errechnen, so daß man auf diesem Wege die aus Veränderungen der Bevölkerungsstruktur resultierenden Veränderungen der Erwerbsquoten beliebiger Personenaggregate bestimmen kann.

Die hier beabsichtigte Einbeziehung der Erwerbsintensitäten legt nun allerdings eine noch weitergehende Disaggregation des Modells nahe. Definitionsgemäß setzt sich die Zahl der Erwerbspersonen aus der Zahl der Erwerbslosen EL und der Zahl der Erwerbstätigen ET zusammen, d.h. in Matrizenschreibweise

$$EP = EL + ET \qquad \text{(Gl. 4.3.2./5)}$$

wobei die Erwerbstätigen weiter untergliedert werden können

in die Selbständigen ES und die abhängig Beschäftigten EA, d.h.

$$ET = ES + EA \qquad \text{(Gl. 4.3.2./6)}$$

so daß sich die Erwerbspersonen auch errechnen lassen über die jeweiligen Beteiligungsquoten. Für die einzelnen Elemente gilt

$$ep(i,j) = b(i,j) \cdot \{qel(i,j) + qes(i,j) + qea(i,j)\} \qquad \text{(Gl. 4.3.2./7)}$$

wobei QEL die Quoten der Erwerbslosen, QES die Selbständigenquoten und QEA die Abhängigenquoten enthält.

Die aus einer Gewichtung der Zahl der Erwerbstätigen mit ihren jeweiligen Erwerbsintensitäten IES(Selbständige) und IEA(Abhängige) resultierenden Arbeitskrafteinheiten ergeben sich dann für jede Gruppe zu

$$ak(i,j) = b(i,j) \cdot \{qel(i,j) \cdot n(i,j) + qes(i,j) \cdot ies(i,j) + qea(i,j) \cdot iea(i,j)\} \qquad \text{(Gl. 4.3.2./8)}$$

wobei mit n(i,j) das Element einer Nullmatrix bezeichnet ist. Für die Gesamtzahl der Arbeitskrafteinheiten gilt dann

$$akg = \sum_i \sum_j ak(i,j) \qquad \text{(Gl. 4.3.2./9)}$$

Setzt man die Zahl der Arbeitskrafteinheiten in Beziehung zur Zahl der Erwerbspersonen, so läßt sich ein auf die Gesamtbevölkerung bezogener Intensitätsgrad ig errechnen, der vor allem im Zeitverlauf Interessante Aussagen liefern kann. Es gilt

$$ig = akg \,/\, epg \qquad \text{(Gl. 4.3.2./10)}$$

Entsprechende Berechnungen lassen sich auch in diesem Falle

für Teilaggregate durchführen.

Die den Berechnungen zugrundeliegenden Erwerbsquoten und Erwerbsintensitäten sind durch eine Auswertung des im April 1969 erhobenen Mikrozensus ermittelt worden. Sie beziehen sich nur auf den Bevölkerungsteil mit deutscher Staatsangehörigkeit.

Natürlich ist es nicht unproblematisch, solche Prognosen auf eine einzige Querschnittserhebung zu beziehen, da diese ja nur die jeweils aktuelle Arbeitsmarktlage beschreibt. Hier mußte jedoch dieser Weg beschritten werden, da für einen längeren Zeitraum kein hinreichend disaggregiertes Datenmaterial zur Verfügung stand, das in einer angemessenen Weise hätte aufbereitet werden können.

Dieser Mangel ist vor allem bei der Interpretation der Simulationsergebnisse zu berücksichtigen. So erscheint die Bezugnahme auf absolute Zahlen vor diesem Hintergrund nicht gerechtfertigt, doch man kann wohl annehmen, daß die Daten relativ zuverlässige Strukturinformationen enthalten. Immerhin lassen sich so schon Aussagen über die Auswirkungen von Veränderungen der Bevölkerungsstruktur auf die Erwerbsbeteiligung der Bevölkerung machen, die vergleichsweise recht differenziert sind.

5. DARSTELLUNG UND DISKUSSION DER PROGNOSEERGEBNISSE

Das beschriebene Simulationssystem wird dazu benutzt, einen für die Bundesrepublik Deutschland repräsentativen Bevölkerungsquerschnitt von rund 60.000 Personen (1) vom 31.12.69 bis zum Jahr 2000, d.h. bis zum 31.12.99 jahrgangsweise fortzuschreiben. Hier braucht nicht erneut betont zu werden, daß der Sinn dieser Vorausschätzung nicht darin liegen kann, die Entwicklung in den kommenden dreißig Jahren exakt vorherzusagen. Es ist zwar in der Bevölkerungswissenschaft durchaus üblich, über solche Zeiträume hinweg Prognosen zu erstellen, sie erfolgen jedoch stets mit der einschränkenden Annahme, daß die gegenwärtig erkennbaren Entwicklungstendenzen auch in den kommenden Jahren fortgelten werden und damit eine zeitinvariante Prozeß-Struktur vorliegt. Da sich die unterstellten Ereigniswahrscheinlichkeiten durchweg auf die Bevölkerungsbewegung im Jahre 1969 beziehen, kann nur gezeigt werden, welche Entwicklungen unter Zugrundelegung jener Ereigniswahrscheinlichkeiten zukünftig zu erwarten sind. Dies gestattet zunächst einmal durch einen Vergleich mit anderen Prognosen sowie der tatsächlich eintretenden Entwicklung eine differenzierte Beurteilung des Modells, man kann etwa allgemeine Aussagen machen über die stochastischen Eigenschaften, das Stabilitätsverhalten, die Prognosegenauigkeit und mögliche Spezifizierungsfehler, es erlaubt freilich auch mangels anderer Informationen eine Aussage über die künftige Entwicklung, wie sie dem gegenwärtigen Wissensstand entspricht.

Einige interessante Simulationsergebnisse werden im folgenden

---

(1) Vergl. Abschnitt 3.4.2.

dargestellt und diskutiert. Dabei wird der graphischen Darstellung gegenüber dem Abdruck von Zeitreihen in Tabellenform der Vorzug gegeben. Lediglich einige exemplarisch ausgewählte Zahlenwerte, die Aufschluß geben über die Fülle der bei einem Simulationslauf anfallenden Daten, sind im Anhang wiedergegeben. Für eine graphische Darbietung der Prognose spricht vor allem, daß sich nur in einer Zeichnung die relevante Information in derart komprimierter Form übermitteln läßt. Einmal werden nämlich die Daten dadurch in einer für die Beurteilung hinreichend genauen Weise erfaßt, und zudem kann man die sich ergebende zeitliche Entwicklung recht gut überblicken.

Um die modellimmanenten Auswirkungen unterschiedlicher Geburtenhäufigkeiten zu erfassen, werden hier zwei alternative Annahmen getroffen (2). Die als "PROGNOSE G69" bezeichnete Vorausschätzung berücksichtigt die Geburtenhäufigkeiten des Jahres 1969, d.h. es wird dort eine vergleichsweise niedrige Geburtenrate unterstellt. Dagegen liegen der "PROGNOSE G66" die relativ hohen Geburtenhäufigkeiten des Jahres 1966 zugrunde. Man hat somit die Möglichkeit, durch einen Vergleich beider Simulationsergebnisse einige aufgrund extrem unterschiedlicher Geburtenhäufigkeiten zu erwartende Einflüsse auf die Entwicklungspfade der prognostizierten Variablen abzuschätzen. Freilich bleibt zu beachten, daß die Geburtenhäufigkeiten des Jahres 1969 in den kommenden Jahren auch noch weiter sinken können; nach ersten vorläufigen Ergebnissen ist dies für das Jahr 1970 schon absehbar. Denkbar ist natürlich auch, daß wieder einmal die Häufigkeiten des Jahres 1966 überschritten werden. Diese Alternativrechnungen kann man somit lediglich als einen Versuch betrachten, auf der Basis der in den letzten Jahren zu beobachtenden

(2) Siehe Abschnitt 3.3.10.

extremen Verhaltensweisen Aussagen über die Auswirkungen von Änderungen der Geburtenhäufigkeiten zu machen, sie erscheinen jedoch ungeeignet, um Grenzpfade der Entwicklung abzustecken.

5.1. Die Bevölkerungsprognose

5.1.1. Die Bevölkerungsentwicklung. Ein Vergleich mit einer Prognose des STATISTISCHEN BUNDESAMTES

Zunächst liegt es nahe, anhand der Simulationsergebnisse die Entwicklung des Gesamtbestandes der Bevölkerung zu verfolgen. Bei allen Bevölkerungsvorausschätzungen wird vornehmlich hierüber eine Aussage gemacht, so daß sich an dieser Stelle auch eine erste Vergleichsmöglichkeit eröffnet. In den vergangenen Jahren wurden vom STATISTISCHEN BUNDESAMT mehrere Prognosen veröffentlicht, zuletzt eine Vorausschätzung für die Jahre 1971 bis 2000 (3), der als Ausgangsquerschnitt der Bevölkerungsaufbau am 31.12.69 zugrunde liegt. Da Ausgangszeitpunkt und Prognosehorizont mit den hier erstellten Vorausschätzungen übereinstimmen, bietet sich diese Prognose für einen Vergleich an.

(3) Siehe STATISTISCHES BUNDESAMT (Hrsg.), Vorausschätzung der Bevölkerung für die Jahre 1971 bis 2000, Fachserie A: Bevölkerung und Kultur, Reihe 1: Bevölkerungsstand und Entwicklung, Sonderbeitrag, Stuttgart-Mainz 1971; sowie K.KAMP und G.R.RÜCKERT, Voraussichtliche Bevölkerungsentwicklung bis 1985 ... , S. 667 ff.

Die Prognoseergebnisse können allerdings nicht uneingeschränkt gegenübergestellt werden, da keine Übereinstimmung in bezug auf die in die Prognose einbezogene Grundgesamtheit der Bevölkerung besteht. Während die hier vorgelegten Simulationsergebnisse sich nur auf die deutsche Wohnbevölkerung beziehen, geht die Prognose des STATISTISCHEN BUNDESAMTES von der Wohnbevölkerung insgesamt aus, d.h. auch die in der Bundesrepublik lebenden Ausländer werden mit erfaßt. Die früher z.T. übliche Trennung der verschiedenen Bevölkerungsteile unter Einbeziehung eines Ausländerkorrekturmodells, das verhinderte, daß die in der Bevölkerung enthaltenen Ausländer mit der deutschen Bevölkerung im Verlauf der Vorausschätzungsperiode in höhere Altersgruppen aufrückten, wurde zuletzt aufgegeben zugunsten einer Vorausschätzung mit Wanderungen. Es zeigt sich freilich, daß keine Möglichkeit besteht, die getroffenen Wanderungsannahmen in ihrer Auswirkung auf den Altersaufbau zu neutralisieren, so daß diese Vorausschätzungen für einen Vergleich ungeeignet sind. Deshalb wird hier die Bevölkerungsvorausschätzung ohne Wanderungen des STATISTISCHEN BUNDESAMTES den erstellten stochastischen Prognosen gegenübergestellt. Dies wird bei einer Analyse von Abweichungen zu berücksichtigen sein.

Aus Abb. 5.1.1./1 ist der Entwicklungsverlauf des Bevölkerungsbestandes bei den verschiedenen Prognosen zu entnehmen. Während die Prognose G66 noch eine Zunahme der deutschen Wohnbevölkerung bis zum Jahr 2000 erwarten läßt, bleibt der Bevölkerungsbestand unter Zugrundelegung der Geburtenhäufigkeiten des Jahres 1969 praktisch unverändert. Mitten zwischen diesen beiden Prognosen verläuft der Entwicklungspfad der Vorausschätzung des STATISTISCHEN BUNDESAMTES, die bis zum Jahr 2000 einen Bevölkerungszuwachs von rund 2,5% erbringt. Dies ist insofern erstaunlich, als vom STATISTISCHEN BUNDESAMT zwar altersspezifische Fruchtbarkeitsziffern des Jahres 1969 verwendet werden, diese jedoch korrigiert sind, um den seither beobachteten

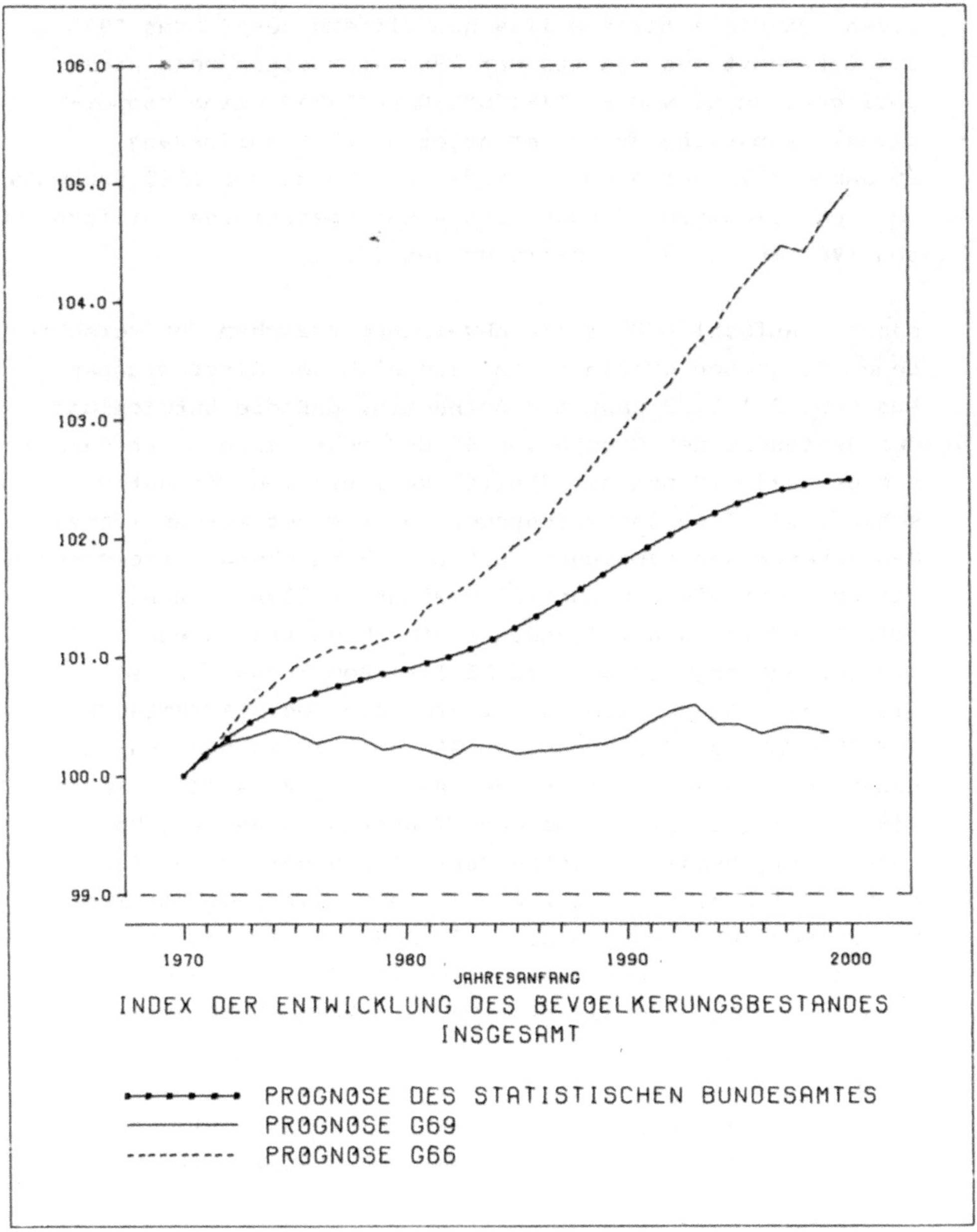
106.0
105.0
104.0
103.0
102.0
101.0
100.0
99.0
1970
1980
1990
2000
JAHRESANFANG
INDEX DER ENTWICKLUNG DES BEVOELKERUNGSBESTANDES
INSGESAMT
PROGNOSE DES STATISTISCHEN BUNDESAMTES
PROGNOSE G69
PROGNOSE G66

Abb. 5.1.1./1

weiteren Rückgang der Geburtenhäufigkeiten zu berücksichtigen. Da die altersspezifischen Ziffern des Jahres 1970 zum Zeitpunkt des Beginns der Rechenarbeiten noch nicht vorlagen, wurde vom STATISTISCHEN BUNDESAMT eine proportionale Anpassung an den erwarteten Geburtenrückgang im Jahre 1970 vorgenommen, indem die Werte von 1969 nochmals um den relativen Rückgang der altersspezifischen Ziffern von 1968 auf 1969 reduziert wurden (4).

Näheren Aufschluß über die Abweichung zwischen den verschiedenen Prognosen erbringt ein Vergleich von Altersgruppen. Aus Abb. 5.1.1./2 kann man entnehmen, daß die Entwicklung des Bestandes der Gruppe von 65 und mehr Jahre alten Personen bei allen Prognosen ähnlich verläuft und die Unterschiede als Zufallsabweichungen betrachtet werden können. Man erkennt den typischen, oft als "Rentenberg" bezeichneten Verlauf, der bis zum Jahr 1980 einen steilen Anstieg bringt und in den folgenden fünf Jahren fast wieder auf das Ausgangsniveau zurückfällt. Bemerkenswert ist allerdings die Abweichung der Prognose des STATISTISCHEN BUNDESAMTES von den Prognosen G66 und G69 in den späten neunziger Jahren. Diese Sonderbewegung läßt sich erklären als eine Folge der getroffenen Wanderungsannahmen. Da gegenwärtig vergleichsweise wenig Ausländer in der Bundesrepublik leben, die älter als 40 Jahre sind, wirkt sich bei dieser Teilgruppe erst in 25 Jahren die Tatsache aus, daß die Ausländerbevölkerung in der zum Vergleich herangezogenen Prognose des STATISTISCHEN BUNDESAMTES nicht separiert wurde.

Auch die Prognose für die Altersgruppe von 15 bis 64 Jahren (vergl. Abb. 5.1.1./3) zeigt zunächst keinen Unter-

---

(4) Vergl. K.KAMP und G.R.RÜCKERT, Voraussichtliche Bevölkerungsentwicklung bis 1985 ... , S. 668 .

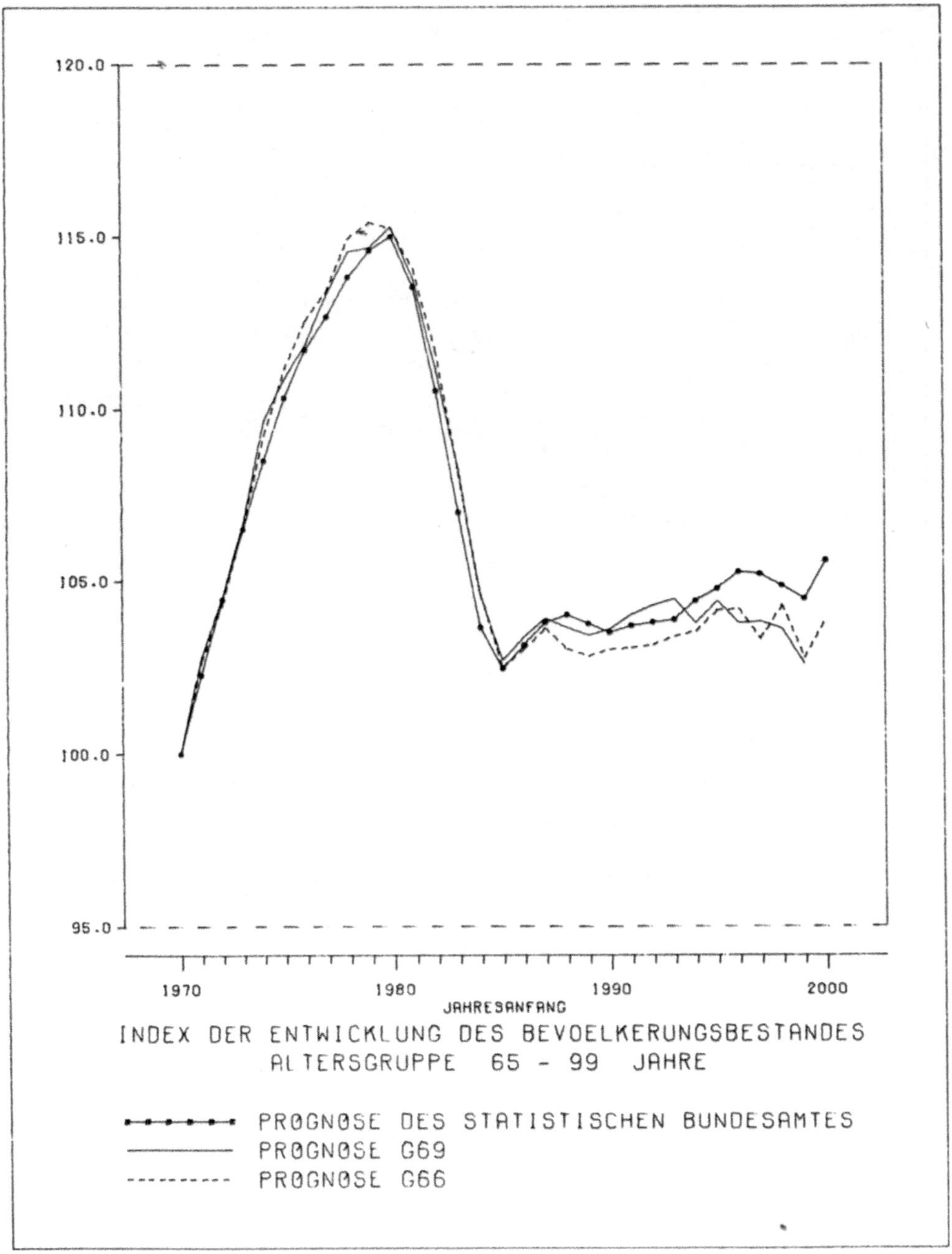
120.0
115.0
110.0
105.0
100.0
95.0
1970
1980
1990
2000
JAHRESANFANG
INDEX DER ENTWICKLUNG DES BEVOELKERUNGSBESTANDES
ALTERSGRUPPE 65 - 99 JAHRE
PROGNOSE DES STATISTISCHEN BUNDESAMTES
PROGNOSE G69
PROGNOSE G66

Abb. 5.1.1./2

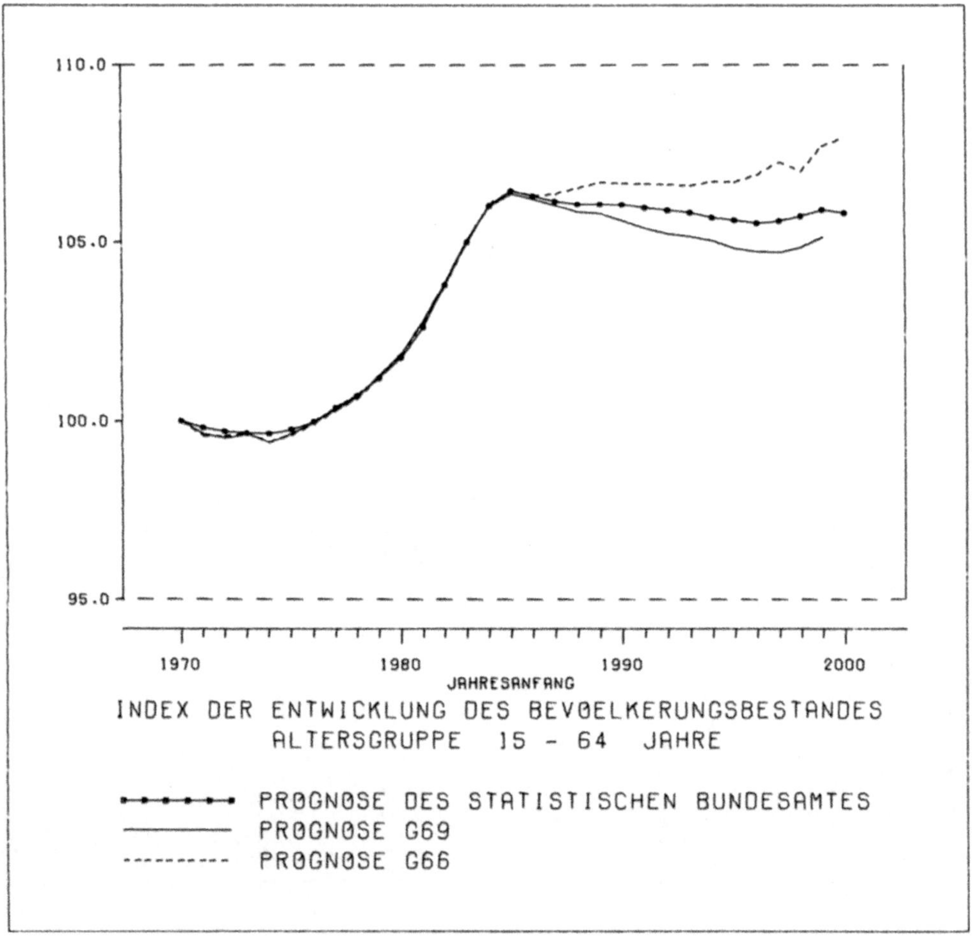
110.0
105.0
100.0
95.0
1970
1980
1990
2000
JAHRESANFANG
INDEX DER ENTWICKLUNG DES BEVOELKERUNGSBESTANDES
ALTERSGRUPPE 15 - 64 JAHRE
PROGNOSE DES STATISTISCHEN BUNDESAMTES
PROGNOSE G69
PROGNOSE G66

Abb. 5.1.1./3

schied im Verlauf der Bestandsgrößen. Erst nach dem Jahr 1985 verzweigen sich die Entwicklungspfade. Dann treten nämlich die nach 1970 geborenen Kinder in diese Altersgruppe ein, und die schon im Gesamtverlauf erkennbaren Unterschiede sind nun auch hier zu verzeichnen. Die Abweichungen zwischen den Prognosen lassen sich damit im wesentlichen auf verschiedene Annahmen über die Geburtenhäufigkeiten zurückführen.

Diese Vermutung wird bestätigt durch eine Betrachtung von Bestandsveränderungen der Altersgruppe von 0 bis 14 Jahren, die in Abb. 5.1.1./4 dargestellt sind. Deutlich zeigen sich hier bei einem Vergleich der Prognosen G66 und G69 die Auswirkungen der unterschiedlichen Annahmen über die Geburtenentwicklung. Nach 30 Jahren liegt die Abweichung schon, wie man sieht, bei 12 Prozentpunkten. Wenn auch diese Differenzen allein durch Variationen der Geburtenannahmen hervorgerufen werden, so bleibt freilich zu beachten, daß sich diese Veränderungen nicht nur unmittelbar auswirken, sondern daß diese Effekte auch über die verringerten Bestandsgrößen mit einer zeitlichen Verzögerung, die etwa dem Heiratsalter entspricht, noch verstärkt werden. So ist in den neunziger Jahren ein Abknicken des Bestandes bei der Prognose G69 in Abb. 5.1.1./4 zu erkennen, das damit in einem Zusammenhang stehen dürfte. Es handelt sich dabei um einen sogen. "Echo-Effekt".

Die Prognose des STATISTISCHEN BUNDESAMTES liefert für die Altersgruppe von 0 bis 14 Jahren Werte, die etwa in der Mitte liegen zwischen den Prognosen G66 und G69. Überraschend ist hier, daß die Prognose G69 so erheblich von der Prognose des STATISTISCHEN BUNDESAMTES abweicht und im Vergleich durchgängig einen höheren Bestand an 0 bis 14 Jahre alten Kindern ausweist. Eher hätte man aufgrund der vom STATISTISCHEN BUNDESAMT getroffenen Geburtenannahmen ja vermutet, daß sich bei dieser Prognose

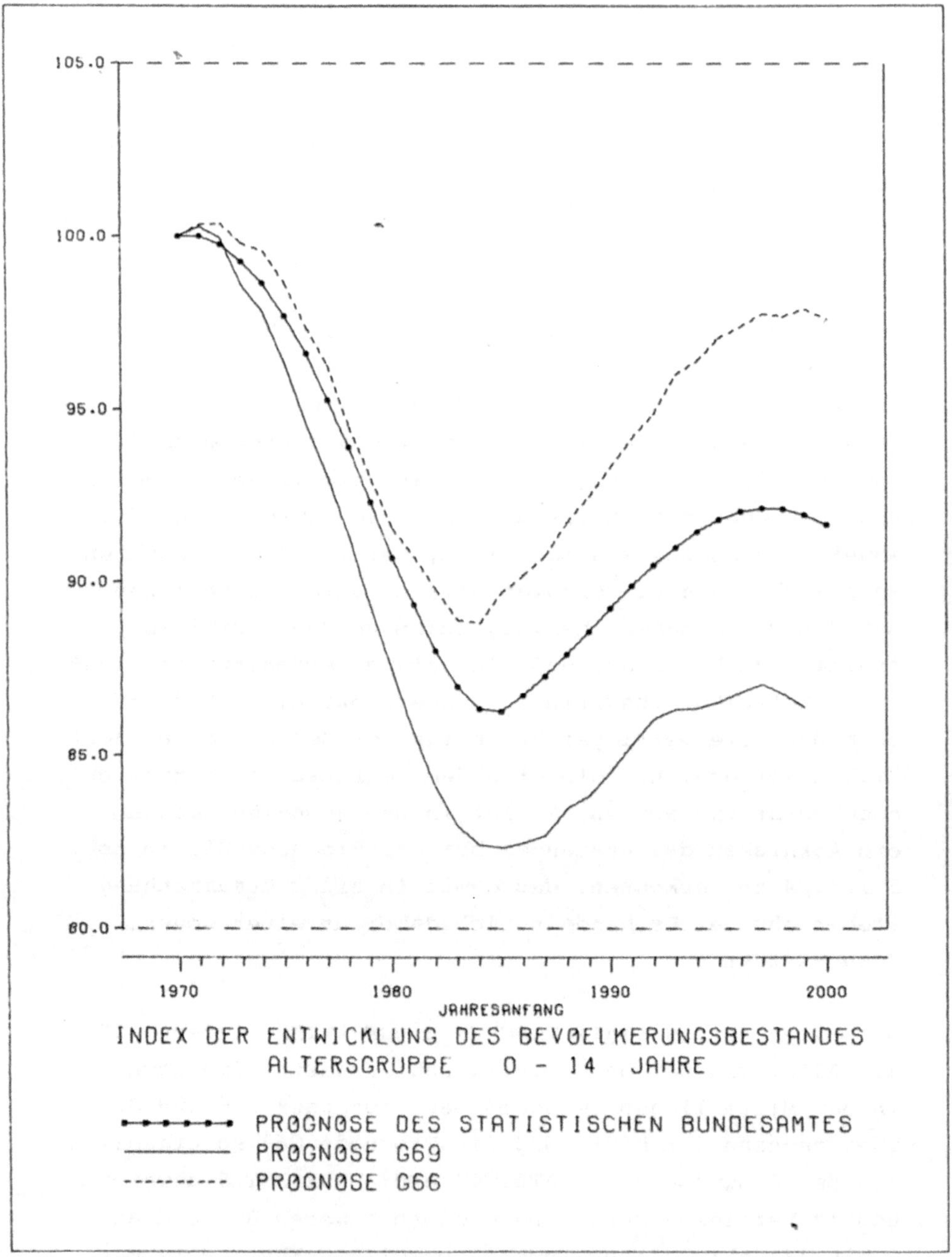
105.0
100.0
95.0
90.0
85.0
80.0
1970
1980
1990
2000
JAHRESANFANG
INDEX DER ENTWICKLUNG DES BEVOELKERUNGSBESTANDES
ALTERSGRUPPE 0 - 14 JAHRE
PROGNOSE DES STATISTISCHEN BUNDESAMTES
PROGNOSE G69
PROGNOSE G66

Abb. 5.1.1./4

die kleinsten Bestandsgrößen ergeben würden. Es bleibt somit zu ergründen, wie sich diese nicht erwarteten Abweichungen erklären lassen.

Als Bezugszeitpunkt für eine Analyse wird im folgenden der Jahresanfang 1985 gewählt, da dann alle Kinder in der Altersgruppe von 0 bis 14 Jahren nach 1970 geboren wurden und damit unterschiedliche Annahmen über die Geburtenhäufigkeiten sich auf alle einbezogenen Altersjahrgänge auswirken konnten. Zudem ist der Bestand noch nicht verzerrt durch den zuvor beschriebenen Echo-Effekt.

Für dieses Bezugsjahr ergibt sich eine Abweichung von 4 Prozentpunkten zwischen der Prognose G69 und der Prognose des STATISTISCHEN BUNDESAMTES. Allerdings lassen sich diese Vorhersagen nicht unmittelbar miteinander vergleichen, da sich die Prognose G69 auf die Geburtenhäufigkeiten des Jahres 1969 bezieht, das STATISTISCHE BUNDESAMT aber Daten zugrundelegt, die die Verhältnisse des Jahres 1970 beschreiben sollen. Notwendig ist es deshalb, den Bestand gemäß der Prognose G69 so zu korrigieren, daß er als fiktiver Prognosewert einer Simulationsprognose mit den Geburtenhäufigkeiten des Jahres 1970 betrachtet werden kann. Näherungsweise läßt sich dies dadurch erreichen, daß man - analog zur Korrektur der Geburtenhäufigkeiten durch das STATISTISCHE BUNDESAMT - den Bestand der Altersgruppe von 0 bis 14 Jahren bei der Prognose G69 zum Jahresanfang 1985 um den Rückgang der Geburten pro Ehe zwischen den Jahren 1968 und 1969 verändert. Die durchschnittliche Zahl der Geburten pro Ehe fiel in diesem Zeitraum von 2,140 auf 2,034, so daß sich ein Korrekturfaktor von 0,9505 ergibt, mit dem der Bestand der Prognose G69 zu Vergleichszeitpunkt umzurechnen ist. Es folgt daraus ein korrigierter Bestandsindex von 78,247 gegenüber 82,322, während der Index der Prognose des STATISTISCHEN BUNDESAMTES im gleichen Jahr 86,238 beträgt. Die tatsächliche Abweichung liegt somit nach einer Umrechnung auf vergleichbare Geburtenhäufigkeiten bei rund 8 Prozentpunkten oder 9,27% (bezogen auf 86,238).

Zunächst wäre denkbar, daß die Simulationsprognose G69 diese unterschiedlichen Ergebnisse verursacht. Hier könnten insbesondere die bereits dargestellten Annahmen über die Eheschließungswahrscheinlichkeiten zu Fehlern führen. Die dabei durch eine mögliche Fehlspezifikation zu erwartenden Differenzen sind allerdings so gering, daß sie kaum als Erklärung für die hier auftretenden Abweichungen dienen können. Allenfalls ließe sich eine Unterschätzung der Geburtenhäufigkeiten um etwa ein Prozent so begründen (5).

Möglich erscheint es dagegen, daß das STATISTISCHE BUNDESAMT die zukünftige Geburtenentwicklung erheblich überschätzt, denn die Prognose der Geburten erfolgt hier über altersspezifische Geburtenhäufigkeiten von Frauen und nicht über ehedauerspezifische Daten. Berücksichtigt man nämlich, daß in den vergangenen Jahren das Heiratsalter der Frauen ständig gefallen ist (6), die Geburtenhäufigkeit aber primär von der Ehedauer abhängt, so erscheint es plausibel, daß die vom STATISTISCHEN BUNDESAMT zugrundegelegten Geburtenhäufigkeiten zu hoch angesetzt sind.
In den vergangenen 15 Jahren schwankte die auf 100 16jährige Frauen bis zum Alter von 49,5 Jahren ohne Berücksichtigung von Sterbefällen zu erwartende Zahl der Eheschließungen Lediger zwischen 111 und 99, im Mittel lag sie etwa bei 105 Prozent. Auf der anderen Seite gehen ohne Berücksichtigung von Sterbefällen nur 95% aller Frauen eine Ehe ein, so daß die Zahl der Eheschließungen in den letzten Jahren

---

(5) Siehe hierzu die Anmerkung über die Gesamtzahl der heiratenden Frauen in Abschnitt 3.3.9.

(6) Siehe hierzu Abschnitt 3.3.9.

erheblich überhöht war. Unterstellt man nun, daß die Geburten primär von der Ehedauer abhängen, so gilt dies auch in gleichem Umfang für die Geburtenhäufigkeiten pro Altersjahr. Diese Vermutung findet ihre Bestätigung, wenn man die Abweichung zwischen den beiden Prognosen diesen Daten gegenüberstellt.

Einschränkend muß hier freilich hinzugefügt werden, daß diese Feststellung allein noch keine Aussage über den tatsächlich eintretenden Verlauf zuläßt, d.h. ein Urteil darüber, welche der beiden Prognosen nun "richtig" ist. Zu einem erheblichen Umfang hängt dies ab von der zukünftigen Entwicklung des durchschnittlichen Heiratsalters bei Frauen. Fällt dies weiter in dem bisher zu beobachtenden Ausmaß, so sind Ergebnisse zu erwarten, die der Prognose des STATISTISCHEN BUNDESAMTES nahe kommen werden. Allerdings lassen neuere Daten den Schluß zu, daß in Zukunft nicht mehr mit so einem erheblichen Abfall gerechnet werden kann. Schließlich muß auch noch bedacht werden, daß die Vorverlegung des Heiratsalters nicht ohne Einfluß auf die Geburtenfolge geblieben ist (7) und durch eine verzögerte Geburtenfolge die hier beschriebenen Effekte z.T. wieder kompensiert werden können.

Nach einer allgemeinen Analyse der Bevölkerungsentwicklung sollen nun näher die sich abzeichnenden Strukturverschiebungen untersucht werden. Die Altersgliederung der Bevölkerung ändert sich im Zeitablauf durch das allmähliche Aufrücken der Angehörigen bestimmter Jahrgänge in höhere Altersgruppen sowie durch Geburten und Sterbefälle. In der Regel gehen diese Veränderungen nur sehr langsam vor sich, so daß markante Änderungen allenfalls bei einem Vergleich der Altersgliederungen nach längeren Zeitabschnitten erkennbar

---

(7) Siehe hierzu Abschnitt 3.3.10.

werden. In den Abbildungen 5.1.1./5, 5.1.1./6, 5.1.1./7 und 5.1.1./8 ist die Altersstruktur des Bevölkerungsstandes im Abstand von jeweils zehn Jahren dargestellt, beginnend mit den Ausgangsquerschnitten am 31.12.1969 (Abb. 5.1.1./5).

Bei der Gegenüberstellung von Ausgangsdaten der Bevölkerungsprognose des STATISTISCHEN BUNDESAMTES und der Simulationsprognosen treten deutlich die voneinander abweichenden Annahmen über die Ausländerbevölkerung hervor. Vornehmlich in den Altersgruppen von 15 bis 45 Jahren zeigt sich bei dem Altersaufbau der Wohnbevölkerung, wie er der Prognose des STATISTISCHEN BUNDESAMTES zugrundeliegt, im Vergleich zur Altersstruktur des Simulationsquerschnittes ein Überhang an Ausländern. Erkennbar sind in dieser Darstellung auch die Zufallsabweichungen im Altersaufbau des Simulationsquerschnittes gegenüber der Altersstruktur der fortgeschriebenen Wohnbevölkerung. Diese sich aufgrund einer Zufallsauswahl von Simulationseinheiten ergebenden Störungen lassen es nicht sehr sinnvoll erscheinen, die Prognoseergebnisse nach einzelnen Altersjahrgängen aufzugliedern. Wenn hier doch diese Form der jahrgangsweisen Darstellung gewählt wird, so geschieht dies nur, um eine Beurteilung der stochastischen Eigenschaften zu ermöglichen.

Bei einem intertemporalen Vergleich der Altersstrukturen sind insbesondere zwei Entwicklungen bemerkenswert. Zum einen ist ein Echo-Effekt klar zu erkennen, der zwischen 1985 und 1995 zu einem Nachhall des Geburtenmaximums um das Jahr 1965 führt. Deutlich wird dabei auch, welche Auswirkungen die unterschiedlichen Annahmen über die Geburtenhäufigkeiten haben. Schließlich fällt auf, wie bei der Prognose des STATISTISCHEN BUNDESAMTES die in der Bevölkerung enthaltenen Ausländer in höhere Altersgruppen aufrücken. Hier zeigt sich, zu welch abnormen Strukturveränderungen es führt, wenn keine speziellen Annahmen über die Ausländerbevölkerung getroffen werden.

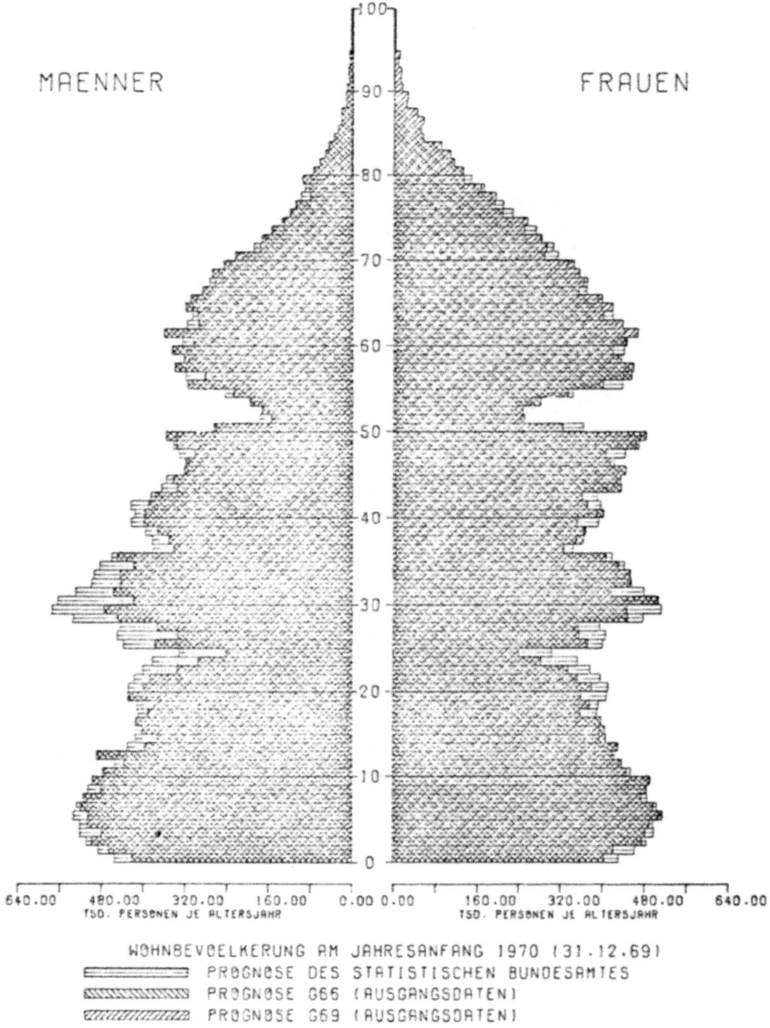

Abb. 5.1.1./5

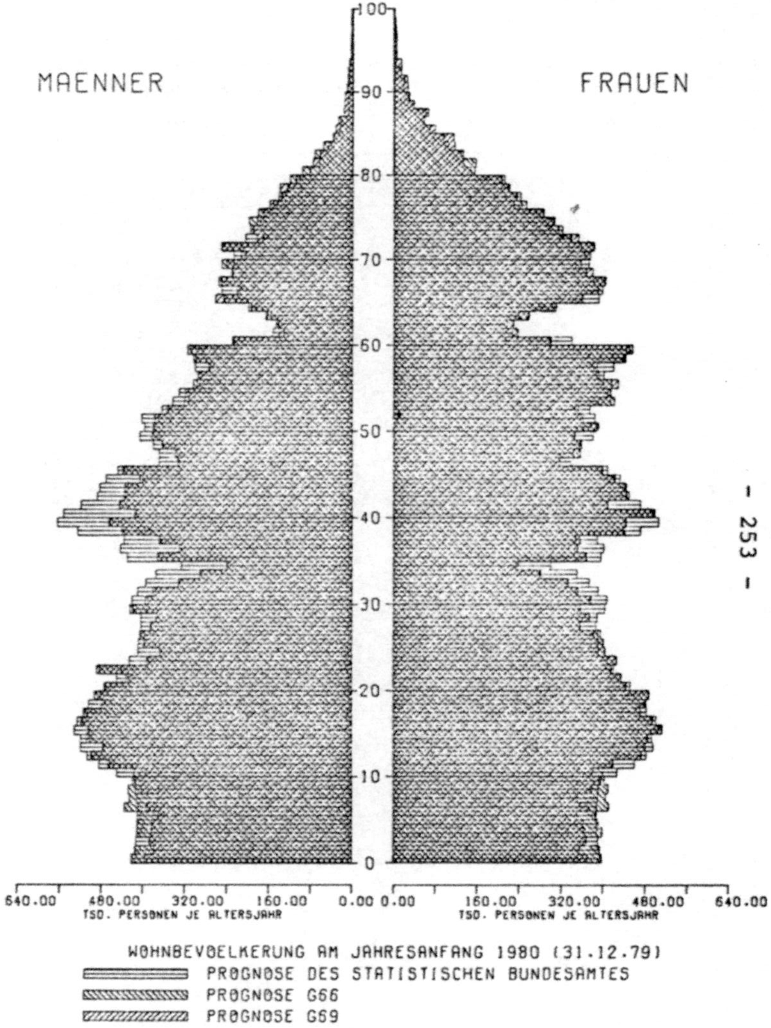

Abb. 5.1.1./6

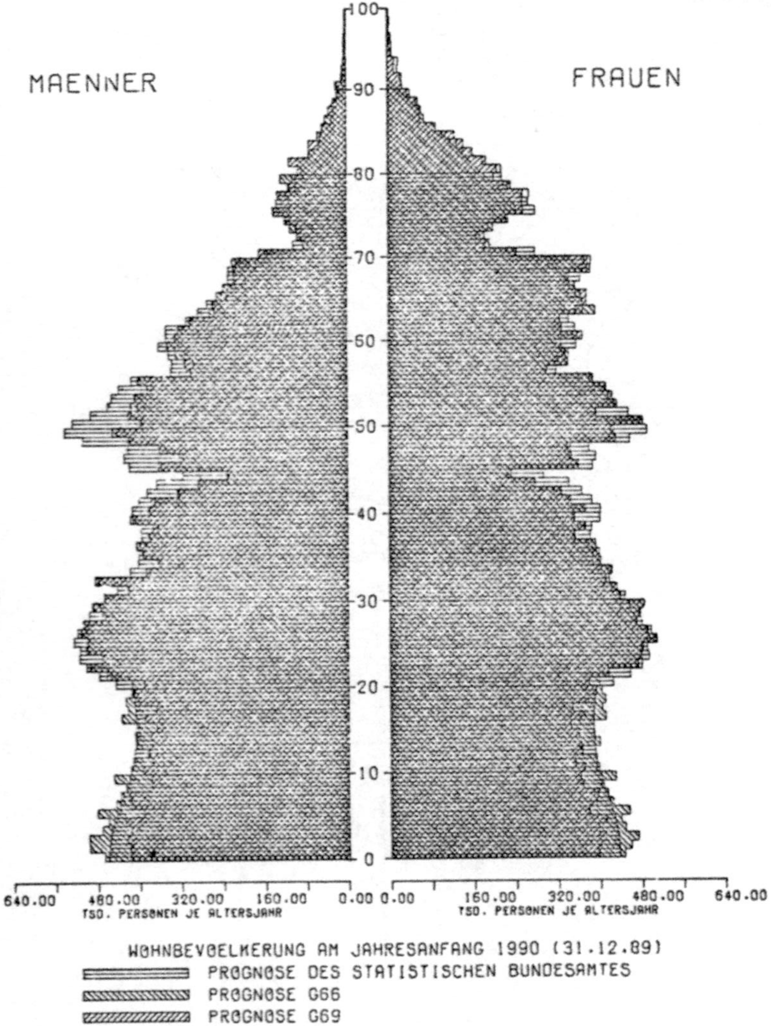

Abb. 5.1.1./7

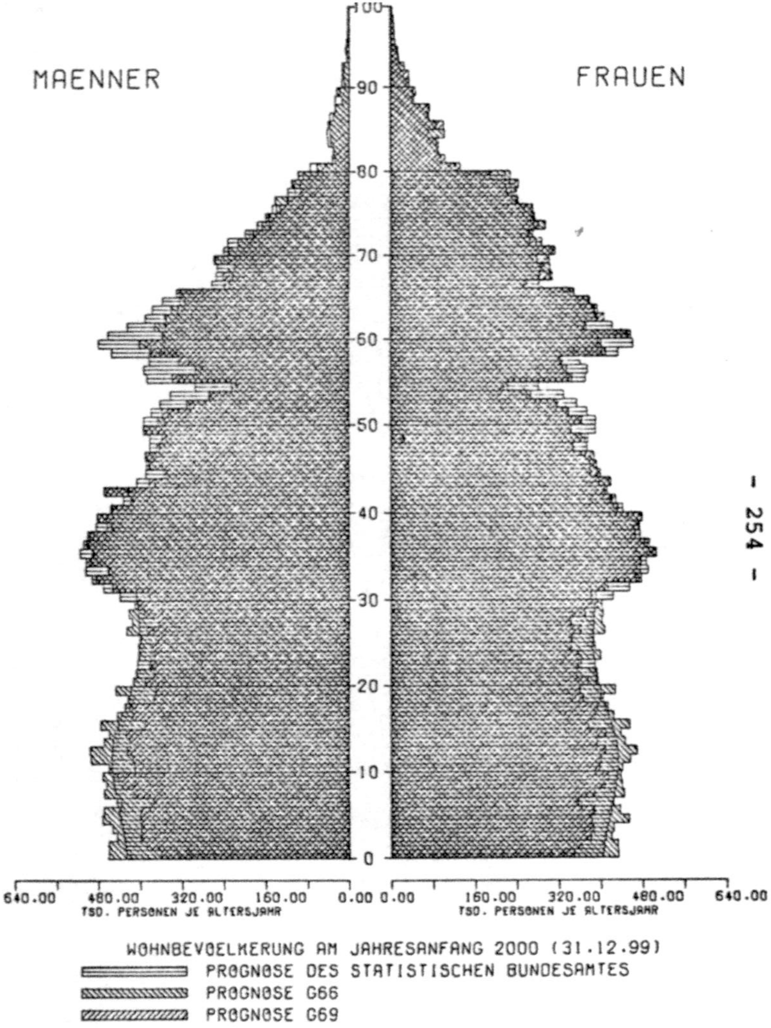

Abb. 5.1.1./8

Die Veränderung der Bestandsgrößen werden durch Geburts- und Sterbeprozesse hervorgerufen. Während sich die Sterbefälle in allen Altersjahren niederschlagen, füllen die Geburten jeweils die jüngsten Altersstufen an. In den Abbildungen 5.1.1./9 und 5.1.1./10 sind die Prozeßvariablen der Prognosen G66 und G69 gegenübergestellt. Die großen Zufallsschwankungen zwischen den einzelnen Jahren machen sogleich deutlich, daß die Ergebnisse für ein Jahr wenig Aussagekraft haben. Freilich kann durch eine Vergrößerung der Zahl der Simulationseinheiten hier eine Verkleinerung des Zufallsfehlers erreicht werden, doch zeigt auch schon eine Verfolgung der Prozeßvariablen über mehrere Jahre, daß sich die Zufallsabweichungen gegenseitig zum größten Teil wieder aufheben. Solange, bezogen auf den Gesamtbestand, immer nur sehr kleine Bestandsveränderungen erfolgen, kann man demnach einen durch Zufallsschwankungen nur geringfügig beeinflußten Verlauf von Bestandsvariablen erwarten.

Vergleicht man die Entwicklung von Sterbefällen bei beiden Prognosen, so sind, abgesehen von zufallsbedingten Sonderbewegungen, keine wesentlichen Unterschiede erkennbar. Dies ist auch plausibel, da die Zahl der Sterbefälle bei Personen unter 30 Jahren vergleichsweise klein ist und alle nach 1970 Geborenen bis zum Jahr 2000 maximal in diese Altersgruppe aufrücken können. Sehr unterschiedlich ist dagegen erwartungsgemäß die Geburtenentwicklung. Während sich bei der Prognose G69 die Zahl der Geburten nicht wesentlich von der Zahl der Sterbefälle abhebt und dementsprechend ja auch der dabei prognostizierte Bevölkerungsbestand sich in den kommenden dreißig Jahren kaum verändert, liegt bei der Prognose G66 die Geburtenzahl durchweg über der Zahl der Sterbefälle. Dieses Ergebnis läßt sich auch aus Abb. 5.1.1./11 entnehmen, in der ein Vergleich der Geburtenüberschüsse bei beiden Prognosen erfolgt. Man erkennt, daß bei der Prognose G66 die Simu-

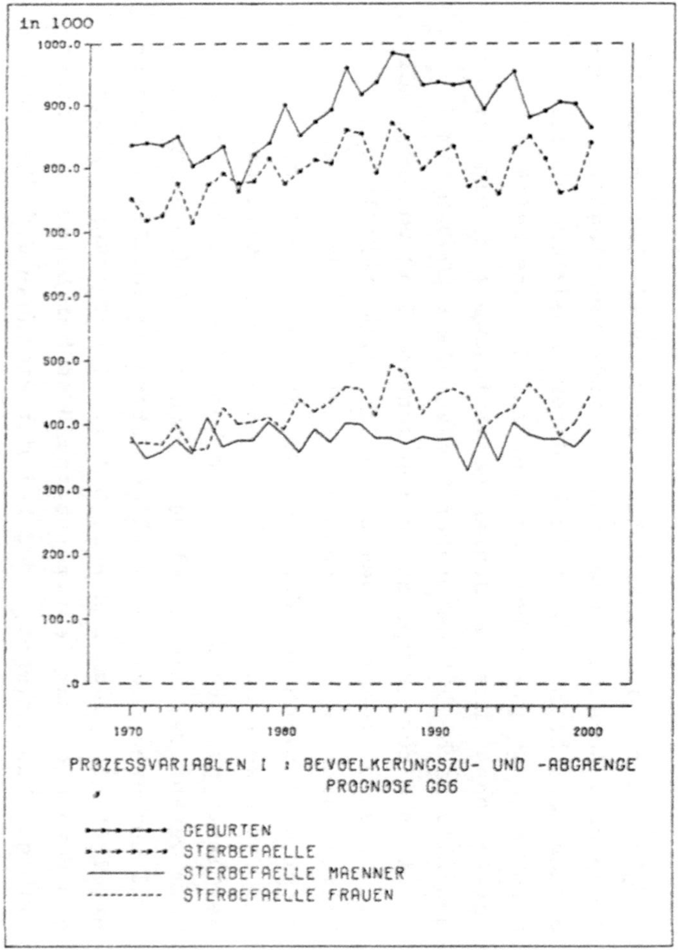

Abb. 5.1.1./9

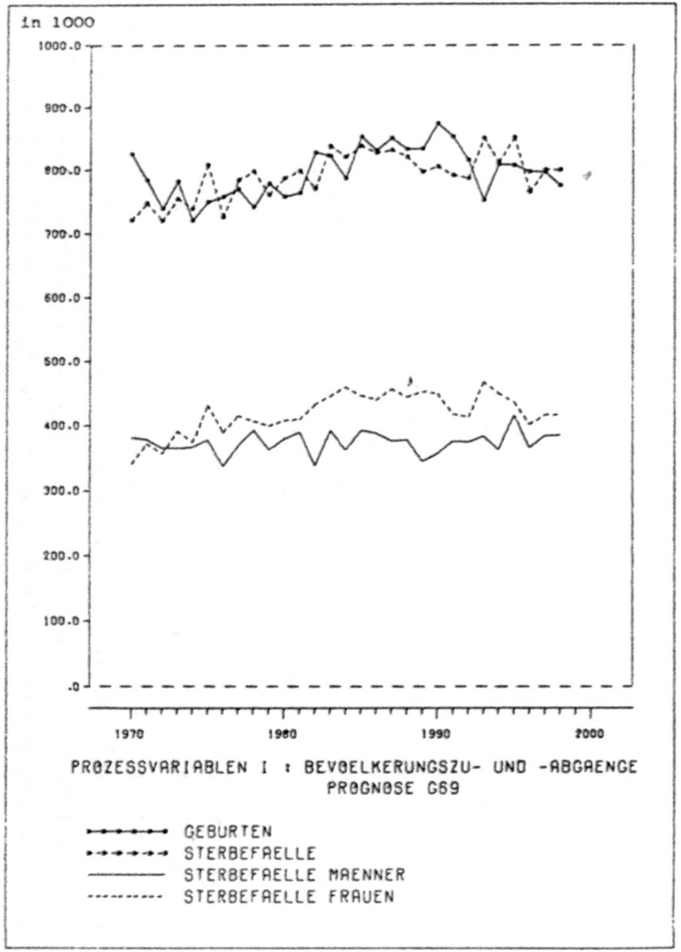

Abb. 5.1.1./10

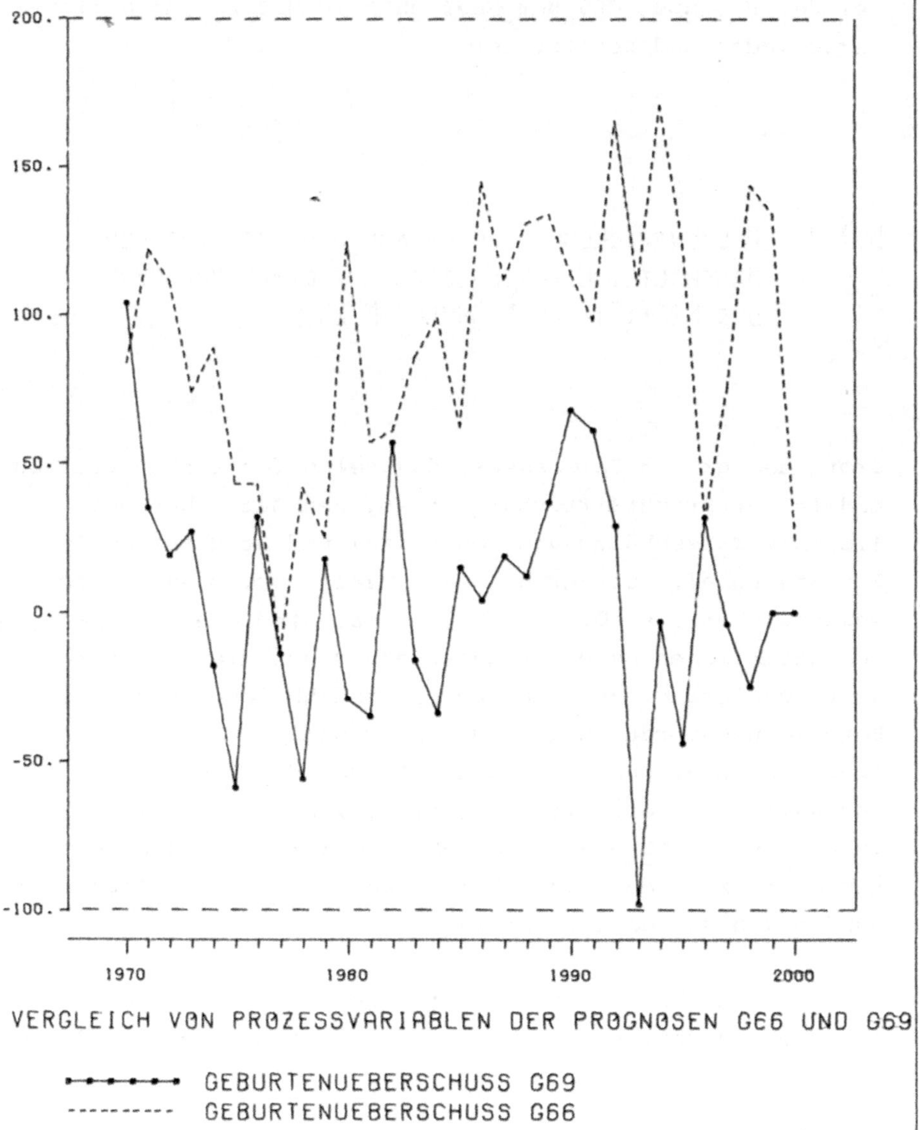
200.
150.
100.
50.
0.
-50.
-100.
1970
1980
1990
2000
VERGLEICH VON PROZESSVARIABLEN DER PROGNOSEN G66 UND G69
GEBURTENUEBERSCHUSS G69
GEBURTENUEBERSCHUSS G66

Abb. 5.1.1./11

lationsergebnisse um den Nullpunkt schwanken, während bei der Prognose G69 der Überschuß im Mittel von Null verschieden und positiv ist.

5.1.2. Die Entwicklung von Anzahl und Struktur der Haushalte. Ein Vergleich mit einer Prognose des Statistischen Bundesamtes.

Trotz des großen Interesses, das bei öffentlichen Stellen und in der Privatwirtschaft an solchen Daten besteht, liegen Vorausschätzungen von Anzahl und Struktur der Privathaushalte bisher nur vereinzelt vor. Dies hat im wesentlichen zwei Gründe (8): Einmal sind die Auswirkungen der natürlichen Bevölkerungsbewegung auf die Haushalte weit schwieriger zu erfassen als die üblicherweise bei Bevölkerungsvorausschätzungen prognostizierten Bestandsgrößenveränderungen. Hinzu kommt, daß der Bestand an Haushalten im Vergleich zur natürlichen Bevölkerungsbewegung in viel stäkerem Maße abhängig ist von Verhaltensgrößen und hierbei in den vergangenen Jahrzehnten erhebliche Wandlungen zu verzeichnen waren (9).

Erste Vorauschätzungen über eine zukünftig zu erwartende Zahl von Haushalten wurden bereits in den zwanziger Jahren

---

(8) Vergl. L.HERBERGER und H.-J.BORRIES, Vorausschätzung der Zahl der Privathaushalte bis 1980, in: WISTA 1970, S. 504 .

(9) Vergl. H.-J.BORRIES, Entwicklung der Privathaushalte nach Zahl und Struktur, in: WISTA 1970, S. 343 ff.; J.ADAMS, Entwicklung der Privathaushalte seit 1950, in: WISTA 1967, S. 29 ff.

vom STATISTISCHEN REICHSAMT (10) vorgelegt. Diese noch auf sehr einfachen Annahmen beruhenden Berechnungen gingen aus von der Zahl der stehenden Ehen. Mittels eines altersabhängigen Zuschlagsfaktors hat man daraus die Entwicklung der Zahl der Haushalte bestimmt. Nach einer langen Pause wurden im Jahre 1970 vom STATISTISCHEN BUNDESAMT neue Prognosen vorgelegt, die bis zum Jahr 1980 reichen (11). Bei dieser Vorausschätzung der zukünftig zu erwartenden Zahl der Haushalte sind aufgrund von Mikrozensusergebnissen des Jahres 1969 für die Bevölkerung in ihrer Gliederung nach Geschlecht, Alter und Familienstand Haushaltsquoten berechnet worden. Darunter versteht das STATISTISCHE BUNDESAMT die Anteile der Haushaltsvorstände, gegliedert nach der Haushaltsgröße, an der jeweiligen Bevölkerungsgruppe. Diese Haushaltsquoten bilden in Verbindung mit einer Bevölkerungsvorausschätzung die Grundlage für eine Vorausberechnung der Haushaltszahlen.

Im Vordergrund des Interesses steht hier ein Vergleich der Vorausschätzungen des STATISTISCHEN BUNDESAMTES mit den erstellten Simulationsprognosen, doch ergeben sich dabei, wie man sofort sieht, nicht unerhebliche Schwierigkeiten. Dies liegt zunächst einmal darin begründet, daß beiden Vorhersagen sehr unterschiedliche Haushaltsdefinitionen zugrunde liegen. Während das STATISTISCHE BUNDESAMT bei seiner Prognose an der gewohnten Haushaltsdefinition festhält, beziehen sich die Simulationsergebnisse auf einen Haushaltsbegriff, der in seiner Abgrenzung mehr der amtlichen Familiendefinition entspricht. Ferner ist bei den Simulationsdaten die Zahl der Anstaltsinsassen

---

(10) Siehe P.J.DENEFFE, Berechnungen über die künftige deutsche Bevölkerungsentwicklung, Leipzig 1938, S. 105 .

(11) Siehe L.HERBERGER und H.-J.BORRIES, Vorausschätzung der Zahl der Privathaushalte bis 1980 ... , S. 504 ff.

in die der Einpersonenhaushalte mit eingeschlossen, während sich die Prognose des STATISTISCHEN BUNDESAMTES nur auf Privathaushalte bezieht. Schließlich berücksichtigt das STATISTISCHE BUNDESAMT auch noch die Wanderungsbewegungen über die Grenzen des Bundesgebietes, während in dem Simulationsquerschnitt allein die Haushaltszahl und -struktur der dt. Wohnbevölkerung erfaßt ist.

Die amtlichen Berechnungen stützen sich auf eine Bevölkerungsvorausschätzung mit der Ausgangsbasis 1.1.68 . Vorausschätzungsergebnisse werden für die Jahre 1975 und 1980 in Form von vier Alternativen vorgelegt (12):

K Die Haushaltsvorstandsquoten, so wie sie der Mikrozensus von 1969 ermittelt hat, wurden für 1975 und 1980 konstant gehalten. Eine Veränderung wurde also nicht angenommen.

I Die Entwicklung der Haushaltsvorstandsquoten nach Geschlecht, Alter und Familienstand, wie sie sich aufgrund der Ergebnisse der Volkszählung 1961 und des Mikrozensus von 1964, 1966 und 1968 ergeben hat, wurde bis 1980 extrapoliert.

II Die Entwicklung der Haushaltsvorstandsquoten, wie sie sich aufgrund der Ergebnisse der Volkszählung 1961 und des Mikrozensus von 1964, 1966 und 1968 ergeben hat, wurde so extrapoliert, daß die sich bei der Annahme I zwischen 1975 und 1980 ergebenden Zu- bzw. Abnahmen halbiert wurden.

III Die Entwicklung der Haushaltsvorstandsquoten nach Geschlecht und Alter, wie sie sich aufgrund der Ergebnisse der Volkszählung 1961 und des Mikrozensus von 1964, 1966 und 1968 ergeben hat, wurde bis 1980 extrapoliert.

Da die Ergebnisse der Alternative III nicht erheblich von den Ergebnissen der Alternative I abweichen und die Resultate der Alternative II sich fast immer - wie zu erwarten ist - als Mittelwert der Alternativen K und

---

(12) Siehe L.HERBERGER und H.-J.BORRIES, Vorausschätzung der Zahl der Privathaushalte bis 1980 ... , S. 505 .

I einstellen, wird der folgende Vergleich auf die Alternativen K und I beschränkt. Bezüglich der Ausgangszeitpunkte der Simulationsprognosen und der Vorausschätzungen des STATISTISCHEN BUNDESAMTES kann unterstellt werden, daß sie etwa einander entsprechen, da sich die Basiswerte auf Dezember bzw. April 1969 beziehen.

In Tabelle 5.1.2./1 sind die Prognosen des STATISTISCHEN BUNDESAMTES den Simulationsprognosen gegenübergestellt. Ein Vergleich der Ausgangssituation macht dabei die Unterschiede in den definitorischen Konzepten deutlich. Zunächst fällt auf, daß die Gesamtzahl der Haushalte bei der Simulationsprognose höher liegt als die Gesamtzahl der Haushalte nach der Definition des STATISTISCHEN BUNDESAMTES. Dies ist insofern bemerkenswert, als in der Zahl des STATISTISCHEN BUNDESAMTES auch noch die Zahl der Ausländerhaushalte mit eingeschlossen ist und bei den Simulationsprognosen die Ausgangszahl um die Haushalte Lediger unter 25 Jahren sowie die Zahl der "Alleinstehenden Kinder" gekürzt wurde.

Andererseits kommt dieses Ergebnis doch nicht unerwartet, da ja die Simulationsprognose die Insassen von Anstaltshaushalten als Angehörige von Einpersonenhaushalten einschließt (dies sind ca. 1 Mio. deutsche Personen) und zudem alle in einem Haushalt zusammenlebenden Mehrfamiliengemeinschaften in Einzelhaushalte aufgelöst wurden. Diese Trennung schlägt sich bei der Simulationsprognose, wie man aus der Tabelle ersieht, vor allem in der vergleichsweise sehr hohen Zahl von Einpersonenhaushalten nieder. Andererseits liegt die Zahl von Mehrpersonenhaushalten bei der Simulationsprognose etwas niedriger als bei der Prognose des STATISTISCHEN BUNDESAMTES, da viele Mehrpersonenhaushalte in Einpersonenhaushalte aufgelöst wurden. Zu denken ist hier etwa an Haushalte von zusammenlebenden Geschwistern oder an Haushalte, die von Elternteilen mit ihren erwachsenen unverheirateten Kindern gebildet

		Ausgangssituation Jahresanfang 1970		Prognose Jahresanfang 1975				Prognose Jahresanfang 1980			
		Stat.Bu. (23.4.69)	Simulation (31.12.69)	Stat.Bu.		Simulation		Stat.Bu.		Simulation	
				K	I	G66	G69	K	I	G66	G69
Haushalte (Insg.) (1)	ABS.	22.287	24.715	22.145	23.015	24.770	24.849	22.283	23.770	25.063	25.080
	IND.	100.0	100.0	99.4	103.3	100.2	100.5	99.9	106,7	101.4	101.5
Einpersonen-haushalte (2)	ABS.	5.754	9.626	5.694	6.490	9.630	9.590	5.690	6.981	9.693	9.671
	IND.	100.0	100.0	99.0	112.8	100.0	99.6	98.9	121.3	100.7	100.5
Mehrpersonen-haushalte (3)	ABS.	16.533	14.290	16.451	16.525	14.233	14.298	16.593	16.789	14.360	14.391
	IND.	100.0	100.0	99.5	100.0	99.6	100.1	100.4	101.5	100.5	100.7
Davon: Zweipersonen-haushalte (4)	ABS.	6.088	7.675	5.943	6.256	7.287	7.420	5.880	6.452	7.564	7.675
	IND.	100.0	100.0	97.6	102.8	94.9	96.7	96.6	105.0	98.6	100.0
Durchschnitt-liche Haushaltsgröße (5)	ABS.	2.69	2.37 (2.06)	2.71	2.62	2.39 (2.06)	2.37 (2.05)	2.72	2.58	2.37 (2.02)	2.34 (2.00)
	IND.	100.0	100.0 (100.0)	100.7	97.4	100.8 (100.0)	100.0 (99.6)	101.1	95.9	100.0 (98.1)	99.2 (97.1)

Alle Angaben in 1.000 bzw. mit der Basis 1969 = 100

(1) Bei den Prognosen G66 und G69 bereinigt um alleinstehende Kinder und Haushalte mit Ledigen unter 25 Jahren
(2) Bereinigt wie bei (1)
(3) Bei den Prognosen G66 und G69 Differenz zwischen Haushalte insgesamt und Einpersonenhaush.
(4) Bei den Prognosen G66 und G69 Haushalte mit zwei Erwachsenen sowie einem Erwachsenen und einem Kind
(5) Bei den Prognosen G66 und G69 bezogen auf Haushalte insgesamt; in Klammern: ohne Bereinigung

Tabelle 5.1.2./1

werden. Die Tabelle 5.1.2./1 zeigt dabei aber auch, daß von diesem Rückgang die Zahl der Zweipersonenhaushalte nicht betroffen wird. Zwar werden durch die unterschiedliche Abgrenzung viele der nach der amtlichen Definition bestehenden Zweipersonenhaushalte in Einpersonenhaushalte aufgelöst, doch wird dieser Effekt überkompensiert durch die Aufspaltung vieler Mehrpersonenhaushalte in Teileinheiten. Dies gilt insbesondere für Familien mit Kindern, die 18 und mehr Jahre alt sind. Freilich ist hier darauf hinzuweisen, daß die ausgewiesene Zahl von Zweipersonenhaushalten in einem gewissen Widerspruch steht zu dem an anderer Stelle angewandten Bereinigungsverfahren. Gliedert man nämlich aus der Zahl der Einpersonenhaushalte alle Haushalte von Ledigen unter 25 Jahren aus, da diese zu einem Großteil noch in ihrem elterlichen Haushalt leben, so wird dies nicht ohne Rückwirkungen auf die Zahl der Zweipersonenhaushalte bleiben (13).

Wegen der sehr unterschiedlichen Ausgangssituationen erscheint es unzweckmäßig, die Prognosen unter dem Gesichtspunkt einer Übereinstimmung von absoluten Zahlen zu vergleichen. Zweckmäßiger dürfte es auch hier sein, den Verlauf von Indexzahlen gegenüberzustellen, da es sich immerhin um ähnliche Aggregate handelt. Freilich bedarf auch dieser Begriff der "Ähnlichkeit" einer Einschränkung.

---

(13) Nach einem Ergebnis des Mikrozensus vom April 1970 liegt die Zahl der Ehepaare, die noch in der Familie lebende Kinder von 18 und mehr Jahren haben, bei 1.795.000 (Vergl. H.-J.BORRIES, Entwicklung der Familien nach Zahl und Struktur ... , S.88). Bei Einbeziehung dieser ledigen Kinder in den elterlichen Haushalt würde dies zu einem Rückgang der Zweifamilienhaushalte in dieser Größenordnung führen. Andererseits leben aber auch Kinder die 18 Jahre und älter sind ind sogen. "unvollständigen Familien", d.h. in Familien mit nur einem Elternteil, so daß eine Zuordnung dieser Kinder zu dem elterlichen Haushalt den soeben beschriebenen Effekt z.T. wieder ausgleicht.

Am Beispiel der Zweipersonenhaushalte wurde bereits erläutert, daß es sich zu einem Teil jedenfalls um unterschiedliche Personengruppen handelt. Einerseits werden bei der Simulationsprognose nämlich Personen zu einem Zweipersonenhaushalt gerechnet, obwohl sie gemäß der amtlichen Definition einem Haushalt von drei und mehr Personen angehören. Andererseits sind bei der Simulationsprognose Zweipersonenhaushalte der amtlichen Statistik in Einpersonenhaushalte aufgespalten.

Stellt man die Ergebnisse aus beiden Prognoseverfahren trotz dieser Einschränkungen gegenüber, so erkennt man, daß die Resultate der Simulationsprognosen durchweg zwischen den Prognosen K und I des STATISTISCHEN BUNDESAMTES liegen. Sie folgen allerdings dabei mehr dem Verlauf der Prognose K, bei der die Haushaltsvorstandsquoten als konstant betrachtet wurden. Andererseits läßt dieses Ergebnis den Schluß zu, daß zumindest ein kleiner Teil der vom STATISTISCHEN BUNDESAMT mit Verhaltensänderungen begründeten Umschichtungen somit noch zu den demographisch bedingten Strukturverschiebungen gerechnet werden kann.

Aufschlußreich ist auch eine Analyse der Entwicklung von Einpersonenhaushalten in absoluten Zahlen. Hierbei zeigt sich, daß die bei der definitorischen Abgrenzung von Haushalten getroffenen Annahmen sich zum Teil schon in den nächsten zehn Jahren bestätigen können. Wie man sieht, nähern sich nämlich die absoluten Zahlen der Prognose I, bei der auch Verhaltensänderungen unterstellt werden, den Zahlen der Simulationsprognose an. Mit einer gewissen Berechtigung kann man also die Daten der Simulationsprognosen als Grenzwerte einer Entwicklung betrachten.

Unterschiedliche Annahmen über die Geburtenhäufigkeiten wirken sich, wie der Tabelle 5.1.2./1 zu entnehmen ist, innerhalb eines Zeitraumes von zehn Jahren praktisch nur auf die Struktur von Mehrpersonenhaushalten aus.

Erwartungsgemäß liegt die Zahl der Zweipersonenhaushalte bei der Prognose G69 über dem Vergleichswert der Prognose G66, denn im ersten Fall ist die Zahl der kinderlosen Ehen größer. Die Auswirkungen von unterschiedlichen Annahmen hinsichtlich der Geburtenhäufigkeit werden auch deutlich bei einem Vergleich der durchschnittlichen Haushaltsgröße, die bei der Prognose G66 höher liegt als bei der Prognose G69.

Versucht man die diskutierten Prognoseansätze vergleichend zu beurteilen, so ist zunächst festzustellen, daß ein wesentlicher Vorteil der Prognose des STATISTISCHEN BUNDESAMTES darin liegt, daß sie unmittelbar auf der amtlichen Haushaltsdefinition aufbaut und dadurch relativ einfach die sich abzeichnenden Verhaltenstrends berücksichtigt werden können. Dagegen erlaubt es die Simulationsprognose, auch relativ komplexe Veränderungen der demographischen Struktur in ihrer Auswirkung auf die Haushalte zu erfassen. So ist es nach dem Verfahren des STATISTISCHEN BUNDESAMTES nicht möglich, die Wirkungszusammenhänge zwischen Geburtenhäufigkeit und Haushaltsgröße zu analysieren. Freilich muß man bei den stochastischen Simulationen immer berücksichtigen, daß sie nur ein begrenztes Auflösungsvermögen haben, d.h. daß es nicht unproblematisch ist, Aussagen über den Verlauf beliebig kleiner Teilgruppen zu machen, da Zufallsfehler diese Ergebnisse erheblich verzerren können. Daß die Abweichungen von der amtlichen Haushaltsdefinition nicht unbedingt nachteilig zu sein brauchen, wurde bereits dargestellt (14). Im übrigen läßt sich dieser Mangel durch einen weiteren Ausbau des Simulationsmodells beseitigen.

Ein Vergleich der Ergebnisse beider Prognoseverfahren

(14) Siehe Abschnitt 3.2.3.

ist nur bis zum Jahre 1980 möglich, da die Vorausschätzungen des STATISTISCHEN BUNDESAMTES mit diesem Zeitpunkt enden und man kann darüber hinaus gewiß auch keine einigermaßen verläßlichen Angaben über den Verlauf mehr machen. Wenn im folgenden Prognosen bis zum Jahre 2000 vorgelegt werden, so gelten deshalb natürlich auch die gleichen Einschränkungen, die bereits an anderer Stelle gemacht wurden. Trotzdem erscheint es interessant, diese Ergebnisse vorzulegen, da sie Aufschluß darüber geben, wie sich allein in Abhängigkeit von zu erwartenden Änderungen im Bevölkerungsbestand die Gliederung der Bevölkerung in Haushalte in den kommenden Jahrzehnten verändern kann.

In den Abbildungen 5.1.2./1 und 5.1.2./2 sind Prozeßvariablen gegenübergestellt, welche die Bildung und Lösung von Ehen beschreiben. Wie man sieht, wirken sich die unterschiedlichen Geburtenannahmen nur auf die Bildung von Ehen in den Jahren nach 1990 aus. Dieses Ergebnis kommt nicht überraschend, da die 1970 oder später geborenen Kinder zum größten Teil erst nach 1990 eine Ehe eingehen werden. Praktisch unbetroffen bleiben dagegen von den unterschiedlichen Annahmen die Ehelösungen in dem Prognosezeitraum. Verwitwungen in den nach 1990 geschlossenen Ehen sind bis zum Jahr 2000 nur in geringer Zahl zu erwarten und die Scheidungshäufigkeit ist ohnehin so gering, daß sich keine von den Zufallsveränderungen deutlich absetzenden Sonderbewegungen erkennen lassen. In Abb. 5.1.2./3 sind die bei den Prognosen G69 und G66 sich ergebenden Differenzen zwischen Eheschließungen und Ehelösungen gegenübergestellt. Man erkennt, daß etwa bis zum Jahre 1990 sich die Differenzen von Zu- und Abgängen bei der Zusammenfassung von mehreren Perioden angleichen, danach aber bei der Prognose G66 die Eheschließungsüberschüsse deutlich überwiegen.

Abgesehen von den durch die unterschiedlichen Geburtenan-

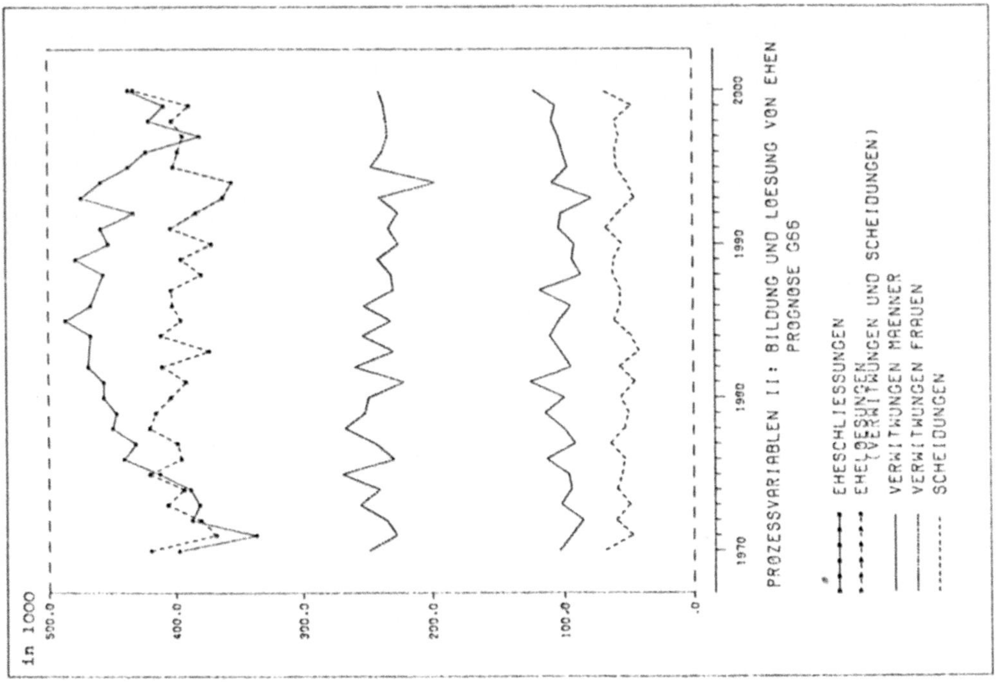

Abb. 5.1.2./1

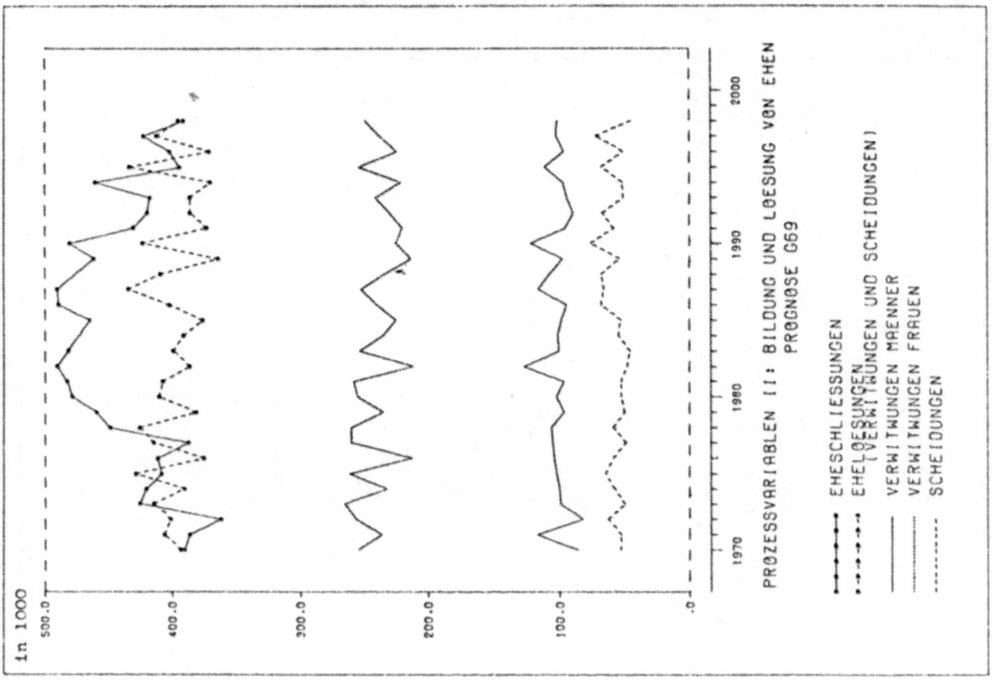

Abb. 5.1.2./2

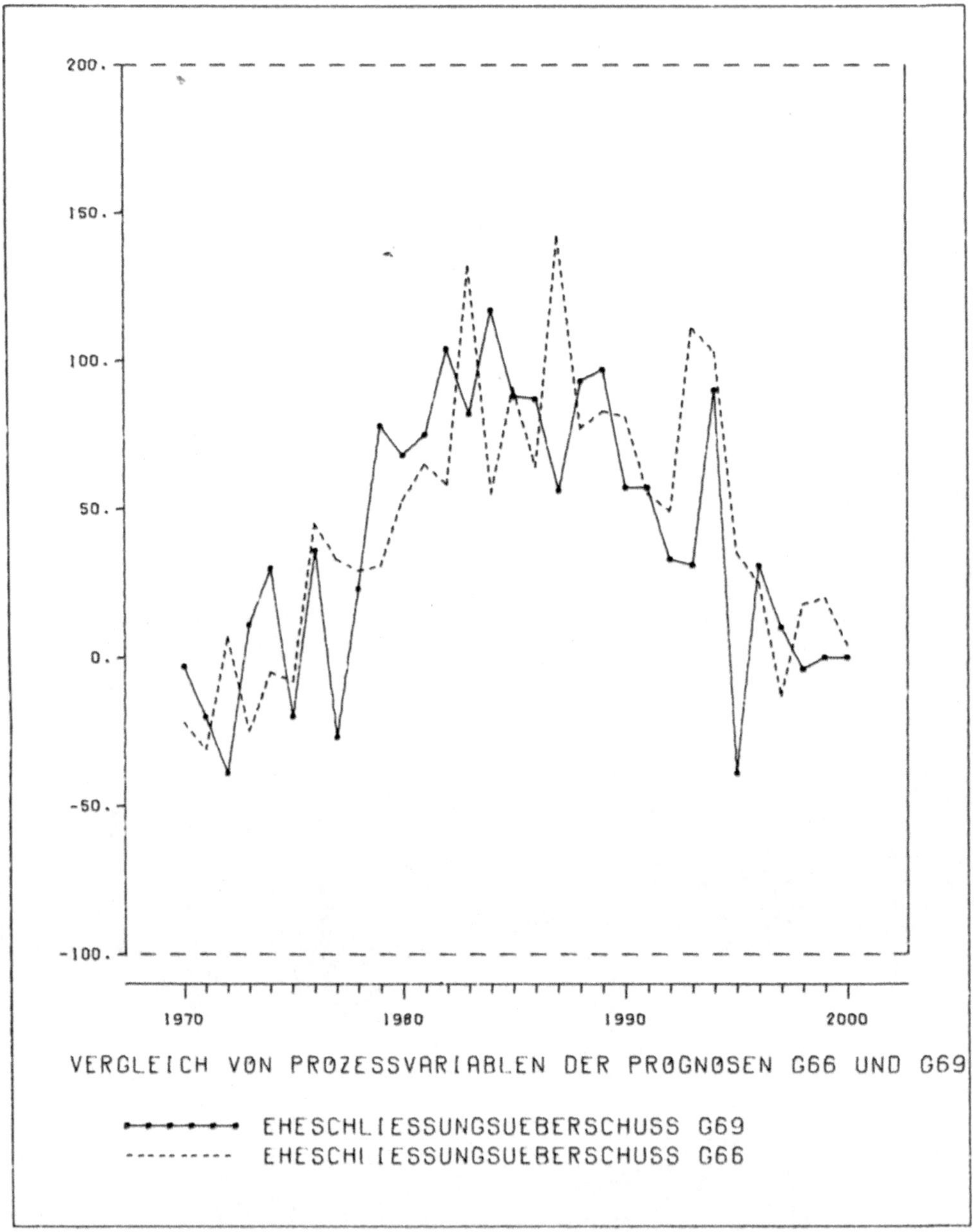
200.
150.
100.
50.
0.
-50.
-100.
1970
1980
1990
2000
VERGLEICH VON PROZESSVARIABLEN DER PROGNOSEN G66 UND G69
EHESCHLIESSUNGSUEBERSCHUSS G69
EHESCHLIESSUNGSUEBERSCHUSS G66

Abb. 5.1.2./3

nahmen bedingten Sonderbewegungen ist auffällig, daß die Zahl der Ehelösungen in den kommenden dreißig Jahren relativ konstant um 400.000 schwankt, während die Zahl der Eheschließungen zwischen den Jahren 1980 und 1990 einem Maximum zustrebt und danach wieder abfällt, so daß sich bis 1980 und nach 1990 die Zahl der Eheschließungen und Ehelösungen etwa ausgleicht, während dazwischen ein erheblicher Eheschließungsüberschuß erkennbar ist. Dies hängt damit zusammen, daß in dieser Periode sehr geburtenstarke Jahrgänge in das Heiratsalter eintreten.

Die Auswirkungen dieser Entwicklung auf den Bestand an Haushalten sind in den Abbildungen 5.1.2./4 und 5.1.2./5 zu erkennen. Zunächst steigt der Bestand von Haushalten mit einem Erwachsenen überproportional an, was damit zusammenhängt, daß alle Kinder mit dem 18. Lebensjahr den elterlichen Haushalt verlassen. Bereinigt man nämlich diesen Bestand um alle Haushalte mit unverheirateten Haushaltsvorständen von 18 bis 24 Jahren, so bleibt dieser überproportionale Anstieg aus, und es ist allein das mit dem "Rentenberg" korrespondierende Maximum um das Jahr 1980 auffällig, was darauf schließen läßt, daß in diesem Jahr die Zahl der Einpersonenhaushalte mit Haushaltsvorständen im Alter von 65 bis 99 Jahren besonders häufig ist. Infolge der überdurchschnittlich vielen Eheschließungen zwischen 1980 und 1990 geht dann die Zahl von Einpersonenhaushalten mit Personen von 18 bis 24 Jahren wieder zurück. Statt dessen steigt nun der Index der Haushalte mit zwei erwachsenen Personen zunehmend an.

Die Struktur dieser Haushalte mit zwei Erwachsenen wird erheblich von der zukünftigen Geburtenentwicklung beeinflußt, wie man aus einem Vergleich der Abbildungen 5.1.2./6 und 5.1.2./7 entnehmen kann. Auffällig ist vor allem der starke Rückgang der Ehen mit drei und mehr Kindern bei der Prognose G69. Hier macht sich bemerkbar, daß ein Geburtenrückgang vornehmlich die Mehrkinderehen trifft.

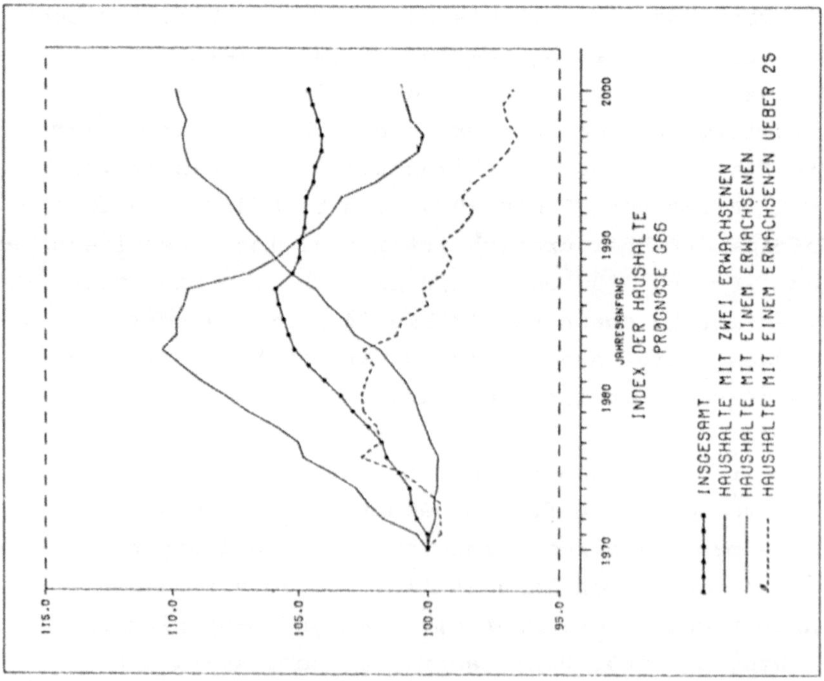

Abb. 5.1.2./4

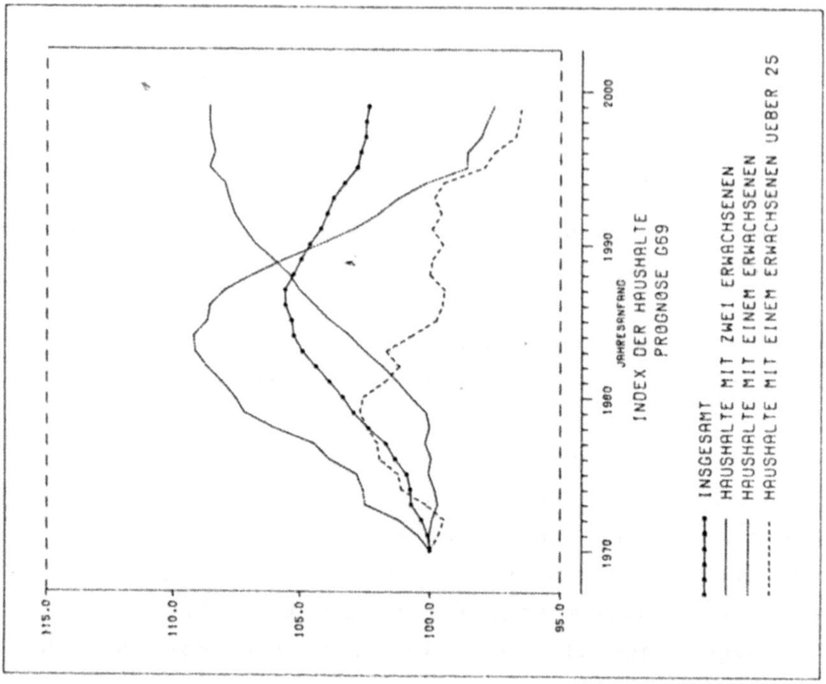

Abb. 5.1.2./5

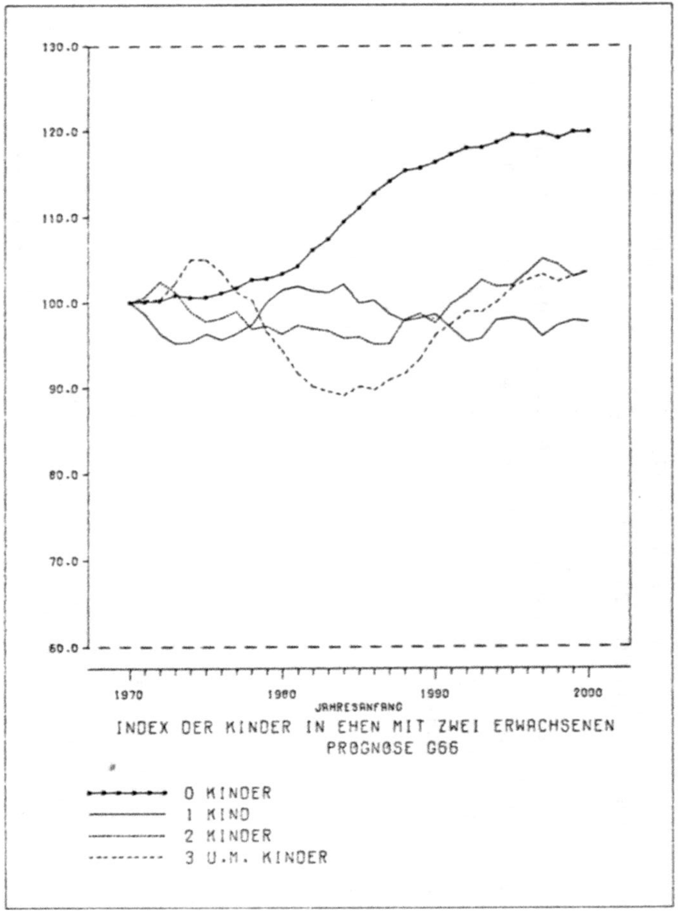

Abb. 5.1.2./6

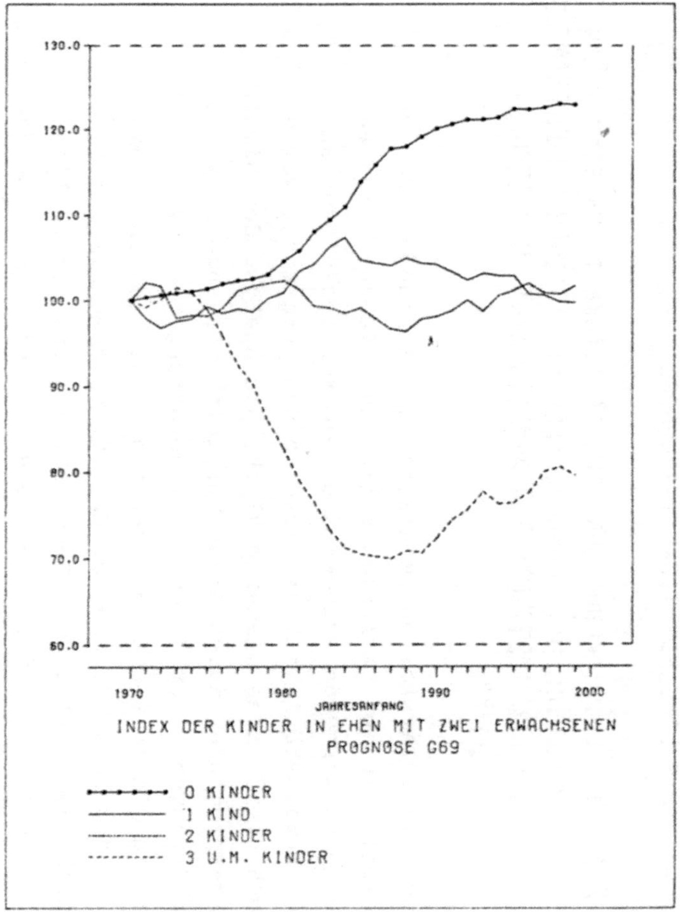

Abb. 5.1.2./7

5.2. Die Erwerbstätigkeitsprognose

5.2.1. Die Entwicklung der Erwerbstätigkeit insgesamt. Ein Vergleich mit Prognosen des STATISTISCHEN BUNDESAMTES und des INSTITUTS FÜR ARBEITSMARKT- UND BERUFSFORSCHUNG

Nach einer Darstellung möglicher Entwicklungspfade demographischer Variablen sollen nun die Auswirkungen von Strukturveränderungen des Bevölkerungsaufbaus auf die Erwerbstätigkeit der Bevölkerung untersucht werden. Auch hier ist es wieder möglich, die Analyse der Simulationsprognosen durch einen Vergleich mit anderen Vorausschätzungen zu ergänzen. Zwei Vorhersagen stehen bereit, die zu diesem Zweck herangezogen werden können: Einmal eine "Vorausschätzung der Erwerbspersonen bis 1985" durch das STATISTISCHE BUNDESAMT (1) und schließlich eine "Projektion des Angebots an inländischen Arbeitskräften in der Bundesrepublik Deutschland für die Jahre 1973, 1975 und 198o", die vom INSTITUT FÜR ARBEITSMARKT- UND BERUFSFORSCHUNG (2) erstellt wurde.

Beiden Vorhersagen liegt eine Bevölkerungsvorausschätzung des STATISTISCHEN BUNDESAMTES mit der Basis 1.1.1968 zugrunde. Diese Vorausschätzung enthält im Gegegensatz zur Vorausschätzung mit der Basis 1.1.197o die Annahme, daß die ausländische Wohnbevölkerung während des gesamten Vorausschätzungszeitraums in ihrer Anzahl unverändert bleibt. Der Tatsache, daß ein ständiger Austausch von

---

(1) Siehe L.HERBERGER und L.WERMTER, Vorausschätzung der Erwerbspersonen bis 1985, in: WISTA 197O, S. 459 ff.

(2) Siehe W.KLAUDER und G.KÜHLEWIND, Projektionen des Angebots an inländischen Arbeitskräften in der Bundesrepublik Deutschland für die Jahre 1973, 1975 und 198O, in: IAB-Mitteilungen, 3(197O), S. 1O ff.

älteren durch jüngere Ausländer stattfindet, wurde durch ein Wanderungsmodell Rechnung getragen, das die Altersstruktur der ausländischen Wohnbevölkerung konstant hält. Während allerdings bei der Prognose des STATISTISCHEN BUNDESAMTES die Ausländer mit in die Erwerbspersonenprognose einbezogen wurden, hat das IAB den zum Basiszeitpunkt geschätzten Ausländerbestand von den Prognosewerten abgesetzt, um Vorausschätzungswerte allein für die inländische Wohnbevölkerung zu erhalten. Schließlich wurden vom IAB noch die auf den Jahresanfang des jeweiligen Prognosejahres datierten Angaben in Jahresdurchschnitte umgerechnet.

Beide Vorausschätzungen erfolgten mittels Erwerbsquoten, die nach Alter, Geschlecht und - bei Frauen - Familienstand disaggregiert waren. Wie bei der Simulationsprognose wurden jeweils 5er- Altersgruppen zusammengefaßt. Neben Differenzen hinsichtlich der einbezogenen Grundgesamtheit der Bevölkerung bestehen noch Unterschiede zwischen der Prognose des IAB und des STATISTISCHEN BUNDESAMTES in der Vorgehensweise bei der Bestimmung der alters- , geschlechts- und familienstandsspezifischen Erwerbsquoten sowohl bei der Bestimmung der Basiswerte wie auch bei der Berechnung von Verhaltensänderungen. Hierbei wurden nämlich unterschiedliche Verfahren der Trendextrapolation und Bereinigung der Erwerbsquoten von konjunkturellen Einflüssen angewandt. Gemeinsam sind bei beiden Prognosen die grundlegenden Annahmen hinsichtlich der Verhaltenskomponente.

Hiernach führt sowohl bei den Männern wie bei den Frauen von 15 bis 3o Jahren die Verhaltenskomponente zu einem erheblichen Rückgang der Erwerbstätigkkeit, der vornehmlich auf eine Tendenz zur verlängerten Berufsausbildung zurückzuführen ist. Unterschiedliche Entwicklungen bei beiden Geschlechtern werden dagegen in der Altersgruppe von 3o bis 55 Jahren erwartet. Das Erwerbsverhalten der Männer war in dieser Altersgruppe in den vergangenen Jahren keinen nennenswerten Schwankungen unterworfen, so daß auch in absehbarer Zukunft keine größeren Änderungen erwartet werden. Dagegen wird ja die Frauenerwerbstätigkeit in dieser Altersgruppe in einem erheblichen Umfang durch familiäre Tatbestände beeinflußt, so daß hier nur Aussagen mit großer Unsicherheit gemacht werden können. Für diese Gruppe wurde die mit Abstand höchste positive Verhaltenskomponente prognostiziert. In der Altersgruppe von 55 bis 65 Jahren wird ebenfalls eine Erhöhung der Erwerbsbeteiligung angenommen. Auch hier sind es vorwiegend die verheirateten Frauen, denen die Zunahme zuzuschreiben ist. Dagegen ist auch nach den vom IAB und STATISTISCHEN BUNDESAMT getroffenen Annahmen die "Alterserwerbstätigkeit", d.h. die Erwerbstätigkeit der 65 Jahre alten und älteren Personen weiter rückläufig, was vor allem mit der umfassenden Altersversorgung und dem zunehmenden materiellen Wohlstand begründet wird.

Versucht man die Ergebnisse der verschiedenen Vorausschätzungen miteinander zu vergleichen, so stellt sich auch hier das Problem, ein Maß zu finden, das eine sinnvolle Gegenüberstellung der Prognoseergebnisse erlaubt. Die zu untersuchenden drei Vorhersageverfahren liefern Informationen über die Zahl der Erwerbspersonen und es läge zunächst nahe, diese absoluten Zahlen miteinander zu vergleichen. Doch wie schon bei der Bevölkerungsprognose, so erscheint dies auch hier nicht sinnvoll, da die Grundgesamtheit der Bevölkerung sehr unterschiedlich ist. Da die hier erstellten Erwerbstätigkeitsprognosen zunächst einmal das Ziel haben, Auswirkungen von Strukturveränderungen des Bevölkerungsaufbaus auf die Erwerbstätigkeit der Bevölkerung vorauszusagen, liegt es nahe, die Zahl der Erwerbstätigen jeweils auf die entsprechende Grundgesamtheit der Bevölkerung zu beziehen. Die Veränderungen von so ermittelten Erwerbsquoten geben dann den Einfluß von Strukturveränderungen der betrachteten Bevölkerungsgruppe auf die Erwerbstätigkeit an.

Ein Vergleich der Prognoseergebnisse in Tabelle 5.2.1./1 läßt nicht unerhebliche Abweichungen zwischen den verschiedenen Prognosen erkennen. Dies gilt sogar schon für die Ausgangssituation, wo deutlich wird, welche Auswirkungen die Bildung der verschiedenen Typen von gleitenden Mittelwerten im Vergleich zur Annahme von Querschnittsdaten für 1969 (Simulationsprognose) hat.

Die Simulationsprognosen reichen auch hier über einen Zeitraum von dreißig Jahren; ihr Ergebnis ist in den beigefügten Abbildungen dargestellt. Bemerkenswert ist, daß bis zum Jahr 1985 ein allgemeiner Anstieg der Erwerbsquoten beobachtet werden kann (siehe Abb. 5.2.1./1), und daß sich danach die Quoten stabilisieren bzw. wieder leicht rückläufig sind, was auf den Altersaufbau der Bevölkerung zurückgeführt werden kann. Erwartungsgemäß liegen die Erwerbsquoten bei der Prognose G69 über den Erwerbsquoten der Prognose G66, da bei den Geburtsverhältnissen des Jahres 1969 die Zahl der Kinder vergleichsweise klein ist. Erst wenn die Kinder in das Erwerbsleben eintreten, werden die Unterschiede langsam abgebaut. Erwartungsgemäß liegen auch die Erwerbsquoten von verheirateten Frauen bei der Prognose G69 durchweg höher als bei der Prognose G66, da sich Frauen in einem höherem Maße am Erwerbsleben beteiligen, wenn sie weniger Kinder haben.

Bei einer Analyse der zeitlichen Entwicklung der Erwerbsintensität (Abb. 5.2.1./2) fällt zunächst auf, daß die zu verzeichnenden Abweichungen nur relativ klein sind und durchweg unter einem Prozent liegen. Der Veränderung der Erwerbsintensität im Zeitverlauf kommt somit nur eine geringe Bedeutung zu. Auffällig ist hier vor allem der Rückgang und anschließende Wiederanstieg bei den Männern, der allerdings auf eine als problematisch anzusehende Annahme zurückge-

	1970					1975						1980						1985				
	IAB 1)	Stat.Bu.		Simulation		IAB		Stat.Bu.		Simulation		IAB		Stat.Bu.		Simulation		IAB	Stat.Bu.		Simulation	
		K	V	G66	G69	K	V	K	V	G66	G69	K	V	K	V	G66	G69		K	V	G66	G69
Insgesamt	44.0	44.2	43.6	43.1	43.1	43.0	42.3	43.7	42.5	43.2	43.4	43.6	42.6	44.3	42.7	44.5	45.0	Keine Prognose	44.8	42.8	45.7	46.5
Männer	59.7	59.9	58.9	58.8	58.8	58.6	57.2	59.4	57.2	58.6	59.0	59.3	57.0	60.1	57.0	60.2	60.8		61.0	57.1	61.9	63.0
Frauen	30.1	30.0	29.8	29.3	29.3	28.9	28.9	29.3	29.2	29.4	29.6	29.2	29.5	29.7	29.5	30.4	30.8		29.7	29.4	30.9	31.6
Verh. Frauen	33.7	34.3	34.7	34.0	34.0	33.9	35.2	34.4	35.4	34.6	34.8	34.3	36.7	34.7	36.5	35.5	35.6		35.0	37.1	36.2	36.5
25 - 30	39.6	40.8	40.8	40.3	40.3	39.6	39.6	40.8	40.8	41.8	42.4	39.6	39.6	40.8	40.8	41.8	43.2		40.8	40.8	42.9	42.8
30 - 35	35.3	36.6	37.4	36.0	36.0	35.3	35.3	36.6	38.8	38.4	38.6	35.3	35.3	36.6	40.5	38.8	38.8		36.6	41.5	38.8	40.6
35 - 40	37.0	38.0	38.6	38.3	38.3	37.0	37.0	38.0	39.9	38.2	38.7	37.0	37.0	39.0	41.5	39.8	39.6		38.0	43.0	40.9	40.9

1) Die Angaben beziehen sich auf die Ausgangssituation im Jahre 1968

Tabelle 5.2.1./1

Vergleich der Erwerbsquoten bei verschiedenen Erwerbspersonenprognosen

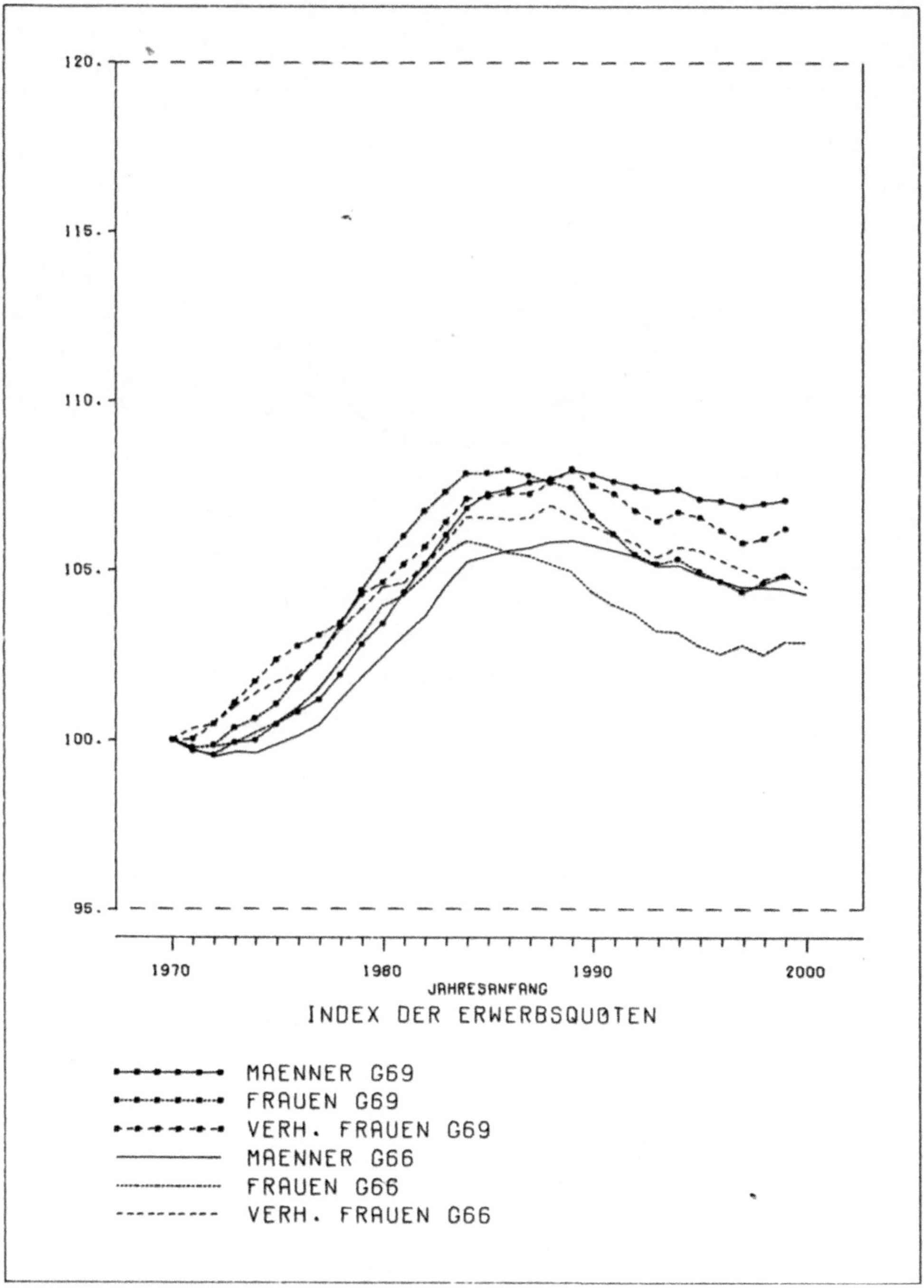
120.
115.
110.
105.
100.
95.
1970
1980
1990
2000
JAHRESANFANG
INDEX DER ERWERBSQUOTEN
MAENNER G69
FRAUEN G69
VERH. FRAUEN G69
MAENNER G66
FRAUEN G66
VERH. FRAUEN G66

Abb. 5.2.1./1

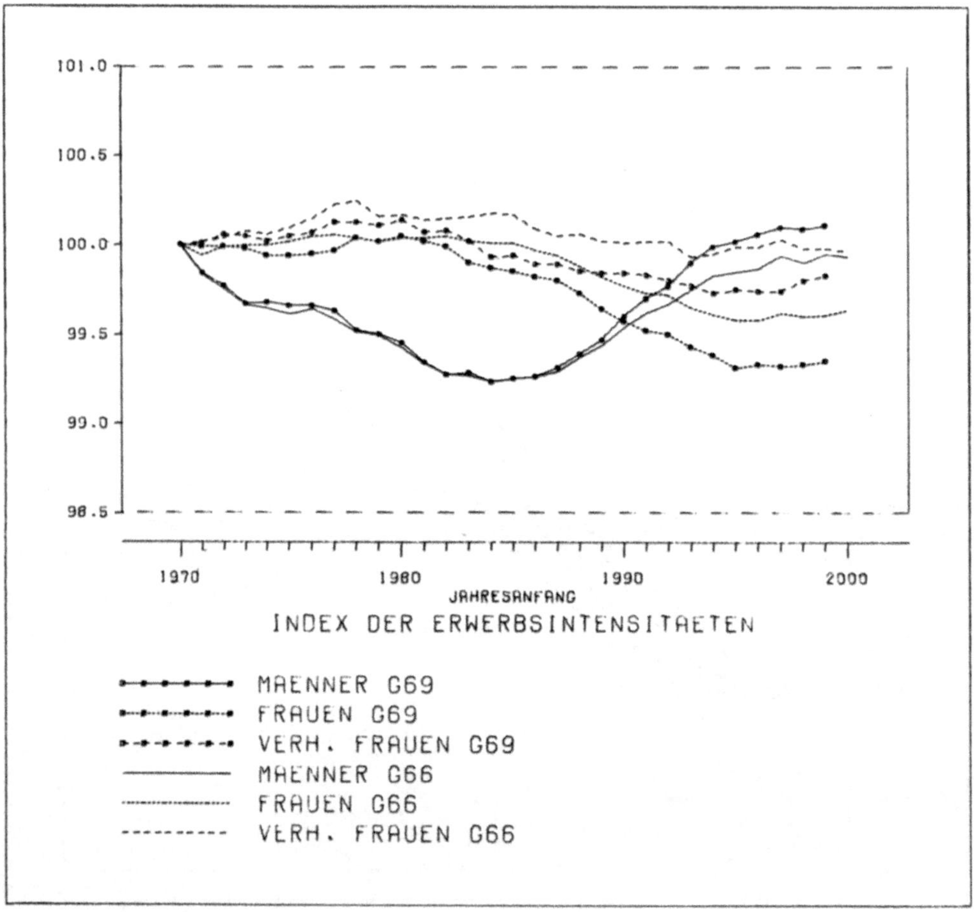
101.0
100.5
100.0
99.5
99.0
98.5
1970
1980
1990
2000
JAHRESANFANG
INDEX DER ERWERBSINTENSITAETEN
MAENNER G69
FRAUEN G69
VERH. FRAUEN G69
MAENNER G66
FRAUEN G66
VERH. FRAUEN G66

Abb. 5.2.1./2

führt werden kann. Bei Soldaten (Berufs- und Zeitsoldaten sowie Wehrpflichtigen) wird nämlich eine wöchentliche Arbeitsstundenzahl von O Stunden ausgewiesen. Nimmt man hier keine Bereinigung vor, so führt das zu einer entsprechenden Unterschätzung der Erwerbsintensitäten. So liegen die Erwerbsintensitäten bei Männern dann besonders niedrig, wenn der Anteil von Männern im Alter von 20 bis 24 Jahren relativ hoch ist, d.h. um das Jahr 1985. Auch die Abweichungen zwischen den Prognose G69 und G66 nach 1990 dürften hierauf zurückzuführen sein.

Überraschend ist zunächst, daß die Erwerbsintensität verheirateter Frauen und damit auch die Erwerbsintensität der Frauen insgesamt bei der Prognose G69 niedriger liegt als bei der Prognose G66. Da man unterstellen kann, daß die Erwerbsintensität von Frauen mit der Zahl ihrer Kinder zurückgeht oder allenfalls gleichbleibt, wäre eigentlich zu erwarten gewesen, daß unter den Geburtsverhältnissen des Jahres 1966 eine vergleichsweise kleinere Erwerbsintensität von verheirateten Frauen auftritt. Aber auch für diesen zunächst unerwarteten Verlauf läßt sich eine einfache Erklärung finden. Wie man aus Tabelle 5.2.1./2 entnehmen kann, geht nämlich nur die Intensität der abhängig Beschäftigten erheblich zurück, während die Intensität der Selbständigen und mithelfenden Familienangehörigen relativ unverändert bleibt. Da aber gleichzeitig bei wachsender Kinderzahl mehr Abhängige als Selbständige und mithelfende Familienangehörige ihre Erwerbstätigkeit aufgeben, erhöht sich die Selbständigenquote bei verheirateten Frauen, so daß im Mittel auch die Erwerbsintensität aller verheirateten Frauen ansteigt, da sich diese Zahl dann immer mehr der hohen Erwerbsintensität von verheirateten Frauen, die als Selbständige oder mithelfende Familienangehörige arbeiten, annähert.

Da gelegentlich die Zahl der Personen, zwischen 15 und 64 Jahren bei Berechnungen des Arbeitskräftepotentials

Anzahl der Kinder	0	1	2	3 u.m.
Erwerbsintensität von Selbständigen und mithelfenden Familienangehörigen	1.06	1.03	1.05	1.07
Erwerbsintensität von Abhängigen	0.86	0.72	0.68	0.65
Selbständigenquote	0.12	0.22	0.41	0.53
Erwerbsintensität insgesamt	0.88	0.79	0.83	0.87

Tab. 5.2.1./2

Erwerbsintensitäten verheirateter Frauen in Abhängigkeit von der Anzahl der Kinder und der Stellung im Beruf

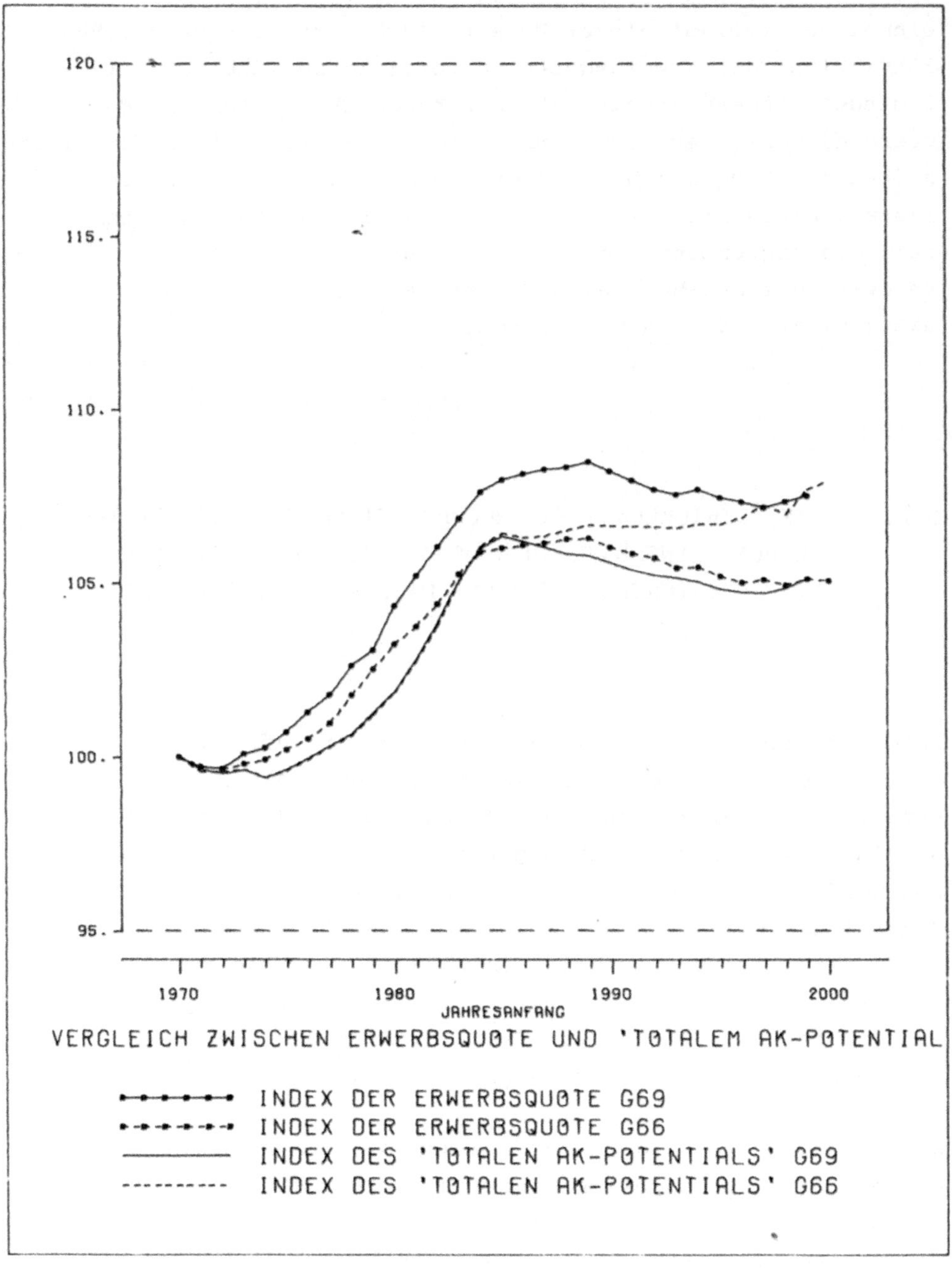
120.
115.
110.
105.
100.
95.
1970
1980
1990
2000
JAHRESANFANG
VERGLEICH ZWISCHEN ERWERBSQUOTE UND 'TOTALEM AK-POTENTIAL
INDEX DER ERWERBSQUOTE G69
INDEX DER ERWERBSQUOTE G66
INDEX DES 'TOTALEN AK-POTENTIALS' G69
INDEX DES 'TOTALEN AK-POTENTIALS' G66

Abb. 5.2.1./3

einer Bevölkerung zugrundegelegt wird, liegt es nahe, einmal den Verlauf dieser Potentialgröße mit der zeitlichen Entwicklung der Erwerbsquote zu vergleichen (Abb. 5.2.1./3) Zumindest näherungsweise stimmen beide Entwicklungspfade überein, womit deutlich wird, welcher Einfluß allein dem Altersaufbau der Bevölkerung zukommt, so daß auch bei einer so instationären Altersstruktur, wie sie für die BRD gegeben ist, die Abgrenzung nach Altersklassen schon eine relativ gute Annäherung an die tatsächlichen Erwerbstätigkeitsverhältnisse erbringt.

5.2.2. DIE ENTWICKLUNG DER ERWERBSTÄTIGKEIT VERHEIRATETER FRAUEN. EINE UNTERSUCHUNG DER AUSWIRKUNGEN EINER DISAGGREGIERTEN ERFASSUNG DIESER PERSONENGRUPPE.

In den Abbildungen 5.2.2./1-4 sind die Verläufe der Erwerbsquoten und Erwerbsintensitäten jener Altersjahrgänge von verheirateten Frauen dargestellt, die bei den Simulationsprognosen - im Gegensatz zu den üblicherweise angewandten Prognoseverfahren - endogenisiert wurden. Allerdings erlauben hier die erheblichen Zufallsschwankungen keine detaillierte Analyse; immerhin liegen, wie auch zu erwarten ist, die Erwerbsquoten bei Zugrundelegung der Geburtentafel 1969 durchweg über den Erwerbsquoten, die sich aufgrund der Geburtentafel 1966 ergeben.

Bemerkenswert ist jedoch der von den Geburtenannahmen unabhängige recht erhebliche Anstieg der Erwerbsquote bei allen betrachteten Teilgruppen in den kommenden Jahren. Vermutlich ist dieser Anstieg auf den bereits erläuterten Ziehharmonika-Effekt zurückzuführen und steht damit in

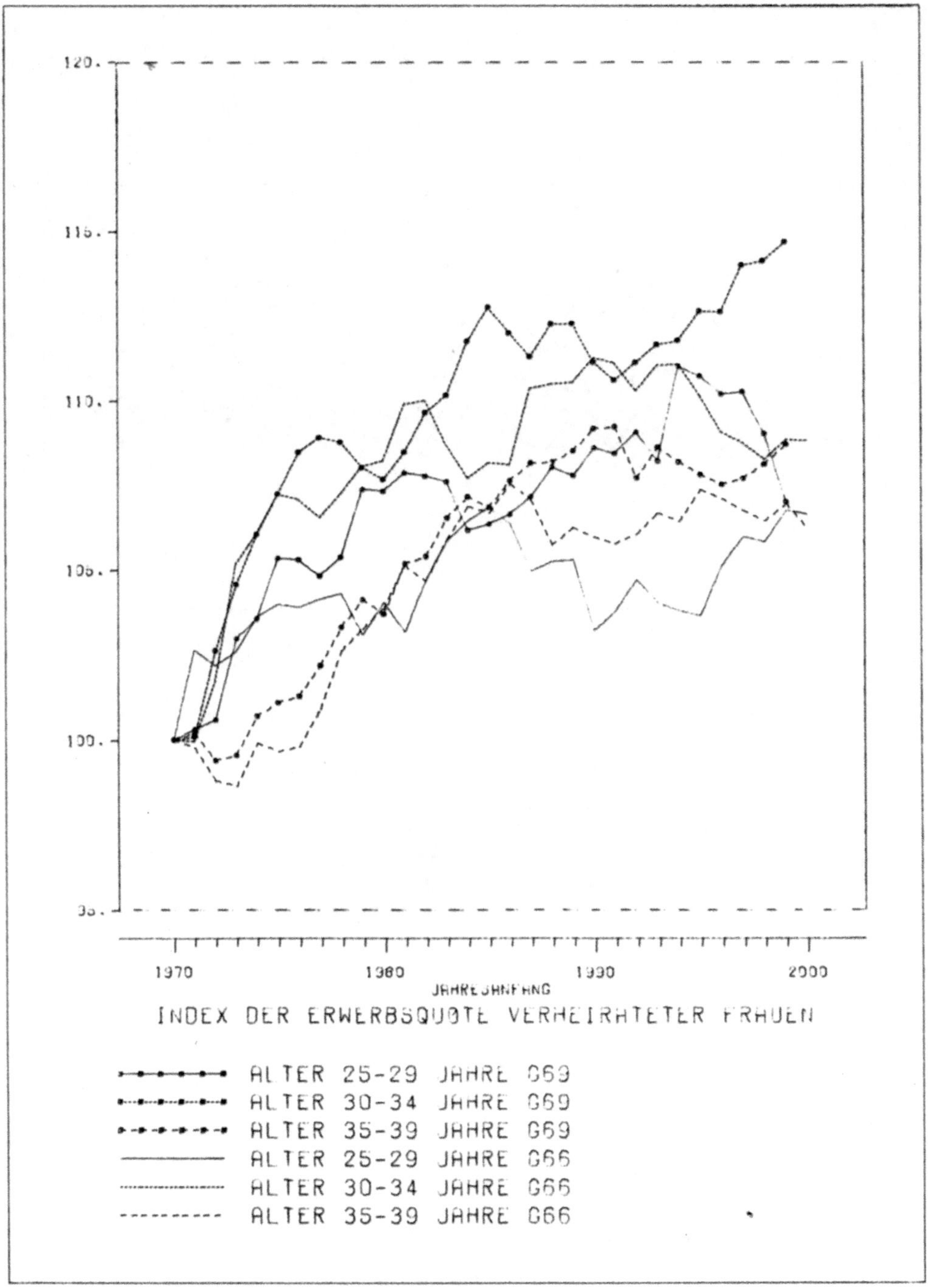
120.
115.
110.
105.
100.
95.
1970
1980
1990
2000
JAHRESANFANG
INDEX DER ERWERBSQUOTE VERHEIRATETER FRAUEN
ALTER 25-29 JAHRE G69
ALTER 30-34 JAHRE G69
ALTER 35-39 JAHRE G69
ALTER 25-29 JAHRE G66
ALTER 30-34 JAHRE G66
ALTER 35-39 JAHRE G66

Abb. 5.2.2./1

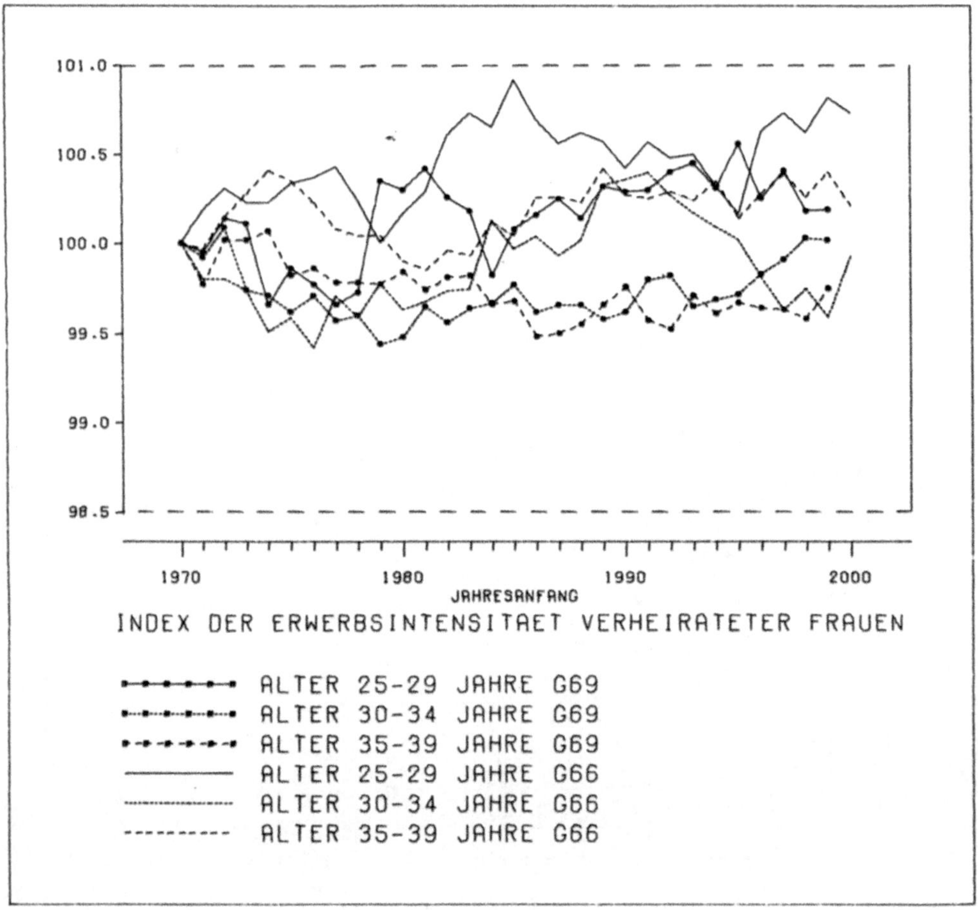
101.0
100.5
100.0
99.5
99.0
98.5
1970
1980
1990
2000
JAHRESANFANG
INDEX DER ERWERBSINTENSITAET VERHEIRATETER FRAUEN
ALTER 25-29 JAHRE G69
ALTER 30-34 JAHRE G69
ALTER 35-39 JAHRE G69
ALTER 25-29 JAHRE G66
ALTER 30-34 JAHRE G66
ALTER 35-39 JAHRE G66

Abb. 5.2.2./2

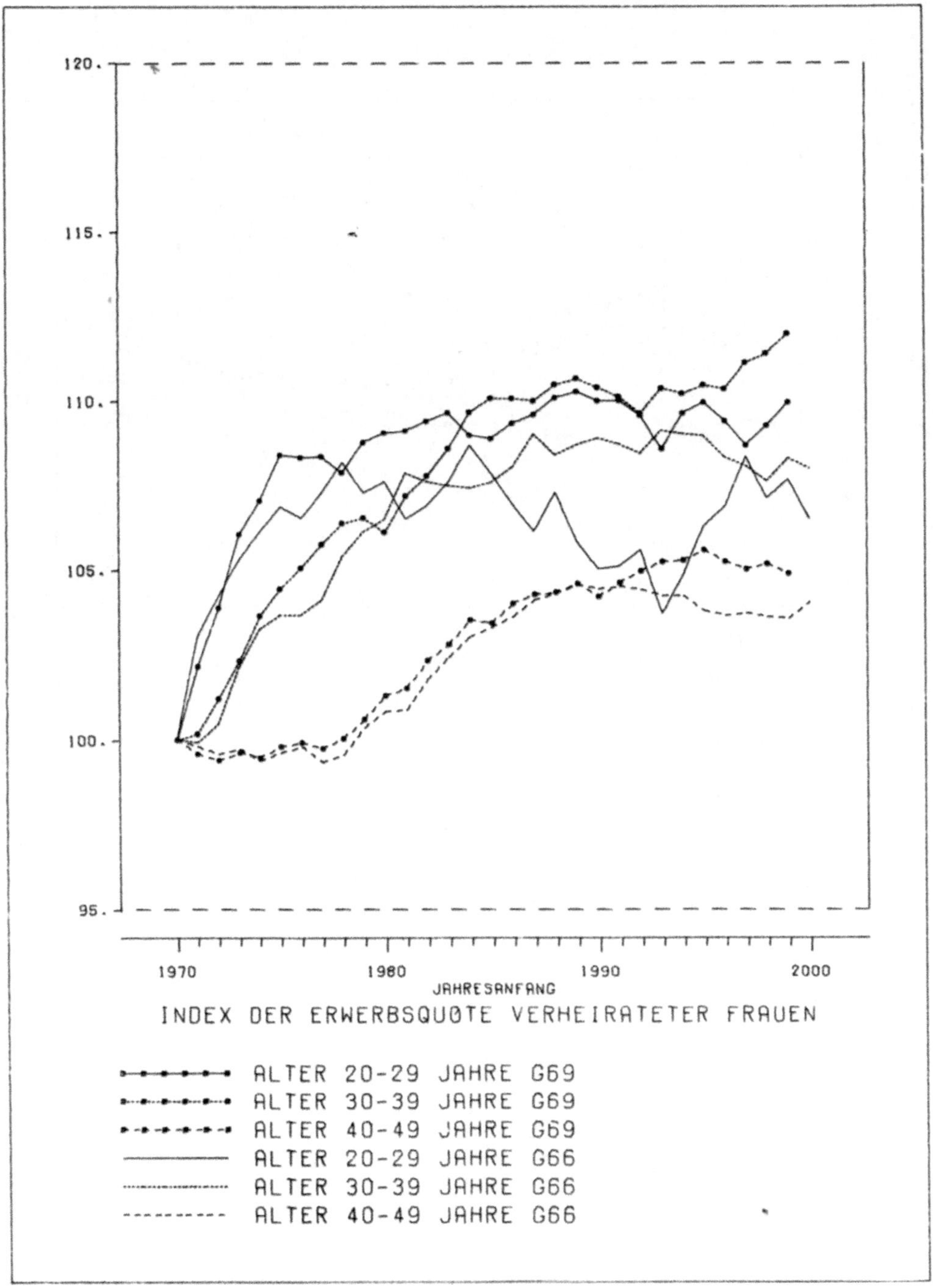
120.
115.
110.
105.
100.
95.
1970
1980
1990
2000
JAHRESANFANG
INDEX DER ERWERBSQUOTE VERHEIRATETER FRAUEN
ALTER 20-29 JAHRE G69
ALTER 30-39 JAHRE G69
ALTER 40-49 JAHRE G69
ALTER 20-29 JAHRE G66
ALTER 30-39 JAHRE G66
ALTER 40-49 JAHRE G66

Abb. 5.2.2./3

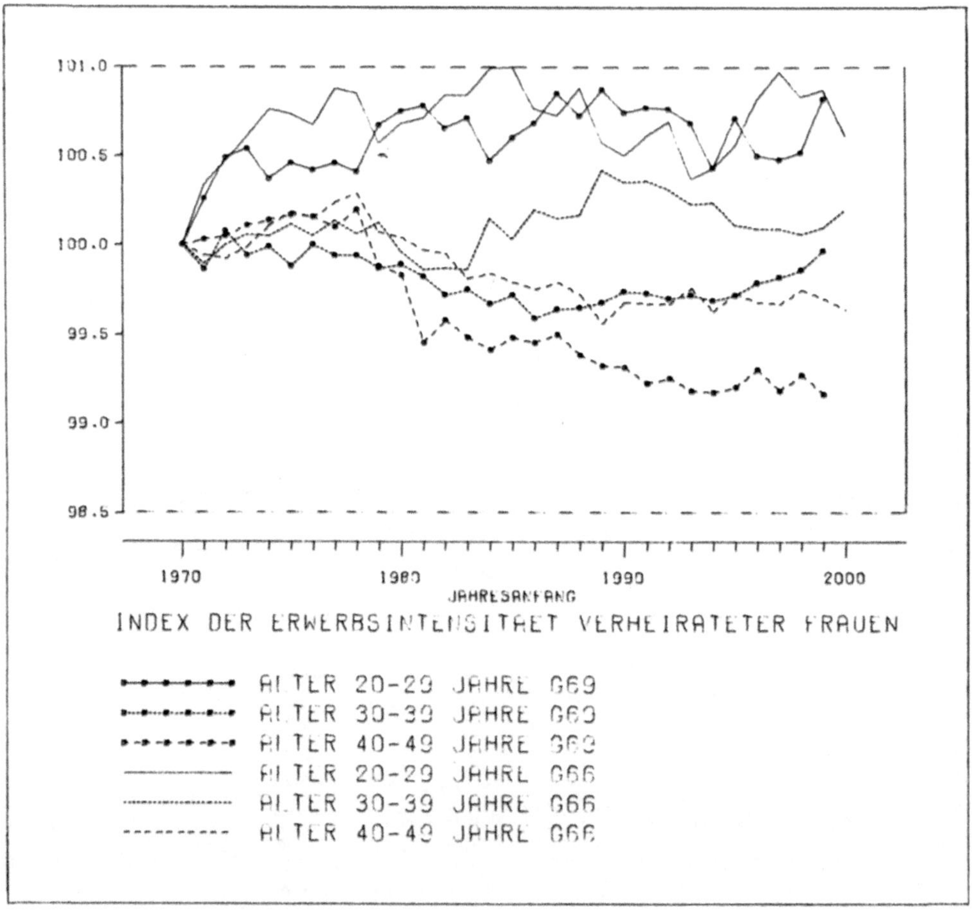
101.0
100.5
100.0
99.5
99.0
98.5
1970
1980
1990
2000
JAHRESANFANG
INDEX DER ERWERBSINTENSITAET VERHEIRATETER FRAUEN
ALTER 20-29 JAHRE G69
ALTER 30-39 JAHRE G69
ALTER 40-49 JAHRE G69
ALTER 20-29 JAHRE G66
ALTER 30-39 JAHRE G66
ALTER 40-49 JAHRE G66

Abb. 5.2.2./4

einem Zusammenhang mit der in den vergangenen Jahren beobachtbaren Vorverlegung des Heiratsalters bei Frauen. Aufgrund dieser Vorverlegung gibt es gegenwärtig nämlich in den betreffenden Altersjahrgängen besonders viele Frauen mit Kindern, was sich negativ auf ihre Erwerbstätigkeit auswirkt. Mit einer Rückkehr zu "normalen" Verhältnissen gemäß der getroffenen Modellannahme steigt die Erwerbstätigkeit der Frauen erwartungsgemäß an, da sie dann im Mittel weniger Kinder zu betreuen haben.

5.3. Zusammenfassende Beurteilung des Prognoseverfahrens

Die Darstellung der Simulationsergebnisse hat die Vorzüge und Nachteile des hier zur Diskussion stehenden Prognoseverfahrens deutlich gemacht. Ausgehend von diesen Ergebnissen läßt sich wohl kaum ein eindeutig positives oder negatives Urteil abgeben. Anstelle einer generellen Aussage über die Brauchbarkeit dieses Verfahrens für Prognosezwecke kann deshalb lediglich versucht werden, Fälle, bei denen ein Einsatz sinnvoll erscheint, von Anwendungsgebieten zu trennen, bei denen dies problematisch ist. Daneben bleibt selbstverständlich zu diskutieren, inwieweit sich dieses Verfahren verbessern läßt, damit es den gestellten Ansprüchen in einem hohen Maße gerecht werden kann.

Die Prognose der allgemeinen Bevölkerungsentwicklung hat gezeigt, daß der Verlauf der aggregierten Variablen - soweit dies überhaupt erwartet werden kann - recht gut mit der Prognose des STATISTISCHEN BUNDESAMTES übereinstimmt. Durch eine genauere Spezifizierung von Wirkungszusammenhängen kann sogar mit Ergebnissen gerechnet werden, die der tatsächlichen Entwicklung eher entsprechen dürften als die amtliche Prognose. Allerdings wird bereits hier die Zufallsabhängigkeit der Simulationsergebnisse erkennbar. Während nämlich die Prognose des STATISTISCHEN BUNDESAMTES einen relativ glatten Verlauf der Variablen erbringt, sind bei den Variablen der Simulationsprognose die Zufallsschwankungen nicht zu übersehen. Noch deutlicher wird dies bei Teilgruppen, wo zwischen zwei Perioden schon mit ganz erheblichen Zufallsschwankungen gerechnet werden muß. Es wird hier zu überlegen sein, ob es nicht zweckmäßig ist, die Ausgangsstichprobe von einem Promille auf ein Prozent der Gesamtbevölkerung zu erhöhen. Dann hat man nämlich einen Querschnitt, der zumindest hinsichtlich seiner Stichprobeneigenschaften mit dem Mikrozensus vergleichbar ist.

Die Überlegenheit des hier gewählten Verfahrens der stochastischen Simulation von Individualdaten gegenüber einer Fortschreibung von Gruppen-Variablen zeigt sich insbesonders bei einer Erklärung von Prozessen der Bildung und Lösung sozioökonomischer Einheiten. Allein ein Verfahren der Individualsimulation erlaubt es nämlich, Prognosen des Lebenslaufs von Individuen zu verknüpfen mit Prognosen ihrer Zuordnung zu sozioökonomischen Einheiten. Freilich stören auch hier die auftretenden Zufallsfehler, doch wurde bereits ein Weg skizziert, wie diese Fehler verkleinert werden können. Weiteren Forschungsanstrengungen muß es überlassen bleiben, das hier gewählte Haushaltskonzept mit der Definition des STATISTISCHEN BUNDESAMTES in Übereinstimmung zu bringen. Zunächst liegt es wohl nahe, das Ausscheiden lediger Kinder aus dem elterlichen Haushalt näher zu spezifizieren und die Zugehörigkeit der Bevölkerung zu Anstaltshaushalten zu erklären. Immerhin kann angenommen werden, daß bereits durch diese beiden Korrekturen eine recht gute Übereinstimmung zwischen beiden Konzepten herstellbar sein wird.

Weniger befriedigend ist das Ergebnis der Erwerbstätigkeitsprognose. Zwar entwickeln sich die Werte der hochaggregierten Variablen so, wie dies auch plausibel erscheint, doch bleiben die Ergebnisse der disaggregierten Prognose für Teilgruppen verheirateter Frauen hinter den Erwartungen zurück. Die aus dem Stichprobenfehler resultierenden Zufallsschwankungen erlauben es hier nicht, zuverlässige Angaben über die prognostizierten Teilgruppen zu erhalten. Daneben zeigt sich, daß die Gewichtung der Erwerbspersonenzahlen mittels Erwerbsintensitäten nur von geringem Einfluß auf die Erwerbstätigkeitsprognose ist. Allerdings gilt dies nur solange, wie die Prognose allein auf demographisch bedingten Strukturverschiebungen begründet wird. Sobald Veränderungen der Selbständigenquote und unterschiedliche

Verhaltensannahmen von Teilgruppen der Bevölkerung berücksichtigt werden, dürfte die hier gewählte Spezifizierung an Bedeutung gewinnen. In Hinblick auf den beabsichtigten weiteren Ausbau des Simulationssystems erscheint dieser Ansatz deshalb auch trotz der hier nur zu beobachtenden geringen Auswirkungen sinnvoll.

ANHANG

A.1. DAS RECHENPROGRAMM FÜR DAS BEVÖLKERUNGSMODUL

```
C-----------------------------------------------------------------------
C
C
C   LISTE DER SIMULATIONSVARIABLEN
C
C
C-----------------------------------------------------------------------
C
C
C      A.  STRUKTURVARIABLEN
C
C      JF( 1,I)   -  HAUSHALTSNUMMER
C                    (IN AUFSTEIGENDER REIHENFOLGE GEORDNET)
C      JF( 2,I)   -  ALTER (VOLLENDETE LEBENSJAHRE AM JAHRESANFANG)
C      JF( 3,I)   -  GESCHLECHT (1=MAENNLICH,2=WEIBLICH)
C      JF( 4,I)   -  EHEDAUER (VOLLENDETE EHEJAHRE AM JAHRESANFANG)
C      JF( 5,I)   -  FAMILIENSTAND
C                    (0=LEDIG,1=VERHEIRATET,2=VERWITWET,3=GESCHIEDEN)
C      JF( 6,I)   -  ERWACHSENENSTATUS (0=KIND,1=ERWACHSENER)
C      JF( 7,I)   -  ANZAHL DER KINDER UNTER 18 JAHREN
C      JF( 8,I)   -  ALTER DES JUENGSTEN KINDES
C      JF( 9,I)   -  HAUSHALTSTYP
C      JF(10,I)   -  PHANTOMMARKIERUNG
C                    (0=NATUERLICHE PERSON,1=FIKTIVE PERSON)
C
C
C      B.  PROZESSVARIABLEN
C
C      JF(11,I)   -  STERBEFALL        (0=NEIN,1=JA)
C      JF(12,I)   -  VERWITWUNG        (0=NEIN,1=JA)
C      JF(13,I)   -  EHESCHEIDUNG      (0=NEIN,1=JA)
C      JF(14,I)   -  EHESCHLIESSUNG    (0=NEIN,1=JA)
C      JF(15,I)   -  FRUCHTBARKEIT     (0=NEIN,1=JA)
C      JF(16,I)   -  GEBURT            (0=NEIN,1=JA)
C
C
C      C.  ZUORDUNGSVARIABLEN
C
C      JF(17,I)   -  ALTER DES MANNES IM JAHR DER EHESCHLIESSUNG
C      JF(18,I)   -  FAMILIENSTAND DES MANNES VOR DER EHESCHLIESSUNG
C
C
C      D.  KLASSIFIZIERUNGSVARIABLEN
C
C      JF(19,I)   -  ZEHNERSTELLE DES ALTERS
C      JF(20,I)   -  EINERSTELLE DES ALTERS
C
C
C      E.  STEUERVARIABLEN
C
C      KF( 1,I)   -  REIHENFOLGE IN DER DIE HAUSHALTSMITGLIEDER VON
C                    BAND EINGELESEN WURDEN
C      KF( 2,I)   -  STEUERUNGSINFORMATION, OB UND WIE DIE PERSONEN
C                    EINES HAUSHALTS NACH DER SIMULATION AUSGESCHRIEBEN
C                    WERDEN SOLLEN
C      KF( 3,I)   -  STEUERUNG DER SIMULATIONSFOLGE
C      KF( 4,I)   -  FESTLEGUNG DER BANDEINHEITEN, AUF DIE DIE PERSONEN
C                    NACH DER SIMULATION AUSGESCHRIEBEN WERDEN SOLLEN
C      KF( 5,I)   -  STEUERUNG DER KLASSIFIZIERUNG VON PERSONEN
C
C
C-----------------------------------------------------------------------
```

```
      SUBROUTINE BEVM(NPMAX,NKF,NJF,NRF,NPF,KF,JF,RF)
      DIMENSION KF(NKF,NPF),JF(NJF,NPF),RF(NRF,NPF)


      DO 10 II=1,NPMAX
      JF(7,II)=0
      JF(8,II)=0
      JF(9,II)=0
      DO 10 I =11,20
   10 JF(I,II)=0


C--------- SUBMODUL HAUSHALTSSTRUKTUR ---------------------------------
C
C     ANALYSE DER HAUSHALTSSTRUKTUR

  100 CONTINUE
      II=2
      DO 190 I=1,NPMAX
      IF(KF(3,I).EQ.0)GO TO 190
      IF(JF(6,I).EQ.1)  GOTO 150
      II=II+1
      KF(3,I)=1000000+II
      GOTO 190
  150 CONTINUE
      KF(3,I)=1000000+JF(3,I)
  190 CONTINUE


C--------- SUBMODUL LEBENSALTER UND EHEDAUER --------------------------
C
C     ANPASSUNG VON LEBENSALTER UND EHEDAUER

  900 CONTINUE
      DO 990 I=1,NPMAX
      IF(JF(5,I).EQ.1) JF(4,I)=JF(4,I)+1
  990 JF(2,I)=JF(2,I)+1


C--------- SUBMODUL HAUSHALTSTRENNUNG BEI ALTERSGRENZE ----------------
C
C     TRENNUNG VON HAUSHALTEN BEI UEBERSCHREITEN EINER ALTERSGRENZE

 1000 CONTINUE
      II=1
      DO 1900 I=1,NPMAX
      IF(KF(3,I).EQ.0) GOTO 1900
      IF(JF(6,I).EQ.1) GOTO 1900
      IF(JF(2,I).LT.18) GOTO 1900
      JF(6,I)=1
      II=II+1
      KF(3,I)=II*1000000+JF(3,I)
 1900 CONTINUE
      IHHMAX=II


C--------- SUBMODUL STERBEFALL ----------------------------------------
C
C     BESTIMMEN VON STERBEFAELLEN

 2000 CONTINUE
      DO 2900 I=1,NPMAX
      IF(KF(3,I).EQ.0) GOTO 2900
      NUMM=1+JF(5,I)
      CALL MARK(NUMM,JF(3,I),JF(2,I),IST)
      IF(IST.NE.1)GOTO 2900
      JF(11,I)=1
 2900 CONTINUE
```

```
C--------- SUBMODUL VERWITWUNG ----------------------------------------
C
C      ENDOGENE BESTIMMUNG VON VERWITWUNGEN

 3000 CONTINUE
      DO 3900 I=1,NPMAX
      IF(KF(3,I).EQ.0) GOTO 3900
      IF(JF(11,I).EQ.0) GOTO 3900
      IF(JF(6,I).EQ.0) GOTO 3900
      IF(JF(5,I).NE.1) GOTO 3900
      IG=1
      IF(JF(3,I).EQ.1) IG=2
      KFV=1000000+IG
      DO 3800 II=1,NPMAX
      IF(KFV.NE.KF(3,II)) GOTO 3800
      JF(5,II)=2
      JF(12,II)=1
      JF(12,I)=1
 3800 CONTINUE
 3900 CONTINUE


C--------- SUBMODUL EHESCHEIDUNG ----------------------------------------
C
C      BESTIMMUNG VON EHESCHEIDUNGEN (VON MAENNERN INDUZIERT)

 4000.CONTINUE
      DO 4900 I=1,NPMAX
      IF(KF(3,I).EQ.0) GO TO 4900
      IF(JF(3,I).NE.1) GO TO 4900
      IF(JF(6,I).EQ.0) GO TO 4900
      IF(JF(5,I).NE.1.AND.JF(5,I).NE.2) GO TO 4900
      IF(JF(5,I).EQ.2.AND.JF(12,I).EQ.0) GO TO 4900
      IF(RDM(D).GE.0.5.AND.JF(12,I).EQ.1) GO TO 4900
      CALL MARK(5,1,JF(4·I),IST)
      IF(IST.NE.1) GO TO 4900
      JF(13,I)=1
      JF(12,I)=0
      JF(5,I)=3
      KFV=1000002
      DO 4800 II=1,NPMAX
      IF(KFV.NE.KF(3,II)) GO TO 4800
      JF(5,II)=3
      JF(13,II)=1
      JF(12,II)=0
 4800 CONTINUE
 4900 CONTINUE


C--------- SUBMODUL HAUSHALTSTRENNUNG BEI EHELOESUNG ------------------
C
C      INDUZIERTE HAUSHALTSTRENNUNG BEI EHELOESUNG(VERWITWUNG,SCHEIDUNG)

      DO 4990 I=1,NPMAX
      IF(KF(3,I).EQ.0) GO TO 4990
      IF(JF(12,I).EQ.0.AND.JF(13,I).EQ.0) GO TO 4990
      IF(JF(10,I).EQ.1) KF(3,I)=0
      IF(JF(3,I).EQ.1) GO TO 4990
      IHHMAX=IHHMAX+1
      KFV=KF(3,I)/1000000
      KF(3,I)=IHHMAX*1000000+2
      IF(JF(11,I).EQ.1.OR.JF(10,I).EQ.1) GO TO 4990
      IK=2
      DO 4939 II=1,NPMAX
      KFF=KF(3,II)/1000000
      IF(KFV.NE.KFF) GO TO 4939
      IF(JF(6,II).EQ.1) GO TO 4939
      KF(3,II)=KF(3,II)+(IHHMAX-KFF)*1000000
 4939 CONTINUE
 4990 CONTINUE
```

```
C--------- SUBMODUL EHESCHLIESSUNG -------------------------------------
C
C      BESTIMMUNG VON EHESCHLIESSENDEN FRAUEN UND HEIRATSFAEHIGEN
C      MAENNERN MIT IHREN EHESCHLIESSUNGSMERKMALEN

 5000 CONTINUE
      DO 5900 I=1,NPMAX
      IF(JF(5,I).EQ.1) GO TO 5900
      IF(JF(11,I).EQ.1) GO TO 5900
      IF(KF(3,I).EQ.0) GO TO 5900
      II=JF(12,I)+JF(13,I)
      IF(RDM(D).GT.0.5.AND.II.GT.0) GO TO 5900
      IF(JF(3,I).EQ.2) GO TO 5500
C     **** MAENNER ****
 5100 CONTINUE
      IF(JF(2,I).LT.18) GO TO 5900
      JF(14,I)=1
      JF(18,I)=JF(5,I)
      JF(17,I)=JF(2,I)
      GO TO 5900
C     **** FRAUEN ****
 5500 CONTINUE
      IF(JF(2,I).LT.16) GO TO 5900
      NUMM=8+JF(5,I)
      CALL MARK(NUMM,JF(3,I),JF(2,I),IST)
      IF(IST.NE.1) GO TO 5900
      JF(4,I)=0
      JF(14,I)=1
      CALL MARK(6,JF(3,I),JF(2,I),IST)
      JF(17,I)=JF(2,I)+IST-16
      CALL MARK(7,JF(3,I),JF(5,I),IST)
      JF(18,I)=IST-1
      IF(JF(17,I).LT.18) JF(17,I)=18
      IF(JF(17,I).GT.80) JF(17,I)=80
      JF(5,I)=1
      IF(JF(6,I).EQ.1) GO TO 5900
      IHHMAX=IHHMAX+1
      KF(3,I)=IHHMAX*1000000+2
      JF(6,I)=1
 5900 CONTINUE


C--------- SUBMODUL FRUCHTBARKEIT --------------------------------------
C
C      BESTIMMUNG DER FRUCHTBARKEIT VON FRAUEN

 6000 CONTINUE
      DO 6900 I=1,NPMAX
      IF(KF(3,I).EQ.0) GO TO 6900
      IF(JF(3,I).EQ.1) GO TO 6900
      IF(JF(2,I).LE.15) GO TO 6900
      IF(JF(11,I).EQ.1.AND.RDM(D).GE.0.5) GO TO 6900
 6100 CONTINUE
      KFV=KF(3,I)/1000000
      IK=0
      IF(JF(6,I).EQ.0) GO TO 6200
      DO 6190 II=1,NPMAX
      KFF=KF(3,II)/1000000
 6190 IF(KFV.EQ.KFF.AND.JF(6,II).EQ.0) IK=IK+1
 6200 CONTINUE
      IF(JF(5,I).EQ.1) GO TO 6300
      IF(JF(12,I).EQ.1.OR.JF(13,I).EQ.1) GO TO 6300
      CALL MARK(12,JF(3,I),JF(2,I),IST)
      GO TO 6400
 6300 CONTINUE
      IK=MIN0(IK,4)
      NUMM=IK+13
      CALL MARK(NUMM,JF(3,I),JF(4,I),IST)
 6400 CONTINUE
      IF(IST.NE.1) GO TO 6900
      JF(15,I)=1
      IK=IK+1
      IF(JF(6,I).EQ.1) GO TO 6900
      IHHMAX=IHHMAX+1
      KF(3,I)=IHHMAX*1000000+2
      JF(6,I)=1
 6900 CONTINUE
```

```
C--------- SUBMODUL GEBURT ----------------------------------------------------
C
C      BESTIMMUNG DER MERKMALE NEUGEBORENER PERSONEN

 7000 CONTINUE
      IN=NPMAX
      DO 7900 I=1,NPMAX
      IF(KF(3,I).EQ.0) GO TO 7900
      IF(JF(15,I).NE.1) GO TO 7900
      IN=IN+1
      IF(IN.GT.NPF) WRITE(6,9001) JF(1,I)
 9001 FORMAT(10X,'UEBERLAUF G',I10)
      IF(IN.GT.NPF) GO TO 7900
      DO 7600 II=1,NJF
 7600 JF(II,IN)=0
      JF(1,IN)=JF(1,I)
      JF(3,IN)=1
      DATA IGZ/0/
      IGZ=IGZ+1
      IMOD=MOD(IGZ,2)
      IF(IMOD.EQ.0) JF(3,IN)=2
      IF(IGZ.EQ.35) IGZ=0
      JF(16,IN)=1
      KF(3,IN)=KF(3,I)+100
      CALL MARK(1,JF(3,IN),JF(2,IN),IST)
      IF(IST.NE.1) GO TO 7900
      JF(11,IN)=1
 7900 CONTINUE
      NPMAX=IN


C      STEUEROPERATIONEN

 8000 CONTINUE
      DO 8900 I=1,NPMAX
      IF(JF(11,I).EQ.1) JF(12,I)=0
      KF(4,I)=0
      KF(2,I)=KF(3,I)
 8900 CONTINUE
      RETURN
      END
```

A.2. Ausgewählte Eingabedaten +)

Familienstandsverknüpfungsmatrix

Frau \ Mann	ledig	verwitwet	geschieden
ledig	.92115	.02132	.05753
verwitwet	.25718	.49740	.24542
geschieden	.46469	.13070	.40461

Wahrscheinlichkeit für den Familienstand des Mannes vor der Eheschließung in Abhängigkeit vom Familienstand der Frau vor der Eheschließung

---

+) Es wird hier davon abgesehen, die Vielzahl der bei der Simulation berücksichtigten Eingabedaten wiederzugeben. Ausgewählt sind nur solche Daten, die einmal aus dem Mikrozensus-Originalmaterial ermittelt wurden bzw. die aus umfangreichen Umrechnungen der vom Statistischen Bundesamt veröffentlichten Daten resultieren und in ähnlicher Form bisher nicht veröffentlicht wurden. Quellenangaben sowie Berechnungshinweise finden sich in Abschnitt 3 sowie Abschnitt 4. Selbstverständlich stellt der Verfasser Interessenten gerne den gesamten Datensatz mit den Eingabedaten zur Verfügung.

16	0	0	0	0	0	0	0	0	0	0	0	0	0	0	0	0	0	7	17	17	21	12	7	5	4	3	2	2	1	1	1	0	0	0	0	0	0	0	0
17	0	0	0	0	0	0	0	0	0	0	0	0	0	0	0	0	5	15	17	22	13	9	6	4	3	2	2	1	1	0	0	0	0	0	0	0	0	0	0
18	0	0	0	0	0	0	0	0	0	0	0	0	0	0	0	1	10	14	24	14	9	7	6	4	3	2	2	1	1	0	0	0	0	0	0	0	0	0	0
19	0	0	0	0	0	0	0	0	0	0	0	0	0	0	1	6	11	22	15	11	9	8	5	4	3	2	1	1	1	0	0	0	0	0	0	0	0	0	0
20	0	0	0	0	0	0	0	0	0	0	0	0	0	1	3	7	18	16	12	10	10	7	5	4	3	2	1	1	0	0	0	0	0	0	0	0	0	0	0
21	0	0	0	0	0	0	0	0	0	0	0	0	1	3	3	12	14	12	12	11	9	7	5	4	3	2	1	1	0	0	0	0	0	0	0	0	0	0	0
22	0	0	0	0	0	0	0	0	0	0	0	1	1	3	8	10	11	13	14	10	9	7	4	3	2	2	1	1	0	0	0	0	0	0	0	0	0	0	0
23	0	0	0	0	0	0	0	0	0	0	0	1	3	4	7	10	12	14	12	10	8	6	4	3	2	2	1	1	0	0	0	0	0	0	0	0	0	0	0
24	0	0	0	0	0	0	0	0	0	0	1	1	3	4	7	11	14	13	12	10	8	4	3	3	2	2	1	1	0	0	0	0	0	0	0	0	0	0	0
25	0	0	0	0	0	0	0	0	0	1	1	3	3	4	8	13	13	13	11	9	6	4	3	2	2	2	1	1	0	0	0	0	0	0	0	0	0	0	0
26	0	0	0	0	0	0	0	0	0	1	2	3	3	6	10	12	13	12	10	7	5	4	3	2	2	2	1	1	1	0	0	0	0	0	0	0	0	0	0
27	0	0	0	0	0	0	0	0	1	1	2	3	4	8	9	12	12	11	9	6	5	4	3	2	2	2	1	1	1	1	0	0	0	0	0	0	0	0	0
28	0	0	0	0	0	0	0	1	1	2	3	3	5	8	10	12	12	10	8	5	4	3	2	2	2	2	1	1	1	1	1	0	0	0	0	0	0	0	0
29	0	0	0	0	0	0	0	1	2	2	3	4	7	8	10	12	10	8	6	6	4	3	2	2	2	2	1	1	1	1	1	1	0	0	0	0	0	0	0
30	0	0	0	0	0	0	1	1	2	3	3	4	7	8	10	10	9	7	6	5	4	3	3	2	2	2	2	1	1	1	1	1	1	0	0	0	0	0	0
31	0	0	0	0	0	1	1	2	2	3	4	6	7	8	8	9	7	7	6	4	4	3	3	2	2	2	2	1	1	1	1	1	1	1	0	0	0	0	0
32	0	0	0	0	1	1	2	2	3	3	4	6	7	7	8	8	7	6	5	4	3	3	3	3	2	2	2	1	1	1	1	1	1	1	1	0	0	0	0
33	0	0	0	1	1	1	2	2	3	3	4	6	7	7	8	8	7	4	4	4	3	3	3	3	2	2	2	2	1	1	1	1	1	1	1	1	0	0	0
34	0	0	1	1	1	2	2	3	3	4	5	6	6	6	6	6	6	4	4	4	4	3	3	3	2	2	2	2	1	1	1	1	1	1	1	1	1	0	0
35	0	1	1	1	2	2	2	3	3	4	5	5	5	5	6	6	6	4	4	4	4	3	3	3	2	2	2	2	1	1	1	1	1	1	1	1	1	1	0
36	1	1	1	1	2	2	3	3	3	4	5	5	5	5	5	5	5	4	4	4	4	3	3	3	2	2	2	2	1	1	1	1	1	1	1	1	1	1	1
37	1	1	1	2	2	2	2	3	4	4	4	4	4	5	5	5	5	4	4	4	4	3	3	3	3	2	2	2	2	1	1	1	1	1	1	1	1	1	1
38	1	1	2	2	2	3	3	3	4	4	4	4	4	4	4	5	4	4	4	4	4	3	3	3	3	2	2	2	2	1	1	1	1	1	1	1	1	1	1
39	1	1	2	2	2	3	3	3	4	4	4	4	4	4	4	4	4	4	4	4	4	4	3	3	3	2	2	2	2	1	1	1	1	1	1	1	1	1	1
40	1	1	2	2	2	3	3	3	3	4	4	4	4	4	4	4	4	4	4	4	4	4	3	3	3	2	2	2	2	2	1	1	1	1	1	1	1	1	1
41	1	1	2	2	2	3	3	3	3	4	4	4	4	4	4	4	4	4	4	4	4	4	3	3	3	2	2	2	2	2	1	1	1	1	1	1	1	1	1
42	1	1	2	2	2	2	3	3	3	3	3	4	4	4	4	4	4	5	4	4	4	4	4	3	3	3	2	2	2	2	1	1	1	1	1	1	1	1	1
43	1	1	2	2	2	2	3	3	3	3	3	4	4	4	4	4	4	4	4	4	4	4	4	3	3	3	2	2	2	2	2	1	1	1	1	1	1	1	1
44	1	1	1	2	2	2	2	2	3	3	3	3	4	4	4	4	4	5	5	5	5	4	4	3	3	3	2	2	2	2	2	1	1	1	1	1	1	1	1
45	1	1	1	2	2	2	2	2	3	3	3	3	4	4	4	4	4	5	5	5	5	4	4	3	3	3	2	2	2	2	2	1	1	1	1	1	1	1	1
46	1	1	1	1	1	2	2	2	2	2	3	3	3	3	4	4	4	5	5	5	5	5	4	4	4	3	3	3	2	2	2	2	1	1	1	1	1	1	1
47	1	1	1	1	1	2	2	2	2	2	3	3	3	3	4	4	4	5	5	5	5	5	4	4	4	3	3	3	2	2	2	2	1	1	1	1	1	1	1
48	1	1	1	1	1	1	1	2	2	2	2	2	3	3	3	3	4	5	5	5	5	5	5	5	4	4	4	3	3	3	2	2	1	1	1	1	1	1	1
49	0	1	1	1	1	1	1	2	2	2	2	2	3	3	3	3	4	5	5	5	5	5	5	5	4	4	4	4	3	3	2	2	1	1	1	1	1	1	1
50	0	1	1	1	1	1	1	1	1	2	2	2	2	2	3	3	4	5	5	5	6	5	5	5	5	5	4	4	4	3	2	2	1	1	1	1	1	1	1
51	0	0	1	1	1	1	1	1	1	2	2	2	2	2	3	3	4	5	5	5	6	5	5	5	5	5	5	4	4	3	2	2	1	1	1	1	1	1	1
52	0	0	1	1	1	1	1	1	1	1	1	2	2	2	2	3	4	5	5	6	6	6	6	5	5	5	5	4	4	3	2	2	1	1	1	1	1	1	1
53	0	0	1	1	1	1	1	1	1	1	1	2	2	2	2	3	4	5	5	6	6	6	6	5	5	5	5	4	4	3	2	2	1	1	1	1	1	1	1
54	0	0	0	1	1	1	1	1	1	1	1	1	2	2	2	3	4	5	5	6	6	6	6	6	5	5	5	4	4	3	2	2	2	1	1	1	1	1	1
55	0	0	0	0	1	1	1	1	1	1	1	1	2	2	2	3	4	5	5	6	6	7	6	6	5	5	5	4	4	3	2	2	2	1	1	1	1	1	1
56	0	0	0	0	1	1	1	1	1	1	1	1	2	2	2	3	4	5	5	6	6	7	6	6	5	5	5	4	4	3	2	2	2	1	1	1	1	1	1
57	0	0	0	0	0	1	1	1	1	1	1	1	2	2	2	3	4	5	5	6	6	7	7	6	5	5	5	4	4	3	2	2	2	1	1	1	1	1	1
58	0	0	0	0	0	1	1	1	1	1	1	1	2	2	2	3	4	5	5	5	6	7	7	7	5	5	5	4	4	3	2	2	2	1	1	1	1	1	1
59	0	0	0	0	0	0	1	1	1	1	1	1	2	2	2	3	4	5	5	5	6	7	7	7	6	5	5	4	4	3	2	2	2	1	1	1	1	1	1
60	0	0	0	0	0	0	1	1	1	1	1	1	2	2	2	3	4	5	5	5	6	7	7	7	6	5	5	4	4	3	2	2	2	1	1	1	1	1	1
61	0	0	0	0	0	0	1	1	1	1	1	1	2	2	2	3	4	5	5	5	6	7	7	7	6	5	5	4	4	3	2	2	2	1	1	1	1	1	1
62	0	0	0	0	0	0	1	1	1	1	1	1	2	2	2	3	4	5	5	5	6	7	7	7	6	5	5	4	4	3	2	2	2	1	1	1	1	1	1
63	0	0	0	0	0	0	1	1	1	1	1	1	2	2	2	3	4	5	5	5	6	7	7	7	6	5	5	4	4	3	2	2	2	1	1	1	1	1	1
64	0	0	0	0	0	0	1	1	1	1	1	1	2	2	2	3	4	5	5	5	6	7	7	7	6	5	5	4	4	3	2	2	2	1	1	1	1	1	1
65	0	0	0	0	0	0	1	1	1	1	1	1	2	2	2	3	4	5	5	5	6	7	7	7	6	5	5	4	4	3	2	2	2	1	1	1	1	1	1
66	0	0	0	0	0	0	1	1	1	1	1	1	2	2	2	3	4	5	5	5	6	7	7	7	6	5	5	4	4	3	2	2	2	1	1	1	1	1	1
67	0	0	0	0	0	0	1	1	1	1	1	1	2	2	2	3	4	5	5	5	6	7	7	7	6	5	5	4	4	3	2	2	2	1	1	1	1	1	1
68	0	0	0	0	0	0	1	1	1	1	1	1	2	2	2	3	4	5	5	5	6	7	7	7	6	5	5	4	4	3	2	2	2	1	1	1	1	1	1
69	0	0	0	0	0	0	1	1	1	1	1	1	2	2	2	3	4	5	5	5	6	7	7	7	6	5	5	4	4	3	2	2	2	1	1	1	1	1	1
70	0	0	0	0	0	0	1	1	1	1	1	1	2	2	2	3	4	5	5	5	6	7	7	7	6	5	5	4	4	3	2	2	2	1	1	1	1	1	1
71	0	0	0	0	0	0	1	1	1	1	1	1	2	2	2	3	4	5	5	5	6	7	7	7	6	5	5	4	4	3	2	2	2	1	1	1	1	1	1
72	0	0	0	0	0	0	1	1	1	1	1	1	2	2	2	3	4	5	5	5	6	7	7	7	6	5	5	4	4	3	2	2	2	1	1	1	1	1	1
73	0	0	0	0	0	0	1	1	1	1	1	1	2	2	2	3	4	5	5	5	6	7	7	7	6	5	5	4	4	3	2	2	2	1	1	1	1	1	1
74	0	0	0	0	0	0	1	1	1	1	1	1	2	2	2	3	4	5	5	5	6	7	7	7	6	5	5	4	4	3	2	2	2	1	1	1	1	1	1
75	0	0	0	0	0	0	1	1	1	1	1	1	2	2	2	3	4	5	5	5	6	7	7	7	6	5	5	4	4	3	2	2	2	1	1	1	1	1	1
76	0	0	0	0	0	0	1	1	1	1	1	1	2	2	2	3	4	5	5	5	6	7	7	7	6	5	5	4	4	3	2	2	2	1	1	1	1	1	1

Altersunterschied zwischen Ehegatten
(Altersunterschied des Mannes gegenüber der Frau in Abhängigkeit vom Alter der Frau)

ALTER	MAENNER INSGESAMT	LEDIG	VERHEIR.	VERWITW.	GESCH.	FRAUEN INSGESAMT	LEDIG	VERHEIR.	VERWITW.	GESCH.
0- 4	.000	.000	.000	.000	.000	.000	.000	.000	.000	.000
5- 9	.000	.000	.000	.000	.000	.000	.000	.000	.000	.000
10-14	.000	.000	.000	.000	.000	.000	.000	.000	.000	.000
15-19	.587	.587	.587	.587	.587	.570	.570	.570	.570	.570
20-24	.863	.841	.971	.500	.999	.692	.851	.515	.381	.870
25-29	.933	.858	.976	.999	.966	.497	.882	.415	.592	.825
30-34	.986	.945	.994	.980	.982	.433	.909	.370	.450	.815
35-39	.988	.932	.994	.979	.967	.440	.906	.383	.550	.778
40-44	.984	.919	.988	.931	.960	.467	.906	.401	.531	.838
45-49	.970	.853	.975	.960	.946	.482	.889	.406	.528	.859
50-54	.952	.831	.958	.907	.887	.438	.836	.308	.428	.815
55-59	.898	.800	.905	.857	.866	.371	.782	.304	.341	.751
60-64	.753	.710	.760	.681	.709	.234	.500	.197	.190	.499
65-69	.321	.364	.327	.244	.275	.125	.261	.108	.100	.202
70-74	.173	.233	.173	.161	.154	.071	.135	.073	.054	.102
75-79	.109	.109	.109	.109	.109	.033	.033	.033	.033	.033
80-84	.058	.058	.058	.058	.058	.015	.015	.015	.015	.015
85-89	.035	.035	.035	.035	.035	.012	.012	.012	.012	.012
90-94	.000	.000	.000	.000	.000	.000	.000	.000	.000	.000
95-99	.000	.000	.000	.000	.000	.000	.000	.000	.000	.000

Erwerbsquote

ALTER	0 KINDER	1 KIND			2 KINDER			3 UND MEHR KINDER		
		0-6	6-15	15-18	0-6	6-15	15-18	0-6	6-15	15-18
0- 4	.000	.000	.000	.000	.000	.000	.000	.000	.000	.000
5- 9	.000	.000	.000	.000	.000	.000	.000	.000	.000	.000
10-14	.000	.000	.000	.000	.000	.000	.000	.000	.000	.000
15-19	.570	.570	.570	.570	.570	.570	.570	.570	.570	.570
20-24	.817	.380	.579	.000	.228	.533	.000	.214	.000	.000
25-29	.789	.350	.511	.000	.252	.377	.000	.205	.310	.000
30-34	.722	.307	.455	.622	.247	.369	.600	.267	.334	.000
35-39	.634	.316	.391	.539	.269	.377	.389	.285	.344	.667
40-44	.521	.249	.362	.482	.263	.366	.462	.275	.348	.200
45-49	.450	.250	.337	.411	.267	.351	.408	.347	.406	.579
50-54	.368	.368	.368	.368	.368	.368	.368	.368	.368	.368
55-59	.304	.304	.304	.304	.304	.304	.304	.304	.304	.304
60-64	.197	.197	.197	.197	.197	.197	.197	.197	.197	.197
65-69	.108	.108	.108	.108	.108	.108	.108	.108	.108	.108
70-74	.073	.073	.073	.073	.073	.073	.073	.073	.073	.073
75-79	.033	.033	.033	.033	.033	.033	.033	.033	.033	.033
80-84	.015	.015	.015	.015	.015	.015	.015	.015	.015	.015
85-89	.012	.012	.012	.012	.012	.012	.012	.012	.012	.012
90-94	.000	.000	.000	.000	.000	.000	.000	.000	.000	.000
95-99	.000	.000	.000	.000	.000	.000	.000	.000	.000	.000

Erwerbsquote verheirateter Frauen

ALTER	MAENNER INSGESAMT	LEDIG	VERHEIR.	VERWITW.	GESCH.	FRAUEN INSGESAMT	LEDIG	VERHEIR.	VERWITW.	GESCH.
0- 4	.000	.000	.000	.000	.000	.000	.000	.000	.000	.000
5- 9	.000	.000	.000	.000	.000	.000	.000	.000	.000	.000
10-14	.000	.000	.000	.000	.000	.000	.000	.000	.000	.000
15-19	.920	.920	.920	.920	.920	.920	.920	.920	.920	.920
20-24	.830	.800	.910	.000	.990	.930	.970	.850	.820	.850
25-29	1.010	.990	1.020	.990	1.000	.870	.970	.830	.910	.900
30-34	1.040	1.040	1.050	1.080	1.020	.870	.980	.830	.890	.920
35-39	1.050	1.040	1.060	1.050	.990	.880	1.000	.850	.890	.900
40-44	1.050	1.040	1.050	1.060	.980	.890	.990	.860	.910	.930
45-49	1.050	1.030	1.050	1.040	1.030	.900	.980	.880	.880	.910
50-54	1.030	1.020	1.040	.980	.980	.900	.990	.870	.890	.890
55-59	1.020	1.020	1.030	1.000	.970	.890	.990	.880	.850	.880
60-64	1.000	1.030	1.010	1.000	.910	.880	.990	.870	.830	.830
65-69	.980	.980	.980	.980	.940	.870	.970	.860	.800	.780
70-74	.850	.960	.850	.820	.790	.790	.950	.770	.720	.680
75-79	.780	.780	.780	.780	.780	.740	.740	.740	.740	.740
80-84	.740	.740	.740	.740	.740	.760	.760	.760	.760	.760
85-89	.680	.680	.680	.680	.680	.680	.680	.680	.680	.680
90-94	.000	.000	.000	.000	.000	.000	.000	.000	.000	.000
95-99	.000	.000	.000	.000	.000	.000	.000	.000	.000	.000

Erwerbsintensität

ALTER	0 KINDER	1 KIND 0-6	1 KIND 6-15	1 KIND 15-18	2 KINDER 0-6	2 KINDER 6-15	2 KINDER 15-18	3 UND MEHR KINDER 0-6	3 UND MEHR KINDER 6-15	3 UND MEHR KINDER 15-18
0- 4	.000	.000	.000	.000	.000	.000	.000	.000	.000	.000
5- 9	.000	.000	.000	.000	.000	.000	.000	.000	.000	.000
10-14	.000	.000	.000	.000	.000	.000	.000	.000	.000	.000
15-19	.920	.920	.920	.920	.920	.920	.920	.920	.920	.920
20-24	.900	.780	.860	.000	.770	.780	.000	.860	.000	.000
25-29	.890	.780	.770	.000	.790	.710	.000	.880	.850	.000
30-34	.890	.780	.770	.850	.830	.770	.580	.900	.820	.000
35-39	.860	.840	.760	.820	.860	.840	.870	.910	.860	.820
40-44	.870	.820	.810	.800	.890	.880	.860	.970	.950	.630
45-49	.850	.850	.860	.870	.920	.910	.910	.990	1.020	.970
50-54	.870	.870	.870	.870	.870	.870	.870	.870	.870	.870
55-59	.880	.880	.880	.880	.880	.880	.880	.880	.880	.880
60-64	.870	.870	.870	.870	.870	.870	.870	.870	.870	.870
65-69	.860	.860	.860	.860	.860	.860	.860	.860	.860	.860
70-74	.770	.770	.770	.770	.770	.770	.770	.770	.770	.770
75-79	.740	.740	.740	.740	.740	.740	.740	.740	.740	.740
80-84	.760	.760	.760	.760	.760	.760	.760	.760	.760	.760
85-89	.680	.680	.680	.680	.680	.680	.680	.680	.680	.680
90-94	.000	.000	.000	.000	.000	.000	.000	.000	.000	.000
95-99	.000	.000	.000	.000	.000	.000	.000	.000	.000	.000

Erwerbsintensität verheirateter weiblicher Erwerbspersonen

A.3. Ausgewählte Prognoseergebnisse +)

+) Bei jedem Simulationslauf fallen vielerlei Tabellen und Listen an; insgesamt waren es bei den durchgeführten Simulationen rund 6.000 Seiten. Hier wird darauf verzichtet, alle Simulationsergebnisse zu veröffentlichen, weil dies einmal den vorgegebenen Rahmen sprengen würde und ohnehin nur wenig zur Übersicht beitragen könnte. Da die wesentlichen Ergebnisse schon im Textteil dargestellt wurden, soll hier lediglich ergänzend demonstriert werden, in welcher Form die Simulationsergebnisse, die ja zunächst als Individualdaten anfallen, aufbereitet werden.

ALTER	INSGESAMT	MAENNER INSGESAMT	LEDIG	VERHEIR.	VERWITW.	GESCH.	FRAUEN INSGESAMT	LEDIG	VERHEIR.	VERWITW.	GESCH.
0- 4	3752.	1926.	1920.	0.	0.	0.	1826.	1826.	0.	0.	0.
5- 9	3802.	1950.	1950.	0.	0.	0.	1852.	1852.	0.	0.	0.
10-14	4585.	2342.	2342.	0.	0.	0.	2243.	2243.	0.	0.	0.
15-19	4951.	2503.	2476.	27.	0.	0.	2448.	2309.	137.	0.	2.
20-24	4269.	2145.	1544.	599.	0.	2.	2124.	1002.	1099.	3.	20.
25-29	3864.	1982.	635.	1327.	1.	19.	1882.	278.	1555.	4.	45.
30-34	3205.	1631.	235.	1369.	1.	26.	1574.	135.	1382.	15.	42.
35-39	3432.	1971.	233.	1620.	8.	110.	1961.	125.	1748.	28.	60.
40-44	4349.	2125.	203.	1815.	21.	86.	2224.	129.	1933.	72.	90.
45-49	3624.	1849.	91.	1654.	29.	75.	1775.	126.	1478.	105.	66.
50-54	3675.	1738.	62.	1578.	36.	62.	1937.	160.	1525.	187.	65.
55-59	3569.	1469.	29.	1324.	64.	52.	2100.	201.	1421.	389.	89.
60-64	2191.	867.	13.	791.	42.	21.	1324.	104.	759.	410.	51.
65-69	3091.	1206.	30.	1033.	116.	27.	1885.	154.	782.	875.	74.
70-74	2708.	1005.	26.	793.	173.	13.	1703.	169.	570.	918.	46.
75-79	1873.	702.	21.	459.	216.	6.	1171.	142.	270.	732.	27.
80-84	933.	295.	9.	168.	118.	0.	638.	85.	66.	478.	9.
85-89	357.	97.	2.	36.	58.	1.	260.	35.	13.	209.	3.
90-94	101.	23.	1.	12.	10.	0.	78.	10.	2.	66.	0.
95-99	13.	4.	0.	2.	2.	0.	9.	1.	0.	8.	0.
00-99	58844.	27830.	11620.	14607.	895.	500.	31014.	11086.	14740.	4499.	689.

BEVOELKERUNGSBESTAND AM 31. 12. 1979

ALTER	INSGESAMT	0 KINDER	1 KIND 0-6	1 KIND 6-15	1 KIND 15-18	2 KINDER 0-6	2 KINDER 6-15	2 KINDER 15-18	3 UND MEHR KINDER 0-6	3 UND MEHR KINDER 6-15	3 UND MEHR KINDER 15-18
0- 4	0.	0.	0.	0.	0.	0.	0.	0.	0.	0.	0.
5- 9	0.	0.	0.	0.	0.	0.	0.	0.	0.	0.	0.
10-14	0.	0.	0.	0.	0.	0.	0.	0.	0.	0.	0.
15-19	137.	88.	48.	0.	0.	1.	0.	0.	0.	0.	0.
20-24	1099.	406.	459.	8.	0.	152.	1.	0.	13.	0.	0.
25-29	1555.	378.	412.	150.	0.	416.	39.	0.	150.	10.	0.
30-34	1382.	204.	130.	244.	5.	274.	216.	1.	226.	76.	0.
35-39	1748.	249.	52.	248.	101.	155.	439.	36.	248.	220.	0.
40-44	1933.	476.	19.	283.	259.	62.	440.	55.	130.	207.	2.
45-49	1478.	691.	18.	198.	227.	23.	161.	30.	38.	90.	2.
50-54	1525.	1060.	20.	121.	183.	19.	78.	11.	11.	21.	1.
55-59	1421.	1247.	12.	48.	71.	14.	16.	3.	6.	4.	0.
60-64	759.	715.	5.	16.	9.	8.	2.	1.	3.	0.	0.
65-69	782.	766.	0.	1.	3.	8.	1.	0.	2.	1.	0.
70-74	570.	556.	6.	5.	0.	1.	1.	0.	1.	0.	0.
75-79	270.	269.	0.	0.	0.	0.	0.	0.	1.	0.	0.
80-84	66.	66.	0.	0.	0.	0.	0.	0.	0.	0.	0.
85-89	13.	13.	0.	0.	0.	0.	0.	0.	0.	0.	0.
90-94	2.	2.	0.	0.	0.	0.	0.	0.	0.	0.	0.
95-99	0.	0.	0.	0.	0.	0.	0.	0.	0.	0.	0.
00-99	14740.	7246.	1187.	1322.	858.	1133.	1394.	137.	829.	629.	5.

VERHEIRATETE FRAUEN MIT KINDERN AM 31. 12. 1979

ALTER	STERBEFAELLE MAENNER	STERBEFAELLE FRAUEN	GEBURTEN MAENNER	GEBURTEN FRAUEN	VERWITWUNGEN MAENNER	VERWITWUNGEN FRAUEN	SCHEIDUNGEN MAENNER	SCHEIDUNGEN FRAUEN	EHESCHLIESSUNGEN MAENNER	EHESCHLIESSUNGEN FRAUEN	FRUCHTBARKEIT FRAUEN
0- 4	8.	10.	404.	381.	0.	0.	0.	0.	0.	0.	0.
5- 9	2.	0.	0.	0.	0.	0.	0.	0.	0.	0.	0.
10-14	1.	0.	0.	0.	0.	0.	0.	0.	0.	0.	0.
15-19	4.	1.	0.	0.	0.	0.	0.	2.	20.	92.	47.
20-24	2.	1.	0.	0.	0.	4.	4.	6.	192.	253.	266.
25-29	4.	0.	0.	0.	0.	1.	13.	23.	167.	66.	233.
30-34	1.	2.	0.	0.	1.	5.	9.	4.	42.	17.	116.
35-39	5.	1.	0.	0.	0.	6.	11.	6.	8.	10.	66.
40-44	15.	4.	0.	0.	2.	14.	4.	2.	4.	6.	26.
45-49	8.	1.	0.	0.	5.	8.	2.	4.	5.	6.	11.
50-54	11.	7.	0.	0.	3.	19.	3.	1.	7.	3.	6.
55-59	26.	14.	0.	0.	11.	35.	2.	1.	6.	3.	5.
60-64	21.	18.	0.	0.	3.	21.	1.	1.	4.	1.	2.
65-69	51.	37.	0.	0.	15.	40.	0.	1.	1.	1.	1.
70-74	68.	63.	0.	0.	16.	43.	0.	0.	1.	1.	0.
75-79	56.	85.	0.	0.	21.	24.	1.	0.	0.	0.	0.
80-84	39.	75.	0.	0.	17.	11.	0.	0.	2.	0.	0.
85-89	29.	46.	0.	0.	2.	2.	0.	0.	0.	0.	0.
90-94	11.	24.	0.	0.	0.	2.	0.	0.	0.	0.	0.
95-99	0.	10.	0.	0.	0.	0.	0.	0.	0.	0.	0.
00-99	362.	399.	404.	381.	96.	235.	50.	51.	459.	459.	779.

BEVOELKERUNGSBEWEGUNG IM JAHR 1979

ALTER	INSGESAMT	2 ERWACHSENE (MANN UND FRAU) 0 KINDER	1 KIND	2 KINDER	M. KINDER	1 ERWACHSENER (MANN ODER FRAU) 0 KINDER	1 KIND	2 KINDER	M. KINDER	NUR KINDER
0- 4	2.	0.	0.	0.	0.	0.	0.	0.	0.	2.
5- 9	20.	0.	0.	0.	0.	0.	0.	0.	0.	20.
10-14	41.	0.	0.	0.	0.	0.	0.	0.	0.	41.
15-19	1852.	15.	11.	1.	0.	1752.	32.	0.	0.	41.
20-24	3170.	293.	241.	61.	4.	2479.	85.	7.	0.	0.
25-29	2318.	423.	537.	299.	68.	904.	58.	22.	7.	0.
30-34	1853.	267.	428.	457.	205.	393.	52.	32.	19.	0.
35-39	2240.	293.	380.	502.	409.	490.	68.	63.	33.	0.
40-44	2474.	314.	468.	594.	406.	497.	96.	61.	38.	0.
45-49	2180.	591.	518.	317.	199.	423.	84.	29.	19.	0.
50-54	2182.	914.	377.	170.	89.	534.	75.	16.	7.	0.
55-59	2201.	987.	215.	79.	26.	848.	36.	8.	2.	0.
60-64	1459.	678.	59.	28.	6.	664.	17.	7.	0.	0.
65-69	2331.	940.	42.	22.	9.	1302.	11.	3.	2.	0.
70-74	2152.	735.	22.	12.	4.	1364.	8.	6.	1.	0.
75-79	1607.	437.	9.	5.	2.	1144.	8.	2.	0.	0.
80-84	869.	156.	4.	2.	1.	704.	2.	0.	0.	0.
85-89	344.	35.	0.	0.	1.	306.	2.	0.	0.	0.
90-94	99.	12.	0.	0.	0.	87.	0.	0.	0.	0.
95-99	13.	1.	0.	1.	0.	11.	0.	0.	0.	0.
00-99	29415.	7041.	3311.	2610.	1429.	13902.	634.	256.	128.	104.

GLIEDERUNG DER BEVOELKERUNG AM 31. 12. 1979

	ALTER	INSGESAMT	MAENNER INSGESAMT	FRAUEN INSGESAMT	LEDIG	VERHEIR.	VERWITW.	GESCH.
ERWERBSPERSONEN	15-19	2864.621	1469.261	1395.360	1316.130	78.090	.000	1.140
ARBEITSKRAFTEINHEITEN	15-19	2623.295	1341.057	1282.238	1209.431	71.759	.000	1.048
SELBSTAENDIGE	15-19	118.879	62.575	56.304	53.107	3.151	.000	.046
ARBEITSKRAFTEINHEITEN	15-19	125.825	70.084	55.741	52.576	3.119	.000	.046
ABHAENGIGE	15-19	2671.422	1366.638	1304.784	1230.697	73.021	.000	1.066
ARBEITSKRAFTEINHEITEN	15-19	2497.470	1270.973	1226.497	1156.855	68.640	.000	1.002
ERWERBSLOSE	15-19	74.320	40.048	34.272	32.326	1.918	.000	.028
NICHTERWERBSPERSONEN	15-19	2086.379	1033.739	1052.640	992.870	58.910	.000	.860
WOHNBEVOELKERUNG	15-19	4951.000	2503.000	2448.000	2309.000	137.000	.000	2.000
ERWERBSPERSONEN	20-24	3351.121	1882.131	1468.990	852.702	597.745	1.143	17.400
ARBEITSKRAFTEINHEITEN	20-24	2926.288	1570.840	1355.449	828.714	511.038	.939	14.758
SELBSTAENDIGE	20-24	141.024	65.594	75.430	28.056	46.710	.144	.520
ARBEITSKRAFTEINHEITEN	20-24	175.486	92.557	82.929	33.667	48.644	.098	.520
ABHAENGIGE	20-24	3188.487	1808.568	1379.919	819.636	543.605	.858	15.820
ARBEITSKRAFTEINHEITEN	20-24	2750.803	1478.283	1272.519	795.047	462.394	.841	14.238
ERWERBSLOSE	20-24	21.616	7.973	13.643	5.010	7.432	.141	1.060
NICHTERWERBSPERSONEN	20-24	917.879	262.869	655.010	149.298	501.255	1.857	2.600
WOHNBEVOELKERUNG	20-24	4269.000	2145.000	2124.000	1002.000	1099.000	3.000	20.000
ERWERBSPERSONEN	25-29	2816.501	1859.335	957.166	245.196	672.477	2.368	37.125
ARBEITSKRAFTEINHEITEN	25-29	2721.690	1889.368	832.322	238.065	558.395	2.163	33.698
SELBSTAENDIGE	25-29	255.020	127.603	127.417	10.842	115.586	.224	.765
ARBEITSKRAFTEINHEITEN	25-29	308.301	177.209	131.092	12.360	117.473	.280	.979
ABHAENGIGE	25-29	2543.722	1722.502	821.220	232.686	550.439	2.140	35.955
ARBEITSKRAFTEINHEITEN	25-29	2413.389	1712.159	701.230	225.705	440.922	1.883	32.719
ERWERBSLOSE	25-29	17.761	9.232	8.529	1.668	6.452	.004	.405
NICHTERWERBSPERSONEN	25-29	1047.499	122.665	924.834	32.804	882.523	1.632	7.875
WOHNBEVOELKERUNG	25-29	3864.000	1982.000	1882.000	278.000	1555.000	4.000	45.000
ERWERBSPERSONEN	30-34	2309.946	1609.373	700.573	122.715	536.878	6.750	34.230
ARBEITSKRAFTEINHEITEN	30-34	2284.110	1682.797	601.313	120.776	443.153	5.980	31.403
SELBSTAENDIGE	30-34	334.116	176.013	158.103	7.155	147.570	1.320	2.058
ARBEITSKRAFTEINHEITEN	30-34	410.887	243.706	167.180	8.586	154.744	1.505	2.346
ABHAENGIGE	30-34	1964.045	1426.746	537.299	114.480	385.970	5.265	31.584
ARBEITSKRAFTEINHEITEN	30-34	1873.224	1439.091	434.133	112.190	288.410	4.475	29.057
ERWERBSLOSE	30-34	11.785	6.614	5.171	1.080	3.338	.165	.588
NICHTERWERBSPERSONEN	30-34	895.054	21.627	873.427	12.285	845.122	8.250	7.770
WOHNBEVOELKERUNG	30-34	3205.000	1631.000	1574.000	135.000	1382.000	15.000	42.000

ERWERBSTAETIGKEITSPROGNOSE FUER DAS JAHR 1979
(MIT BERUECKSICHTIGUNG DER FAMILIENGROESSE)

	ALTER	INSGESAMT	MAENNER INSGESAMT	FRAUEN INSGESAMT	LEDIG	VERHEIR.	VERWITW.	GESCH.
ERWERBSPERSONEN	35-39	2810.235	1941.638	868.597	113.250	693.267	15.400	46.680
ARBEITSKRAFTEINHEITEN	35-39	2793.083	2038.156	754.927	113.226	586.090	13.696	41.916
SELBSTAENDIGE	35-39	526.221	281.535	244.686	9.125	228.381	4.060	3.120
ARBEITSKRAFTEINHEITEN	35-39	650.707	388.091	262.616	11.132	243.133	4.669	3.682
ABHAENGIGE	35-39	2270.919	1652.760	618.159	103.125	460.930	11.144	42.960
ARBEITSKRAFTEINHEITEN	35-39	2142.376	1650.065	492.311	102.094	342.957	9.027	38.234
ERWERBSLOSE	35-39	13.095	7.343	5.752	1.000	3.956	.196	.600
NICHTERWERBSPERSONEN	35-39	1121.765	29.362	1092.403	11.750	1054.733	12.600	13.320
WOHNBEVOELKERUNG	35-39	3932.000	1971.000	1961.000	125.000	1748.000	28.000	60.000
ERWERBSPERSONEN	40-44	3103.367	2081.888	1021.479	116.874	790.953	38.232	75.420
ARBEITSKRAFTEINHEITEN	40-44	3087.091	2183.351	903.740	115.710	682.844	34.914	70.272
SELBSTAENDIGE	40-44	632.794	330.404	302.390	9.030	281.336	6.984	5.040
ARBEITSKRAFTEINHEITEN	40-44	788.071	456.830	331.241	11.287	304.454	9.149	6.350
ABHAENGIGE	40-44	2455.067	1743.268	711.799	106.554	505.093	30.672	69.480
ARBEITSKRAFTEINHEITEN	40-44	2299.020	1726.521	572.500	104.423	378.391	25.764	63.922
ERWERBSLOSE	40-44	15.506	8.216	7.290	1.290	4.524	.576	.900
NICHTERWERBSPERSONEN	40-44	1245.633	43.112	1202.521	12.126	1142.047	33.768	14.580
WOHNBEVOELKERUNG	40-44	4349.000	2125.000	2224.000	129.000	1933.000	72.000	90.000
ERWERBSPERSONEN	45-49	2614.460	1789.063	825.397	112.014	601.249	55.440	56.694
ARBEITSKRAFTEINHEITEN	45-49	2609.766	1870.723	739.043	110.637	527.812	48.910	51.684
SELBSTAENDIGE	45-49	571.174	317.755	253.419	12.348	225.624	11.025	4.422
ARBEITSKRAFTEINHEITEN	45-49	710.554	433.207	277.346	14.694	244.910	12.568	5.174
ABHAENGIGE	45-49	2031.235	1464.435	566.800	98.910	372.427	43.785	51.678
ARBEITSKRAFTEINHEITEN	45-49	1899.212	1437.515	461.697	95.943	282.902	36.342	46.510
ERWERBSLOSE	45-49	12.051	6.873	5.178	.756	3.198	.630	.594
NICHTERWERBSPERSONEN	45-49	1009.540	59.937	949.603	13.986	876.751	49.560	9.306
WOHNBEVOELKERUNG	45-49	3624.000	1849.000	1775.000	126.000	1478.000	105.000	66.000
ERWERBSPERSONEN	50-54	2478.863	1650.892	827.971	133.760	561.200	80.036	52.975
ARBEITSKRAFTEINHEITEN	50-54	2444.865	1702.199	742.666	132.445	491.324	71.830	47.066
SELBSTAENDIGE	50-54	554.247	301.838	252.409	15.040	216.550	16.269	4.550
ARBEITSKRAFTEINHEITEN	50-54	676.277	401.709	274.568	17.597	231.708	19.848	5.414
ABHAENGIGE	50-54	1909.471	1339.278	570.193	118.400	341.600	63.393	46.800
ARBEITSKRAFTEINHEITEN	50-54	1768.588	1300.489	468.098	114.848	259.616	51.982	41.652
ERWERBSLOSE	50-54	15.145	9.776	5.369	.320	3.050	.374	1.625
NICHTERWERBSPERSONEN	50-54	1196.137	87.108	1109.029	26.240	963.800	106.964	12.025
WOHNBEVOELKERUNG	50-54	3675.000	1738.000	1937.000	160.000	1525.000	187.000	65.000

ERWERBSTAETIGKEITSPROGNOSE FUER DAS JAHR 1979
(MIT BERUECKSICHTIGUNG DER FAMILIENGROESSE)

	ALTER	INSGESAMT	MAENNER INSGESAMT	FRAUEN INSGESAMT	LEDIG	VERHEIR.	VERWITW.	GESCH.
ERWERBSPERSONEN	55-59	2109.954	1321.300	788.654	157.182	431.984	132.649	66.839
ARBEITSKRAFTEINHEITEN	55-59	2064.121	1353.790	710.331	155.480	384.096	112.024	58.731
SELBSTAENDIGE	55-59	534.050	277.259	256.791	22.311	196.098	33.843	4.539
ARBEITSKRAFTEINHEITEN	55-59	633.345	361.863	271.482	25.435	205.903	35.197	4.948
ABHAENGIGE	55-59	1560.413	1034.200	526.213	134.067	234.465	97.250	60.431
ARBEITSKRAFTEINHEITEN	55-59	1430.776	991.926	438.849	130.045	178.193	76.827	53.784
ERWERBSLOSE	55-59	15.491	9.841	5.650	.804	1.421	1.556	1.869
NICHTERWERBSPERSONEN	55-59	1459.046	147.700	1311.346	43.818	989.016	256.351	22.161
WOHNBEVOELKERUNG	55-59	3569.000	1469.000	2100.000	201.000	1421.000	389.000	89.000
ERWERBSPERSONEN	60-64	958.753	653.881	304.872	52.000	149.523	77.900	25.449
ARBEITSKRAFTEINHEITEN	60-64	921.024	654.387	266.637	51.553	129.698	64.395	20.992
SELBSTAENDIGE	60-64	299.772	163.294	136.478	9.984	94.116	29.930	2.448
ARBEITSKRAFTEINHEITEN	60-64	332.590	200.468	132.123	10.683	90.351	29.032	2.056
ABHAENGIGE	60-64	648.920	482.876	166.044	41.704	54.648	47.150	22.542
ARBEITSKRAFTEINHEITEN	60-64	588.433	453.919	134.514	40.870	39.347	35.362	18.935
ERWERBSLOSE	60-64	10.061	7.711	2.350	.312	.759	.820	.459
NICHTERWERBSPERSONEN	60-64	1232.247	213.119	1019.128	52.000	609.477	332.100	25.551
WOHNBEVOELKERUNG	60-64	2191.000	867.000	1324.000	104.000	759.000	410.000	51.000
ERWERBSPERSONEN	65-69	611.538	384.440	227.098	40.194	84.456	87.500	14.948
ARBEITSKRAFTEINHEITEN	65-69	569.820	376.353	193.467	38.845	72.726	70.245	11.651
SELBSTAENDIGE	65-69	348.363	205.152	143.211	13.552	71.944	55.125	2.590
ARBEITSKRAFTEINHEITEN	65-69	347.930	218.482	129.447	13.416	64.750	48.510	2.771
ABHAENGIGE	65-69	259.607	178.049	81.558	26.488	11.730	31.500	11.840
ARBEITSKRAFTEINHEITEN	65-69	221.891	157.871	64.020	25.428	7.976	21.735	8.880
ERWERBSLOSE	65-69	3.568	1.239	2.329	.154	.782	.875	.518
NICHTERWERBSPERSONEN	65-69	2479.462	821.560	1657.902	113.806	697.544	787.500	59.052
WOHNBEVOELKERUNG	65-69	3091.000	1206.000	1885.000	154.000	782.000	875.000	74.000
ERWERBSPERSONEN	70-74	291.791	173.102	118.689	22.815	41.610	49.572	4.692
ARBEITSKRAFTEINHEITEN	70-74	239.658	146.597	93.061	21.747	32.005	36.114	3.194
SELBSTAENDIGE	70-74	219.026	129.882	89.144	9.126	37.050	40.392	2.576
ARBEITSKRAFTEINHEITEN	70-74	185.654	115.373	70.281	8.305	29.269	30.698	2.009
ABHAENGIGE	70-74	72.163	42.280	29.883	14.027	4.560	9.180	2.116
ARBEITSKRAFTEINHEITEN	70-74	54.004	31.225	22.779	13.442	2.736	5.416	1.185
ERWERBSLOSE	70-74	.966	.966	.000	.000	.000	.000	.000
NICHTERWERBSPERSONEN	70-74	2416.209	831.898	1584.311	146.185	528.390	868.428	41.308
WOHNBEVOELKERUNG	70-74	2708.000	1005.000	1703.000	169.000	570.000	918.000	46.000

ERWERBSTAETIGKEITSPROGNOSE FUER DAS JAHR 1979
(MIT BERUECKSICHTIGUNG DER FAMILIENGROESSE)

	ALTER	INSGESAMT	MAENNER INSGESAMT	FRAUEN INSGESAMT	LEDIG	VERHEIR.	VERWITW.	GESCH.
ERWERBSPERSONEN	00-99	20409.504	16913.325	9556.178	3291.213	5249.487	580.824	434.654
ARBEITSKRAFTEINHEITEN	00-99	25397.361	16884.185	8513.177	3141.349	4498.401	486.225	387.201
SELBSTAENDIGE	00-99	4657.898	2523.743	2134.155	204.441	1671.696	224.546	33.472
ARBEITSKRAFTEINHEITEN	00-99	5438.883	3225.598	2213.285	223.117	1743.889	209.414	36.865
ABHAENGIGE	00-99	21600.613	14273.783	7326.830	3042.390	3540.964	350.941	392.536
ARBEITSKRAFTEINHEITEN	00-99	19958.478	13658.587	6299.891	2918.233	2754.512	276.811	350.336
ERWERBSLOSE	00-99	211.305	115.832	95.533	44.720	36.830	5.337	8.646
NICHTERWERBSPERSONEN	00-99	32374.492	10916.672	21457.820	7794.787	9490.511	3918.176	254.346
WOHNBEVOELKERUNG	00-99	58844.000	27830.000	31014.000	11086.000	14740.000	4499.000	689.000

ERWERBSTAETIGKEITSPROGNOSE FUER DAS JAHR 1979
(MIT BERUECKSICHTIGUNG DER FAMILIENGROESSE)

LITERATURVERZEICHNIS

Adams,J.,Entwicklung der Privathaushalte seit 1950, in: WISTA 1967, S.29 ff. sowie S.4x

-,Einfluß der Ehedauer auf die Erwerbstätigkeit verheirateter Frauen, in: WISTA 1967, S.362 ff.

Adams,J.;Gendrich,H.,Familienstruktur und Frauenerwerbstätigkeit, Ergebnis einer 10%-Aufbereitung der Volks- und Berufszählung am 6. Juni 1961, in: WISTA 1965, S.703 ff. sowie S.736x ff.

Adebahr,H.,Die Lehre von der optimalen Bevölkerungszahl, Berlin 1965

Adelman,I.,An Econometric Analysis of Population Growth, in: AER, 52(1963), S.314 ff.

Alex,L.,Probleme der Arbeitsmarktforschung, in: Bundesarbeitsblatt, 19(1968), S.546 ff.

-,Prognose der Arbeitsmarktentwicklung und ihre Probleme, in: Bundesarbeitsblatt, 21(1970), S.13 ff.

Ballerstedt,K.,Der private Haushalt als rechtswissenschaftliches Problem, in: H.Achinger, Ludwig Preller und H.J.Wallraff (Hrsg.), Normen der Gesellschaft, Mannheim 1965, S.212 ff.

Bancroft,G.,The American Labor Force, New York-London 1958

Bartholomew,D.J.,Stochastische Modelle für soziale Vorgänge, München-Wien 1970

Battelle-Institut (Hrsg.),Quantitative und qualitative Vorausschau auf dem Arbeitsmarkt der Bundesrepublik Deutschland mit Hilfe eines Strukturmodells, Frankfurt 1969

Bauer,R.A. (Hrsg.),Social Indicators, Cambridge/Mass. 1966

Becker,G.,A Theory of the Allocation of Time, in: The Economic Journal, 75(1965), S.493 ff.

Becker,K.O.,Die wirtschaftlichen Entscheidungen des Haushalts, Berlin 1967

Beckmann,M.,Wirtschaftliches Wachstum mit abnehmenden Skalenerträgen, in: W.Krelle (Hrsg.), Theorien des einzel- und gesamtwirtschaftlichen Wachstums, Berlin 1965, S.99 ff.

Beckmann,M.J.;Uebe,G.,Makroökonomische Untersuchungen der Auswirkungen von Steuersystemänderungen, Wiesbaden 1970

Beitzke,G.,Artikel "Familien- und Eherecht", in HdSW, Bd.3, S.464 ff.

Berié,H.,Finanzielle und ökonomische Auswirkungen eines Geburtenrückganges, in: Bundesarbeitsblatt, 22(1971), S.336 ff.

Berking,K.,Arbeitspotential und Wirtschaftswachstum, Das Problem der langfristigen Vollbeschäftigung, Göttingen 1968

Beshers,J.M.,Population Processes in Social Systems, London-New York 1967

-,Computer Methods in the Analysis of Large-Scale Social Systems, Second Edition, Cambridge/Mass.-London 1968

Black,S.W.;Kelejian,H.H.,A Macro Model of the U.S. Labor Market, in: Econometrica, 38(1970), S.712 ff.

Black,S.W.;Russel,R.R.,An Alternative Estimate of Potential GNP, in: RevEcStat, 51(1969), S.70

Blanpain,H.,Faktoren der Entwicklung der Erwerbsbevölkerung in den EWG-Ländern im Laufe der nächsten zehn Jahre, in: SAEG, Statistische Information, 8(1961), S.285 ff.

Blau,P.M.;Duncan,O.D.,American Occupational Structure, New York 1967

Blazek,A.,Die Wirkung der Besteuerung auf das Arbeitsangebot, Berlin 1967

Blesl,W.,Disaggregationskriterien in der Verteilungstheorie, Eine faktorenanalytische Untersuchung, Dissertation Darmstadt 1970

Blind,A. (Hrsg.),Umrisse einer Wirtschaftsstatistik, Hamburg 1966

Blind,A.,Beitrag zur Statistik der Berufs- und Erwerbstätigkeit, in: ASTA, 51(1967), S.244 ff.

-,Die Problematik des Begriffs der Bevölkerung in einer sich rasch wandelnden Gesellschaft, in: A.Blind, Chr. v. Ferber, H.-J.Krupp, Sozialpolitik und persönliche Existenz, Berlin 1969

Blind,A.;Ferber,Chr.v.;Krupp,H.-J.,Sozialpolitik und persönliche Existenz, Festgabe für Hans Achinger anläßlich seines 70. Geburtstages, Berlin 1969

Borries,H.-J.,Zum Verlauf des Erwerbslebens der Frauen, Ergebnis des Mikrozensus April 1966, in: WISTA 1968, S.498 ff.

-,Aufnahme und Unterbrechung der Erwerbsbeteiligung der Frauen, Ergebnis des Mikrozensus April 1966, in: WISTA 1969, S.20 ff.

-,Privathaushalte, Ergebnis des Mikrozensus April 1968, in: WISTA 1969, S.264 ff. sowie S.259x

-,Entwicklung der Privathaushalte nach Zahl und Struktur, in: WISTA 1970, S.343 ff.

-,Die unverheirateten und die alleinlebenden Männer und Frauen, in, WISTA 1970, S.612 ff. sowie S.720x

-,Die Erwerbstätigkeit der Mütter und die Betreuung ihrer Kinder, Ergebnis der Mikrozensus-Zusatzbefragung 1969, in: WISTA 1971, S.86 ff.

-,Die Betreuung der Kinder erwerbstätiger und nichterwerbstätiger Mütter, Ergebnis der Mikrozensus-Zusatzbefragung 1969, in: WISTA 1971, S.161 ff.

-,Frauen mit Teilzeitarbeit, Ergebnisse des Mikrozensus, in: WISTA 1971, S.416 ff.

-,Haushalte und Familien von Ausländern, Ergebnis des Mikrozensus 1970, in: WISTA 1972, S.164 ff.

-,Entwicklung der Familien nach Zahl und Struktur, in: WISTA 1972, S.86 ff.

Borris,M.,Teilzeitarbeit in der Bundesrepublik Deutschland, RKW-Bericht, Frankfurt 1968

Bosch,H.-D.,Zur Vermögenssituation der privaten Haushalte in der Bundesrepublik Deutschland, Teil II, Berlin-München 1971

Bowen,W.G.;Finegan,T.A.,The Economics of Labor Force Participation, Princeton/New Jersey 1969

Bühler,H.H.,Familienpolitik als Einkommens- und Eigentumspolitik, Berlin 1961

Bünger,F.E.,Familienpolitik in Deutschland, Berlin 1970

Bundesanstalt für Arbeitsvermittlung und Arbeitslosenversicherung (Hrsg.), Erläuterungen zur Statistik der Arbeitsvermittlung, Nürnberg 1963

Buxton,J.N. (Hrsg.),Simulation Programming Languages, Proceedings of the IFIP Working Conference on Simulation Programming Languages, Amsterdam 1968

Cain,G.G.,Married Women in the Labor Force, Chicago-London 1966

Chorafas,D.N.,Systems and Simulation, New York-London 1965

Christmann,A.,Sozialplanung, Herausforderung und Probleme, in: Bundesarbeitsblatt, 22(1971), S.310 ff.

Chlarkson,G.P.E.;Simon,H.A.,Simulation of Individual and Group Behavior, in: AER, 50(1960), S.920 ff.

Chohen,W.,Education and Learning, in: Bertram Gross (Hrsg.), Social Intelligence for Americas Future, Boston 1967, S.193 ff.

Coordt, H.,Die Ausgaben des privaten Haushalts im Lebenszyklus der Familie, Dissertation Köln 1962

Deutscher Bundestag (Hrsg.),Bericht der Bundesregierung über die Situation der Frauen in Beruf, Familie und Gesellschaft, Drucksache V/909, Bonn 1966

-,Bericht der Bundesregierung über die Lage der Familien in der Bundesrepublik Deutschland, Drucksache V/2532, Bonn 1968

-,Raumordnungsbericht 1968, Drucksache V/3958, Bonn 1968

-,Rentenanpassungsbericht 1971, Drucksache VI/2040, Bonn 1971

Deneffe,P.,Die Berechnungen über die künftige deutsche Bevölkerungsentwicklung, Leipzig 1938

Dernburg,T.;Strand,K.,Hidden Unemployment, 1953-62: A Quantitative Analysis by Age and Sex, in: AER, 56(1966), S.71 ff.

Dörfel,H.-J.,Möglichkeiten zur Schätzung von Lebenseinkommensverläufen aus Querschnittsanalysen, Dissertation Darmstadt 1970

Douglas,P.H.,The Theory of Wages, New York 1957

Easterlin,R.A.,The American Babyboom in Historical Perspective, in: AER, 51(1961), S.869 ff.

Egner,E.,Artikel "Haushalt", in: HdSW, Bd.5, S.65 ff.

-,Studien über Haushalt und Verbrauch, Berlin 1963

-,Die volkswirtschaftliche Funktion der Familienhaushalte, in: JfS, 15(1964), S. 202 ff.

Enke,St.,Population and Development: A General Model, in: QJE, 77(1963), S.55 ff.

Eucken,W.,Die Grundlagen der Nationalökonomie, Sechste durchgesehene Auflage, Berlin-Göttingen-Heidelberg 1950

Euler,M.,Die Einkommens- und Verbrauchsstichprobe 1969, in: WISTA 1968, S.289 ff.

Esenwein-Rothe,I.,Neuere Literatur zur theoretischen und politischen Bevölkerungswissenschaft, in: JfS, 12(1961), S.101 ff. sowie S.215 ff.

-,Allgemeine Wirtschaftsstatistik, 2. Auflage, Wiesbaden 1969

Fair,R.C.,Labor Force Participation, Wage Rates, and Money Illusion, in: RevEcStat, 53(1971), S.164 ff.

Feichtinger,G.,Stochastische Modelle demographischer Prozesse, Berlin-Heidelberg-New York 1971

Ferschl,F.,Zufallsabhängige Wirtschaftsprozesse, Wien-Würzburg 1964

-,Markovketten, Berlin-Heidelberg-New York 1970

Filser,J.,Warum steigt die Sexualproportion in Kriegs- und und unmittelbaren Nachkriegsjahren?,Eine Replik zur Abhandlung von R. v. Ungern-Sternberg, in: ASTA, 40(1956), S.251 ff.

Fleischer,H.,Ausländer im Bundesgebiet, in: WISTA 1969, S.360 ff. sowie S.378x

-,Ausländer im Bundesgebiet 1969, in: WISTA 1970, S.246 ff. sowie S.283x

-,Wanderungen 1969, in: WISTA 1970, S.463 ff. sowie S.526x ff.

-,Wanderungen 1970, in: WISTA 1971, S.550 ff. sowie S.486x ff.

Föhl,C.,Stabilisierung und Wachstum bei Einsatz von Gastarbeitern, in: KYKLOS, 20(1967), S.119 ff.

Förster,W.,Zerlegung und Lösung diskreter ökonomischer Prognosemodelle, Tübingen 1969

Freedman,D.S.,The Relation of Economic Status to Fertility, in: AER, 53(1963), S.414 ff.

Freytag,H.L.,Statistische Probleme einer systematischen Beobachtung der Bevölkerungsbewegung, Das Konzept der demographischen Gesamtrechnung, in: ASTA, 53(1969), S.329 ff.

Fritsch,B.,Die Simulation als Instrument makroökonomischer Prognosen, in: SchwZfVSt, 102(1966), S.409 ff.

Fürst,H.,Einkommen,Nachfrage, Produktion und Konsum des Privaten Haushalts in der Volkswirtschaft, Stuttgart-Köln 1956

Galland,Th.,Statistik der Beschäftigten und Arbeitslosen in der Bundesrepublik Deutschland, Stuttgart 1956

Gerfin,H.,Langfristige Wirtschaftsprognosen, Tübingen 1964

Gerfin,H.;Kirner,W.;Wulf,J.,Entwürfe für disaggregierte Modelle zur Arbeitsmarktprognose für die Bundesrepublik Deutschland, Berlin 1972

Gesellschaft für sozialen Fortschritt (Hrsg.),Sozialbudget - Sozialplanung, Berlin 1971

Giersch,H.;Borchard,K. (Hrsg.),Diagnose und Prognose als wirtschaftswissenschaftliche Methodenprobleme, Berlin 1962

Görzing,Bernd,Auswirkungen einer flexiblen Altersgrenze auf das Wirtschaftswachstum, in: VJWF 1971, S.33

Gordon,G.,Systems Simulation, Englewood Cliffs/New Jersey 1969

Gordon Committee,(President's Committee to Appraise Employment and Unemployment Statistics), Report: Measuring Employment and Unemployment, 1962

Grais,B.A.,Arbeitsmarktforschung und Arbeitsprojektionen in Frankreich, in: IAB-Mitteilungen, Nr.8, 1969, S.573 ff.

Gröbner,G.J.,Geburtenrückgang und Wirtschaftswachstum, in: Bundesarbeitsblatt, 22(1971), S.342 ff.

Grohmann,H.,Die Entwicklung eines Bevölkerungsmodells zur Beurteilung der Finanzierung der dynamischen Rente, Berlin 1965

Guetzkow,H. (Hrsg.),Simulation in Social Sciene, Readings, London-Tokyo-Sydney 1962

Haffner,P.,Der Einfluß der Bevölkerungsentwicklung und -struktur auf das Wirtschaftswachstum, Zürich-St.Gallen 1970

Hagen,E.E.,Population and Economic Growth, in: AER, 49(1956), S.310 ff.

Hansen,W.L.,Cyclical Sensitivity of the Labor Force, in: AER, 51(1961), S.299 ff.

Heep,H. ,Die 1%-Wohnungsstchprobe 1965, Einführung und erste vorläufige Ergebnisse, in: WISTA 1966, S.359 ff.

Herberger,L.,Der Mikrozensus als neues Instrument zur Erfassung sozial-ökonomischer Tatbestände, in: WISTA 1957, S.209 ff.

-,Erwerbsstatistische Gliederungsgesichtspunkte in der Berufszählung von 1961, in: ASTA, 47(1963), S.24 ff.

-,Die Statistik der Erwerbstätigkeit, in: A. Blind (Hrsg.), Umrisse einer Wirtschaftsstatistik, Hamburg 1966,S.87 ff.

Herberger,L.;Adams,J.,Die demographische Struktur der Haushalte und Familien ,Ergebnis der 10%-Aufbereitung der Volkszählung am 6. Juni 1961, in: WISTA 1965, S.427 ff.

Herberger,L.;Borries.H.-J.,Vorausschätzung der Zahl der Privathaushalte bis 1980, in: WISTA 1970, S.504 ff.

Herberger,L.;Linke,H.,Stichprobenerhebung über Arbeitskräfte in den Ländern der EWG 1968 und 1969, in: WISTA 1970, S.515 ff.

Herberger,L.;Wermter,W.,Vorausschätzung der Erwerbspersonen bis 1985, in: WISTA 1970, S.459 ff. sowie S.528x ff.

Hofbauer,H.;Bintig,U.;Dadzio,W.,Die Rückkehr von Frauen in das Erwerbsleben, in: IAB-Mitteilungen, Nr. 9, 1969, S.713 ff.

Hoggatt,A.C.;Balderstone,F.E. (Hrsg.),Symposium on Simulation Models: Methodology and Applications on the Behavioral Sciences, Cincinnatti/Ohio 1963

Horstmann,K.,Die Familien- und Haushaltungsstatistik im Rahmen der Volkszählung 1950, in: ASTA, 34(1950), S.117 ff.

-,Erwerbspersonen oder Labor-Force, Überlegungen zur Statistik der erwerbstätigen Bevölkerung, in: ASTA, 36(1952), S.250 ff.

Institut für angewandte Sozialwissenschaft (Hrsg.),Frau und Öffentlichkeit, Bad Godesberg 1965

Jöhr,W.A.,Spiel zur Simulation von Konjunkturprozessen, in: Zeitschrift für Nationalökonomie, 25(1965), S.99 ff.

Jöhr,W.A.;Huber,R.,Die konjunkturellen Auswirkungen der Beanspruchung ausländischer Arbeitskräfte, Untersuchungen mit Hilfe eines Simulationsmodells der schweizerischen Volkswirtschaft, in: SchwZfVSt, 104(1968), S.367 ff. sowie 105(1969), S.3 ff.

Jüttner,D.J.,Arbeitspotential, Arbeitsmarktreserven und Vollbeschäftigung, in: ZfgSt, 128(1972), S.22 ff.

Kaelin,A.,Zur Bestimmung des Haushaltszuwachses aus der Bevölkerungsbewegung, in: SchwZfVSt, 88(1952), S.228 ff.

Kätsch,M.,Langfristige Bestimmungsgründe für die Erwerbstätigkeit verheirateter Frauen, Köln-Opladen 1964

Kamp,K.;Rückert,G.R.,Vorausschätzung der Bevölkerungsentwicklung bis 1985, Ergebnis der 3. koordinierten Bevölkerungsvorausschätzung, in: WISTA 1971, S.667 ff.

Karr,W.,Der Stand der Erwerbsstatistik in der Bundesrepublik, in: IAB-Mitteilungen, Nr. 3, 1968, S.96 ff.

Katona,G.,Die Macht des Verbrauchers, Düsseldorf-Wien 1962

Kirner,W.,Ein interregionales Gesamtmodell für die BRD, Konzept eines Forschungsprojekts, in: VJWF, 1972, S.148 ff.

Klauder,W.,Arbeitsmarktforschung und Arbeitsmarktprojektionen in den USA, in: IAB-Mitteilungen, Nr. 3, 1968, S.90 ff.

Klauder,W.;Kühlewind,G.,Zur längerfristigen Vorausschätzung des Arbeitskräfteangebots in der Bundesrepublik Deutschland, Technik, Probleme, Möglichkeiten und Grenzen, in: IAB-Mitteilungen, Nr. 10, 1969, S.787 ff.

-,Projektionen des Angebots an inländischen Arbeitskräften in der Bundesrepublik Deutschland für die Jahre 1973, 1975 und 1980, in: IAB-Mitteilungen, 3(1970), S.10 ff.

Kohler,H.;Reyher,L.,Erwerbstätigkeitsphasen der Frauen, in: IAB-Mitteilungen, 3(1970), S.286 ff.

Koller,S.;Herberger,L.,Der Mikrozensus, in: ASTA, 44(1960), S.205 ff.

Koxhold,R.,Die Simulation, Ein Hilfsmittel der Unternehmensforschung, München-Wien 1967

Krahl,H.,Die Ausländer im Bundesgebiet, Ergebnis der Volks- und Berufszählung am 6. Juni 1961, in: WISTA 1964, S.645 ff. und S.668x ff.

Krelle,W.,Bevölkerungsentwicklung und Wirtschaftswachstum, in: W. Krelle (Hrsg.), Theorien des einzelwirtschaftlichen und gesamtwirtschaftlichen Wachstums, Berlin 1965, S.131 ff.

-,Ein gesamtwirtschaftliches Prognosemodell als Mittel einer rationalen Wirtschaftspolitik, in: KYKLOS, 20(1967), S.168 ff.

Krelle,W.;Beckerhoff,D.;Langer,H.G.;Fuß,H.,Ein Prognosesystem für die wirtschaftliche Entwicklung der Bundesrepublik Deutschland, Meisenheim 1969

Krelle,W.et.al.,Bonner Modell IV, unveröffentlichtes Manuskript, Bonn 1971

Kremp,H.J.,Demographische Aspekte des Geburtenrückganges in der Bundesrepublik Deutschland, in: Bundesarbeitsblatt, 22(1971), S.346 ff.

-,Sozialpolitik und Planung, in: Bundesarbeitsblatt, 22(1971), S.598 ff.

Kreuzaler,E.,Teilzeitbeschäftigung bei männlichen Arbeitnehmern, in: Bundesarbeitsblatt, 22(1971), S.669 ff.

Krupp,H.J.,Theorie der personellen Einkommensverteilung, Berlin 1968

-,Simulationsverfahren in der Sozialpolitik, Ein Beitrag zur sozialwissenschaftlichen Integration?, in: A. Blind, Chr. v. Ferber und H.-J. Krupp (Hrsg.), Sozialpolitik und persönliche Existenz, Berlin 1969, S.138 ff.

Krupp,H.-J.et.al.,Forschungsprojekt: "Sozialpolitisches Entscheidungs- und Indikatorensystem für die Bundesrepublik Deutschland", Projektantrag, Frankfurt 1971

Krupp,R.,Die Ordnungsstruktur ökonomischer Modelle, Dissertation Bonn 1971

Kuhn,H.,Die Struktur quantitativer Modelle, Tübingen 1968

Läuchli,P.,Was ist Simulation?, in: SchwZfVSt, 102(1966), S. 387 ff.

Lambelet,J.C.;Schiltknecht,K.,A Short-Term Forecasting Model of the Swiss Economy, in: SchwZfVSt, 106(1970), S. 281 ff.

Linke,H.,Umschichtung der Erwerbsbevölkerung, Ergebnis der Mikrozensusbefragungen 1968 und 1969, in: WISTA 1971, S.99 ff. sowie S.66x

Löwe,H.,Auswirkungen des Geburtenrückganges in der Bundesrepublik Deutschland auf die finanzielle Entwicklung der gesetzlichen Rentenversicherungen, in: Bundesarbeitsblatt, 22(1971), S.344 ff.

Long,C.D.,The Labor Force under Changing and Employment, Princeton/New Jersey 1958

Mackenroth,G.,Bevölkerungslehre, Theorie, Soziologie und Statistik der Bevölkerung, Berlin-Göttingen-Heidelberg 1953

Mackenroth,G.;Bolte,K.M.,Artikel "Bevölkerung(II). Politik", in: HdSW, Bd.2, S.159 ff.

Mayer,H.L.,Anstaltsbevölkerung nach Anstaltsarten, ErgVZ 61, in: WISTA 1967, S.31 ff. sowie S.4x

-,Kranke Personen im April 1968 nach Altersgruppen und Beteiligung am Erwerbsleben, Ergebnis der Zusatzbefragung zum Mikrozensus April 1966, in: WISTA 1968, S.84 ff. S.74x

-,Erwerbstätigkeit im April 1969, in: WISTA 1970, S.135 ff.

-,Personen mit überwiegendem Lebensunterhalt durch Rente, Pensionen und Unterstützungen, Ergebnis des Mikrozensus April 1969, in: WISTA 1970, S.402 ff. und S.471x ff.

Meißner,W.,Zur Methodologie der Simulation, in: ZfgSt, 126(1970), S.386 ff.

Mertens,D.,Längerfristige Arbeitsmarktprognose bei alternativer Arbeitsmarkt- und Gesellschaftspolitik, in: IAB-Mitteilungen, Nr. 10, 1969, S.781 ff.

Meyer,F.W.,Die Haushaltung in der Nationalökonomie, in: ORDO-Jahrbuch, 18(1967), S.279 ff.

Michel,R.M.,"Ökonomische" und "außerökonomische" Determinanten des Arbeitsangebots, Dissertation Köln 1967

Michielutte,R.L.;Sprehe,J.T.,Problems and Prospects in Simulating Large-Scale Social Change, Paper Prepared for the Session on Theory, Research and Simulation Studies on Social Mobility, Seventh World Congress of the International Sociological Association, Varna/Bulgaria 1970

Mielchen,P.,Die voraussichtliche Entwicklung auf dem deutschen Arbeitsmarkt, Dissertation Berlin 1960

Miller,H.-P.,Lifetime Income and Economic Growth, in AER, 55(1965), S.834 ff.

Morgan,Ch.A.,Labor Economics, Third Edition, Georgetown/Ontario 1970

Morgan,J.N.;David,M.H.;Cohen,W.J.;Brazer,H.E.,Income and Welfare in the United States, New York-San Francisco-Toronto-London 1962

Münke,St.,Artikel "Familie und Ehe", in: HdSW? Bd.3, S.471 ff.

Myrdal,A.;Klein,V.,Die Doppelrolle der Frau in Familie und Beruf, Köln-Berlin 1960

Naylor,Th.H.;Balintfy,J.L.;Burdick,D.S.;Kong Chu,Computer Simulation Techniques, New York-London-Sydney 1966

Niehans,J.,Economic Growth with two Endogeneous Factors, in: QJE, 77(1963), S.349 ff.

Oehlert,H.-G.,Überlegungen zum Geburtenrückgang, in: WISTA 1970, S.232 ff.

-,Ehescheidungen 1969, in: WISTA 1971, S.166 ff.

-,Eheschließungen, Geburten und Sterbefälle von Ausländern, in: WISTA 1972, S.92 ff. sowie S.68x

Oehlert,H.-G.;Fleischer,H.,Die Ausländer im Bundesgebiet im Spiegel der Bevölkerungsstatistik, in: WISTA 1971, S.88 ff. sowie S.62x ff.

Orcutt,G.H.,Simulation of Economic Systems, in: AER, 50(1960), S.893 ff.

Orcutt,G.H.;Greenberger,M.;Korbel,J.;Rivlin,A.M., Microanalysis of Socioeconomic Systems: A Simulation Study, New York-Evanston-London 1961

Orcutt,G.H.;Guthrie,H.W.;Caldwell,S.;Peabody,G.E.;Sadowsky,G.,Microanalytic Simulation of Household Behavior, in: Annals of Economic and Social Measurement, 1(1972), S.141 ff

Perlman,R.,Labor Theory, New York-London-Sydney-Toronto 1969

Perrin,E.B.;Sheps,M.C,Human Reproductions: A Stochastic Process, in: Biometrics, 20(1964), S.28 ff.

Peters,J.,Einführung in die allgemeine Informationstheorie, Berlin-Heidelberg-New York 1967

Pfeil,E.,Die Berufstätigkeit von Müttern, Tübingen 1961

Phillips,L.;Votey,H.L.;Maxwell,D.E.,A Synthesis of the Economic and Demographic Models of Fertility: An Econometric Test, in: RevEcStat, 51(1969), S.298 ff.

Rationalisierungs-Kuratorium der deutschen Wirtschaft (Hrsg.), Literatur zur Frauenerwerbsarbeit 1958 - 1968, zusammengestellt von E. Bode, Berlin-Köln-Frankfurt 1968

Reichenau,Ch.v.,Artikel "Haushaltsrechnungen. (I) Haushaltsführung", in: HdSW, Bd.5, S.70 ff.

Reyher,L.,Ziele und Möglichkeiten kurzfristiger Arbeitsmarktanalyse, in: IAB-Mitteilungen, Nr. 4, 1968, S.207 ff.

Reyher,L.;Hoffmann,W.;Kühl,J.;Riefers,R.,Zur voraussichtlichen Entwicklung des Arbeitsmarktes in der Bundesrepublik 1969 und 1970, in: IAB-Mitteilungen, Nr. 9, 1969, S.651 ff.

Reyher,L.;Riefers,R.,Zur Voraussichtlichen Entwicklung des Arbeitsmarktes in der Bundesrepublik im zweiten Halbjahr 1968, in: IAB-Mitteilungen, Nr. 4, 1968, S.218 ff.

Rückert,G.R.,Erwerbstätigkeit der älteren Generation, in: WISTA 1969, S. 428 ff.

-,Entwicklung der Sterblichkeit seit 1961 nach den abgekürzten Sterbetafeln, in: WISTA 1971, S.405 ff.

-,Untersuchungen zur Entwicklung der Säuglingssterblichkeit, in: WISTA 1972, S.168 ff.

Schloenbach,K.,Ökonometrische Analyse der Lohn- und Arbeitsmarktentwicklung in der Bundesrepublik Deutschland 1957 - 1968, Eine Erweiterung des "Bonner Prognosemodells", Meisenheim 1972

Schlüter,K.-H.,Zum Konzept der Gebäude- und Wohnungszählung 1968, in: WISTA 1968, S.239 ff.

Schmucker,H.,Artikel "Haushaltsrechnungen. (II) Rechnung und Budget", in: HdSW, Bd.5, S.75 ff.

-,Artikel "Haushaltsstatistik", in: HdSW, Bd.5, S.82 ff.

-,Der Lebenszyklus in Erwerbstätigkeit, Einkommensbildung und Einkommensverwendung, in: ASTA, 40(1965), S.1 ff.

Schubnell,H.,Die Haushalte nach der Größe, Merkmalen des Haushaltsvorstandes, Kinderzahl und Zahl der Einkommensbezieher, in: WISTA 1960, S.147 ff.

Schubnell,H.;Herberger,L.,Die Volkszählung am 27. Mai 1970, in: WISTA 1970, S.179 ff.

-,Die Bevölkerung des Bundesgebietes nach den Ergebnissen der Volkszählung am 27. Mai 1970, in: WISTA 1971, S.735 ff.

Schulz,J.H.,The Future Economic Circumstances of the Aged: A Simulation Projection, 1980, in: Yale Economic Essays, 7(1967), S.145 ff.

-,The Economic Status of the Retired Aged in 1980: Simulation Projections. U!S. Department of Health, Education and Welfare, Research Report No. 24, Washington 1968

Schwarz,K.,Ursachen der Geburtenzunahme seit 1950, in: WISTA 1959, S.611 ff.

-,Fruchtbarkeitstafel 1959, in: WISTA 1961, S.24 ff.

-,Geburtentafel 1964, in: WISTA 1966, S. 301 ff.

-,Ursachen der Geburtenzunahme seit 1958, in: WISTA 1965, S.177 ff.

-,Die Bedeutung von Veränderungen der Geburtenhäufigkeiteund Sterblichkeit für die Entwicklung und den Altersaufbau der Bevölkerung, in: WISTA 1967, S.163 ff. sowie S.143x ff.

-,Geburtenrückgang im Jahr 1968, in: WISTA 1969, S.152 ff.

-,Bedeutung des Geburtenrückganges für die Bestandserhaltung der Bevölkerung und die Zahl der Kinder in den Ehen, in: WISTA 1971, S.14 ff. und S.4x

-,Eheschließungen nach dem Zweiten Weltkrieg, in: WISTA 1971, S.613 ff.

Sherman,R.;Willett,Th.D.,The Standardized Work Week and the Allocation of Time, in: KYKLOS, 25(1972), S.65 ff.

Siebert,H.,Simulation als Informationsinstrument der Wirtschaftspolitik, in: ZfgSt, 126(1970), S.409 ff.

Simon,H.A.,Causal Orderung and Identifiability, in: A. Ando, F.M. Fisher und H.S. Simon (Hrsg.), Essays on the Structure of Social Science Models, Cambridge/Mass. 1963, S.5 ff.

Skiba,R.,Quantitative Aspekte der Frauenarbeit in der Volkswirtschaft, in: WWI-Mitteilungen 1971, S.128 ff.

Sobotschinski,A.,Die Statistik des Verbrauchs der privaten Haushalte, in: A. Blind (Hrsg.), Umrisse einer Wirtschaftsstatistik, Hamburg 1966, S.245 ff.

Solari,L.,La simulation dans la prévision et la programmation en économétrie, in: SchwZfVSt, 102(1966), S.391 ff.

Spengler,J.J.,The Economist and the Population Question, in: AER, 56(1966), S.14 ff.

Sperling,H.,Internationale Studientagung der OECD über Verfahren der Vorausberechnung von Angebot und Bedarf an Arbeitskräften, in: ASTA, 46(1962), S.285 ff.

-,Vorausschätzung der Erwerbsbevölkerung bis 1970 und ihre wichtigsten Bestimmungsfaktoren, in: WISTA 1965, S.19 ff.

-,Tatsächliche und voraussichtliche Entwicklung der Erwerbsbevölkerung von 1950 bis 1970 und ihre Komponenten, in: WISTA 1965, S.317 ff.

Statistisches Bundesamt (Hrsg.),Stichproben in der amtlichen Statistik, Stuttgart-Mainz 1960

-,Allgemeine Sterbetafel für die Bundesrepublik Deutschland 1960/62, Fachserie A: Bevölkerung und Kultur, Reihe 2: Natürliche Bevölkerungsbewegung, Sonderbeitrag, Stuttgart-Mainz 1965

-,Entwicklung der Erwerbstätigkeit April 1964 (Ergebnisse des Mikrozensus), Fachserie A: Bevölkerung und Kultur, Reihe 6: Erwerbstätigkeit, Stuttgart-Maiz 1967

-,Vorausschätzung der Bevölkerung für die Jahre 1966 bis 2000, Fachserie A: Bevölkerung und Kultur, Reihe 1: Bevölkerungsstand und -entwicklung, Sonderbeitrag, Stuttgart-Mainz 1967

-,Aufbereitungsanleitung für den Mikrozensus April 1969, Wiesbaden 1969

-,Heiratstafeln 1960/62, Ehedauertafeln 1961 sowie spezielle Sterbetafeln 1960/62, Fachserie A: Bevölkerung und Kultur, Reihe 2: Natürliche Bevölkerungsbewegung, Sonderbeitrag, Stuttgart-Mainz 1969

-,Mikrozensus in der Bundesrepublik einschl. Berlin(West), Interviewer-Handbuch 1970, Wiesbaden 1970

-, Entwicklung der Erwerbstätigkeit April 1969 (Ergebnis des Mikrozensus), Fachserie A: Bevölkerung und Kultur, Reihe 6: Erwerbstätigkeit, Stuttgart-Mainz 1970

-,Statistisches Jahrbuch 1970, Stuttgart-Mainz 1970

-,Statistisches Jahrbuch 1971, Stuttgart-Mainz 1971

-,Fachserie A: Bevölkerung und Kultur, Reihe 3: Wanderungen 1968, Stuttgart-Mainz 1971

-,Vorausschätzung der Bevölkerung für die Jahre 1971 bis 2000, Fachserie A: Bevölkerung und Kultur, Reihe 1: Bevölkerungsstand und -entwicklung, Sonderbeitrag, Stuttgart-Mainz 1971

-,Fachserie A: Bevölkerung und Kultur, Reihe 2: Natürliche Bevölkerungsbewegung 1969, Stuttgart-Mainz 1971

-,Wohnbevölkerung mit überwiegendem Lebensunterhalt durch Angehörige, Ergebnis des Mikrozensus April 1967, in: WISTA 1969, S.261 ff. sowie S.260x ff.

-,Ausländer, Verteilung und Struktur, Fachserie A: Bevölkerung und Kultur, ErgVZ61, Heft 7, Stuttgart-Mainz 1966

-,Bevölkerung nach Lebensunterhalt und Beteiligung am Erwerbsleben, Fachserie A: Bevölkerung und Kultur, ErgVZ61, Heft 10, Stuttgart-Mainz 1967

-,Erwerbstätigkeit von Frauen und Müttern (10%-Aufbereitung), Fachserie A: Bevölkerung und Kultur, ErgVZ61, Heft 17, Stuttgart-Mainz 1966

-,Demographische und wirtschaftliche Struktur von Haushalten und Familien (10%-Aufbereitung), Heft 16, Stuttgart-Mainz 1968

-,Jugendliche in Familien,(10%-Aufbereitung), Fachserie A: Bevölkerung und Kultur, ErgVZ61, Heft 18, Stuttgart-Mainz 1967

Stavenhagen,G.,Geschichte der Wirtschaftstheorie, 4. Auflage, Göttingen 1969

Stekler,H.O.,Forecasting with Econometric Models: An Evaluation, in: Econometrica, 36(1968), S.437 ff.

Steward,D.V.,On an Approach to Techniques for the Analysis of the Structure of Large Systems of Equations, in: SIAM Review, 4(1962), S.321 ff,

-,Partitioning and Tearing Systems of Equations, in: J.SIAM Numerical Analysis, Ser.B., 2(1965), S.345 ff.

Strand,K.;Dernburg,Th.,Cyclical Variation in Civilian Labor Force Participation, in: RevEcStat, 46(1964), S.378 ff.

Suits,D.B.,Forecasting and Analysis with an Econometric Model, in: AER, 52(1962), S.107 ff.

Szameitat,K.,Die Haushaltung als wirtschaftende Einheit und ihre statistische Erfassung, in: ASTA, 39(1955), S.312 ff.

Theil,H.,Economic Forecasts and Policy, Amsterdam 1965

Ulshoefer,H.,Mütter im Beruf, Die Situation erwerbstätiger Mütter in neun Industrieländern, Annotierte Bibliographie, Weinheim-Berlin-Basel 1969

Ungern-Sternberg,R.v.,Warum steigt die Sexualproportion in Kriegs- und unmittelbaren Nachkriegsjahren, in: ASTA, 40(1956), S.241 ff.

United Nations (Hrsg.),Demographic Yearbook 1970, New York 1971

Verband für Arbeitsstudien (Hrsg.), Das REFA-Buch, Band 2: Zeitvorgabe, München 1958

Wagenführ,R.,Wirtschafts- und Sozialstatistik, Bd.1: Produktionsweise und güterwirtschaftliche Reproduktion, Freiburg 1970

Weintraub,R.,The Birth and Economic Development, An Empirical Study, in: Econometrica, 40(1962)

Weltz,F.,Bestimmungsgrößen der Frauenerwerbstätigkeit, in: IAB-Mitteilungen, 4(1971), S.201 ff.

Weißhuhn,G.,Zum Problem des Arbeitsmarktgleichgewichts in der wachstumsorientierten Arbeitskräfte- und Bildungsplanung, in: VJWF, 1971, S.157 ff.

Wendroth,W.,Die Erwerbsproportion, Dissertation Köln 1967

Werner,H.,Zum Problem der internationalen Vergleichbarkeit von Arbeitslosenquoten, in: Statistische Hefte, 12(1971), S.167 ff.

-,Zur internationalen Vergleichbarkeit von Arbeitslosenquoten, in: Bundesarbeitsblatt, 22(1971), S.725 ff.

-,Zur Arbeitsmarktstatistik in acht Industriestaaten, Quellen, Methodenhinweise und Definitionen, in: IAB-Mitteilungen, 4(1971), S.221 ff.

Williams,C.G.,Labor Economics, New York-London-Sydney-Toronto 1970

Wingen,M.,Familienpolitik, Ziele, Wege und Wirkungen, Paderborn 1964

Winkler,W.,Demometrie, Berlin 1969

Wold,H.O.A.,Econometric Model Building, Amsterdam 1967

Woll,A.,Allgemeine Volkswirtschaftslehre 1969

Zeppernick,R.,Probleme bei der Schätzung des zukünftigen Arbeitskräftebedarfs, in: Sozialer Fortschritt 1971, S.160 ff.

GPSR Compliance

The European Union's (EU) General Product Safety Regulation (GPSR) is a set of rules that requires consumer products to be safe and our obligations to ensure this.

If you have any concerns about our products, you can contact us on ProductSafety@springernature.com

In case Publisher is established outside the EU, the EU authorized representative is:

Springer Nature Customer Service Center GmbH
Europaplatz 3
69115 Heidelberg, Germany

Batch number: 10809468

Printed by Printforce, the Netherlands